网店美工与短视频案例实战

创锐设计 编著

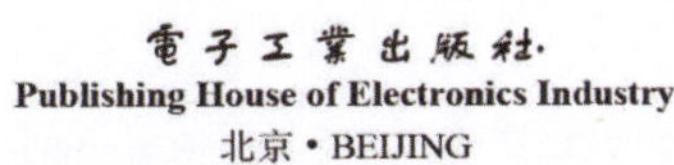

電子工業出版社
Publishing House of Electronics Industry
北京 • BEIJING

内容简介

电子商务颠覆了传统的商业模式，其较为特殊的交易方式使网店的视觉设计与实体店铺的装修一样重要。本书的宗旨是给商家提供全面、实用、快速的网店装修设计指导。本书从网店装修的基础知识、商品照片的处理与修饰、网店首页和商品详情页面各个模块的设计、网店视频的编辑与设计等方面着手，循序渐进地介绍了网店装修需要掌握的知识与技能。本书选择人们日常接触的饰品、女装、家居、箱包等商品作为表现对象，通过详细的案例分析与操作步骤，展示专业网店装修设计的思路和工作流程。另外，书中还增加了主图视频和商品详情视频的案例，使读者了解网店装修中涉及的视频处理技术。

本书可作为高等院校及高职高专院校电子商务、数字媒体、设计类等专业相关课程的教材，也适合想自己装修网店的新手店主阅读，也可作为电子商务技能培训班的教材。

图书在版编目（CIP）数据

网店美工与短视频案例实战 / 创锐设计编著 .—北京：电子工业出版社，2020.11
ISBN 978-7-121-39768-4

Ⅰ.①网… Ⅱ.①创… Ⅲ.①电子商务－网站－设计－高等学校－教材 Ⅳ.① F713.361.2 ② TP393.092

中国版本图书馆 CIP 数据核字（2020）第 195881 号

责任编辑：章海涛
文字编辑：张　鑫
印　　刷：北京缤索印刷有限公司
装　　订：北京缤索印刷有限公司
出版发行：电子工业出版社
　　　　　北京市海淀区万寿路 173 信箱　邮编：100036
开　　本：787 × 1 092　1/16　印张：16.5　字数：423 千字
版　　次：2020 年 11 月第 1 版
印　　次：2020 年 11 月第 1 次印刷
定　　价：85.00 元（全彩）

凡所购买电子工业出版社图书有缺损问题，请向购买书店调换。若书店售缺，请与本社发行部联系，联系及邮购电话：（010）88254888，88258888。

质量投诉请发邮件至 zlts@phei.com.cn，盗版侵权举报请发邮件至 dbqq@phei.com.cn。

本书咨询联系方式：zhangxinbook@126.com。

前言

PREFACE

随着时代的进步和科技的发展，网络购物已经成为一种主流的购物方式，甚至成为人们的一种生活习惯。对于网络购物而言，最容易打动顾客并使其产生购买欲望的因素不仅包括价格和商品的特色，还包括网店的视觉设计。在价格和商品相似的情况下，一个好的网店视觉设计可以刺激顾客的购买欲望，从而提高商品的转化率。

本书将网店装修操作的技巧与网店页面的各个模块装修结合起来进行讲解，使读者在学习如何使用装修软件的同时，还能将自己的设计创意和设计理念应用到具体的网店装修实践中，帮助读者解决在网店装修中遇到的难题。

1. 本书内容

本书按照网店装修的工作流程，将网店装修涉及的知识点分散在8章中。第1章主要介绍网店装修的重要性、不同电商平台装修规范、如何确定网店装修风格、网店装修三大要素、常用软件及网店装修的工作流程等；第2章围绕网店装修的五大技能——裁剪、修复、调色、抠图和文字进行详细的讲解，使读者掌握网店装修常用的操作方法；第3～6章通过大量经典的案例介绍网店首页和商品详情页面中各个模块的设计方法，以及如何整合这些模块以获得完整的装修效果；第7、8章介绍网店视频的处理技巧，通过几个案例使读者掌握网店主图视频和商品详情视频的视频处理技术与工作流程。

2. 本书特色

- 内容全面，几乎涵盖了美工在网店装修过程中涉及的图片、配色、视觉细节和整体装修的各个方面。从商品图片设计的一般流程入手，逐步引导读者学习网店装修的各种操作技能。
- 语言通俗易懂，讲解清晰，前后呼应，以较小的篇幅、易懂的语言介绍网店装修的实战操作，让读者学习更轻松，阅读更容易。
- 实例丰富，技巧实用，技术含量高，理论与实践紧密结合。书中的每个案例都先介绍其设计思路要点，再通过图文结合的方式按步骤进行详细讲解，使读者容易理解，进而能够举一反三。
- 栏目丰富，延展学习。本书在知识讲解过程中穿插了提示，有效地增加了本书的知识量，扩展了读者的学习宽度，从而帮助读者掌握更多实用的操作技能。

3. 读者对象

本书可作为高等院校及高职高专院校电子商务、数字媒体、设计类等专业相关课程的教材，也可作为电子商务技能培训班的教材。

本书也是一本适合想开网店的初、中级读者阅读的网店装修书籍，以前没有接触过网店或网店装修的读者也可轻松入门；对于已经有网店装修基础的读者，则可以参照本书的案例学习网店装修的配色和设计技巧，提高自身的设计水平。

本书由创锐设计编著。尽管在编写过程中力求准确、完善，但是书中难免存在疏漏之处，恳请读者批评指正。

编　者

2020年6月

目录

CONTENTS

第1章 网店装修基础知识 / 1

1.1 与网店装修相关 / 1

1.1.1 网店装修的重要性 / 1

1.1.2 不同电商平台的装修规范 / 2

1.1.3 如何确定网店装修风格 / 4

1.2 网店装修三大要素——色彩、文字和版式 / 6

1.2.1 网店装修常见配色方案 / 6

1.2.2 掌握网店文字的编排准则 / 8

1.2.3 通过合适的分割方式安排装修文本 / 10

1.2.4 版面布局的形式法则 / 11

1.2.5 常见的网店装修版式布局视觉流程 / 13

1.3 网店装修中常用的软件 / 15

1.3.1 认识网店装修的利器——Photoshop / 15

1.3.2 网店视频制作利器——Premiere Pro / 16

1.4 网店装修的工作流程 / 17

1.4.1 收集并整理装修素材 / 17

1.4.2 在 Photoshop 中设计装修效果图 / 17

1.4.3 对图片进行切片和优化处理 / 18

1.4.4 将图片和视频上传到网络空间中 / 20

1.4.5 编写代码完成装修 / 21

第2章 网店装修五大技能 / 23

2.1 裁剪与校正 / 23

2.1.1 重设照片的尺寸 / 23

2.1.2 裁剪图像改变构图 / 24
2.1.3 拉直让商品端正展示 / 25
2.2 修复瑕疵还原精致细节 / 26
2.2.1 去除用于悬挂商品的挂钩 / 26
2.2.2 去除摄影棚的痕迹 / 28
2.2.3 去除模特的瑕疵 / 28
2.2.4 去除商品上的毛发、灰尘 / 31
2.2.5 去除商品包装上的瑕疵 / 32
2.2.6 修复商品表面的缺陷 / 33
2.3 校正和美化颜色 / 34
2.3.1 恢复照片的正常亮度 / 34
2.3.2 校正白平衡还原真实颜色 / 36
2.3.3 修复发灰的照片 / 37
2.3.4 改变商品色调营造特殊氛围 / 38
2.4 抠取与合成 / 39
2.4.1 纯色背景的抠取 / 40
2.4.2 外形规则的商品抠取 / 41
2.4.3 外形不规则的商品抠取 / 42
2.4.4 精细图像的抠取 / 44
2.4.5 特定颜色的抠取 / 45
2.4.6 半透明图像的抠取 / 46
2.4.7 合成装饰元素让画面更丰富 / 47
2.5 文字应用 / 48
2.5.1 文字的添加与设置 / 48
2.5.2 文字的艺术化编排 / 50
2.5.3 变形文字 / 51

第3章 网店首页元素设计 / 53

3.1 店招与导航条设计 / 53
3.1.1 店招与导航条设计要点 / 53

3.1.2 灯具网店店招与导航条设计 / 54
3.1.3 宠物用品网店店招与导航条设计 / 57
3.2 欢迎模块与轮播图设计 / 61
3.2.1 欢迎模块与轮播图的设计规范 / 61
3.2.2 新品上架欢迎模块设计 / 62
3.2.3 箱包促销轮播图设计 / 66
3.3 商品陈列区设计 / 72
3.3.1 商品陈列区的常用布局 / 72
3.3.2 时尚的女鞋网店商品陈列区 / 74
3.3.3 规整的女装网店商品陈列区 / 79

第4章 商品详情页面元素设计 / 85

4.1 主图和橱窗照设计 / 85
4.1.1 主图和橱窗照的设计规范 / 85
4.1.2 清爽风格的主图设计 / 86
4.1.3 突出多样选择的橱窗照设计 / 90
4.2 宝贝分类区设计 / 94
4.2.1 分类区设计要点 / 94
4.2.2 炫彩风格的宝贝分类区设计 / 95
4.2.3 单色风格的宝贝分类区设计 / 96
4.3 商品搭配区设计 / 98
4.3.1 商品搭配区的表现方式 / 98
4.3.2 冷酷风格的商品搭配区设计 / 99
4.3.3 清新风格的商品搭配区设计 / 103
4.4 商品细节展示区设计 / 107
4.4.1 商品细节展示区的表现方式 / 107
4.4.2 指示型商品细节展示区设计 / 109
4.4.3 局部图解型商品细节展示区设计 / 113

第5章 网店首页整体装修设计 / 117

5.1 女装网店首页装修设计 / 117

5.1.1 文字和图形组成简约店招和导航条 / 119

5.1.2 图层蒙版制作溶图 / 121

5.1.3 简易色块组成分类栏 / 122

5.1.4 制作简约风格的女装展示区 / 122

5.1.5 利用客服区提升首页服务品质 / 125

5.1.6 调色和锐化 / 126

5.2 饰品网店首页装修设计 / 127

5.2.1 制作背景确定设计风格 / 129

5.2.2 抠取饰品图像制作欢迎模块 / 130

5.2.3 明度较暗的二级海报 / 131

5.2.4 使用分类区引导购物 / 134

5.2.5 推荐款区域呈现主打商品 / 136

5.2.6 补充内容完善首页信息 / 137

5.3 家具网店首页装修设计 / 139

5.3.1 制作拼接效果的欢迎模块 / 141

5.3.2 简洁的店招和导航条设计 / 142

5.3.3 利用线条引导视线的商品展示区 / 144

5.3.4 添加收藏区完善画面效果 / 147

第6章 商品详情页面装修设计 / 149

6.1 女包详情页面设计 / 149

6.1.1 利用广告图展示女包形象 / 151

6.1.2 全面的女包详情 / 152

6.1.3 制作侧边栏 / 156

6.1.4 添加收藏区丰富侧边栏 / 157

6.1.5 简约的女包橱窗照 / 157

6.2 腕表详情页面设计 / 158

6.2.1 冷酷大气的广告图 / 160
6.2.2 暗色调的商品详情 / 161
6.2.3 金属材质的侧边栏 / 165
6.2.4 简约大气的腕表橱窗照 / 166
6.3 运动鞋详情页面设计 / 167
6.3.1 炫酷的运动鞋广告图 / 169
6.3.2 指示性线条突出商品卖点 / 172
6.3.3 运动鞋的多个亮点设计 / 174
6.3.4 添加尺码对照表 / 175
6.3.5 辅助信息塑造专业店铺形象 / 176
6.3.6 选取图像制作运动鞋橱窗照 / 176
6.4 眼镜框详情页面设计 / 179
6.4.1 简洁的商品广告图 / 181
6.4.2 内容详细的商品详情 / 182
6.4.3 风格统一的眼镜框橱窗照 / 186

第7章 制作视频的软件基础 / 187

7.1 视频编辑基础 / 187
7.1.1 创建项目 / 187
7.1.2 向项目中导入素材 / 188
7.1.3 创建序列 / 188
7.1.4 向序列中添加素材 / 189
7.1.5 保存和输出视频 / 191
7.2 编辑视频素材 / 193
7.2.1 调整位置 / 193
7.2.2 裁剪和旋转 / 194
7.2.3 颜色调整 / 196
7.2.4 分割和删除 / 197
7.3 添加视频过渡效果 / 198
7.3.1 应用过渡效果 / 199
7.3.2 添加默认转场效果 / 199

7.3.3 自定义过渡参数 / 200
7.3.4 替换和删除过渡效果 / 201
7.4 丰富多彩的视频效果应用 / 203
7.4.1 添加视频效果 / 203
7.4.2 控制视频效果 / 204
7.4.3 禁用和启用视频效果 / 205
7.4.4 删除视频效果 / 205
7.5 创建和编辑字幕 / 206
7.5.1 创建静态字幕 / 206
7.5.2 创建动态字幕 / 208
7.5.3 设置字幕文字属性 / 209
7.5.4 应用字幕样式 / 210
7.6 设置音频特效 / 211
7.6.1 在项目中添加音频素材 / 211
7.6.2 分离和删除音频（文件）/ 212
7.6.3 设置音频速度和持续时间 / 213
7.6.4 调整音量 / 214
7.6.5 制作音效过渡效果 / 215

第8章 网店视频设计 / 217

8.1 主图视频设计 / 217
8.1.1 主图视频设计规范 / 217
8.1.2 台灯主图视频设计 / 218
8.1.3 茶叶主图视频设计 / 227
8.2 详情视频设计 / 235
8.2.1 详情视频设计规范 / 235
8.2.2 鼠标详情视频设计 / 236
8.2.3 眼影详情视频设计 / 246

第1章 网店装修基础知识

网店装修是网店运营中非常重要的一个环节。网店装修设计直接影响顾客对网店的最初印象，设计精美的首页、商品详情页面能获得更多顾客的关注，从而使其产生继续了解网店商品的想法。进行网店装修之前，需要对网店装修的基础知识有所了解，如网店装修风格、装修使用哪些软件、装修的工作流程等。本章主要介绍与网店装修相关的基础知识。

1.1 与网店装修相关

在电商平台上开店，除了需要有价格低廉、质量上乘的商品及有效的宣传和专业的客服人员，还需要有美观大方的装修。网店装修就是对网店进行装饰和美化。本节介绍网店装修的重要性、不同电商平台的装修规范和如何确定网店装修风格。

1.1.1 网店装修的重要性

网店装修，顾名思义，就是对电商平台上的店铺进行美化，即在淘宝、京东、当当等电商平台允许的结构范围内，尽量通过图片、程序模板等装饰让店铺显得更加美观。大多数的电商平台都会向商家提供精美的店铺装修模板和店铺装修教程，让每一位商家都学会网店装修。

网店的装修与实体店的装修目的相同，都是让店铺变得更美、更吸引人。对于网店来讲，一个好的设计至关重要，因为顾客只能通过文字和图片来了解商家、了解商品，所以网店装修得好能增加顾客的信任感，甚至还能对网店品牌的树立起到关键作用。网店装修设计就是通过对商品图片、修饰素材和文字等元素进行合理的布局来组成一幅精美的画面，如右图所示。

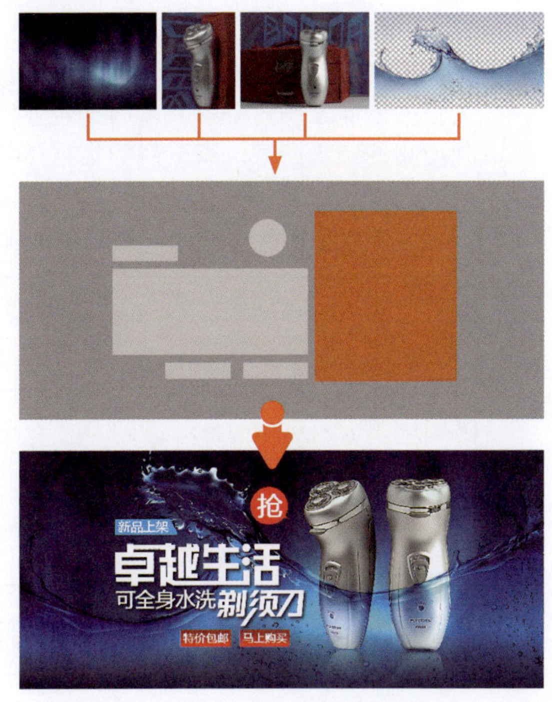

网店外观是吸引人眼球的第一关，顾客通过外观能第一时间了解店铺的信息。一般的网店装修可以起到美观的作用，优秀的网店装修甚至会为网店创造直接的经济效益。

网店装修就好比实体店的店铺设计，重要性是不言而喻的。在其他因素一样的情况下，具有个性而又和所售商品风格相匹配的网店装修才是好的网店装修。

只有独具匠心的网店装修才能打动顾客，增加网店的销售力。优秀的网店装修，其作用如下图所示。对于网店来说，任何物品的任何信息，顾客都只能通过观看来获得，装修是网店兴旺的制胜法宝，因此商家更要在装修上下功夫。有的网店商家会自己做装修设计，有的商家为了让网店更专业、漂亮，往往会请专业人员来进行设计。

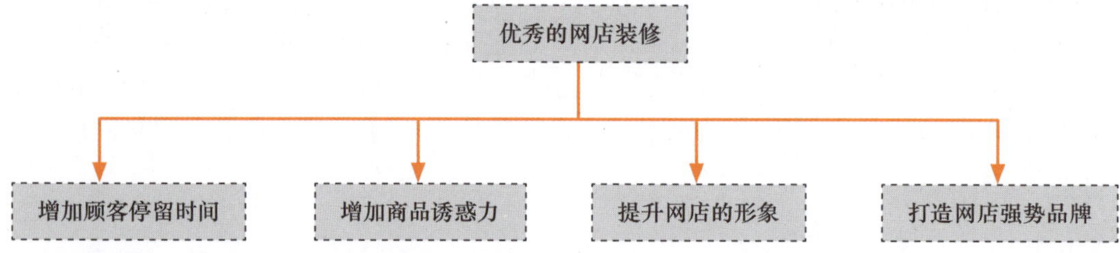

1.1.2 不同电商平台的装修规范

开始进行网店装修之前，需要了解网店装修规范。随着电子商务的不断发展，出现了越来越多的电商平台，如淘宝、京东、当当和唯品会等。不同的电商平台对网店装修的规范和要求有所不同，下面简单介绍几个电商平台的装修规范。

淘宝、天猫

淘宝和天猫是目前互联网较大的电商平台，同属于阿里巴巴公司。二者不同的是，天猫属于商家销售平台，多用于企业以直销形式销售商品，又称天猫商城，是众多品牌产品的销售商城；淘宝俗称集市，相当于实体的集市，产品多为以批发或者代理的形式销售的产品。虽然二者存在一定的差别，但因其同属于一家公司，所以在装修规范上也比较相似，淘宝和天猫对于网店图片的制作要求如下表所示。

图片应用	尺寸（宽度 × 高度）	图片应用	尺寸（宽度 × 高度）
主图	800×800 像素	旺旺自定义图片	宽度 750 像素以内，高度不限
店招	950×150 像素	橱窗照	310×310 像素
导航条	950×50 像素	宝贝细节描述	宽度 750 像素以内，高度不限
欢迎模块	宽度 950 像素以内，高度不限	公告栏	宽度 480 像素以内，高度不限
宝贝分类区	宽度 150 像素以内，高度不限	左侧模块（收藏模块）	宽度 190 像素以内，高度不限
旺旺图标	16×16 像素	右侧模块	宽度 750 像素以内，高度不限

淘宝和天猫除了对网店装修中所使用的图片有一定的要求，对视频也有要求，即在不同渠道中应用的视频大小、播放时间有一定的差别，如下表所示。

渠道名称	网店要求	视频时长	视频要求	视频分类	其他要求	统一要求
有好货	DSR：4.6 以上	9 ～ 30s	商品上架比例：大于 50%； 商品数量：1 个	商品单品视频	商品符合有好货商品调性： ①小众品牌；②设计品味；③创意创新；④特殊款式；⑤海外商品；⑥客单价高	① 画面尺寸要求 720p，比例为 16:9，后期可支持 9:16 和 1:1，即支持横版、竖版； ② 画质高清，如 MP4 格式平均码率 > 0.56Mbit/s； ③ 视频大小小于 120MB； ④ 视频格式要求为 mp4、mov、flv、f4v、avi 及其他主流视频格式； ⑤ 视频只能带同名角标，不能放任何站外链接和二维码； ⑥ 高品质短视频，镜头不虚不晃、构图有审美、包装精致、剪辑有想法，风格、类型不限，拒绝纯电视购物等广告类型； ⑦ 有趣、有新意，在短时间内达到吸引效果
必买清单	无	3min 以内	商品上架比例：大于 50%； 商品数量：3 ～ 6 个	只限视频	① 高端：奢侈品牌、轻奢品牌； ② 中端：性价比高、小众设计师、海外品牌； ③ 以教程、评测类为重点	
爱逛街	DSR：4.7 以上； 店铺信用：1 钻以上	1 ～ 3min	商品上架比例：大于 50%； 商品数量：不限	教程、评测、百科，仅限女性人群	过滤爆款： ① 女装：海外品牌、小众、设计师风格单品； ② 美妆：国际线品牌及国际线开架品牌； ③ 生活：不限，美食类的各种教程、评测类	
每日好店	无	3min 以内	商品上架比例：大于 50%； 商品数量：2 ～ 6 个	剧情、达人故事	与店铺故事、达人故事相关	
淘部落	无	3min 以内	商品上架比例：大于 50%； 商品数量：不限	不限	根据人群标签做匹配后投放	
猜你喜欢 - 全部	无	3min 以内	商品上架比例：大于 50%； 商品数量：1 个	不限	商家主图视频比例为 16:9 和 1:1 均可，商品与视频数量比例为 1:1； 达人视频要求与淘宝短视频基础要求一致	
猜你喜欢 - 视频	无	3min 以内	商品上架比例：大于 50%； 商品数量：不限	不限	过滤敏感词	
淘宝头条	DSR：4.6 以上	10min 以内	商品上架比例：大于 50%； 商品数量：2 ～ 6 个	资讯、评测、知识、百科、科学、盘点、创意广告、剧情、脱口秀	优先级如下： ① 护肤彩妆、数码、美食、搞笑幽默（萌宠、宝宝、脱口秀等）、居家生活； ② 亲子、汽车、影视、淘系业务相关内容； ③ 文艺、个性领域（手作、旅行、运动、星座、二次元、摄影、游戏等）	
备注： 主图视频时长是 9s ～ 10min 不等； 无线视频：单个视频上限大小为 30MB，上限时长为 3min； 达人渠道短视频：单个视频上限大小为 120MB，分渠道不同，上限时长为 9s ～ 10min 不等						

京东

京东是目前较大的一个电商平台，该平台上销售的商品不但有京东自营的，也有很多第三方网店销售的。与淘宝、天猫不同，京东为每个网店标配了店铺首页、商品列表页、店铺简介页和店内搜索结果页 4 个页面，商家可以应用不同的布局模块对每个页面分别进行装修设计。总体来说，京东对网店中使用的图片或视频要求与淘宝大致相似，如下表所示。

图片规范			
图片应用	尺寸（宽度 × 高度）	图片应用	尺寸（宽度 × 高度）
主图	800×800 像素（纯白色背景）	商品推荐	160×160 像素
店招（普通）	990（1290）×150 像素	商品细节描述	宽度 750 像素以内，高度不限
导航条（普通）	990（1290）×40 像素	海报	宽度 781 像素，高度不限
首页 banner	宽度 980 像素，高度不限（980×250 像素）	店内广告	210×300 像素
店铺 Logo	180×60 像素		
视频规范			
视频尺寸	500×500 像素（主图） 宽度 750 像素，高度不限（详情）	视频时长	不超过 20s
视频大小	30MB 以内	视频格式	mp4 及其他主流视频格式
背景要求	建议纯白色背景，或者相应的使用场景；尽可能减少出现其他物品及景观，禁止其他无关人物出现在视频中		

除前面所介绍的淘宝、天猫、京东这几个常见的电商平台外，还有当当、唯品会、亚马逊等电商平台，这些平台中店铺的装修规范与天猫、京东的装修规范大同小异，这里不再赘述。

1.1.3 如何确定网店装修风格

每个网店在装修前一定要确定好装修风格。网店装修风格可以在顾客进入网店后给之以最直观的感受，顾客可以通过网店的装修风格感受到商家的品位、心境，以及网店中的艺术氛围等。因此，商家在确定网店装修风格时，除了要充分体现自身特色，还要充分考虑大众的审美观念，以赢得顾客对网店的良好印象。网店装修风格的确定，需要商家从色调、网页布局等方面考虑。

色调的选择

色调是指网店页面的总体表现，即色彩效果，追求一种醒目的感觉。在大自然中，我们经常见到这样一种现象：不同颜色的物体或被笼罩在一片金色的阳光中，或被笼罩在一片轻纱薄雾中，或被统一在冬季银白色的世界中。这种在不同颜色的物体上笼罩着某一种色彩，使不同颜色的物体都带有同一色彩倾向的色彩现象就是色调。色调的表现在于给人一种整体的感觉，或突出青春活力，或突出专业性，或突出童真活泼等。

色调的表现方式主要体现在色彩的选择上。选择哪种色彩才能真正地体现出自己商品特点、营销的特色呢？我们可以从网店中销售的商品种类入手，如果是经营女性服饰类的网店，通常会选择紫色、粉色及红色等能够突显女性特点的色彩，以突出一种优雅、大方、美丽的感觉；如果是经营食品类的网店，通常会选择绿色、蓝色等为主色调，以突出食品的绿色、环保、无污染等健康理念；如果是经营家居用品类的网店，通常会选择粉色、橙色、黄色和绿色等为主色调，以带来轻松、舒服的感觉。

右图是为某品牌女包所设计的详情页面装修效果，在设计的时候提取了女包上的粉红色为主色调。粉红色是很多女性都比较喜欢的颜色，是一种象征浪漫的色彩，使用这个颜色作为页面的主色调，能轻松营造出幽雅、浪漫的甜蜜氛围。

模块的整合搭配

网店装修过程中，各个模块的布局也是影响装修风格的因素之一。当确定了网店的色调后，模块之间的相关搭配也是至关重要的。模块的搭配要做到统一、简洁。不能将各个模块随意地叠加起来，这样不仅会给顾客一个凌乱的感觉，而且是很难把流量最大化地转化成购买量的。那些经常在网上购物的人，他们一定看过特别多的网店，因此只有整体一致、简洁大方的网店页面才可能让他们在你的网店里多驻留片刻，多“翻翻”你网店里面的宝贝。

左图是为某品牌的数码店铺设计的首页装修效果，在设计的过程中将广告商品采用右文左图和左文右图交替排列的方式，自然而然构建出 S 形曲线，引导顾客视线的同时，也使画面的布局更有设计感。

1.2 网店装修三大要素——色彩、文字和版式

色彩、文字和版式构成了网店装修的三大要素。在对网店进行装修之前，需要先对页面的版面布局有一个清晰的规划、布局，然后通过色彩的合理搭配、文字的组合编排，得到一个比较完整的页面装修效果。本节介绍网店装修的配色、文字编排和版式布局。

1.2.1 网店装修常见配色方案

从视觉的角度而言，顾客最先感知的是网店页面中的色彩。因此，色彩的搭配是网店装修前需要考虑的一个较为重要的问题，它会直接影响整个网店营造的氛围和传递的情感。下面介绍几种较为常用和有效的配色方案。

类似色配色

色相环上距离较近的色彩搭配被称为近似色配色，或者类似色配色。这样的配色在自然界中很容易被找到，所以对眼睛来说，这是一种最舒适的搭配方式，给人平静而协调的感觉。在网店装修中，类似色配色是最不容易出错的一种配色，它可以轻易地让设计的画面形成统一的视觉效果，显得和谐而协调。但是，使用类似色配色的时候，一定要适当加强对比，不然可能使画面显得平淡。

在色相环上，类似色的色相之间的间隔角度在30°左右，如黄与绿黄、蓝与蓝绿等，如右图所示。使用类似色配色可以保持画面的统一与协调。由于类似色的对比较弱，所以搭配效果相对平淡和单调。在实际的配色设计中，可以通过增加色彩的明度和纯度的对比，达到强化色彩的目的。

上图中的收藏区设计，主要使用了蓝色和棕色分别对画面进行配色，并且通过调整色彩的饱和度和透明度使其产生变化，让设计的作品避免单调，呈现出统一、协调的感觉，色彩之间自然地过渡，使整个色彩布局既沉稳、安静，又有些活泼且有灵性，同时产生了明快、生动的层次效果，体现了空间的深度和变化。

类似色配色

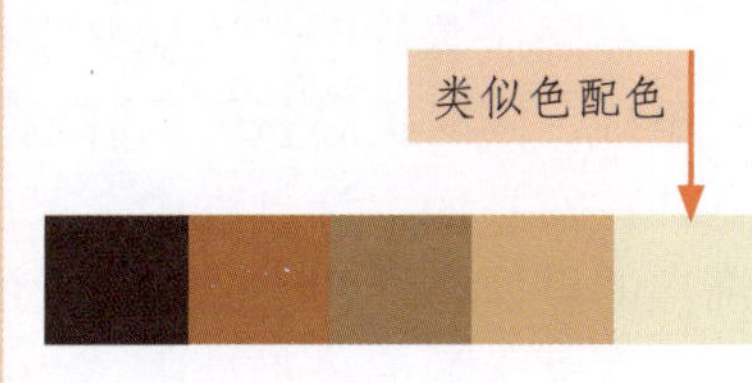

对比色配色

在色相环上，色相之间的间隔角度处于180°左右的色相对比，称为互补色对比，如右图所示，如红与绿、蓝与橙、黄与紫等。互补色的色相对比最为强烈，画面相较于类似色更丰富，更具有感官刺激性。当两个互补色并置时，它们处于最强的对比状态，对比色配色是最具刺激性的色相组合方式。

对比色配色是最突出的一种配色，因此如果想使设计的网店装修画面特别引人注目，那么，对比色配色或许是最佳选择。对比色可以很完美地构建出“撞色风格”。“撞色风格”是近些年来流行的一个关键词，体现出自信与活力，彰显个性，张扬气魄。撞色成了许多设计师表达主题的不二选择。撞色风格简单地说就是将色差大的色彩搭配或拼接在一起，这种风格给人强烈的视觉冲击力。撞色不一定是大范围撞色，还可以是小色块部位的撞色，也能使这种感觉发挥得淋漓尽致，有亮点且不张扬。

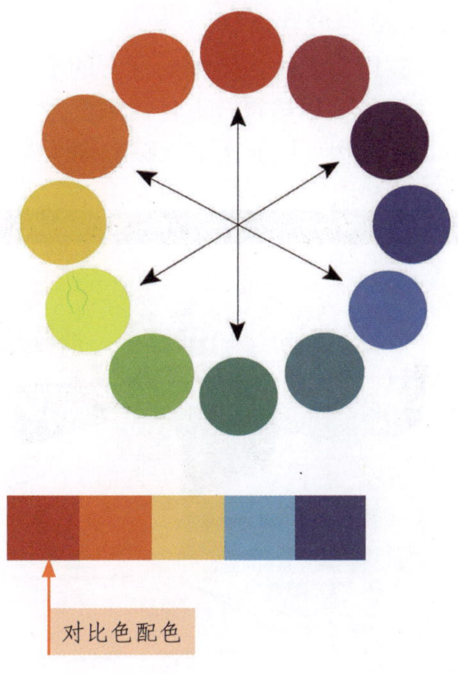

对比色配色

画面中用大面积的蓝色作为主色调，通过橘色、红色和黄色这三种暖色调的搭配，使其与冷色调的蓝色形成强烈的反差，更能将主要的信息突显出来。

1.2.2 掌握网店文字的编排准则

在网店装修中，添加文字信息除了传递出文字本身的含义，还要让画面布局变得有条理，同时提高整体内容的表述力，从而有利于顾客进行有效的阅读及接受主题信息。在实际的设计过程中，不仅需要考虑整体编排的规整性，还要适当地加入带有装饰性的设计元素，以提高画面的美观性，让文字更具设计感。

在文字的编排设计中，为了使设计出来的网店装修画面能够达到理想中的视觉效果，应当对文字的编排准则进行深入的了解。文字的编排准则包含 3 个部分，一是文字描述必须符合主题的要求，即准确性；二是段落排列的易读性；三是整齐布局的审美性。

准确性

在网店装修中，编排文字的准确性不仅是指文字描述必须符合主题的要求，还要求整体排列风格符合设计对象的形象。只有文字内容与排列样式都适合画面主题的风格，才能保证版面文字能够准确无误地传达信息。

左图的商品详情页面中，使用简洁的词组来对各个区域的商品名称和信息进行介绍，让词组和图片产生关联性，同时利用文字的准确描述来提高顾客对商品的认识和理解。

易读性

易读性是指通过特定的排列方式使文字能在阅读方面给顾客带来顺遂、流畅的感觉。在网店装修设计中，可以通过多种方式来增强文字的易读性，如设置宽松的文字间隔、选择大号字体、应用不同的字体等，这些都能让文字之间产生一定的差异，使信息的主次清晰，让顾客容易抓住重要信息。

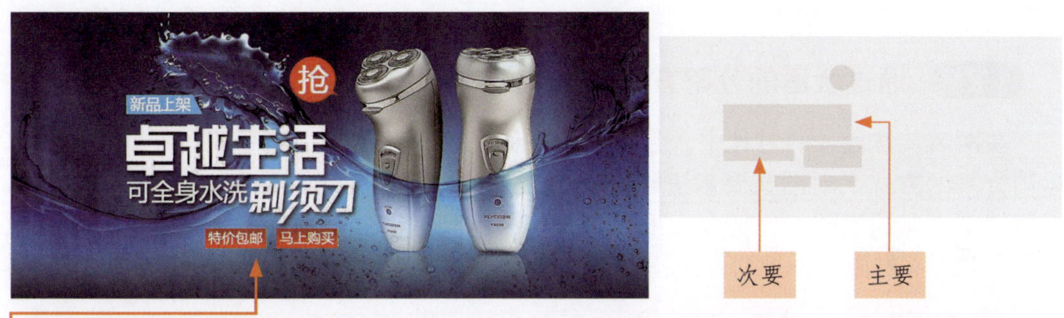

上图的海报设计中，将版面中的部分文字设定为大号字体，并配以适当的间距，同时使用修饰元素对文字的信息进行区分，使它们的阅读性得到提高，更利于顾客看到重要信息。

在网店装修的文字设计中，文字的编排方式是多种多样的，并且不同的排列样式能给人带来不同的视觉效果，因此在设计的时候要根据具体的对象选择合理的编排方式，这样更有助于整体信息的传达。需要注意的是，在进行文字编排时，还应考虑它本身的结构特点及段落文字的数量多少。例如，当文字数量较多且均采用小号字体时，就可以采用首字突出的方式来提升整段文字的吸引力。

审美性

美感是所有设计工作中必不可少的重要因素。在网店装修设计中，文字的审美性是指文字编排在视觉上的美观度。富有美感的文字编排设计更能打动顾客，使其对画面中的信息和商品产生兴趣。为了满足文字编排设计的审美性，可以对字体进行艺术性的编排设计，并添加一些装饰元素，从而在结构上增添其美感。

上图的网店店招设计中，通过添加可爱的设计元素，将其与单一的文字组合在一起，利用不同的颜色和巧妙的位置安排来增强其趣味性，也提升了艺术性。

提示

网店装修的文字设计中，通过加入艺术字体来提升画面整体的艺术性，可以给顾客以美的感受。值得注意的是，艺术字体的表达内容与风格必须要与整个版面的主题及文字本身的内容相符；否则，文字设计虽美，但与主题无关，也达不到目的。

1.2.3 通过合适的分割方式安排装修文本

在网店装修设计的过程中，为了把握好商品或模特图片与文字的搭配效果，可以运用分割的方式来对图文要素进行合理的规划，并使它们之间的关系得到有效协调。根据切割走向的不同，分割方式可分为垂直分割和水平分割两种，其中垂直分割有左图右文和左文右图两种排列方式；水平分割有上文下图和上图下文两种排列方式。

左图右文

垂直分割将画面分成左、右两个部分，把商品或模特图片与文字分别安排在画面的左半部分和右半部分，从而形成左图右文的排列方式。相较于文字来讲，图片拥有更强的视觉感染力，这种排列方式在很大程度上能够使画面产生从左至右的视觉流程，正好符合人们的阅读习惯。因此，左图右文的排列方式在结构上能给人一种顺畅的感受。

上图为收藏区的设计，将图文分别以左图右文形式排列在画面中，形成从左至右的阅读顺序，此排列方式不仅迎合顾客的阅读习惯，还增强了商品腕表和文字在版面上的共存性。

左文右图

与左图右文相反，左文右图是将文字放在画面的左半部分，把商品或模特图片放在右半部分。在实际的创作中，借助图片的视觉吸引力，使画面产生从右至左的视觉流程，由于该视觉流程与人们的阅读习惯正好相反，所以更容易在视觉上给人带来一种新奇感。因此，左文右图这种排列方式也是网店首页海报设计中比较常用的一种排列方式。

右图是某品牌饰品网店首页设计的宝贝推荐图，采用了左文右图的排列方式，打破了人们常规的阅读习惯，从而在视觉上形成奇特的布局样式，更容易给顾客留下深刻的印象。

上文下图

水平分割将画面分成上、下两个部分，同时将文字和图片分别安排在画面的上半部分和下半部分，从而构成上文下图的排列方式。将商品或模特图片放在画面的下半部分，使它的视觉形象变得更加沉稳，与此同时，排列在图片上方的文字则在视觉上给人带来一种上升感，借助两者之间的呼应关系，可以增强版面的整体表现力。

左图为某品牌女鞋网店首页设计中的部分截图，设计中利用了上文下图的排列方式，增强了文字和图片在视觉上的表现力，使顾客能够自然地从上到下进行阅读。

上图下文

将画面水平进行分割，把图片和文字分别安排在画面的上半部分和下半部分，从而构成上图下文的排列方式。在实际的网店装修过程中，通过将文字摆放在图片的下方，从形式上增强它们的关联性，这种特殊的排列位置还能给人带来安稳、可靠的感受，从而增强顾客对画面信息的信赖度。在需要展示多种商品的版面中，大多会采用上图下文的排列方式。

左图的商品信息使用上图下文的排列方式进行编排，突出了图片信息在视觉上的表达，同时，将需要着重表现的“包邮”“爆款”“精品”等文字信息用不同的颜色进行表现，更容易获得顾客的关注。

1.2.4 版面布局的形式法则

版面布局是指将商品页面的组成要素进行合理的编排，以达到吸引顾客的目的。版面布局的形式法则是创作画面美感的基本准则，它能帮助初学者快速掌握设计要领，从而设计出优秀的网店装修页面。美的形式法则没有固定的章法可循，主要依靠设计师的灵活运用与搭配。只有在大量的设计实践中熟练运用，才能真正理解和掌握版面布局的形式法则，并善于运用它，创作出优秀的网店装修作品。

对称与均衡

对称与均衡是统一的，都是让顾客在浏览网店信息的过程中求得心理上的稳定感。

对称与均衡是指画面两边或四周的视觉元素具有相同的数量而形成画面均衡感。在对称与均衡中，采用等形不等量或者等量不等形的方法组织画面内容，会使画面更加耐人寻味，增强细节上的趣味性。

左图的商品详情页面中使用了左右对称的形式进行设计，但又不是绝对的对称，画面中的布局在基本元素的安排上赋予固定的变化，对称更灵活、生动，是设计中较为常用的表现手段，具有现代感的特征，也让画面中的商品细节与文字搭配更加自然。

节奏与韵律

节奏是有规律的重复，对于版面来说，只有在组织上合乎某种规律并具有一定的节奏感，才能形成韵律。节奏使组成节奏的各个元素都能够得到体现。韵律是通过节奏的变化来产生的，设计网店的画面时合理运用节奏与韵律，能将复杂的信息以轻松、优雅的形式表现出来。

右图为 3 张女士服装图片的展示，3 张图片的色彩和布局统一，相同形式的构图体现出画面的韵律感，而每个画面中的模特形态和内容又各不相同，这样表现出节奏的变化，让商品信息的展示显得更加轻松。

对比与调和

对比与调和看似是一对矛盾的综合体，实质上却是相辅相成的统一体。在很多的网店装修设计中，画面中的各种设计元素都存在着相互对比的关系，为了寻求视觉和心理上的平衡，设计师往往会在对比中寻找能够相互协调的因素，即在对比中寻求调和，让画面在富有变化的同时，又有和谐的审美情趣。

对比是差异性的强调，对比的因素存在于相同或相异的性质之间，也就是把具有对比性的两个设计元素相比较，产生大小、明暗和粗细等对比关系。

左图中的粉色包与旁边的文字在明度上相似，但是在面积和疏密关系上又存在明显的差异，因此整个画面既有色彩和面积上的对比，又显得和谐、统一。

调和是指强调画面内容与形式上的近似性，在各种设计元素之间寻求共同点，缓和各元素之间的矛盾冲突，使画面呈现出舒适、柔和的效果。

右图中几张较小的图片排列整齐，且大小一致，虽然与上方较大的图片在色彩与外形上采用了相同的表现形式，但是这些图片在整个画面中既对比又和谐地组合在一起。

虚实与留白

虚实与留白是版面设计中重要的视觉传达手段之一，采用对比与衬托的方式将画面中的主题部分烘托出来，使版面层次更加清晰，且主次分明。

虚实是指为了强调主体，可将主体以外的部分进行虚化处理，用模糊的背景将主体突出，使主体更加明确。在网店装修设计中，通常会采用降低不透明度的方式。留白是指在画面中巧妙地留出空白区域，赋予画面更多的空间感，令人产生丰富的想象。

左图中应用水墨样式的荷花作为背景，通过降低其不透明度对背景进行虚化处理，在画面中表现出明显的轻重对比，让顾客的注意力被画面中间的手串所吸引，给人留下深刻的印象。

1.2.5　常见的网店装修版式布局视觉流程

网店装修版式布局的视觉流程就是布局对顾客的视觉引导。要想引导顾客的视线关注范围和方向，可以通过视觉流程的规划来实现。网店装修比较常见的版式布局视觉流程有单向型和曲线型两种。

单向型视觉流程

视觉流程是视觉传达设计的重要元素。为了使视觉流程能够将信息在有安排的情况下一一地传达给顾客，单向型视觉流程必不可少。通过横向、竖向、斜向的引导，能够让顾客更加明确地了解网店中的内容。

采用横向视觉流程设计的画面，符合人们的阅读习惯，有一种条理性较强的感觉；采用竖向视觉流程设计的画面，可以产生稳定感，条理显示更清晰；采用斜向视觉流程设计的画面，可以赋予画面强烈的动感，增强视觉吸引力。

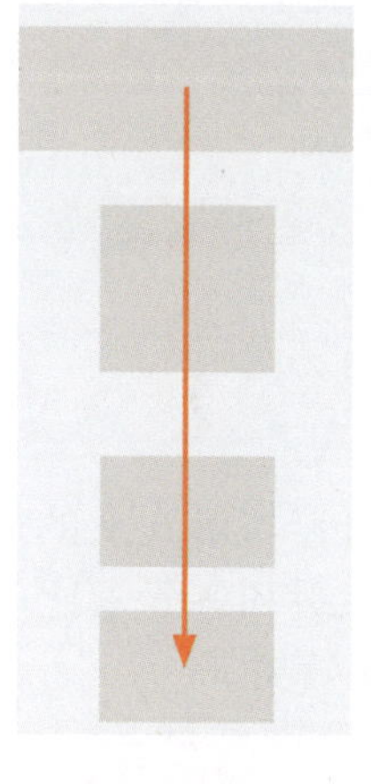

竖向视觉流程设计给人坚定而直观的感觉，让顾客的视线随着画面的下移而改变，但是这样的设计要注意每组信息之间的间隔，避免造成头重脚轻、上身虚浮的情况，使人产生视觉疲劳。

曲线型视觉流程

在版面布局的视觉流程中，若要给人一种曲折迂回的视觉感受，则需用到曲线型视觉流程。曲线型视觉流程是指画面中所有设计要素按照曲线或者回旋线变化排列。

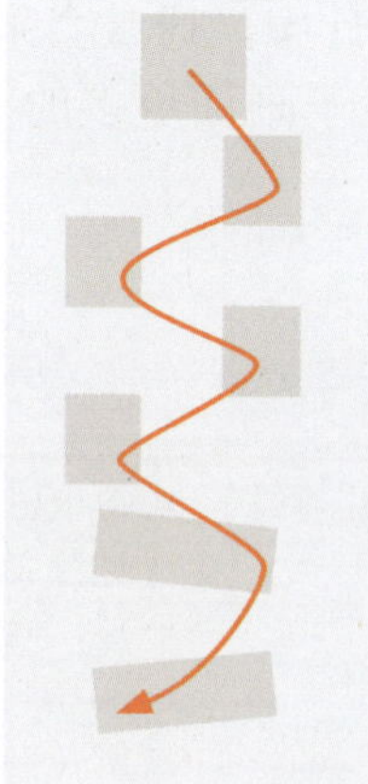

S形曲线引导是网店装修设计中常用的一种版面布局视觉流程，将版面按照S形曲线进行编排，不但可以产生一定的韵律感，还能给整个设计带来一种隐藏内在的力量，容易让版面的上下或左右平衡，使得画面的视觉空间更加灵动。曲线型视觉流程很容易形成视觉上的牵引力，让顾客的视线随着曲线进行移动，引导阅读的效果较为明显。

对角线页面布局让顾客的视线集中在商品图片上，使画面的局部形成一个强调效果，让其更加突出地呈现出来。这种强调的手法可以通过放大、弯曲、对比等技巧来体现，并尽可能地根据人们的视线移动方向进行排列布局，是较为典型的一种曲线型视觉流程。

1.3　网店装修中常用的软件

工欲善其事，必先利其器。网店装修常用的两个软件是用于处理与设计图片的Photoshop 和用于编辑视频的 Premiere Pro。

1.3.1　认识网店装修的利器——Photoshop

网店的装修设计是一项较为精细和烦琐的工作，需要对拍摄的照片和收集的素材进行一系列的整理、修饰、美化和组合，最终才能完成设计。下面简要介绍 Photoshop 的工作界面。

启动 Photoshop 程序，打开 Photoshop 的工作界面，可以看到其主要包含菜单栏、工具选项栏、面板、工具箱、图像窗口和状态栏几部分，如下图所示。

菜单栏：Photoshop 将所有的菜单命令分为 11 类，当单击菜单栏中的某个菜单时会打开相应的下级菜单。

工具选项栏：显示所选工具的相关选项，根据选择工具的不同，工具选项栏中的选项也不同。

面板：汇集了操作中常用的选项或功能，其中可以选择不同的面板，单击面板右上角的扩展按钮，可以打开面板菜单。

工具箱：根据功能将工具以图标的形式聚在一起，从工具名称和形状可以了解该工具的主要功能。

图像窗口：对图形、图像进行编辑操作和浏览的主要场所。

状态栏：包含图像显示比例、文件大小、浮动菜单按钮和工具提示栏 4 部分。

1.3.2 网店视频制作利器——Premiere Pro

网店装修设计中，除了平面图片的处理，也会涉及一些视频的编辑与设置。Premiere Pro 是由 Adobe 公司推出的影音编辑软件，具有可视化操作页面和多变的特效功能，因此被广大非专业人员应用于各种不同风格的网店短视频的制作。

启动 Premiere Pro 程序，出现欢迎界面，如右图所示，在这个界面中可以打开最近的项目、新建项目和查看主要功能。

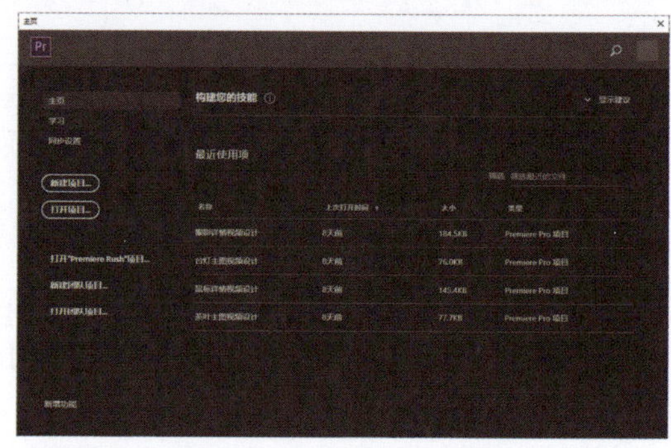

新建或打开一个项目，进入 Premiere Pro 的标准工作界面，如下图所示，其中包含菜单栏、源监视器、工作区菜单、节目监视器、“时间轴”面板、“项目”面板、工具栏、编辑工具面板组等部分。

菜单栏：所有菜单命令的汇总，包括文件管理、序列管理、导出视频等。

源监视器：双击“项目”面板中视频素材名称，就会在“源”面板中显示视频素材。

工作区菜单：单击可以跳转到不同的预设工作区。

节目监视器：用于对编辑视频文件进行实时预览。

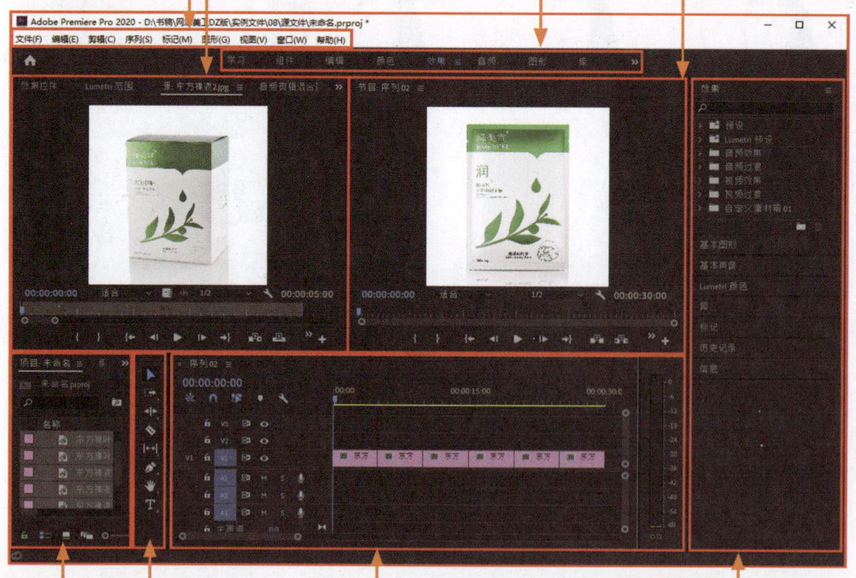

“项目”面板：管理导入和新建的素材，也可以创建序列。

工具栏：提供选择、编辑视频的重要工具。

“时间轴”面板：用于视频素材的剪辑和效果设置。

编辑工具面板组：用于选择需要使用的面板，包括“效果”“基本图形”“基本声音”等。

1.4　网店装修的工作流程

本书包含多个案例，利用这些案例的源文件，通过对其中的内容进行替换，再进行一系列的操作，就能实现网店的装修。下面简单介绍网店装修的流程。网店装修一般只需要经过几个简单的操作步骤，就可以实现绚丽的装修效果。

1.4.1　收集并整理装修素材

开始装修网店前，需要准备好相关的素材，如拍摄好的商品照片、视频及其他一些装修中需要使用到的素材等。将这些素材放到对应的文件夹中，如右图所示，为后面进行装修设计工作做好准备。

把所有需要使用到的素材都放到一个名为“装修素材”的文件夹中。

1.4.2　在 Photoshop 中设计装修效果图

准备好装修素材后，就可以启动 Photoshop 程序进行网店页面的装修设计。在 Photoshop 中利用准备的素材，对页面进行修饰、美化和设计，制作成网店中的店招、导航条、欢迎模块、客服区等模块，如右图所示，然后将这些模块进行整合得到完整的装修页面。将制作好的装修效果图保存起来。为方便随时进行修改，保存的效果图可以为 PSD 格式和 JPEG 格式。

对素材进行处理，制作出页面中的店招、导航条、欢迎模块、客服区等。

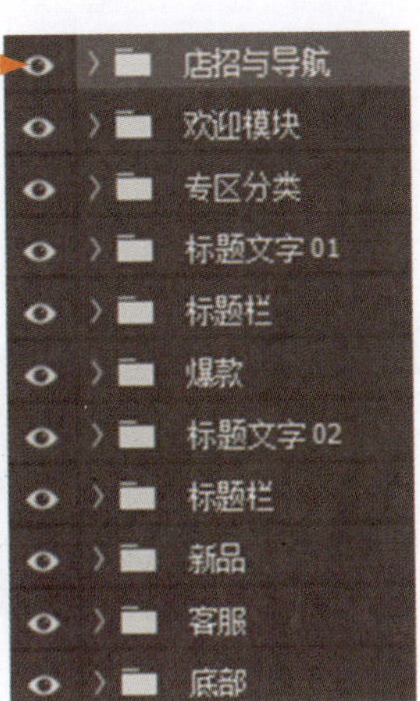

1.4.3 对图片进行切片和优化处理

在 Photoshop 中制作完成的网店装修设计图通常是不能直接应用于网店装修的，为了使图片能够满足网页功能设计及网络传输的要求，在进行图片的上传和发布前，还需要根据实际情况对图片进行切片和优化处理。对图片进行切片能够加快图片的下载速度，提升页面的浏览体验。

选择工具箱中的“切片工具”，在图片上单击并进行拖曳即可创建切片，创建切片后，在每个切片的左上角，会显示出切片的序号，如下图所示。

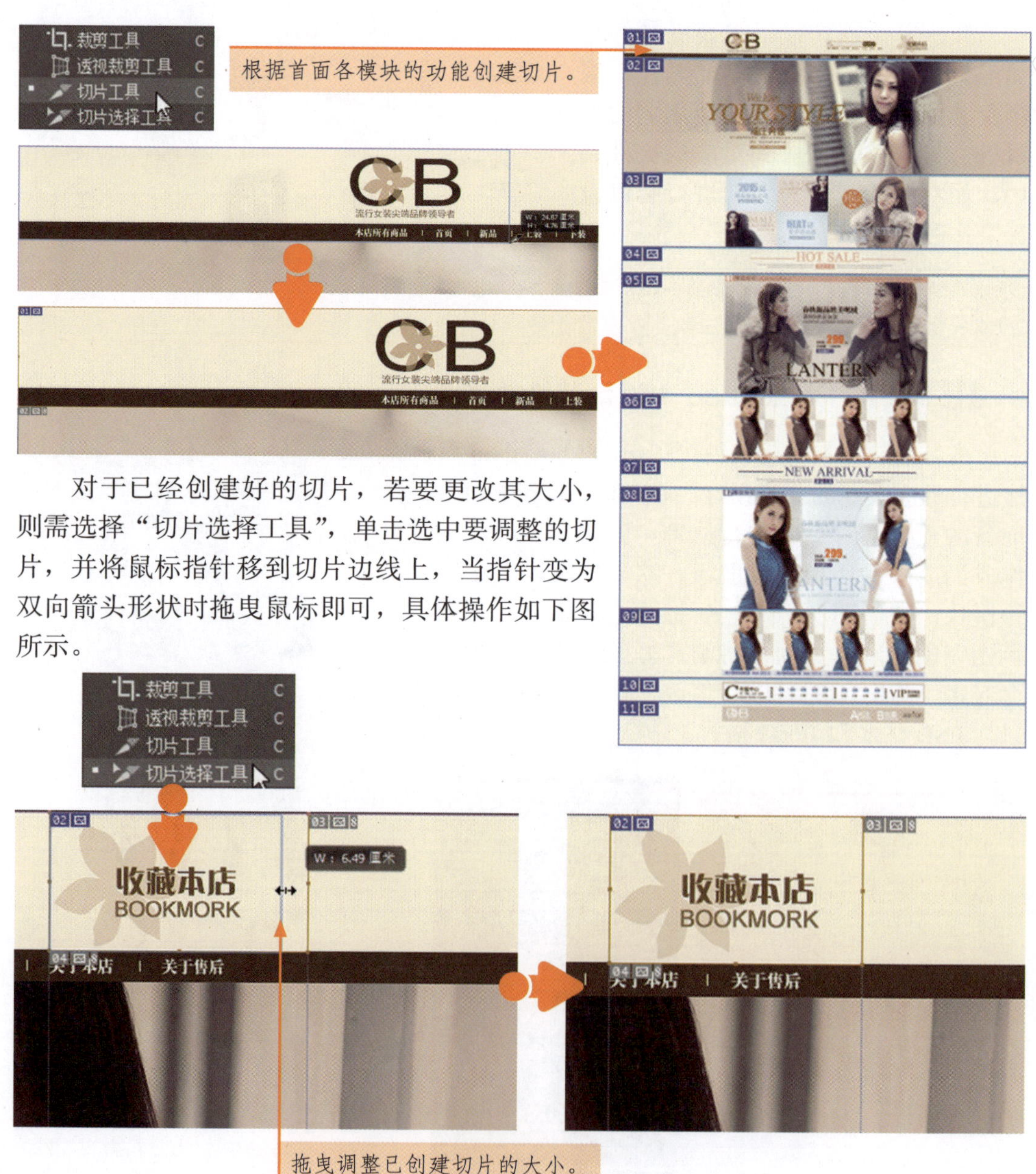

对于已经创建好的切片，若要更改其大小，则需选择“切片选择工具”，单击选中要调整的切片，并将鼠标指针移到切片边线上，当指针变为双向箭头形状时拖曳鼠标即可，具体操作如下图所示。

创建好切片后，就可以使用 Photoshop 中的“存储为 Web 所用格式（旧版）”命令对图片进行优化输出。对切片后的设计图执行“文件 > 导出 > 存储为 Web 所用格式（旧版）”命令，打开“存储为 Web 所用格式”对话框，在对话框的显示框中单击某一个切片，就可以在右边的面板中为这个切片设置不同的文件格式参数。

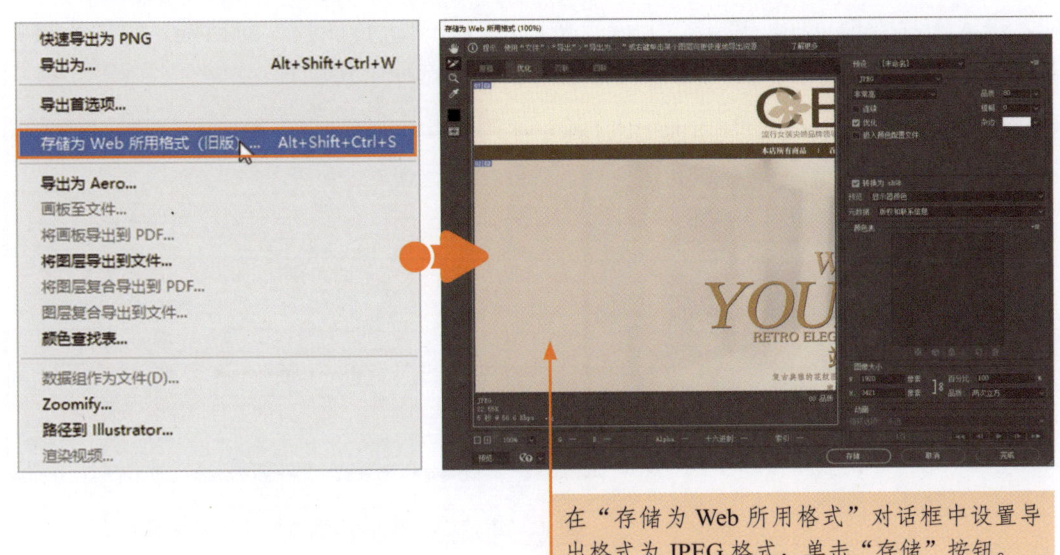

在“存储为 Web 所用格式”对话框中设置导出格式为 JPEG 格式，单击“存储”按钮。

完成优化设置之后，单击“存储”按钮，打开“将优化结果存储为”对话框，指定保存格式为“仅限图像”，并指定文件保存的路径，单击“保存”按钮后将得到一个“images”文件夹。打开“images”文件夹，在文件夹中可以看到所有的设计图切片都以独立的图片形式保存在其中。

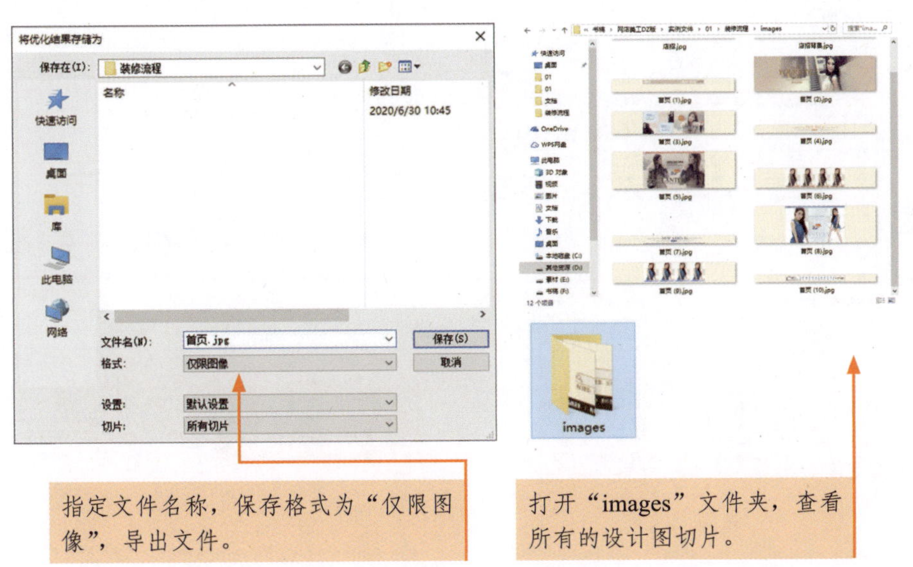

指定文件名称，保存格式为“仅限图像”，导出文件。

打开“images”文件夹，查看所有的设计图切片。

1.4.4 将图片和视频上传到网络空间中

网店装修时，要先将制作好的视频和“images”文件夹中的图片全部上传到网络空间相册中。下面以淘宝网为例介绍如何将图片上传到个人店铺的网络空间相册中。

登录淘宝账号，进入“店铺装修后台”，单击“店铺管理”下方的“图片空间”选项，进入图片管理页面，单击“上传”按钮，打开“上传图片”对话框，可以直接将图片拖曳到对话框中间位置，也可以单击“上传”选项上传图片。

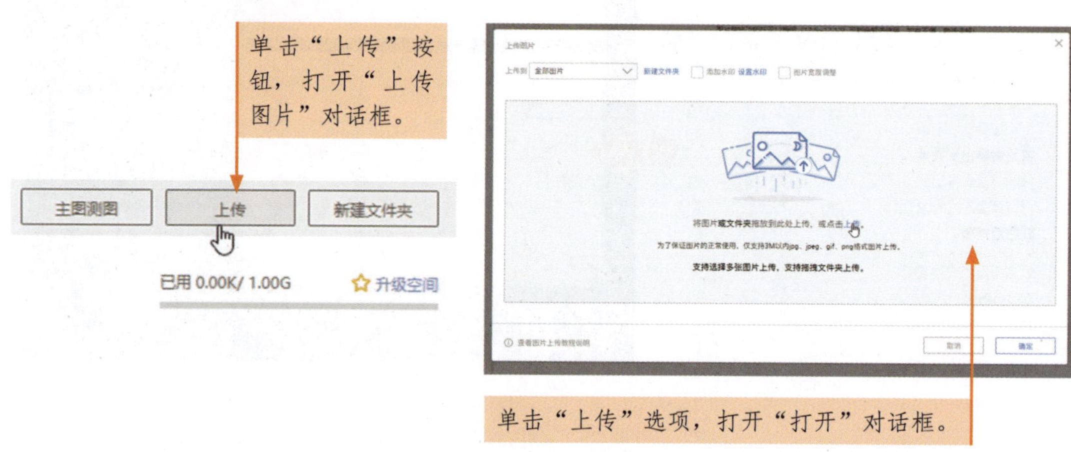

单击“上传”选项，将会打开“打开”对话框，在对话框中选择要上传的图片，然后单击“打开”按钮，开始上传选择的图片。上传完成后，在页面中会显示上传图片的缩览图效果。选中图片，可以对其进行重命名操作，也可以单击“删除”按钮，删除已经上传的图片。

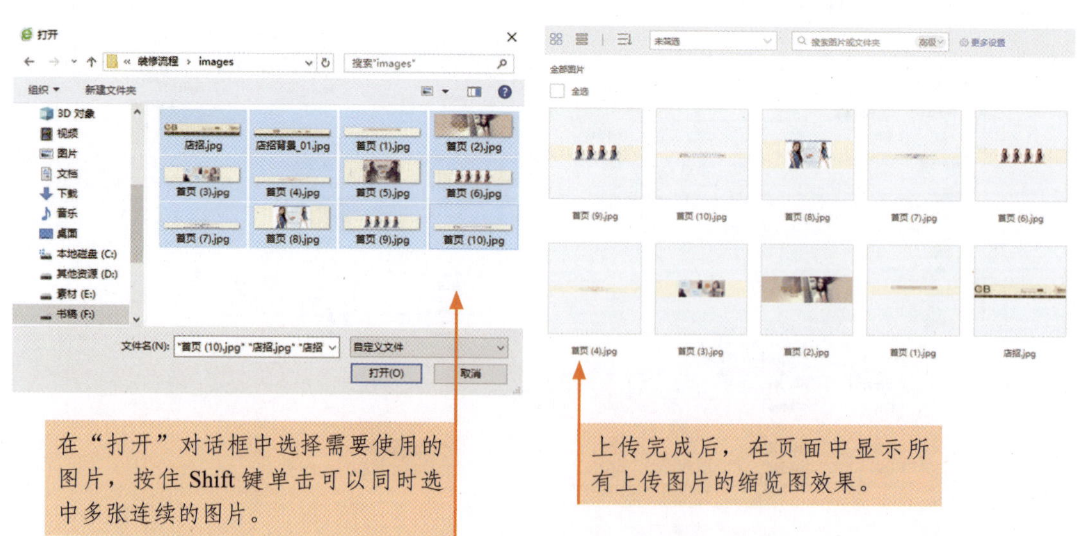

提示

除了图片，部分网店也会在主图和商品详情页面中加入视频。视频的上传方法与图片的上传方法类似。在图片管理页面中单击“视频”按钮，选择上传类型为视频，然后单击页面右侧的“上传”按钮即可上传视频。建议上传视频的时长为 30 ～ 60s，大小在 300MB 以内，视频画面比例为 16:9、3:4、1:1。

1.4.5 编写代码完成装修

完成图片和视频的上传工作后，需要使用 Dreamweaver 软件为 HTML 文件编写代码。启动 Dreamweaver 软件，创建新的文件，分别编写店招和页面自定义模块的代码。编写代码时，需要复制“店铺装修后台”中的图片链接地址，然后在 Dreamweaver 中粘贴复制的链接地址，为图片设置好链接，完成后在“设计”视图窗口中预览页面效果。

店招背景.jpg

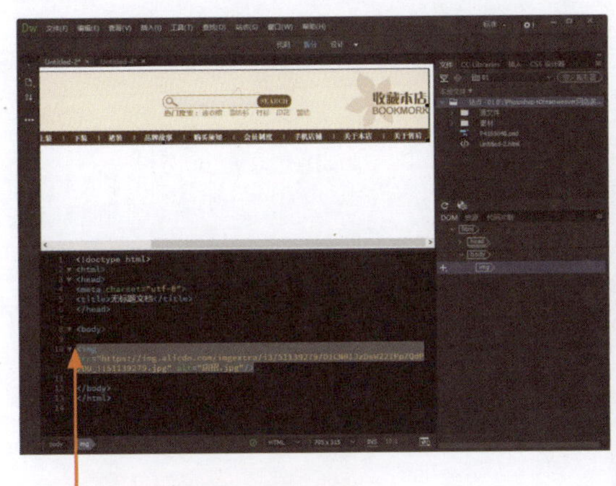

编写店招模块的代码。

编写自定义模块的代码。

确认代码无误后，进入“店铺装修后台”，删除多余的装修模块，分别单击店招和自定义模块右侧的“编辑”按钮，在打开的对话框中单击“源码”按钮，将编写好的代码复制并粘贴到模块编辑区域，最后单击“发布”按钮，即可发布装修后的店铺。发布后刷新页面或重新进入店铺，就可以看到装修后的页面效果。

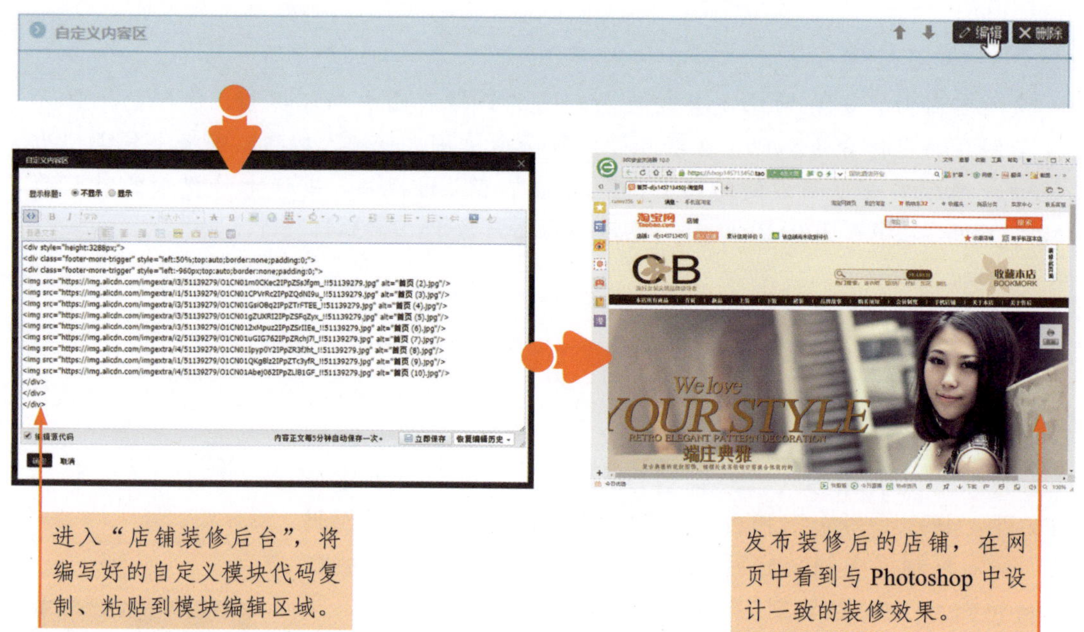

进入“店铺装修后台”，将编写好的自定义模块代码复制、粘贴到模块编辑区域。

发布装修后的店铺，在网页中看到与 Photoshop 中设计一致的装修效果。

第 2 章

网店装修五大技能

在网店装修的准备阶段拍摄的商品照片通常都不能直接使用，因为拍摄环境、器材和摄影水平等的限制，难免出现照片构图或曝光不佳、存在瑕疵或色差等问题，此时就需要使用 Photoshop 对照片的尺寸、构图、瑕疵等进行编辑和处理。本章介绍网店装修的五大技能——裁剪、修复、调色、抠图、文字。

2.1 裁剪与校正

在网店装修中使用的设计图的尺寸只要能够满足显示设备的显示与网络快速传输的要求即可，而拍摄的照片的尺寸往往会超出网店装修的要求，此时就需要后期对照片进行裁剪。使用 Photoshop，不但可以裁剪掉照片中的多余图像，对画面进行重新构图，还能用于倾斜照片的校正处理。

2.1.1 重设照片的尺寸

原始照片的宽度和高度基本都在 1000 像素以上，这样的大尺寸照片并不能直接用于网店装修，因为过大的照片不仅会降低网页加载的速度，还会在合成、加工和制作网店装修图片的过程中，使软件的处理速度变慢，大大降低了工作效率。另外，还有一个关键的原因是，尺寸过大的照片不能匹配网店页面的宽度规格。

在 Photoshop 中可以通过“图像大小”命令来快速更改照片的尺寸，在改变照片尺寸的同时，照片文件的大小也会随之改变，具体如下图所示。

以 25% 比例显示原始的照片，照片能够占满整个图像窗口。

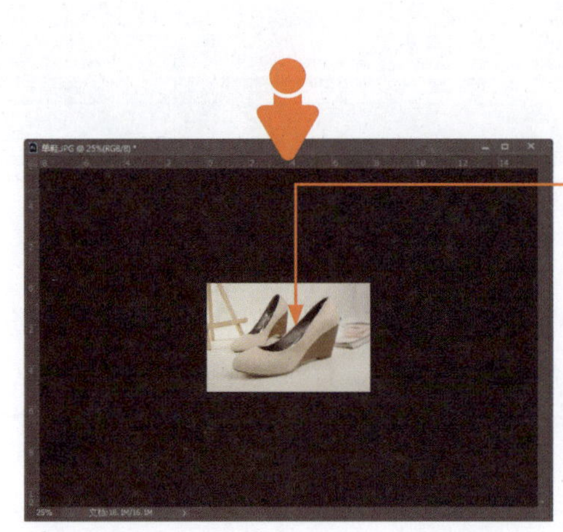

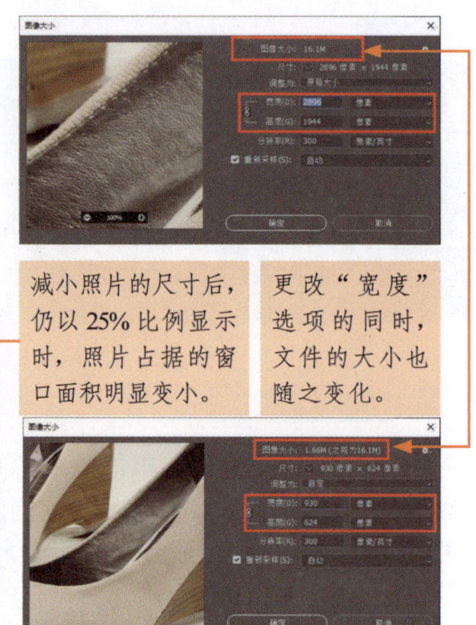

减小照片的尺寸后，仍以25%比例显示时，照片占据的窗口面积明显变小。

更改“宽度”选项的同时，文件的大小也随之变化。

从如上操作过程可以看到，照片“宽度”和“高度”选项等比例减小之后，照片的文件大小随之变小，达到了我们之前所期望的结果，即通过缩小照片的尺寸来减小文件占用的存储空间，这样的照片便于快速编辑，更适合用于网店装修。

2.1.2 裁剪图像改变构图

对商品照片进行重新构图，是为了达到两个目的：第一个目的是对前期拍摄中构图不理想的照片进行调整，让商品处于画面视觉中心的位置；第二个目的是对完整的商品照片进行裁剪，以清晰地展示商品的某个局部，制作出商品的细节展示图。但是后者要求前期拍摄的商品照片尺寸足够大，最好是对原始照片进行裁剪，以保证裁剪后的图像仍然清晰。

要想让照片中的商品处于视觉中心，那么在裁剪照片的过程中，需将商品框选在裁剪框的中心位置。如下图所示，裁剪后的女鞋显示在画面的中间，十分醒目。

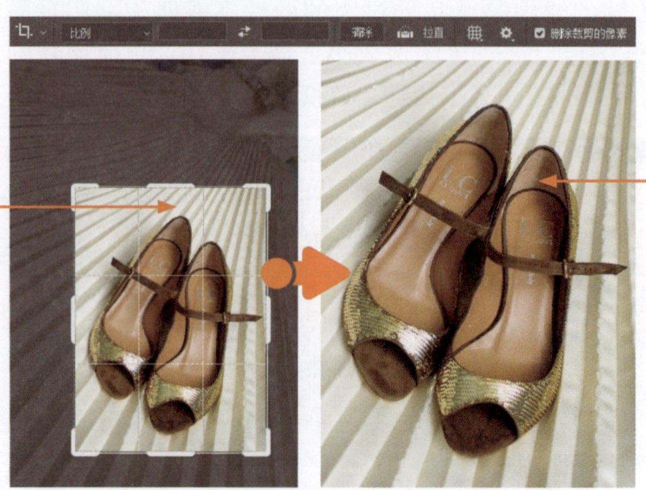

使用“裁剪工具”在图像窗口中单击并拖曳，调整裁剪框的位置和大小，将商品框选到裁剪框中。

按Enter键确认裁剪，可以看到裁剪后的照片中商品主体更加醒目。

前面提到的第二个目的是截取完整商品照片的一部分图像，获得商品的细节展示图。进行这种裁剪操作时最好将照片以 100% 比例显示，以确保裁剪后图像的清晰度。

创建裁剪框，将要突出显示的女鞋内侧的图像框选到其中。

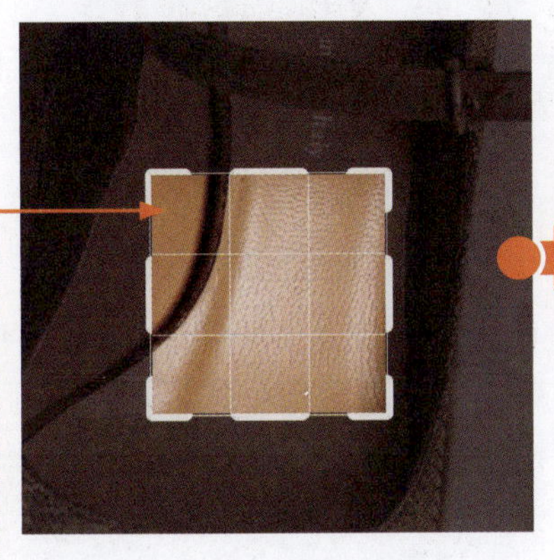

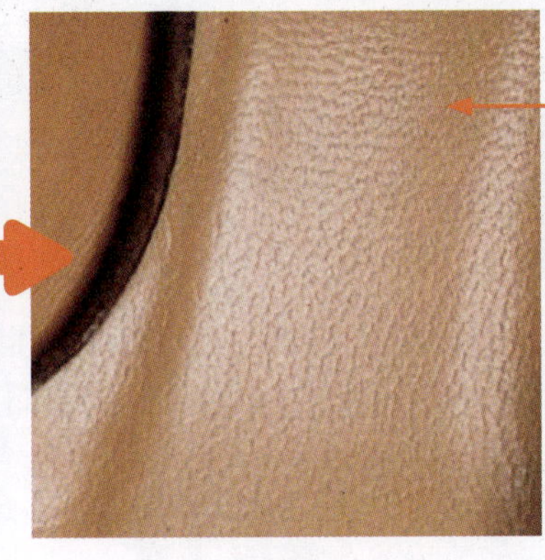

裁剪后的图像主要显示女鞋内侧的材质，展示商品的局部细节。

提示

使用“裁剪工具”裁剪照片时，可用多种方法提交裁剪结果。方法一是按键盘上的 Enter 键；方法二是选择“裁剪工具”以外的其他工具，并在弹出的对话框中单击“裁剪”按钮；方法三是单击裁剪工具选项栏中的“提交当前裁剪操作”按钮。

2.1.3 拉直让商品端正展示

在拍摄商品照片的过程中，有时因为拍摄环境或拍摄器材的限制，会导致照片画面倾斜，利用 Photoshop 中的“裁剪工具”就可以解决这个问题。“裁剪工具”中的拉直功能可以快速重新定义商品照片画面的水平或垂直基线，以一定的角度对照片进行旋转裁剪。

在工具箱中选择“裁剪工具”，再在其工具选项栏中单击“拉直”按钮，使用鼠标在照片中单击并沿着画面中的水平方向或垂直方向进行拖曳，重新绘制画面的水平基线或垂直基线，在图像窗口中可以看到绘制的直线末端会显示出旋转裁剪的角度，释放鼠标后，Photoshop 会根据绘制的基线创建一个带有一定角度的裁剪框，此时裁剪框中的图像将显示出平稳的视觉效果，如下图所示。

如果对拉直的效果不满意，可以再次单击“拉直”按钮，反复绘制水平基线或垂直基线，直到获得满意的拉直效果为止。

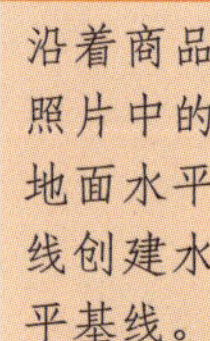

创建的裁剪框中的图像显示出平稳的视觉效果。

拉直后，还可以将鼠标指针放在裁剪框的边缘，通过单击并拖曳来调整裁剪框的高度和宽度，裁剪掉多余的画面部分，使商品得到平稳且集中的展示，如下图所示。

提示

除了使用“拉直”按钮拉直图像，还可以使用“标尺工具”对图层进行拉直操作。该工具将根据鼠标拖曳出的一条直线对图层进行一定角度的旋转，再使用“裁剪工具”将多余的图像裁剪掉，即可恢复画面在水平方向或垂直方向上的平衡。

2.2 修复瑕疵还原精致细节

在拍摄商品照片时可能会使用摄影棚等辅助场地和挂钩等工具，同时拍摄使用的相机大多支持较高像素，也会把商品上的灰尘、毛发等细微对象清晰地摄入照片中。这些元素也许看起来很微小或不起眼，但一旦出现在商品照片中，就会影响商品照片的表现力，因此，在处理商品照片时就需要将它们去除。

2.2.1 去除用于悬挂商品的挂钩

在拍摄箱包、衣服等商品时，通常会使用挂钩将商品悬挂起来，以完整展现商品的某一面，但是挂钩也不可避免地出现在照片中，破坏了照片的整体美感。下面介绍如何去除拍摄中用于悬挂商品的挂钩。

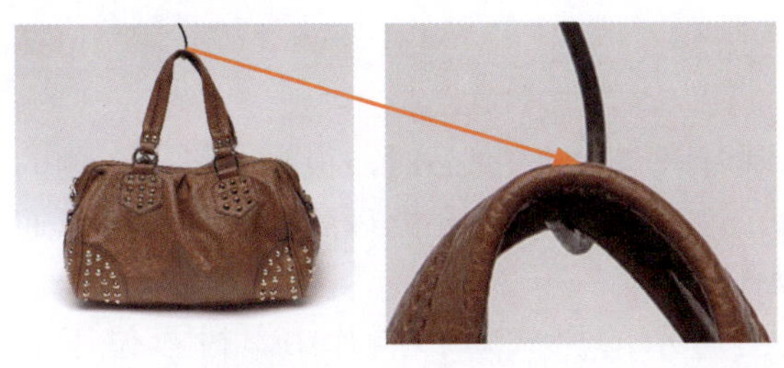

打开一张手提包照片，将照片放大后，可以清晰地看到包带顶端出现了一个铁丝挂钩，如左图所示。挂钩的出现使原本较为理想的商品展示画面变得格外不美观，下面介绍去除在商品内部和外部两个不同位置的挂钩图像的方法。

挂钩上端的图像位于商品之外，而且其四周的图像颜色较为单一，因此可以通过将其添加到选区再为选区填色的方法，去除挂钩上端图像，具体操作如下图所示。

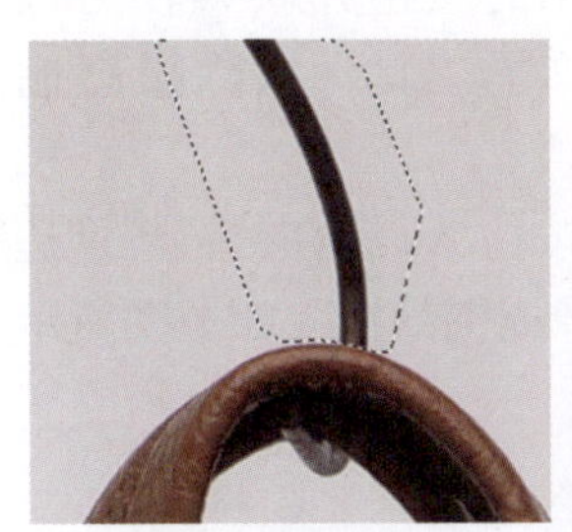

将挂钩上端图像添加到选区后，在其周围提取颜色作为前景色，然后使用提取的前景色填充选区。

为了去除余下的位于包带上的挂钩下端图像，需要使用其他方法，即利用“仿制图章工具”的仿制功能，将一个区域的图像复制到目标区域，以遮盖住挂钩下端图像，如下图所示。选择“仿制图章工具”，按住 Alt 键单击设置仿制区域，接着在目标区域单击，就会用仿制区域的图像覆盖目标区域。

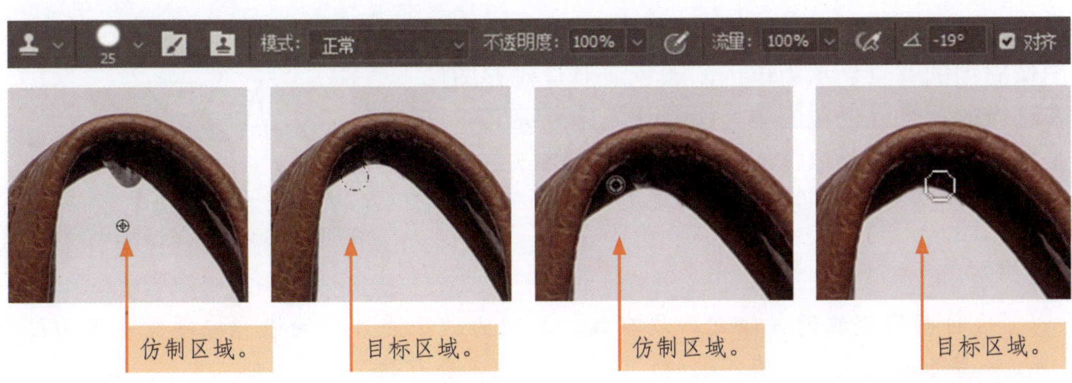

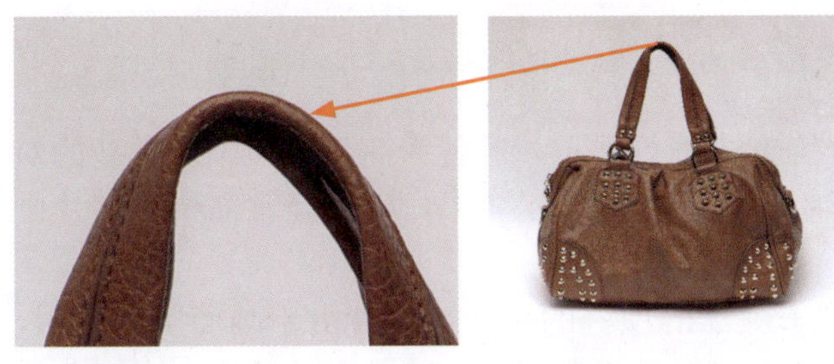

去除了挂钩图像后，可以看到手提包包带原本与挂钩连接的位置显示出较为真实的阴影和材质效果，整体画面更加美观，如左图所示。

2.2.2 去除摄影棚的痕迹

在摄影棚中拍摄衣服、箱包、鞋或者一些体积较小的商品时，很可能将摄影棚的边角、接缝摄入照片中，这些元素会直接暴露拍摄的环境。在处理商品照片时可以通过一个较为有效的方式将其去除，具体的操作如下。

如左图所示的男式衬衫照片中，衬衫位于画面的中央，周围的图像表明照片是在小型摄影棚中拍摄的。通过仔细观察可以发现，摄影棚图像的颜色基本一致，为了减轻操作的负担并获得较为理想的处理效果，下面使用“画笔工具”去除摄影棚的痕迹。

选择“画笔工具”后，按住 Alt 键在衬衫图像边缘单击以提取颜色作为前景色，接着使用“常规画笔”在衬衫图像周围涂抹，如下图所示。

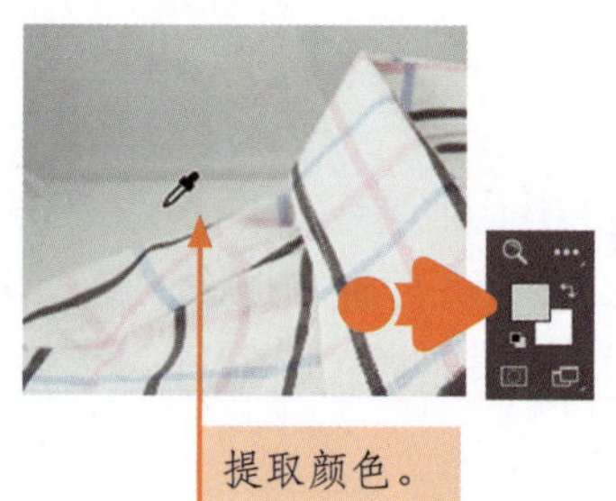

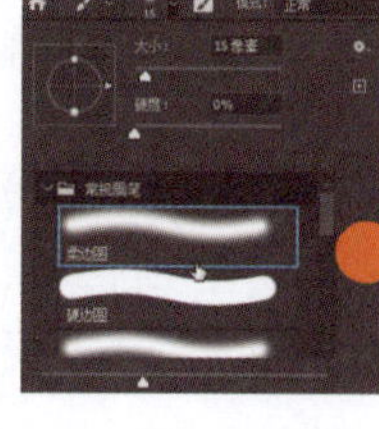

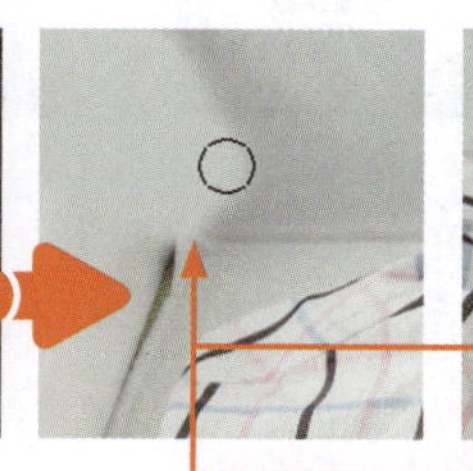

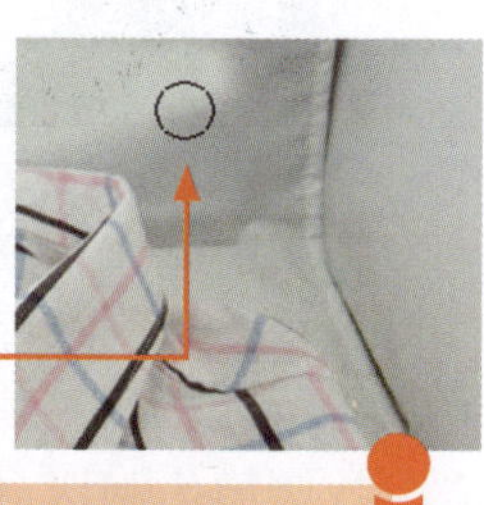

如右图所示，使用“画笔工具”处理后的衬衫图像周围的背景显示为单一的颜色，但是衬衫图像在这样的背景颜色包围中并不会让人感到突兀。这是因为提取了衬衫边缘的颜色作为涂抹的颜色，使整个画面色彩之间的连接自然而真实。

提示

这种画笔涂抹的方法之所以有效，是因为这张照片中的摄影棚图像基本为纯色。如果拍摄时背景是有花纹的，这种方法就不会有效了。

2.2.3 去除模特的瑕疵

某些商品会通过模特佩戴、穿着等方式进行展示，这就为商品照片添加了新的对象——模特。模特自身条件会直接影响商品形象的展示效果，因此经常需要对照片中模特的瑕疵进行去除。

如下图所示为通过模特佩戴方式来展示的项链的照片，尽管由于画面空间有限，只拍摄了模特的皮肤、头发、嘴唇和牙齿，但是仍暴露了模特较多的瑕疵。在高分辨率和高像素的照片中，可以清晰地看到模特的皮肤不平整，有很多痘痘和粗大的毛孔，牙齿也不够洁白，这些因素有损项链的形象，需要对其进行有针对性的修复。下面通过磨皮和美白牙齿来对照片进行美化。

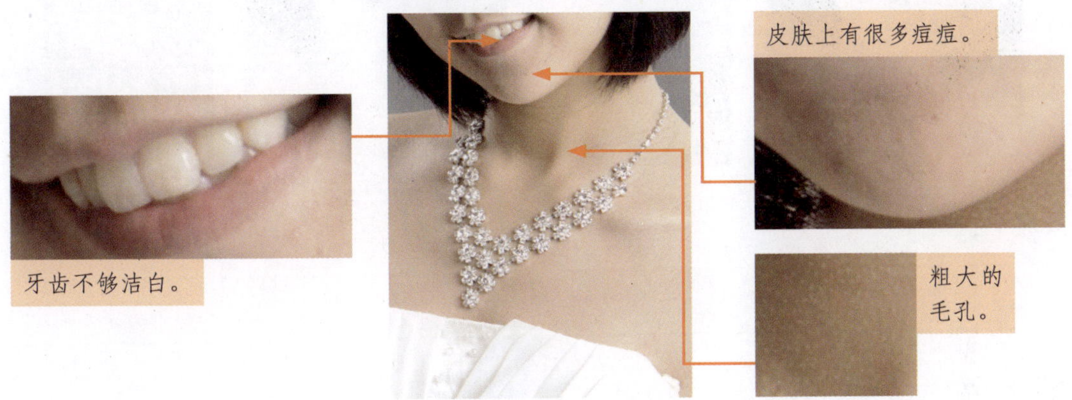

磨皮

磨皮处理就是让模特的皮肤变得平整而光滑，在 Photoshop 中通过“高斯模糊”滤镜与图层蒙版的结合使用，可以达到这一目的，具体的操作如下。

复制图层，执行“滤镜 > 模糊 > 高斯模糊”命令后，在打开的“高斯模糊”对话框中设置模糊的半径，接着为图层添加黑色的图层蒙版，如下图所示。

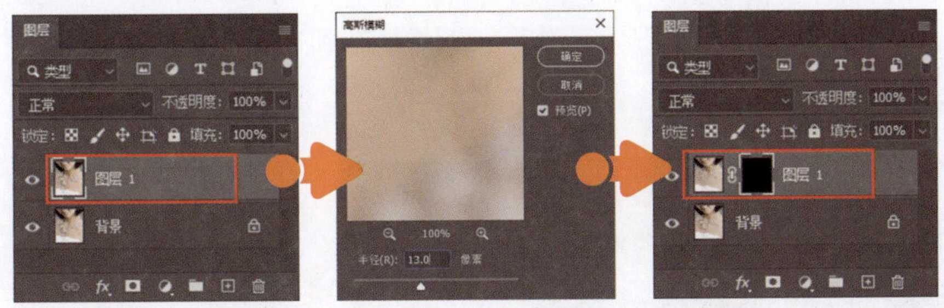

选择工具箱中的“画笔工具”，在其工具选项栏中设置参数，接着设置前景色为白色，使用白色的画笔在模特的皮肤位置进行涂抹，涂抹的过程实际上就是编辑图层蒙版的过程。在涂抹的过程中可以看到原本不平整的皮肤变得细腻，即显示出“高斯模糊”滤镜的应用效果，如下图所示。

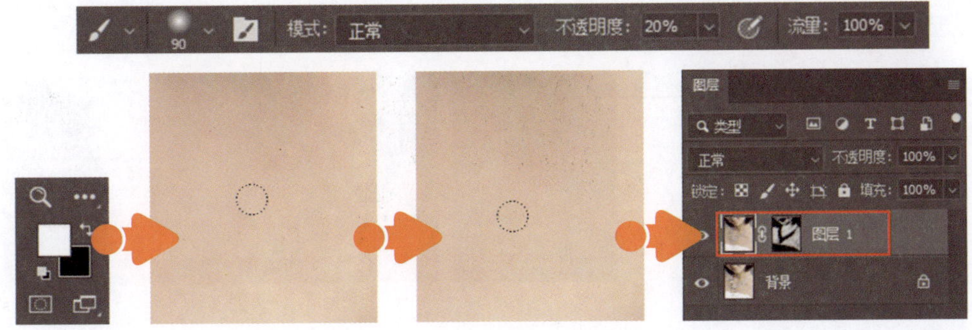

完成图层蒙版的编辑后，将图像放大进行对比，如下图所示。可以看到模特皮肤的明显变化，处理后的皮肤显示出细腻、光滑的效果。

提示

设置“高斯模糊”滤镜中“半径”选项与用“画笔工具”编辑蒙版是磨皮操作最为关键的两点，它们将决定最终的处理效果是否自然、真实。

美白牙齿

美白牙齿就是提高牙齿图像的亮度，降低其颜色的浓度。首先使用“多边形套索工具”选取牙齿图像，如下图所示，将牙齿图像框选到选区中。

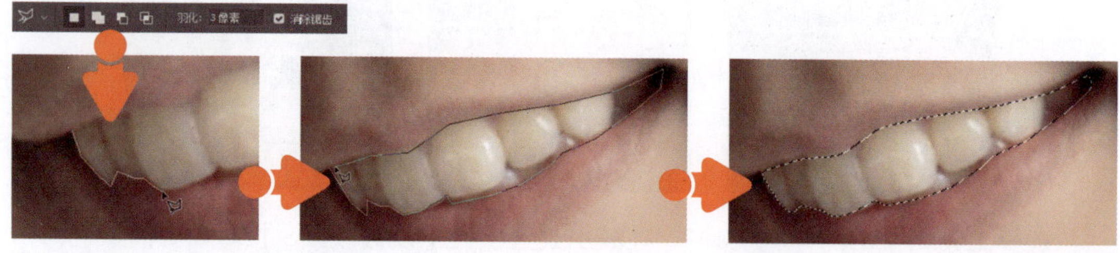

然后针对选区中的图像分别创建“色阶 1”调整图层和“色相 / 饱和度 1”调整图层，在保证牙齿图像层次感的前提下提亮牙齿图像；接着降低牙齿图像中“黄色”的颜色浓度，并将黄色适当调整为偏红色。具体操作如下图所示，最后得到洁白而自然的牙齿图像。

使用“色阶 1”调整图层对牙齿图像进行调整的原因是，该调整图层不仅可以提高图像的亮度，还能调整图像的层次感。

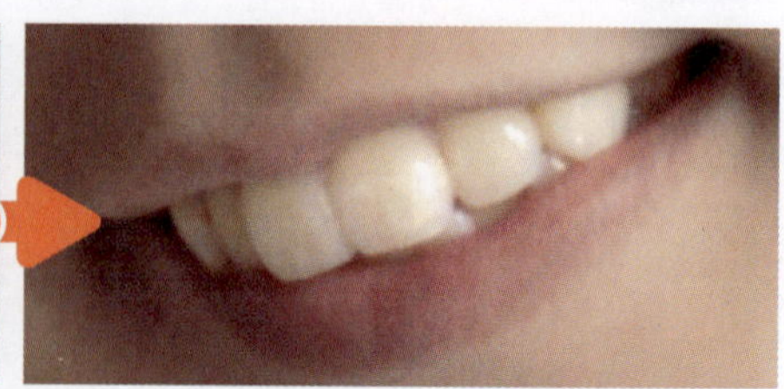

使用“色相 / 饱和度 1”调整图层的目的是削弱牙齿图像中的黄色，以得到较为洁白的牙齿图像。

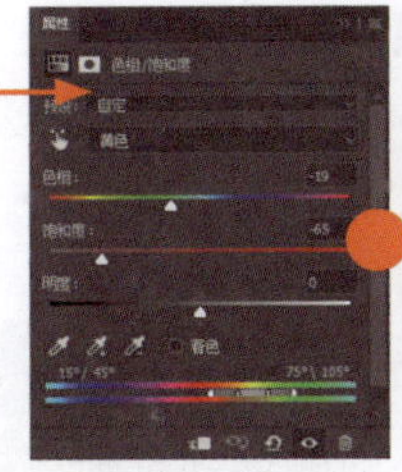

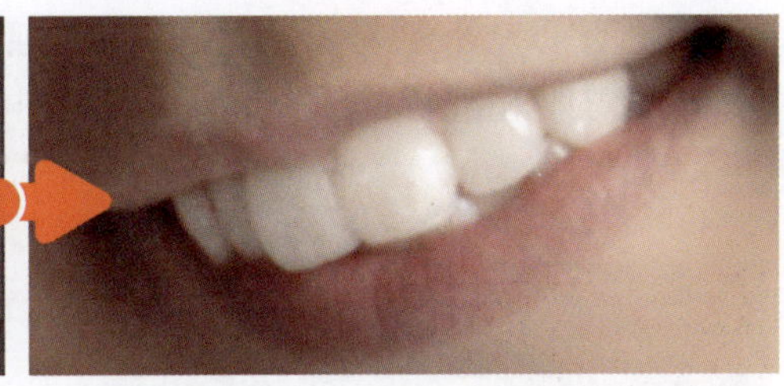

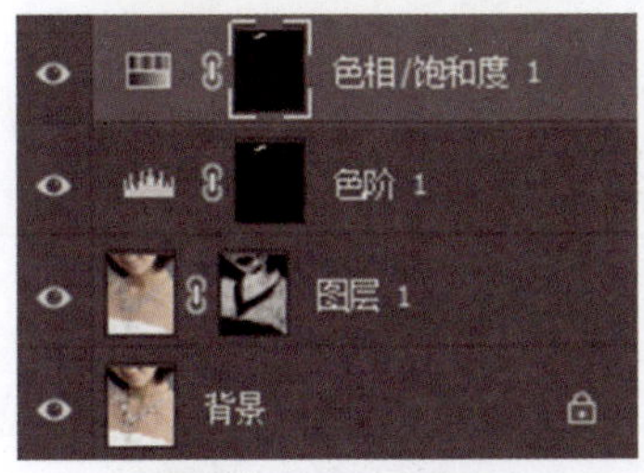

提示

由于是针对牙齿图像进行编辑的，所以要先创建选区，根据选区来创建调整图层，因此，“图层”面板中调整图层的蒙版都是以黑色为主的，只包含了小面积的白色，即对应牙齿图像的蒙版区域为白色。

2.2.4 去除商品上的毛发、灰尘

商品上难免会沾染一些灰尘、毛发等细小的物体，在拍摄过程中人的肉眼很难发现，但将拍摄出的照片放大显示后会变得较为明显，特别是拍摄一些体积较小的商品时，灰尘和毛发会显得格外清楚，严重影响画面的美观。

如左图所示为一张放大显示的鼠标照片，可以看到在鼠标齿轮旁边有一根毛发。对于这种较为细小的瑕疵，使用“污点修复画笔工具”进行处理是一种较为有效的方法；而对一些需要更精细处理的位置，可以使用“修复画笔工具”来进行处理。具体操作如下。

选择“污点修复画笔工具”，使用鼠标沿着头发图像的走向进行涂抹，可以看到涂抹过的区域呈黑色，随后 Photoshop 会根据涂抹的轨迹对头发图像进行去除，不需要取样，如下图所示。

接着使用“修复画笔工具”取样后对某些需要精细处理的部位进行修复，该工具可将样本像素的纹理、光照、透明度和阴影与待修复的像素进行匹配。

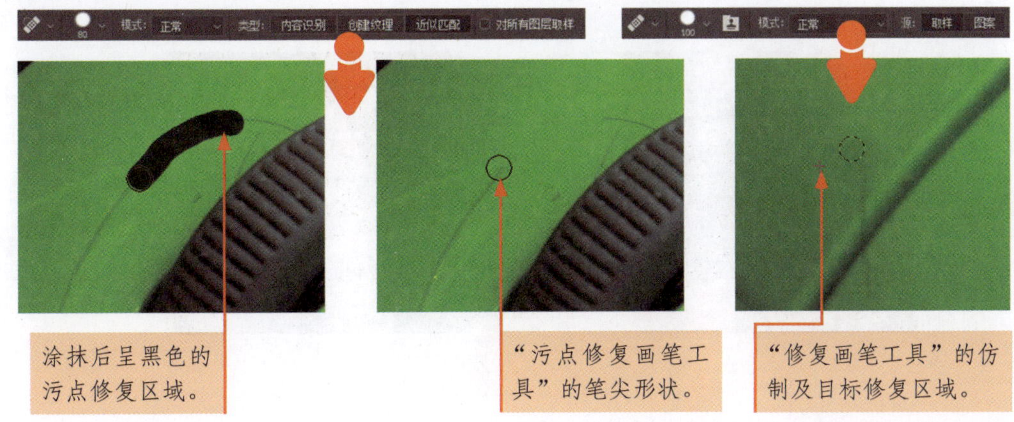

如下图所示为处理前和处理后的鼠标照片的对比效果，可以看到去除毛发后，就可以放心地对照片进行放大、裁剪和重新构图操作，而不必担心毛发等瑕疵影响画面效果了。

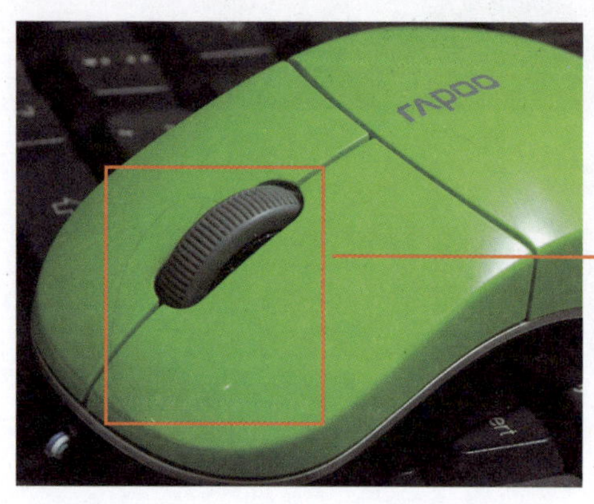

2.2.5 去除商品包装上的瑕疵

在某些商品照片中，商品本身是没有任何明显瑕疵的，但是与商品搭配的包装盒上可能会出现瑕疵，如不规则的边缘、残缺的边角、毛糙的线头、污迹等，这些都会大大降低商品的档次，不利于商品形象的建立，因此，商品照片的后期处理中，对这些瑕疵的处理也是应该引起注意的。下面以一个饰品盒的处理为例进行讲解。

在如左图所示的饰品照片中可以看到，饰品的外观形象较为完整，而饰品盒的边角位置却出现了多处毛糙的线头，这些线头在照片被放大后格外显眼，降低了饰品的档次。根据照片中饰品盒的颜色，可以通过创建选区再填色的方法进行修复。

选择“多边形套索工具”，使用鼠标沿着饰品盒的内侧边缘进行绘制，将包含线头的图像添加到选区，如下图所示。

绘制选区。

创建的选区。

创建选区后，使用“吸管工具”在选区的黑色区域提取颜色作为前景色，接着按 Alt+Delete 快捷键，为选区填充前景色，完成后可以看到线头图像消失了，如右图所示。

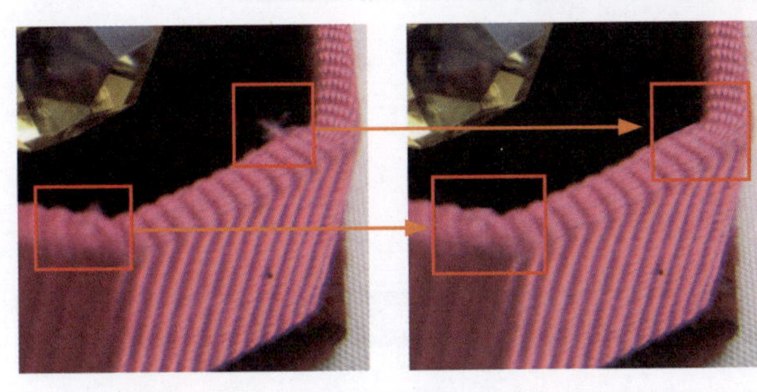

在如左图所示的细节对比中可以看到，处理后的画面呈现出精致、完美的饰品盒细节，这样的处理可以帮助提升商品形象。

2.2.6 修复商品表面的缺陷

有些商品表面的缺陷是随机出现的，尤其是使用天然材料制作的商品更加难以保证品质的统一，但是这种缺陷并不会在每件商品中都出现，因此，类似这样的缺陷在商品照片的后期处理中也是需要重点修复的。例如，下图中用天然石材制作的饰品上的麻点或划痕是具有随机性的，并不是每件饰品上都会有相同的缺陷。下面介绍如何修复这些缺陷，打造完美的饰品细节展示图。

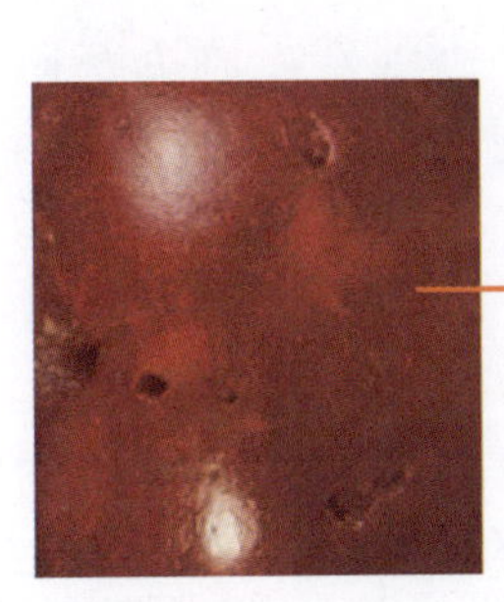

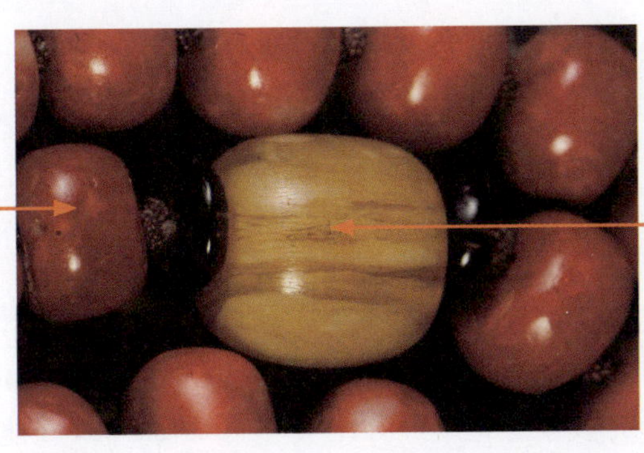

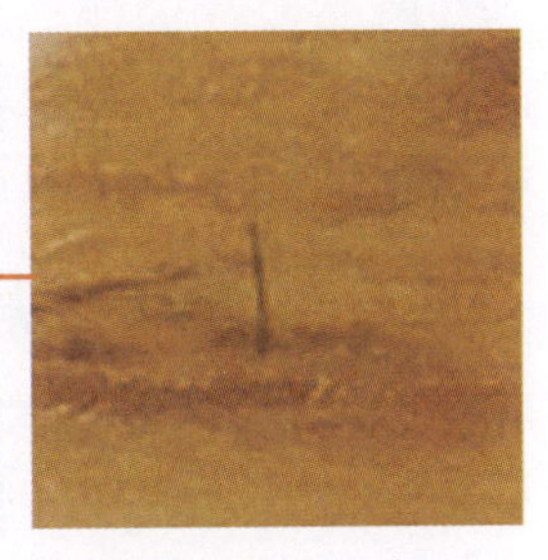

选择“污点修复画笔工具”，在其工具选项栏中设置参数，接着放大图像，在有缺陷的串珠图像上进行涂抹，涂抹之后 Photoshop 会自动对缺陷进行修复。重复以上操作，直到得到较为满意的修复效果为止，具体操作如下图所示。

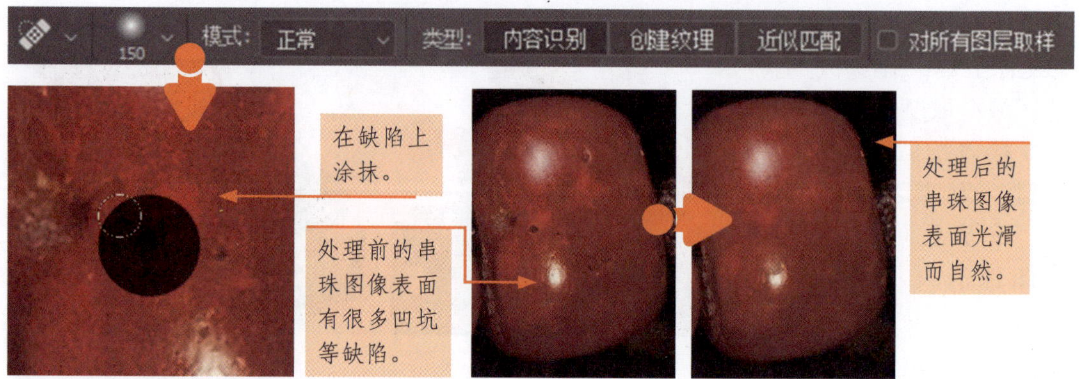

对上述较为独立且细小的瑕疵使用“污点修复画笔工具”可以得到理想的修复效果；但是对一些周围纹理方向感较为明显的划痕，就需要使用“仿制图章工具”来修复，具体操作如下图所示。先设置仿制图章工具选项栏，接着按住 Alt 键单击取样，再对划痕进行修复，修复后的串珠图像纹理清晰、表面光滑。

2.3 校正和美化颜色

商品照片的颜色呈现效果是影响顾客对商品第一印象的关键因素。画面灰暗的商品照片难以激发顾客的购买欲望，而商品照片的色差问题更可能引发交易纠纷。下面介绍商品照片的明暗、色彩调整。

2.3.1 恢复照片的正常亮度

在商品照片的后期处理中，首先要观察照片的明暗效果，对于曝光不准确的照片要对其明暗进行调整，通过提高亮度和增强暗调，让画面的曝光趋于正常。在 Photoshop 中，使用“曝光度”“亮度 / 对比度”等命令可以快速调整画面亮度，使其恢复到比较正常的状态。

用“曝光度”命令进行二次曝光处理

Photoshop 中的“曝光度”命令是调整照片明暗的有力工具，它的工作原理是模拟数码相机内部的曝光程序对照片进行二次曝光处理，一般用于调整曝光不足或曝光过度的照片。

如下图所示，在 Photoshop 中打开一张曝光不足的手表照片，执行“图像 > 调整 > 曝光度”命令，在打开的“曝光度”对话框中设置“曝光度”“位移”“灰度系数校正”参数，设置后得到变得明亮的画面效果。

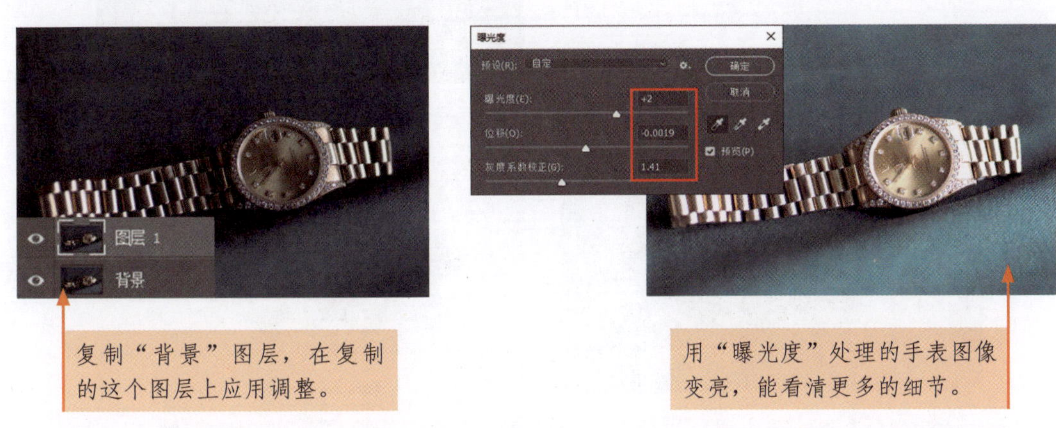

使用“曝光度”命令调整画面后，画面整体亮度都有所提高，但是对于图像中的高光部分，在调整后出现了曝光过度的情况，此时需要选中复制的图层，单击“添加图层蒙版”按钮，在图层上添加图层蒙版，然后在工具箱中把前景色设置为黑色，使用“画笔工具”在调整过度的区域进行涂抹，还原其亮度，具体操作如下图所示。

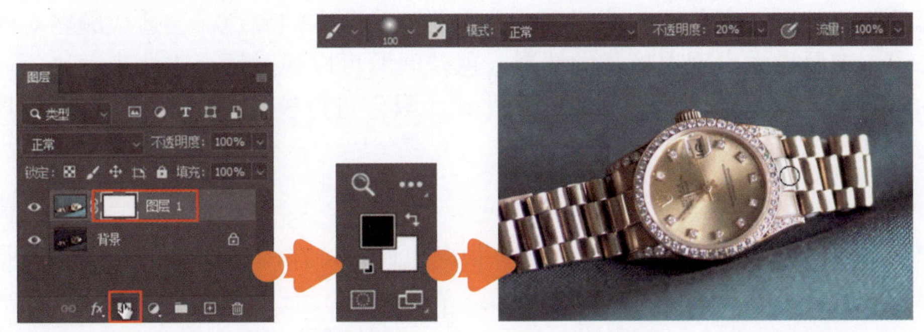

用“亮度 / 对比度”命令调整亮度

除了使用“曝光度”命令调整亮度，还可以使用“亮度 / 对比度”命令进行调整。“亮度 / 对比度”命令可以对图像的色调范围进行简单的调整，将“亮度 / 对比度”对话框中的“亮度”滑块向右拖曳会增加色调值并扩展图像高光，使画面变亮；而将“亮度”滑块向左拖曳会减少色调值并扩展阴影，使画面变暗。另外，还可以拖曳“对比度”滑块扩展或收缩图像中色调值的总体范围，增强或削弱对比效果。

如下图所示，打开一张首饰照片，可以看到这张照片因曝光不足而画面偏暗。执行“图像 > 调整 > 亮度 / 对比度”命令，打开“亮度 / 对比度”对话框，对这张图像需要提高其亮度，因此将“亮度”滑块向右拖曳，或者输入相应的参数；再将“对比度”滑块向左拖曳，适当降低对比效果。

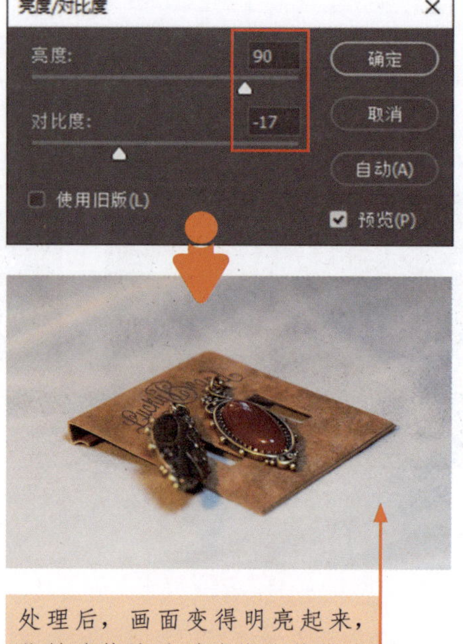

处理前，画面灰暗，没有层次感，首饰给人的感觉比较廉价。

处理后，画面变得明亮起来，能够清楚地看到首饰的整体外观、质感。

2.3.2 校正白平衡还原真实颜色

商品照片如果存在色差，不能真实地表达商品原本的颜色，会造成顾客对商品的判断失误，进而导致出现退换货的情况。色差问题可以通过两个方法来解决：一是使用 Photoshop 中 Camera Raw 插件的“白平衡工具”进行校正；二是利用补色原理精准地校正色差。

应用“白平衡工具”进行校色

如下图所示，在 Photoshop 中打开一张皮包照片，在图像窗口中可以看到照片的颜色偏暖，执行“滤镜 >Camera Raw 滤镜”命令，在打开的对话框中选择“白平衡工具”，使用该工具在图像中接近白色而不是纯白色的区域单击，Photoshop 会自动对照片的颜色进行校正。如果对校正的效果不满意，可以使用“白平衡工具”反复单击，直到商品颜色接近真实颜色为止。当商品照片中的浅色区域较为明显，或者可以确定照片中某区域的真实颜色接近白色时，这种方法尤为有效。

通过补色原理进行校色

使用“白平衡工具”固然可以校正偏色的照片，但是不能保证校正的效果完全精确。下面介绍一种利用补色原理进行校色的方法，它能够提高校色的精确度。

如右图所示，首先对需校正的照片的图层进行复制；接着执行“滤镜 > 模糊 > 高斯模糊”命令，使用最大的“半径”参数对图像进行模糊处理；然后对图像进行“反相”处理，此时所得到的图像就是原照片的补色图像，表示原始照片中所欠缺的颜色；最后将图层的混合模式更改为“强光”，并适当降低图层的“不透明度”，可以看到皮包照片偏黄的问题得到了有效改善。

2.3.3 修复发灰的照片

拍摄商品时如果曝光不准，尤其是偏向过曝，拍摄照片的颜色就会相对淡一些，看起来就像蒙了一层灰白色的雾。此外，拍摄时的光线也很重要，如果在白天日照强烈时拍摄，光线较硬且颜色发灰白，会使照片蒙上“灰色阴影”。当遇到这些情况的时候，可以在 Photoshop 中通过简单的几步对商品照片的色阶进行调整，使其恢复到正常的层次和视觉效果，便于商品形象的塑造。

照片中商品表面呈现灰蒙蒙的效果，影响商品的形象。

在 Photoshop 中打开一张画面偏灰的唇膏照片，执行“图像 > 调整 > 色阶”命令，在打开的“色阶”对话框中设置“输入色阶”选项组中的参数，或者直接拖曳滑块调整参数，在调整的过程中可以看到照片中图像的亮度和层次发生了变化。

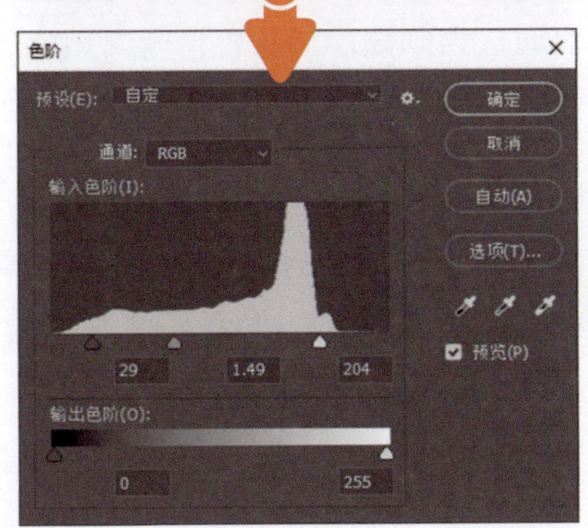

将照片的局部放大，可以看到灰暗的唇膏盖子图像在使用“色阶”命令调整后，显示出了原本的金属色泽，更接近商品的真实外观，能够帮助顾客做出准确的判断。

处理前，画质灰暗，没有层次，显得廉价且没有档次。

处理后，画面层次清晰，表现出了盖子的金属质感。

提示

在 Photoshop 中除了可以使用“色阶”命令调整照片的明暗和层次，还可以使用“曲线”“高光 / 阴影”等命令有效改善商品照片在曝光、对比度等方面存在的问题，具体的设置参数会根据不同照片而有所差异。由于其操作类似，这里不再逐一介绍，读者可以举一反三，自行学习这些命令的用法。

2.3.4 改变商品色调营造特殊氛围

在对商品照片进行调色的过程中，有时需要在保证顾客不会误判商品颜色的前提下，适当改变商品照片的色调，以营造出一种特殊的氛围。例如，为了突出商品的特点，或者为了营造出温暖、亲切的氛围，常常会将商品照片或网店装修设计图调整为暖色调，使顾客产生归属感和亲切感。下面介绍通过增加商品照片的暖色调提升商品温暖感的调色方法。

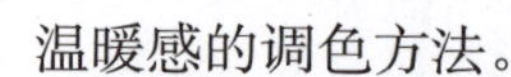

仔细观察如左图所示的结婚对戒的商品照片，可以看到画面的色调为纯洁的白色为主，加上铂金的金属色，整体画面给人一种冰冷的感觉，与即将步入婚姻殿堂的顾客的心理完全不符。因此，需要通过为画面添加暖色调来营造出一种视觉上的温暖感，具体操作如下图所示。

提示

以下调色步骤中所使用的颜色值都是通过多次尝试后才确定的参数，读者可以参照这些颜色值，调整出令自己满意的效果。

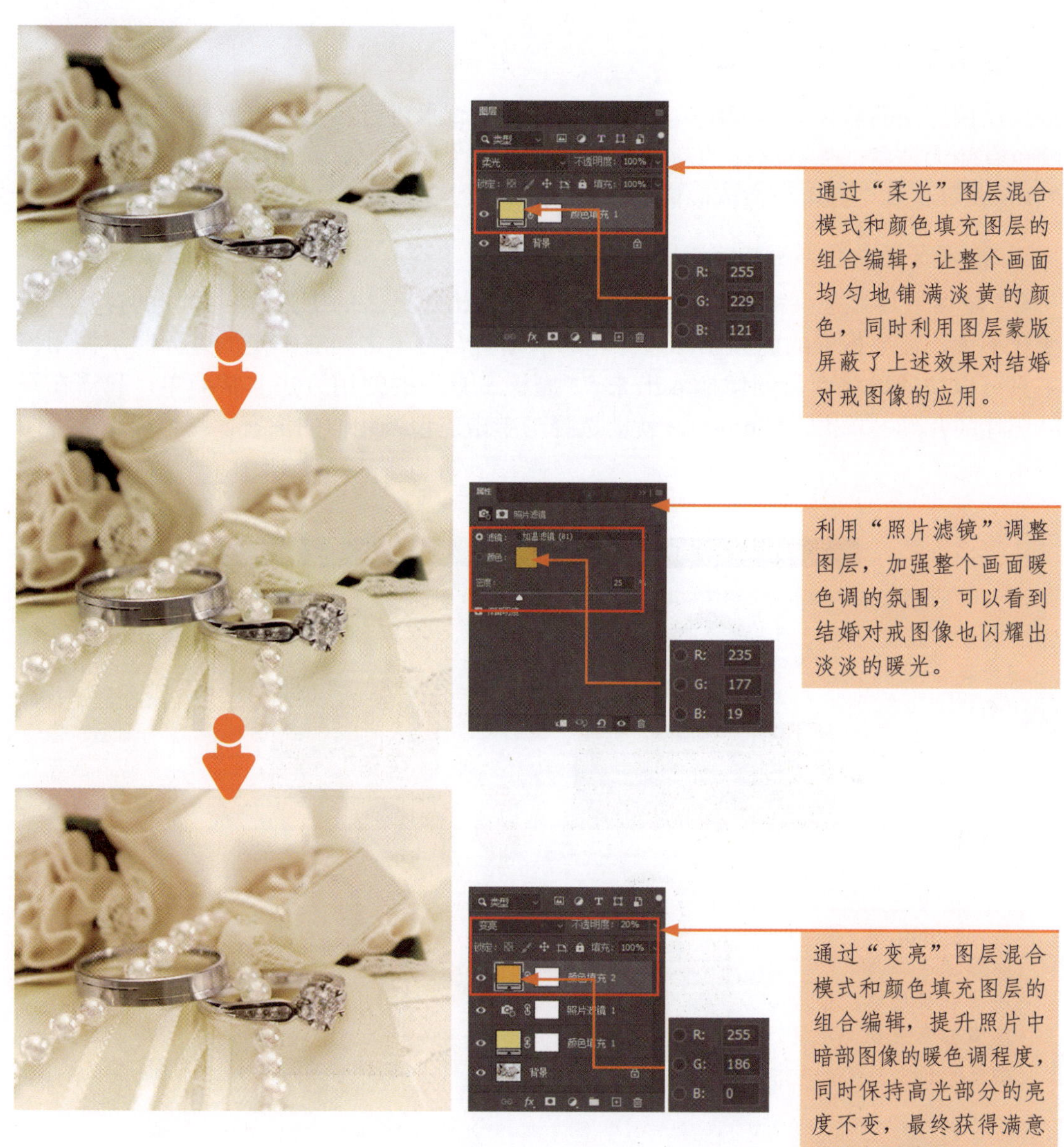

2.4　抠取与合成

为了满足设计和展示的需要，有时要将商品图像从照片中抠取出来以单独显示或处理。Photoshop 提供了多种用于抠取图像的工具，可以根据不同的素材选择不同的工具来抠取图像，还能将抠取图像合成到不同的画面中。下面介绍在网店装修中会用到的抠取和合成图像技巧。

2.4.1 纯色背景的抠取

在拍摄商品照片的过程中，如果使用纯色的背景进行拍摄，且背景与商品之间的颜色有较大差异，那么这样的商品图像抠取会较为简单，只需使用“魔棒工具”或者“快速选择工具”即可快速抠取商品图像。

基于颜色差异来构建选区的“魔棒工具”

“魔棒工具”是一种基于色调和颜色差异来构建选区的工具。当照片的背景颜色变化不大，需要抠取的商品图像边缘轮廓清晰且与背景之间有一定的差异时，使用该工具可以快速地将商品图像抠取出来。“魔棒工具”的使用方法非常简单，只需在商品照片的背景上单击，Photoshop 就会选择与单击点色调相似的像素。具体操作如下图所示。

“容差”是影响“魔棒工具”性能的最重要选项，它决定了什么像素是与选定的像素在色调上相似的。当该选项的值较小时，只能选中色调与鼠标单击点非常相似的少量像素。该选项的值越大，对像素相似程度的要求就越低，选中的像素就越多。在抠取前应当先观察商品照片背景中颜色的相似程度，通过设置多个不同的“容差”值来判断选区的选取范围，力求找到一个最佳的“容差”值，将商品图像完整而准确地抠取出来。

模仿画笔操作“绘制”选区的“快速选择工具”

“快速选择工具”就好像画笔一样，通过涂抹的方式“绘制”选区。使用该工具的过程中，会根据选区扩展的边缘自动查找与之相似的图像，因此，“快速选择工具”也适用于背景较为相似且变化不大的商品图像的抠取。具体操作如下图所示。

提示

勾选快速选择工具选项栏中的“自动增强”复选框，可以自动将选区向图像边缘进一步流动并应用一些边缘调整效果，进而降低选区边缘的粗糙度和锯齿感。

2.4.2 外形规则的商品抠取

对一些外形较为规则的商品的图像，如椭圆形、圆形、长方形或正方形的商品图像，可以使用“椭圆选框工具”或“矩形选框工具”进行快速抠取。

抠取椭圆形或圆形商品图像的“椭圆选框工具”

“椭圆选框工具”用于抠取外形为椭圆形或圆形的商品图像。如下图所示为使用“椭圆选框工具”抠取水晶球图像的操作过程。使用该工具在画面中单击并拖曳，即可快速创建椭圆形的选区，最后为图层添加图层蒙版，即可在图像窗口中看到完美的抠取效果。

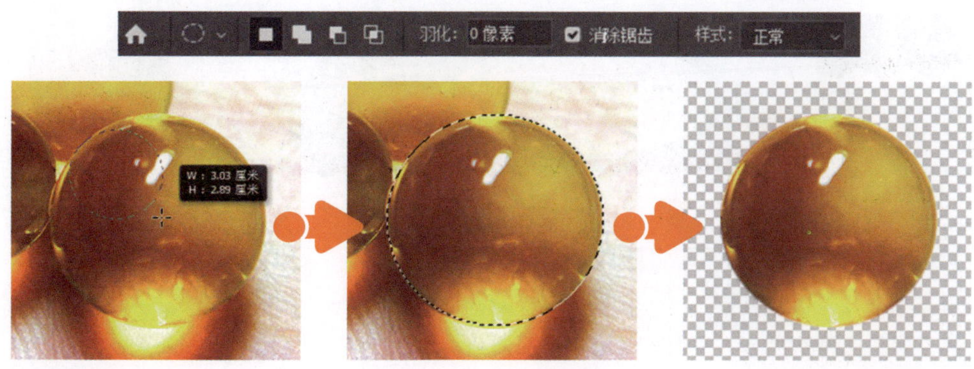

抠取长方形或正方形商品图像的“矩形选框工具”

当拍摄的商品外观为长方形或正方形时，使用“矩形选框工具”进行抠取是一种较为快速和有效的方法。如下图所示为使用“矩形选框工具”抠取正方形挂钟图像的操作过程。具体方法与“椭圆选框工具”类似，它们的工具选项栏也是基本相同的。

使用“矩形选框工具”和“椭圆选框工具”抠取商品图像，对商品照片的拍摄背景没有任何要求，只需要保证商品的外形为规则的形状即可。

2.4.3 外形不规则的商品抠取

在网店装修中遇到的大部分商品的外形都是不规则的。如果商品的外形轮廓主要是由直线组成的多边形，则可以使用“多边形套索工具”抠取；如果是边缘清晰且与背景反差较大的任意外形的商品，则可以使用“磁性套索工具”抠取。

抠取多边形外形商品图像的“多边形套索工具”

“多边形套索工具”可以创建直线构成的选区，适合抠取边缘为直线的商品，如包装盒、积木、衣柜等。使用“多边形套索工具”在需要抠取的商品图像外形轮廓的每个拐角点上单击，最后将单击的起始点与结束点重合在一起，即可创建封闭的多边形选区。如下图所示为使用“多边形套索工具”抠取饼干包装盒图像的操作过程。

将起始点与结束点重合后，即可创建多边形选区，接着添加图层蒙版，便将饼干包装盒图像抠取出来了。

由于“多边形套索工具”是通过绘制选区来抠取图像的，所以商品照片的背景内容将不会对抠取产生影响，而且只要商品的外形轮廓由直线组成，使用该工具抠取就会非常轻松。

抠取任意外形商品图像的“磁性套索工具”

“磁性套索工具”可以自动检测图像的边缘，通过跟踪对象的边缘快速创建选区。边缘复杂且与背景对比较为强烈的商品图像适合使用该工具进行抠取。如果在拍摄外观较为复杂的商品时注意选择反差较大的背景，在后期抠取图像时使用“磁性套索工具”就会非常快捷。

在使用“磁性套索工具”的过程中，Photoshop 会自动将选区与图像的边缘对齐，并在鼠标指针经过的位置自动放置锚点来定位和连接选区。如果想要在某一点上手动放置一个锚点，可以在鼠标指针经过该点的时候单击。如果锚点放置的位置不准确，可以按 Delete 键将其删除。如下图所示为使用“磁性套索工具”抠取头饰图像的操作过程。

使用“磁性套索工具”抠取图像时，商品图像与背景图像的色调与明度一定要具有较大的差异，否则工具不能准确定义商品图像的边缘，将影响抠取的最终效果。

“磁性套索工具”选项栏中的“宽度”“对比度”“频率”是三个较为重要的选项，它们会影响工具的使用效果。“宽度”是指工具检测到的宽度，它决定了鼠标指针周围有多少像素能被工具检测到；“对比度”决定了选择图像时，商品图像与背景图像之间的对比度有多大才能被工具检测到；“频率”是指添加锚点的数量。

2.4.4 精细图像的抠取

想要得到精确的抠图效果，让抠取出的商品图像边缘平滑、准确，使用“钢笔工具”是最佳的方法。这种方法的思路是先用“钢笔工具”为商品图像外形边缘绘制路径，再将路径转换为选区，从而选中商品图像。值得注意的是，“钢笔工具”绘制的路径定义的是极其明确的边界线，这既是它的优点，也是它的缺点。对边界非常光滑的对象，如汽车、电器、家具、金饰、瓷器等，尤其是在对象与背景之间没有足够的颜色或色调差异，采用其他工具和方法不能奏效的情况下，使用“钢笔工具”往往可以得到满意的抠取结果。但由于“钢笔工具”定义的边界过于清晰、明确，所以无法用它来抠取边界模糊的对象，特别是半透明的对象，如头发、玻璃、轻纱类服饰等。下面通过实例介绍如何使用“钢笔工具”抠取商品图像，如下图所示。

在使用“钢笔工具”沿着商品图像边缘绘制路径的过程中，一定要调整好每个锚点的位置及路径线段的弧度，使路径与商品图像的边缘完全重合。此外，绘制路径时通常使用“钢笔工具”的“路径”模式进行编辑，因为该模式只会绘制路径，不会生成多余的形状图层。如果需要保存绘制好的路径，可以通过“路径”面板中的相应功能来实现。

2.4.5 特定颜色的抠取

当需要对商品照片中特定的颜色区域进行抠取时，可以使用“色彩范围”命令来快速完成。“色彩范围”命令可以根据图像的颜色和色阶范围创建选区，并且提供了较多的控制选项，具有更高的精准度。

例如，打开一张鞋的商品照片，现在需要针对黄色的鞋面进行颜色调整，首先执行“选择 > 色彩范围”命令，在打开的“色彩范围”对话框中使用“吸管工具”提取鞋面的颜色，并根据灰度预览图中的显示效果调整参数，确认对话框的参数设置，在图像窗口中可以看到黄色的鞋面被框选起来。具体操作如下图所示。

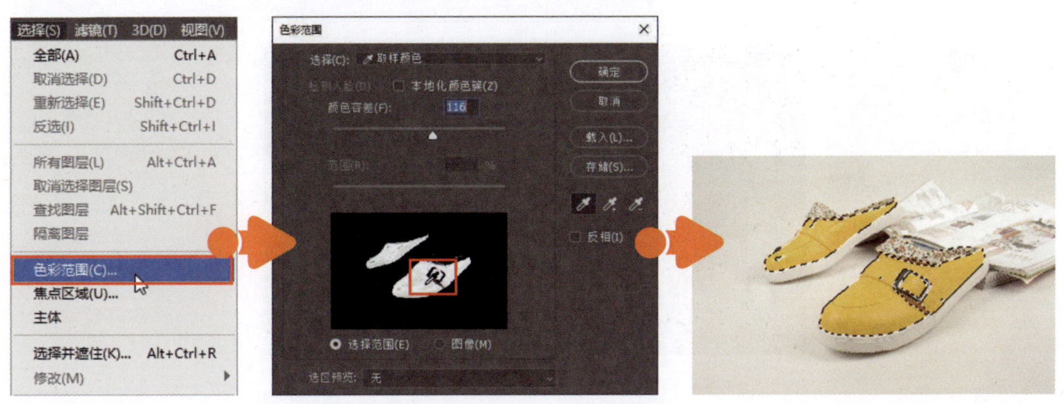

为了验证刚才创建的选区是否精确，以选区为基准创建“色相 / 饱和度 1”调整图层，调整“色相”值来改变选区中图像的颜色，此时黄色的鞋面变成橘红色，如下图所示。

在使用“色彩范围”命令选取特定颜色区域时，要注意“吸管工具”吸取的图像位置，同时把握好“颜色容差”选项的值，这样才能更精准地控制图像的选取范围。

此外，除了能选择特定颜色的图像，在“色彩范围”对话框的“选择”下拉列表中，还可以通过预设的选择对象来选择照片中高、中、低不同明暗区域的图像。

2.4.6 半透明图像的抠取

当网店中的商品为玻璃制品或者半透明的商品时，前面所介绍的抠图方法都不能解决问题，此时需要采取通道抠图的方法才能获得理想的效果。由于操作的过程相比较前面介绍的抠图而言较为复杂，所以下面通过详细的操作步骤对半透明图像的抠取进行介绍。

Step 01 打开一张玻璃杯的商品照片，使用“钢笔工具”将玻璃杯外观添加到选区，接着打开“通道”面板，单击面板下方的“将选区转换为通道”按钮，以创建的选区为准新建一个 Alpha 通道。

Step 02 观察“通道”面板中各个颜色通道中的图像，发现“绿”通道中的玻璃杯外观较为清晰，按住 Ctrl 键的同时单击“绿”通道缩览图，将该通道中的图像添加到选区，在图像窗口中可查看选区效果。

Step 03 创建选区后，打开“图层”面板，单击面板下方的“添加图层蒙版”按钮，为商品照片添加图层蒙版，此时添加的图层蒙版与“绿”通道中的图像相同，图像窗口中的图像显示出半透明的效果。

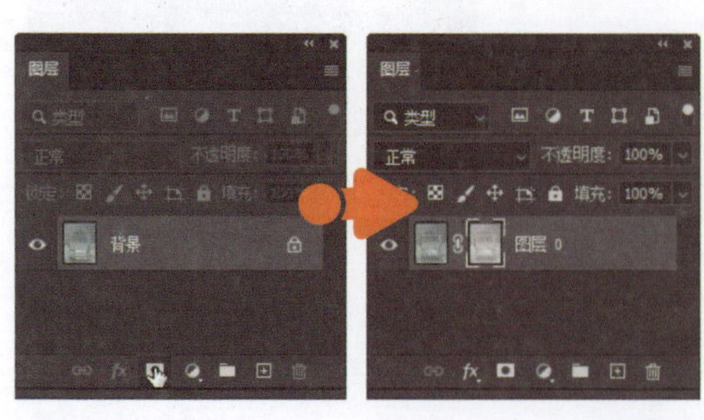

Step 04 返回“通道”面板，按住 Ctrl 键的同时单击“Alpha 1”通道缩览图，将玻璃杯外观的图像添加到选区，载入选区后，执行“选择 > 反向”命令，对选区进行反选。

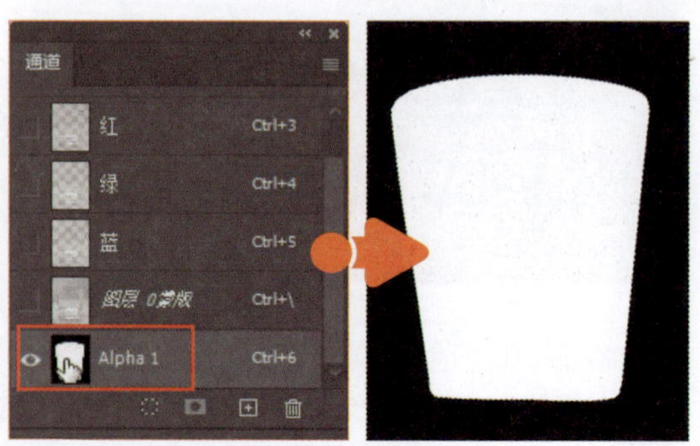

Step 05 单击“图层”面板中的图层蒙版缩览图，将工具箱中的背景色设置为黑色，按 Delete 键，可以看到图层蒙版编辑后的效果，即隐藏除玻璃杯外的图像内容。

Step 06 为了清晰地查看玻璃杯的抠取效果，在玻璃杯图层的下方新建一个图层，将其填充为黑色，在图像窗口中可以看到编辑的效果。

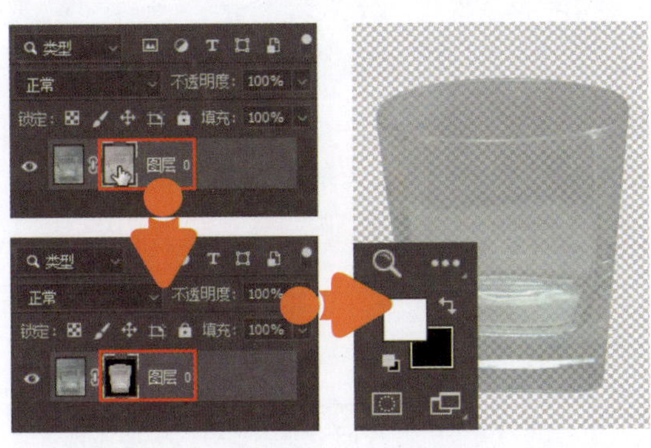

2.4.7 合成装饰元素让画面更丰富

在拍摄商品照片时，由于装饰道具不易获取等可能无法进行搭配拍摄，可以在后期处理中通过图像合成的方法为商品照片添加装饰元素，挖掘出原本单调、平凡的商品中蕴含的深意，丰富画面的内容。

例如，某化妆品的商品照片在拍摄过程中，为了能完整地捕捉化妆品的外观，没有搭配任何装饰道具。而在后期的网店装修过程中，为了表现该化妆品“纯天然”的卖点，使用花朵素材点缀画面，提升了商品的品质感，同时也使顾客能够从画面中了解到更多的信息，如下图所示。

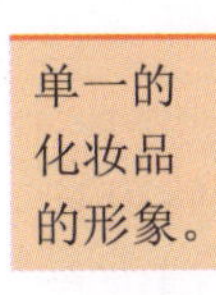

使用花朵素材合成后的效果。

如下图所示为合成花朵素材的操作过程，通过添加素材、抠取花朵图像、调整色阶、制作投影四个环节，将原本毫无关联的化妆品和花朵自然、和谐地拼合在一个画面中。

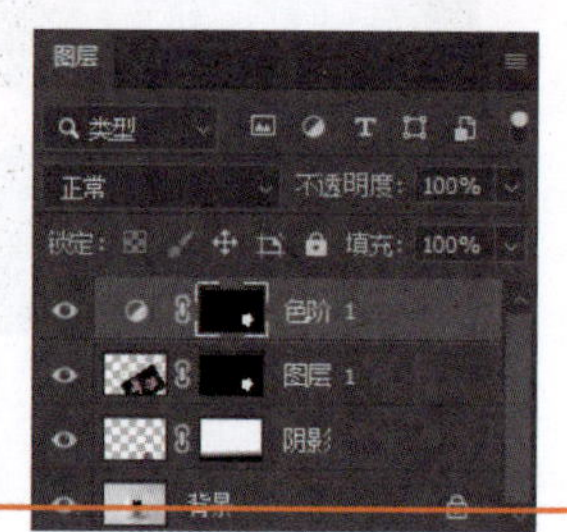

2.5 文字应用

为了向顾客完整传递商品的外观、功能、属性等信息，在网店装修中除了需要添加商品照片，还要结合文字、图形来表现更多有用的商品信息。Photoshop 中提供了大量编辑文字和图形的工具。本节介绍如何使用这些工具在图像中添加文字和图形以丰富画面效果。

2.5.1 文字的添加与设置

添加文字

在 Photoshop 中可以使用“横排文字工具”和“直排文字工具”为网店装修设计图添加所需的文字，操作的方法是使用这两个工具在图像窗口中单击，然后使用键盘输入文字。具体操作如下图所示。

上图所示的操作用于添加点文字，即添加一个水平或垂直的文本行或文本列，它从图像中单击的位置开始。点文字适用于在图像中添加少量文字。

除了点文字，还有区域文字和路径文字。区域文字是指使用“横排文字工具”或“直排文字工具”在图像窗口中需要添加文字的位置单击并拖曳，创建出文本框后在其中输入文字。文本框的边界会对文字的显示进行限制，具体操作如下图所示。

路径文字是指沿着开放或封闭路径的边缘流动的文字。当沿水平方向输入文字时，字符将沿着与基线垂直的路径出现；当沿垂直方向输入文字时，字符将沿着与基线平行的路径出现。在任何一种情况下，文字都会按将点添加到路径中时所采用的方向流动。

设置文字的属性

使用文字工具添加文字后，就可以使用“字符”面板调整文字的字体、字号、颜色、间距等属性，也可以通过对文字基线偏移的调整来修饰文字的排列效果，如下图所示。

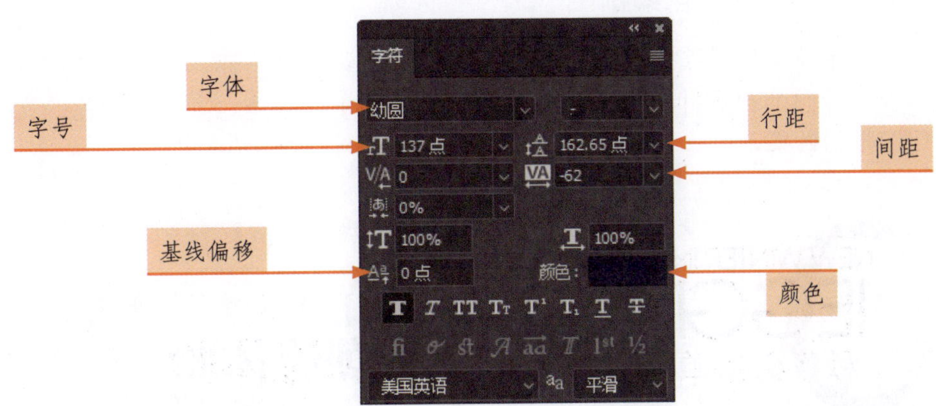

如下图所示为使用“字符”面板对不同内容的文字分别进行属性设置的效果。可以看出，间距、行距、颜色等只是对文字外观的细微更改，而对文字外观的影响最为直接的是“字体”属性。

如果只需要对文字图层中的部分文字进行设置，可以先使用文字工具选中需要编辑的文字，再在“字符”面板中进行设置，完成设置后切换到其他工具即可，具体操作如下图所示。

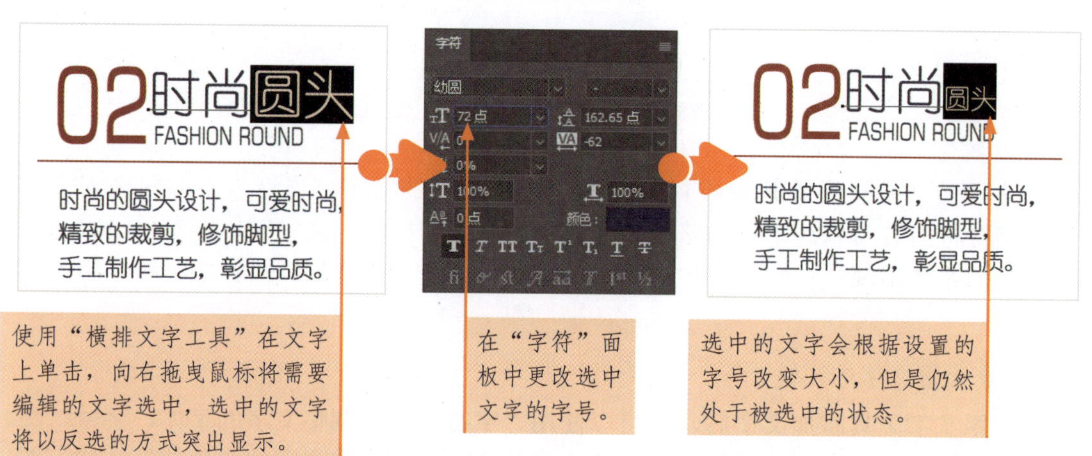

2.5.2 文字的艺术化编排

文字的艺术化编排是指将多组文字以美观的形式组合在一起，表现出一定的层次感、艺术性和较强的视觉冲击力。如下图所示为使用不同字体、字号、颜色的文字进行艺术化编排的效果。

在进行文字的艺术化编排时，除了可以使用不同字体、字号、颜色的文字进行组合搭配，还可以为文字添加修饰图形，使文字表现得更醒目，如下图所示。

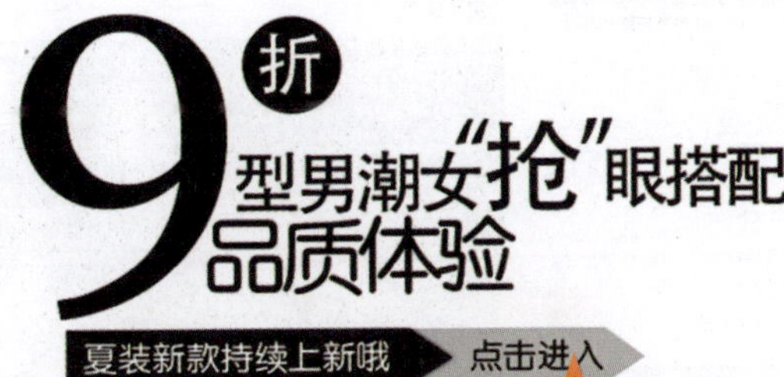

为文字添加箭头形状的修饰图形，既对顾客的视线有一定的指引作用，又可使文字信息间隔开来，显得条理清晰。

文字的对齐方式也是艺术化编排中较重要的因素。左对齐排列的文字符合人们的阅读习惯，给人工整有序的感觉；居中对齐排列的文字可以吸引人们的视线，营造一种安静、稳定的感觉；右对齐排列的文字可以给人自由、轻松的感觉。具体选择何种文字对齐方式，要根据设计图的布局而定。如下图所示分别为左对齐和居中对齐的效果。

左对齐

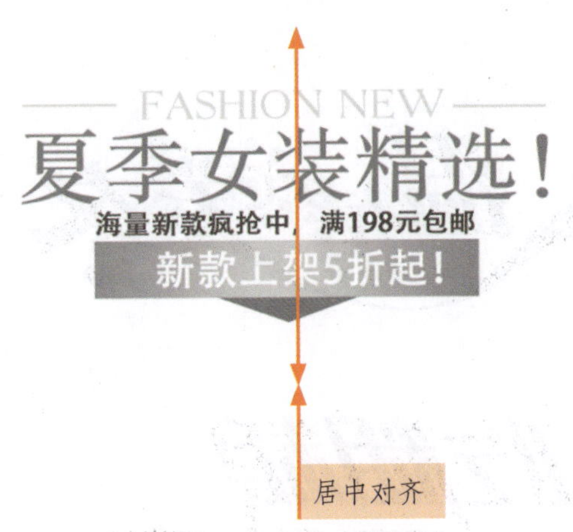

居中对齐

2.5.3 变形文字

变形文字是指通过对文字的部分笔画进行变化，使其呈现出另一种形状，或者构造出别样的风格。制作变形文字有两种方法：第一种是通过 Photoshop 中的“文字变形”命令；第二种是通过栅格化文字后使用“钢笔工具”对文字的笔画进行重新创作。

“文字变形”命令

“文字变形”命令可以使文字呈现扇形、波浪形等特殊效果，并提供变形选项以精确控制变形效果的取向及透视。如下图所示为使用“文字变形”命令的操作，可以看到经过处理后的文字显示出一定的透视和变形效果。

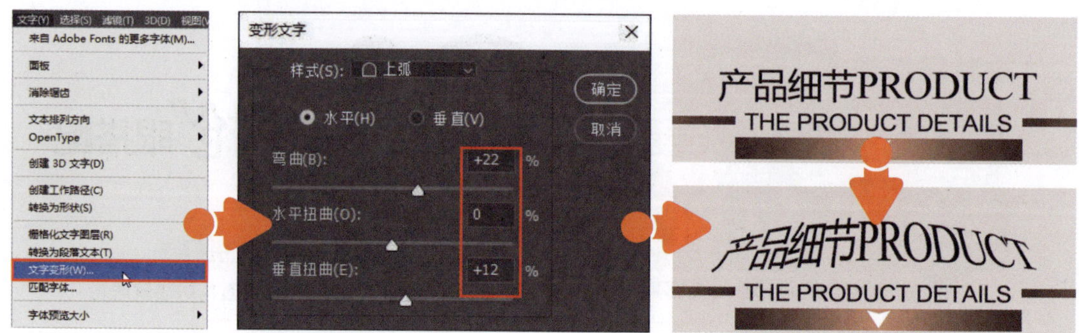

需要注意的是，“文字变形”命令不能变形包含使用“仿粗体”格式设置的文字图层，也不能变形使用不包含轮廓数据的字体的文字图层，如位图字体。

使用“钢笔工具”绘制变形的笔画

为了让网店装修设计图中的标题文字更加引人注目并表现出一定的设计感，在制作标题文字时常常会使用“钢笔工具”对文字的部分笔画进行重新绘制，而保留文字大部分的外观不变。这种变形文字的制作比使用“文字变形”命令更为复杂，但是最终呈现的视觉效果往往更具艺术感。如下图所示为使用“钢笔工具”绘制变形笔画的效果。

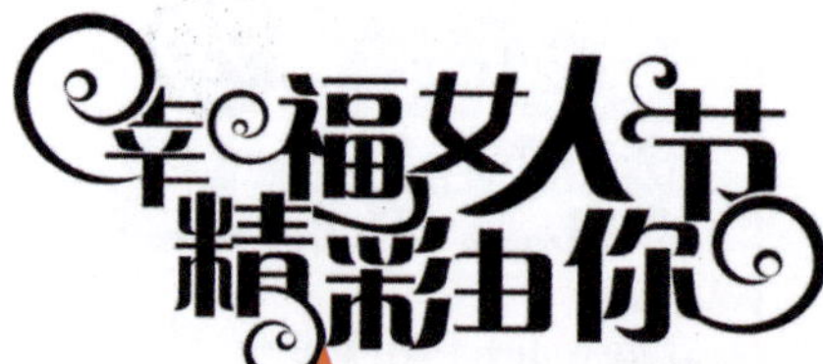

使用曲线替代文字中的某些笔画，创造温婉、柔和的视觉效果。

吃粗粮更健康

使文字的笔画坚硬化，表现文字较为严肃认真的含义。

第 3 章 网店首页元素设计

网店装修主要包含网店首页的装修和单个商品页面的装修。其中，网店首页就好像实体店中的店招、导购人员、店面装饰与活动招贴等，它能够直接地展示店铺的特点与风格。网店首页主要包括店招、导航条、欢迎模块、客服区和收藏区，这些元素是组成网店首页的基础元素，它们有着各自不同的作用，也分别具有不同的设计内容。本章将对网店首页中的各个元素设计进行介绍，让首页给顾客带来更多的信心与惊喜。

3.1 店招与导航条设计

网店首页的顶端是放置店招和导航条的位置，它们的主要作用是为顾客呈现该网店的招牌，就好像实体店的招牌一样，但是两者之间存在一定的区别。下面介绍网店装修中店招与导航条的制作规范和技巧。

3.1.1 店招与导航条设计要点

店招就是网店的店铺招牌，从网店商品的品牌推广来看，想要让店招便于记忆，店招设计就需要具备新颖、易于辨识、易于传播等特点。设计好的店招必须有标准的颜色和字体及清爽的设计版面。此外，店招中需要有一句能够吸引顾客的广告语，画面还需要具备强烈的视觉冲击力，清晰地告诉顾客“你在卖什么”。通过店招也可以对网店的装修风格进行定位。

为了让店招有特点且便于记忆，在设计的过程中一般都会采用简短、醒目的广告语来辅助 Logo 的表现，通过适当的配图来增强网店的认知度，店招包含的主要内容如下图所示。

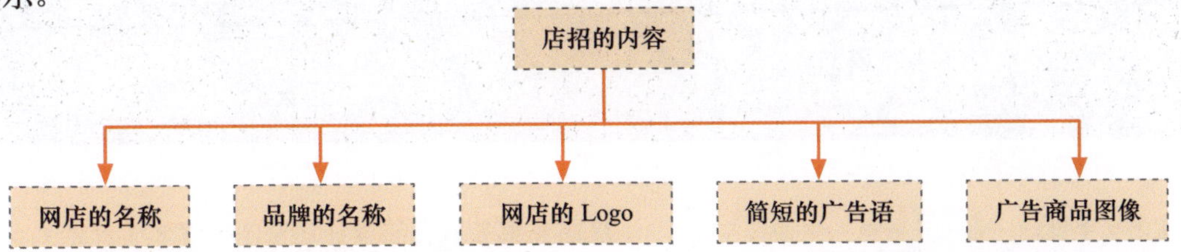

为了让店招呈现出简洁、清爽的视觉效果，并不会将上图所有的内容都添加到店招中，而是选择一些较为重要的内容放置其中。如下图所示为灯具网店的店招内容。

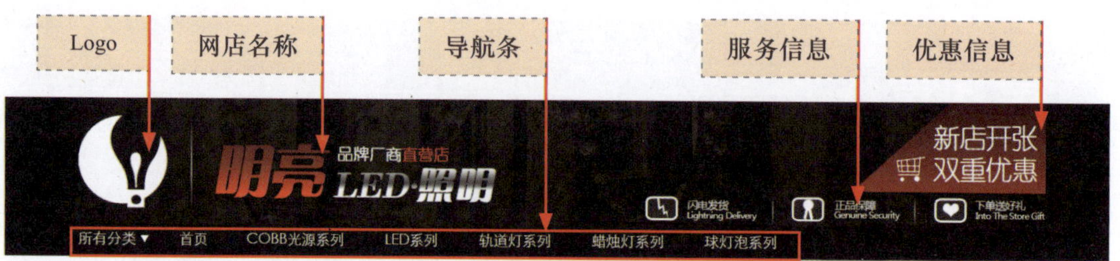

导航条是依附在店招下方的一个细长的矩形，主要是为了对商品和服务进行分类，设计时应使其外观、颜色与店招搭配协调，还要注意导航条中信息应简明扼要，让顾客能够直观地感受到商品的分类信息，起到良好的引导作用。有时为了让导航条中的信息更加具象化，可以为导航条中的每组信息添加形象的图标，使导航条更具设计感。

3.1.2 灯具网店店招与导航条设计

本案例是为某品牌灯具网店设计的店招与导航条。为了突显店招与导航条的意境，设计时把灯具图像作为背景，通过明暗的对比来增强画面的层次感，并利用“渐变叠加”图层样式来丰富店招文字的颜色表现，使其呈现一定的光泽感，与网店所销售的商品性质相符。

素　材：下载资源\素材\03\01.jpg

源文件：下载资源\源文件\03\灯具网店店招与导航条设计 .psd

Logo 与名称设计：将 Logo 放在店招的最左侧，然后在其右侧添加网店名称，通过反差较大的颜色突出网店名称，加深顾客印象。

背景设计：本案例的网店主要销售各种不同的灯具，因此，在设计时选择灯具作为背景，然后通过调整明暗、增强对比来突出要表现的灯具。

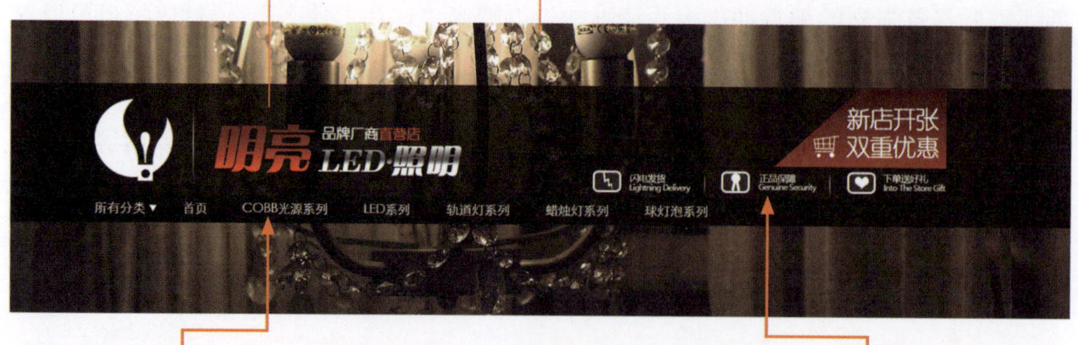

导航条文字设计：为了让导航条中的文字与店招中网店名称形成相对统一的风格，对导航条中的文字也使用了白色进行填充。

优惠及服务信息的设计：为了让顾客了解到更多的网店动态，在店招右侧添加服务信息、优惠信息等内容，通过应用图层样式来丰富其颜色表现。

Step 01 启动 Photoshop 程序，新建一个文档，为背景填充所需的颜色，将灯具素材 01.jpg 添加到图像窗口中，调整其大小，设置其混合模式为“线性减淡（添加）”。

Step 02 创建“色彩平衡 1”和“色阶 1”调整图层，分别在相应的“属性”面板中对参数进行设置，对画面的颜色和层次进行调整，在图像窗口中可以看到编辑后的效果。

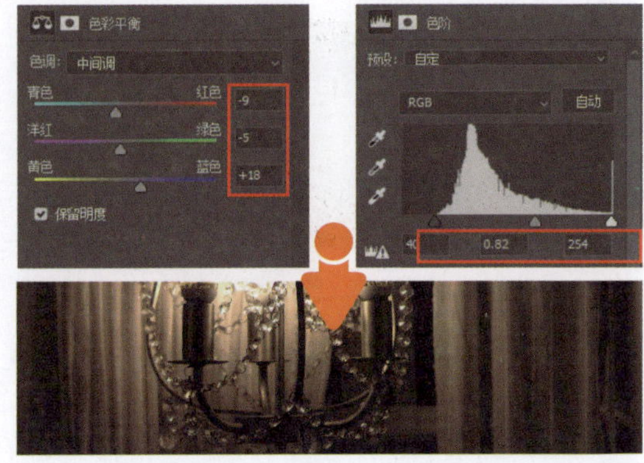

Step 03 选择“矩形工具”，在图像窗口中绘制一个矩形，填充 R51、G51、B51[注]的颜色，取消描边色，接着在“图层”面板中设置其混合模式为“正片叠底”，在图像窗口中可以看到编辑后的效果。

Step 04 选择“横排文字工具”，在适当的位置单击，输入“明亮”，接着在打开的“字符”面板中对文字的属性进行设置，并使用“渐变叠加”和“投影”图层样式对文字的外观进行修饰。

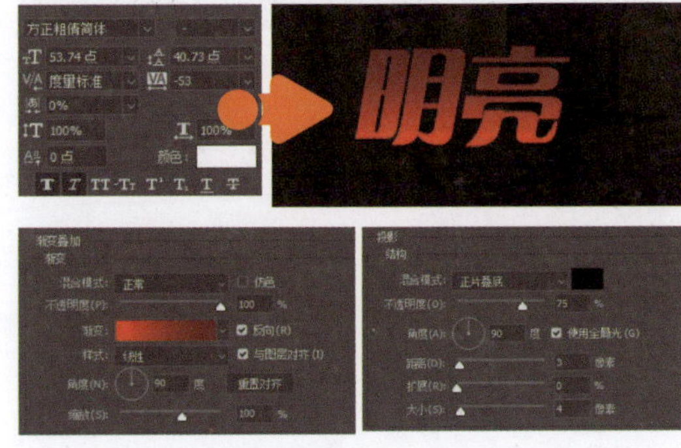

Step 05 使用“横排文字工具”添加所需的其他文字，设置每组文字的字体、颜色和字号等属性，使用“渐变叠加”和“投影”图层样式对部分文字的外观进行修饰。

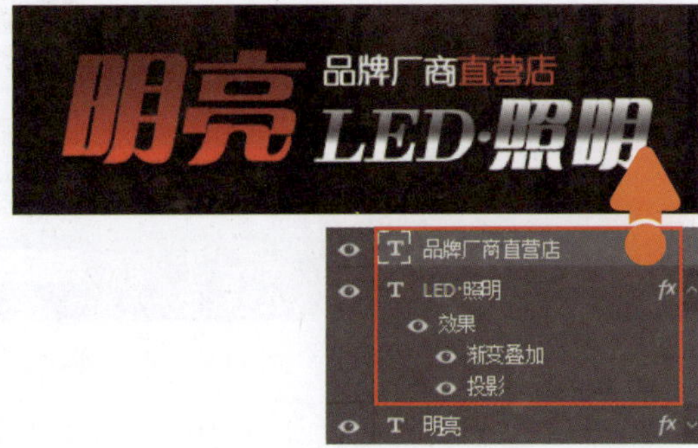

注：为了方便描述，将颜色设置简写为此种格式。

Step 06 使用“矩形工具”绘制一个白色的矩形条，为该图层添加图层蒙版，使用“渐变工具”对该图层蒙版进行编辑，为其填充径向渐变，让矩形条呈现渐隐渐现的视觉效果。

Step 07 选择“钢笔工具”，配合使用“删除锚点工具”“添加锚点工具”和“转换点工具”等路径编辑工具绘制 Logo，为绘制的 Logo 填充白色，取消描边色，并将其放在适当的位置。

Step 08 使用“圆角矩形工具”绘制圆角矩形，使用“描边”和“投影”图层样式对绘制的圆角矩形进行修饰，接着对其进行复制，再使用“自定形状工具”绘制所需要的形状，将其按照一定的位置进行排列，在图像窗口中可以看到编辑后的效果。

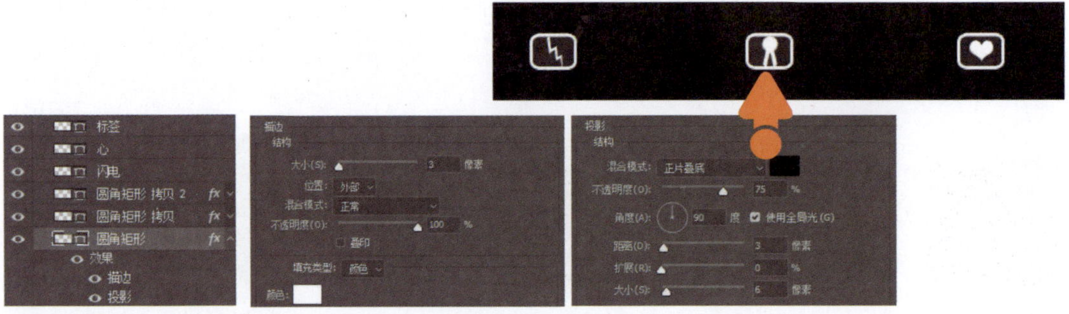

Step 09 选择“横排文字工具”，在适当的位置单击，输入所需的文字，打开“字符”面板，对文字的字体、字号、颜色等属性进行设置，接着对前面绘制的渐隐渐现的线条进行复制，适当调整线条的大小，并将其放在每组文字的中间，在图像窗口中可以看到编辑后的效果。

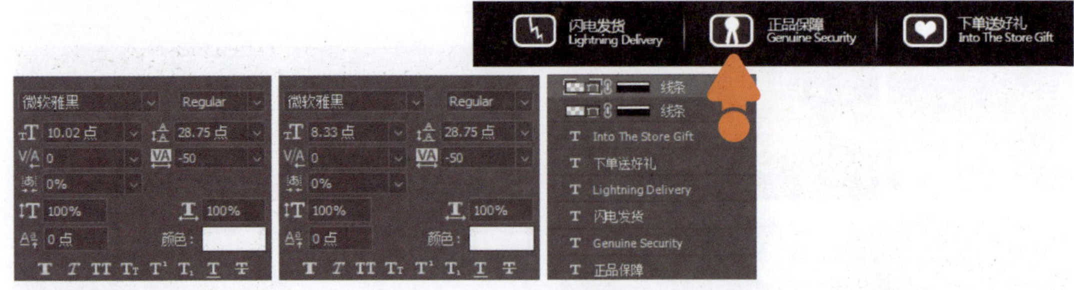

Step 10 使用“矩形工具”绘制一个矩形作为导航条的背景，填充黑色，取消描边色，接着使用“横排文字工具”，在矩形中适当的位置单击，输入导航条上的文字，打开“字符”面板对文字的属性进行设置，并使用“钢笔工具”绘制三角形，在图像窗口中可以看到编辑后的效果。

Step 11 使用“钢笔工具”绘制梯形的形状，双击绘制的形状图层，在打开的“图层样式”对话框中勾选“投影”和“渐变叠加”复选框，使用这两个图层样式对梯形进行修饰。

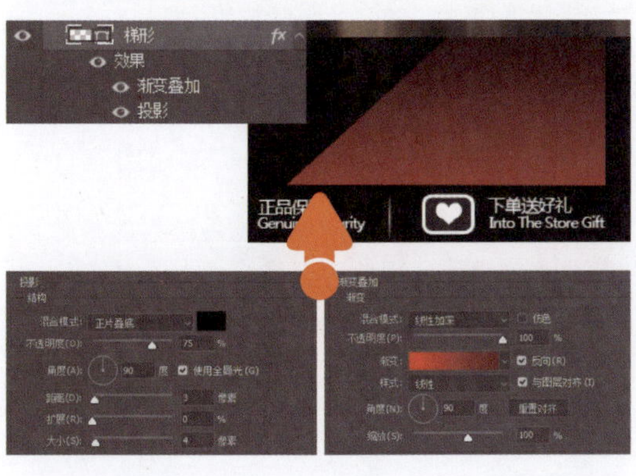

Step 12 选择“横排文字工具”，在适当的位置单击，输入“新店开张双重优惠”，打开“字符”面板对文字的属性进行设置，并打开“段落”面板设置文字的对齐方式，在图像窗口中可以看到编辑后的效果。

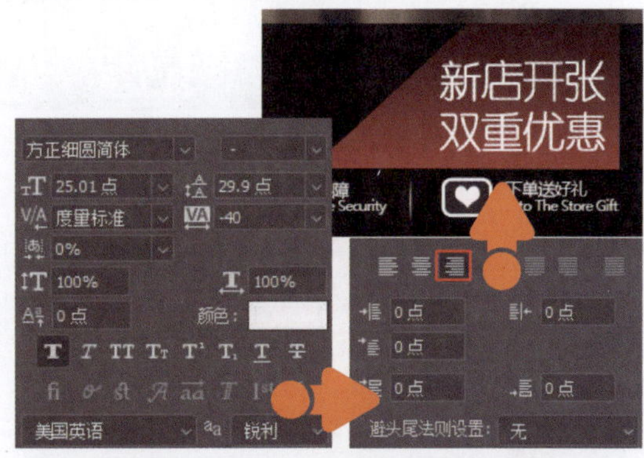

Step 13 选择“自定形状工具”，在该工具选项栏中选择“购物车”形状，使用白色对其进行填充，取消描边色，在图像窗口中可以看到编辑后的效果。至此完成本案例的制作。

3.1.3 宠物用品网店店招与导航条设计

本案例是为某品牌宠物用品网店设计的店招和导航条。设计时使用了多种宠物狗的卡通形象进行修饰，并将导航条的外形制作成骨头的形状，增添了画面的趣味性和设计感，同时可爱的手写字体与整个画面的风格一致，清幽的草地更带来一种自然、健康的感觉。

素　材：下载资源\素材\03\02.ai、03.jpg

源文件：下载资源\源文件\03\宠物用品网店店招与导航条设计 .psd

风格统一的 Logo 和名称设计： 将 Logo 设计为狗爪印的形状，简单、生动的形象更容易给顾客留下深刻的印象，在网店名称的设计上选择了比较可爱的卡通字体，使得整个画面更加和谐、统一。

添加宠物和草地元素： 在店招和导航条中加入可爱的宠物和青青的原色草地，既与整个画面的风格一致，也让整个画面以更丰富的状态呈现出来。

骨头形状的导航条设计： 因为是为宠物用品网店设计的导航条，所以将其绘制成骨头的形状，既贴近了主题，也增加了画面的趣味性。

高明度和纯度的颜色应用： 宠物给人的感觉总是非常可爱的，因此为了让店招与导航条呈现俏皮、亲切的感觉，其使用的大多为明度和纯度都比较高的颜色进行搭配。

Step 01 启动 Photoshop 程序，新建一个文档，双击前景色色块，在打开的“拾色器（前景色）”对话框中设置前景色为 R253、G253、B234，按 Alt+Delete 快捷键，给图像窗口填充前景色。

Step 02 使用“钢笔工具”绘制骨头的形状，将其作为导航条的背景，接着使用“描边”“投影”“内发光”图层样式对其进行修饰，并在相应的选项卡中对参数进行设置，在图像窗口中可以看到编辑后的效果。

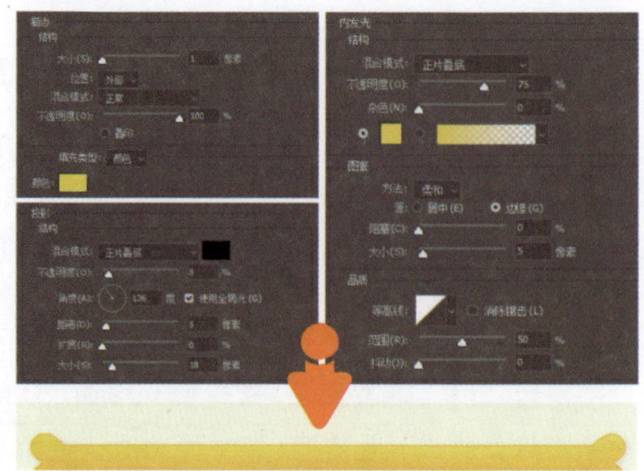

Step 03 选择“横排文字工具”，在合适的位置单击，输入导航条中所需的文字，打开“字符”面板，对文字的属性进行设置，并使用“描边”图层样式对文字的外观进行修饰，在图像窗口中可以看到编辑后的效果。

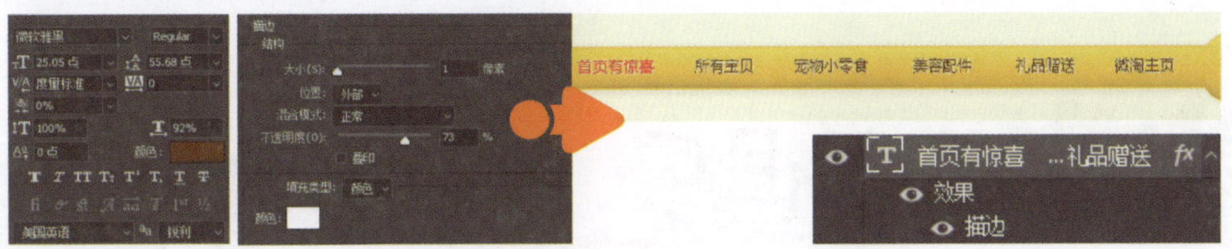

Step 04 使用“矩形工具”绘制导航条中文字之间所需的线条，接着使用“投影”图层样式对线条的外观进行修饰，并在相应的选项卡中对参数进行设置，在图像窗口中可以看到编辑后的效果。至此完成导航条的制作。

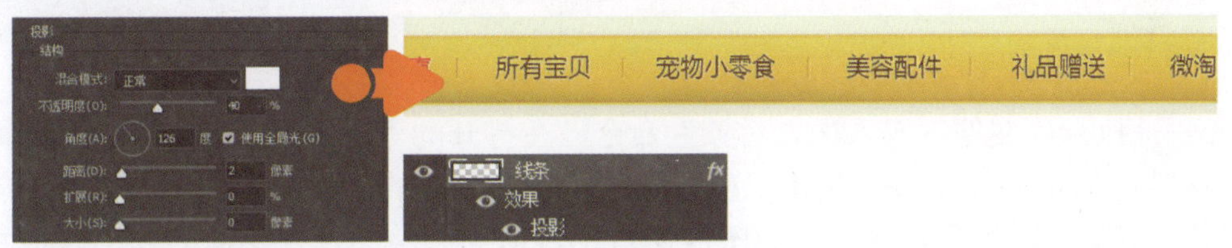

Step 05 选择“横排文字工具”，在合适的位置单击并输入网店的名称，打开“字符”面板，对文字的字体、字号、间距等属性进行设置，并使用“渐变叠加”“描边”“投影”图层样式对文字的外观进行修饰，在相应的选项卡中对参数进行设置，在图像窗口中可以看到编辑后的效果。

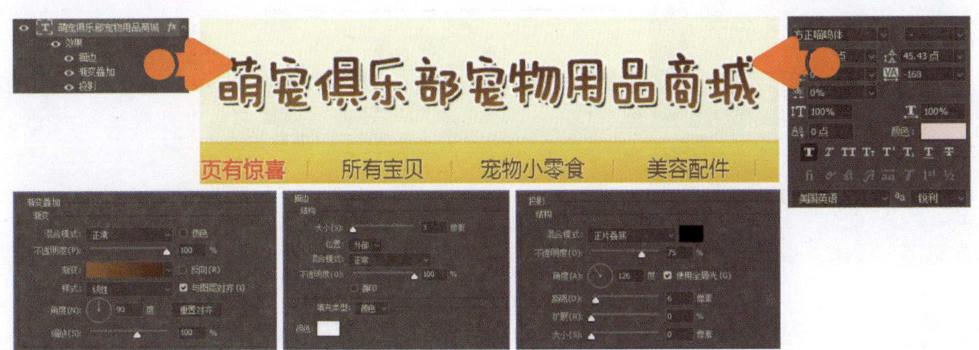

Step 06 选择“自定形状工具”，在其工具选项栏中选择“爪印（狗）”形状，接着在“图层”面板中右键单击店招文字，在弹出的快捷菜单中执行“拷贝图层样式”命令，然后选中“爪子”形状图层，在右键快捷菜单中执行“粘贴图层样式”命令，在图像窗口中可以看到爪子的外形与店招文字的外形一致。

Step 07 按 Ctrl+J 快捷键，对编辑后的“爪子”形状图层进行复制，接着按 Ctrl+T 快捷键，此时在爪子的边缘将显示自由变换框，对自由变换框的大小和角度进行调整，完成编辑后选择“移动工具”，退出编辑状态，在图像窗口中可以看到编辑后的效果。

Step 08 执行“文件 > 置入嵌入对象”命令，在打开的“打开为智能对象”对话框中选择所需的矢量文件 02.ai，单击“确定”按钮，在弹出的“置入 PDF”对话框中单击“确定”按钮，将狗狗素材添加到图像窗口中，适当调整图像变换框的大小并将其放在适当的位置，按 Enter 键对编辑的结果进行确认，在图像窗口中可以看到编辑后的效果。

Step 09 将所需的草地素材 03.jpg 添加到图像窗口中，适当调整图像的大小，并将其放在画面的底部，使其铺满画面底部，在图像窗口中可以看到编辑后的效果。

Step 10 在“图层”面板中设置“草”图层的混合模式为“正片叠底”，在图像窗口中可以看到素材中白色的部分消失。

Step 11 按 Ctrl+J 快捷键，对编辑后的“草”图层进行复制，接着在“图层”面板中设置该图层的“不透明度”为 50%，在图像窗口中可以看到编辑后的效果。至此完成本案例的制作。

3.2 欢迎模块与轮播图设计

在店招与导航条的下方，就是网店的欢迎模块或者轮播图，这个地方所涉及的面积较大，可以放入大量的信息，也是整个网店首页中最为醒目和顾客最先了解到的内容。下面介绍轮播图和欢迎模块的设计。

3.2.1 欢迎模块与轮播图的设计规范

欢迎模块位于导航条的下方，主要用于告知顾客网店某个时间段的广告商品或者促销活动。不同的电商平台对欢迎模块的设计尺寸要求是不相同的。例如，淘宝的欢迎模块的高度最高不可超过 600 像素，而宽度则应大于或者等于 750 像素；而京东的欢迎模块宽度则不低于 980 像素，如果要制作全屏通栏的欢迎模块，宽度就更大。

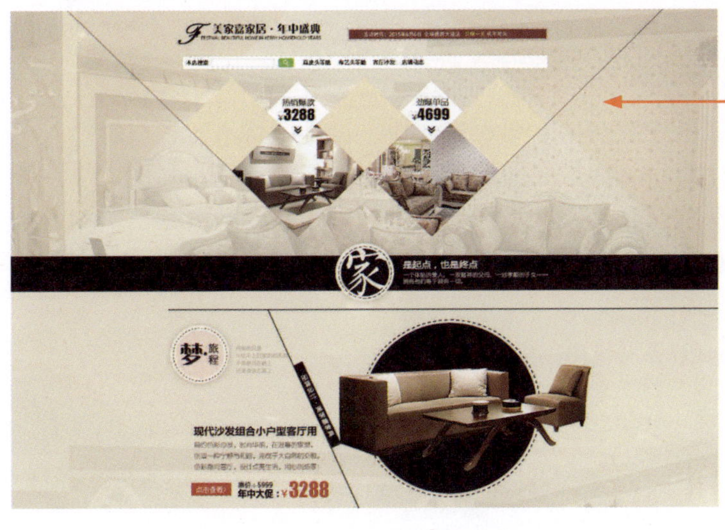

欢迎模块与轮播图都位于导航条的下方。欢迎模块分为标准型和全屏型，左图中的欢迎模块为全屏型，也就是将整个网页横向拉通，不在页面的两侧留下空间。

欢迎模块根据设计的内容可分为新品上架、店铺动态、活动预告等，不同内容的设计重点也是不同的，如下图所示分别为以热卖单品、新品上架为主要内容的欢迎模块。

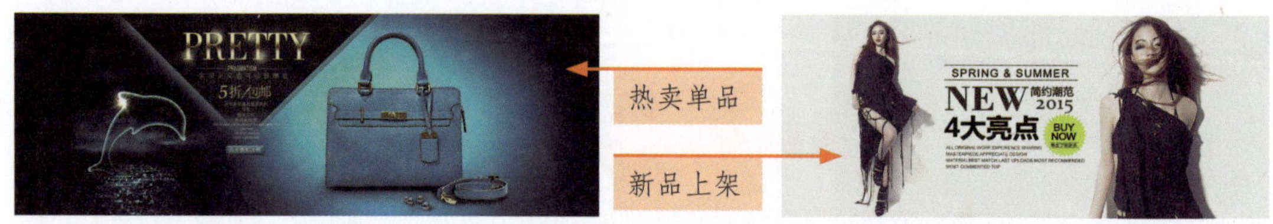

与欢迎模块同等位置的轮播图，可以按照规定的时间间隔对多个欢迎模块进行轮流展示。在轮播图的下方，有指示轮播图中图片数量的圆点、数字等标记，如下图所示。值得注意的是，只有轮播图中的几个欢迎模块的尺寸保持高度一致，才能确保制作出来的轮播图能够完整地显示出来。

无论是京东上的网店，还是淘宝上的网店，设计欢迎模块时都要明确目的，文案梳理要清晰，要知道表达的中心主题是什么，衬托文字是哪些。充分的视觉冲击力可以通过图片和颜色来实现，表达的内容精炼，抓住主要诉求点，内容不可过多，一般以图片为主、文案为辅，主题文字占整个文字布局画面尽量最大化。通过调整文字的疏密、粗细、大小等来寻求视觉上的平衡，这样设计出来的整个效果就比较合理。

3.2.2 新品上架欢迎模块设计

本案例是为某品牌剃须刀设计的新品上架欢迎模块。设计时将水元素与剃须刀融合在一起，使用蓝色的背景让商品与背景之间的颜色产生强烈的反差，利用边缘硬朗的艺术化文字作为标题，表现出男性刚毅、坚强的性格特点，整个画面颜色协调、重点突出，具有很强的视觉冲击力。

素　材：下载资源\素材\03\04~06.jpg、07.psd

源文件：下载资源\源文件\03\新品上架欢迎模块设计.psd

水元素的应用：抓住剃须刀“可水洗”这个关键词，将水元素与剃须刀融合在一起，重点突出剃须刀的防水性能，让顾客一眼就能理解剃须刀的特点，设计直观且富有视觉冲击力。

反差较大的颜色搭配：选择蓝色作为画面的主色调，而剃须刀为金属色，两者形成强烈的反差，有利于突出画面中的商品形象。

醒目颜色突出重点：在欢迎模块中，如果顾客对商品感兴趣，可以单击特定区域以浏览更多信息。因此，在设计时可以使用醒目的颜色来突出显示，具有提示和指引的作用。

硬朗的字体设计：由于剃须刀所针对的顾客多为男性，所以采用了比较硬朗的艺术化文字设计以体现男士刚毅的性格特点；另外，为了突出这些文字的层次关系，给画面中的文字设置了不同的大小。

Step 01 启动 Photoshop 程序，新建一个文档，将所需的背景素材 04.jpg 添加到图像窗口中，适当调整素材的大小，使其铺满整个画面。

Step 02 将剃须刀素材 05.jpg 拖曳到图像窗口中，得到一个智能对象图层，适当调整其大小并将其放在画面的右侧，在图像窗口可以看到编辑后的效果。

Step 03 选择“钢笔工具”，沿着剃须刀的边缘创建路径，使路径沿着剃须刀形成闭合的路径，打开“路径”面板，单击“将路径作为选区载入”按钮，把路径转换为选区。

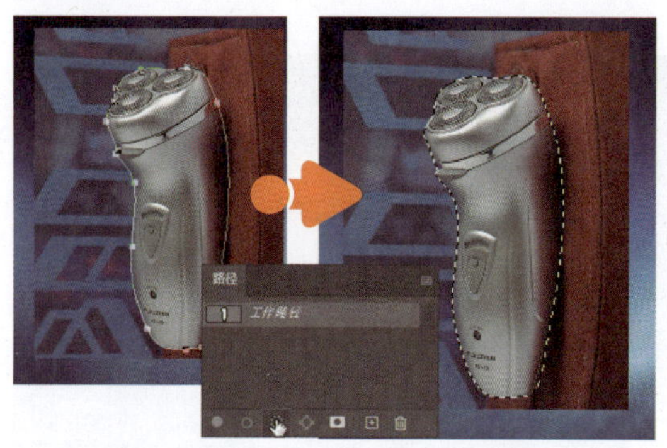

Step 04 单击“图层”面板下方的“添加图层蒙版”按钮，为放置剃须刀的图层添加图层蒙版，将剃须刀图像抠取出来，在图像窗口中可以看到抠取的效果。

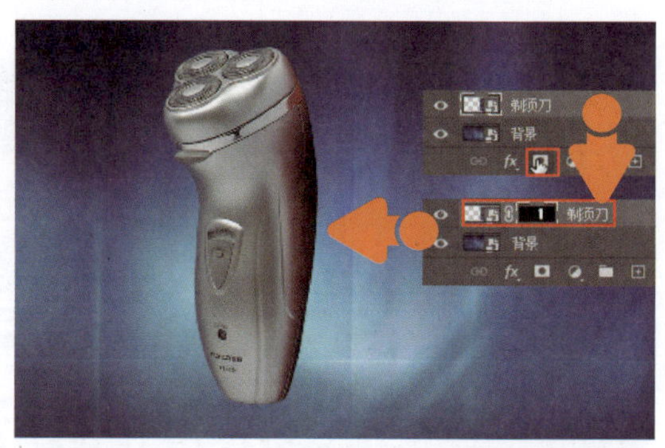

Step 05 参考前面对剃须刀的编辑方法，将剃须刀的正面照片 06.jpg 添加到图像窗口中。再次使用“钢笔工具”创建路径，将路径转换为选区，利用选区创建图层蒙版，将剃须刀抠取出来。

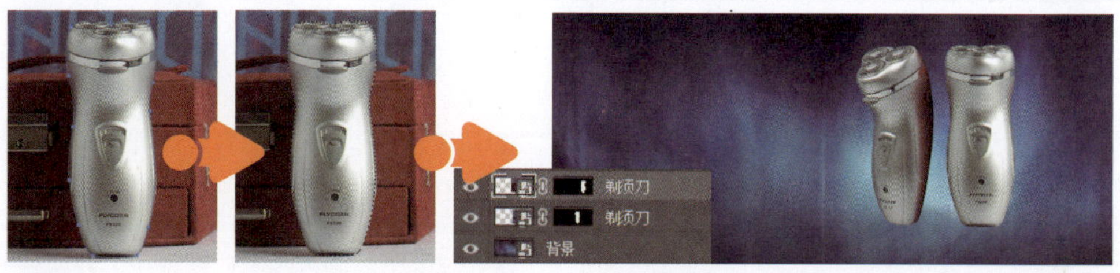

Step 06 按住 Ctrl+Shift 快捷键的同时单击剃须刀图层中的图层蒙版缩览图，将剃须刀添加到选区，为创建的选区创建“黑白 1”调整图层，打开“属性”面板对参数进行设置。

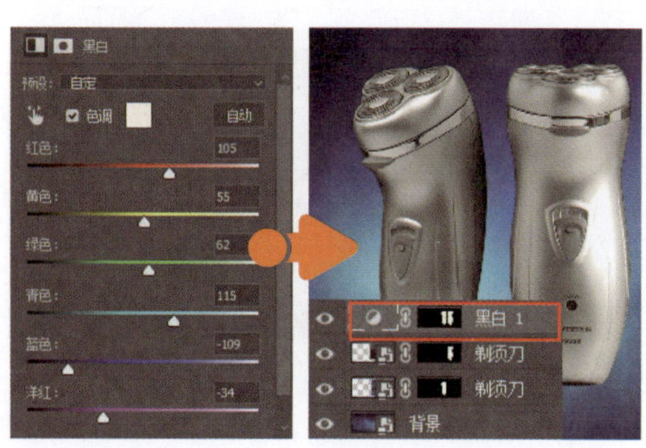

Step 07 再次将剃须刀添加到选区，为选区创建“色阶 1”调整图层，在打开的“属性”面板中对“RGB”选项下的色阶值进行设置，接着使用黑色的“画笔工具”对图层蒙版进行编辑，在图像窗口可以看到编辑后的效果。

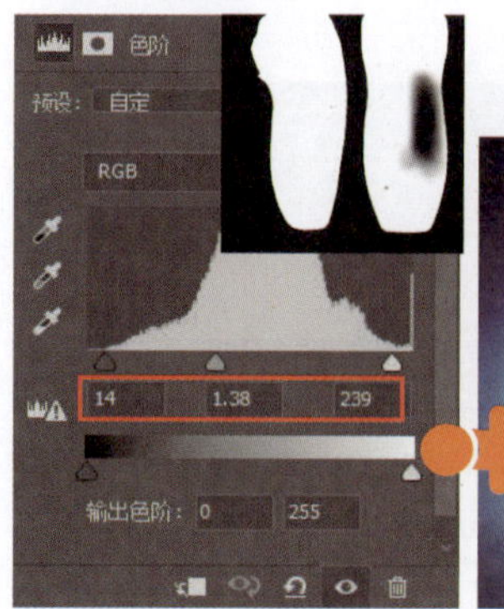

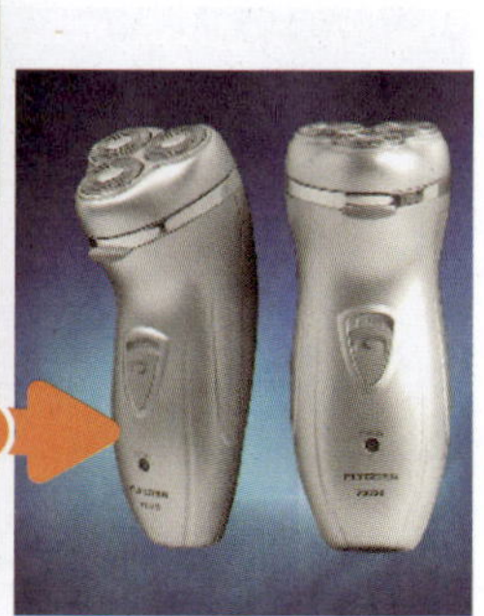

Step 08 将背景素材隐藏，只显示剃须刀和相关的调整图层，按 Ctrl+Shift+Alt+E 快捷键，盖印可见图层，得到“图层 1”，将其转换为智能对象图层，执行“滤镜 > 锐化 >USM 锐化”命令，锐化其细节。

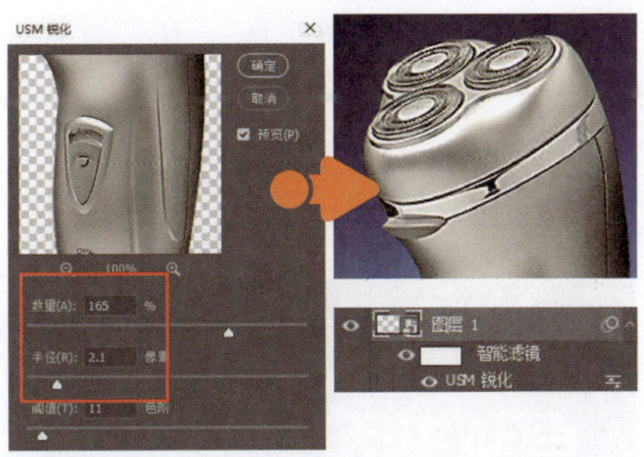

Step 09 再次对背景图层外的图层进行盖印，得到“图层 2”，将其转换为智能对象图层，执行“滤镜 > 模糊 > 高斯模糊”命令，设置“半径”为 3.6 像素，并对其蒙版进行编辑，模糊特定的图像区域。

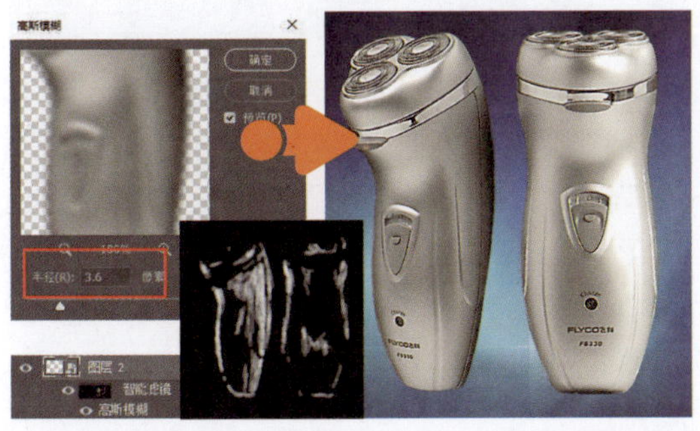

Step 10 将背景素材隐藏，按 Ctrl+Shift+Alt+E 快捷键，盖印可见图层，并将得到的图层命名为“投影”，按 Ctrl+T 快捷键，对其进行垂直翻转，使用“渐变工具”对其图层蒙版进行编辑，制作商品的投影。

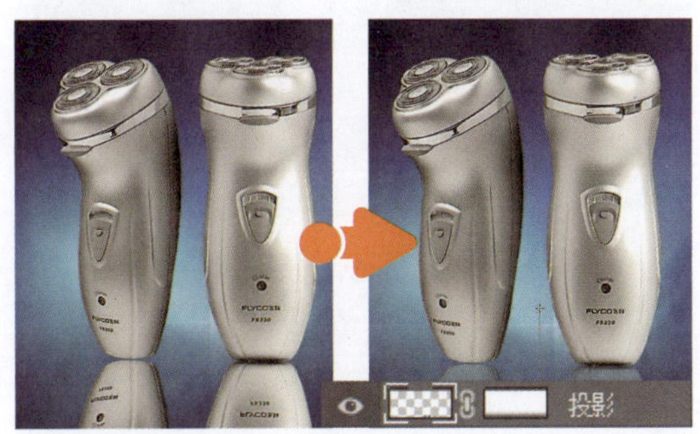

Step 11 将水素材 07.psd 添加到图像窗口中，适当调整素材的大小，使其铺满整个画面，在“图层”面板中设置图层的混合模式为“强光”，在图像窗口中可以看到编辑后的效果。

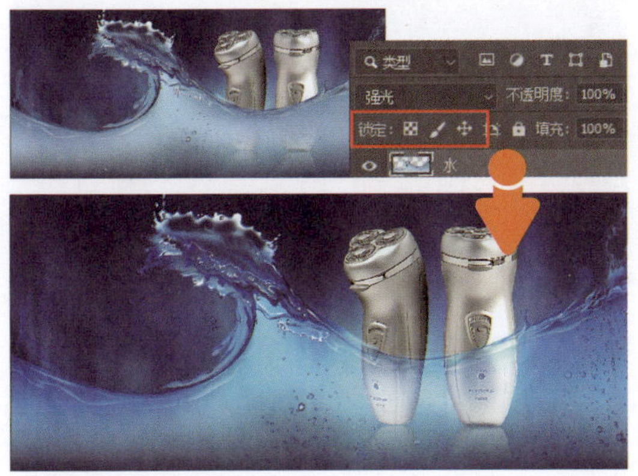

Step 12 按住 Ctrl 键的同时单击“水”图层的图层缩览图，载入选区，为选区创建“色阶 2”调整图层，在打开的“属性”面板中设置“RGB”选项下的色阶值分别为 21、0.51、245，增强水的层次感。

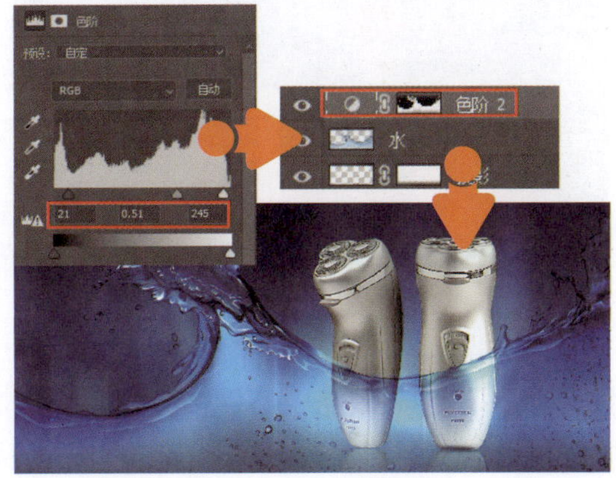

Step 13 选择“钢笔工具”，在剃须刀左侧绘制路径，制作标题文字和修饰所需的形状，双击形状图层，打开“图层样式”对话框，设置“投影”参数，增强层次感。

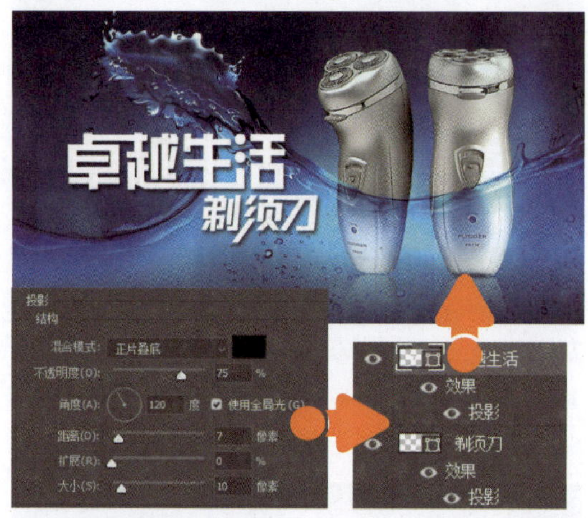

Step 14 使用“横排文字工具”在画面中输入所需的文字，在“字符”面板中对文字的字体、字号等属性进行设置，使用“投影”图层样式为文字添加投影，在图像窗口中可以看到编辑后的效果。

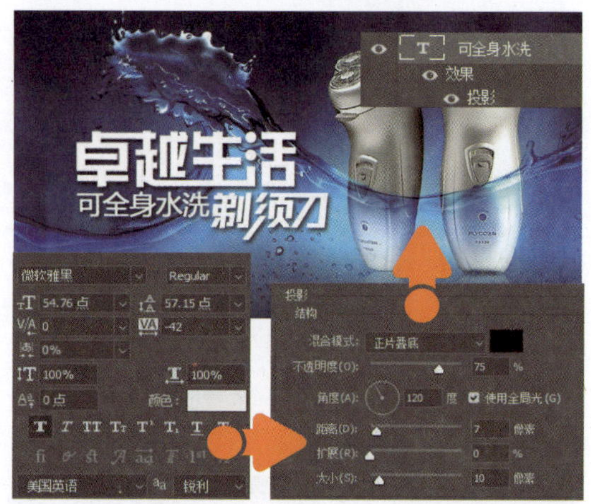

Step 15 继续使用“横排文字工具”在画面中输入其他文字，并设置合适的大小，然后在这些文字下方绘制不同形状的图形以突出文字信息，使用“渐变叠加”图层样式加以修饰，在图像窗口中可以看到编辑后的效果。

Step 16 按 Ctrl+Shift+Alt+E 快捷键，盖印可见图层，得到“图层 3”，将该图层转换为智能对象图层，执行“滤镜 > 锐化 >USM 锐化”命令，在打开的“USM 锐化”对话框中设置参数，再次对画面进行锐化处理，使画面的细节更加清晰。至此完成本案例的制作。

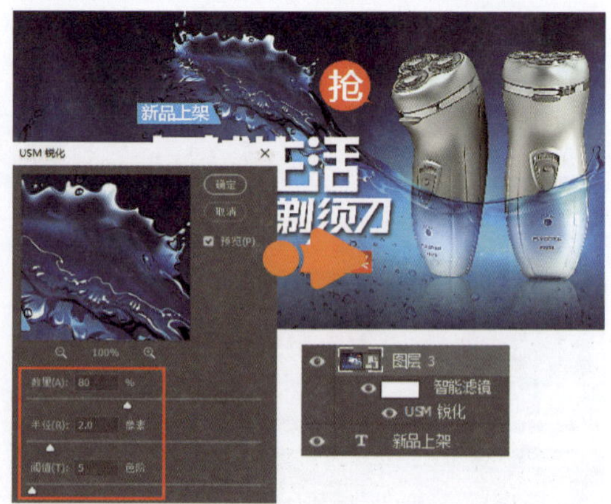

3.2.3 箱包促销轮播图设计

本案例是为某品牌手提包设计的轮播图，其中对背景应用明暗对比较强的渐变色，将手提包放在背景中亮度集中的区域，使顾客一眼就能看到销售的商品；另外，通过文字的艺术化编排简单介绍了商品特点、活动内容等，金属质感的主题文字设计更能从侧面体现手提包的品质。

素　材：下载资源\素材\03\08~11.jpg

源文件：下载资源\源文件\03\箱包促销轮播广告设计.psd

金属质感的主题文字：手提包的五金配件采用金色金属色，因此，在设计欢迎模块主题文字时使用了金黄色和淡黄色的星光效果对其进行修饰。

光影感强烈的背景：为了让画面的整体营造强烈的视觉冲击力，在设计欢迎模块背景的过程中，选择了明暗分明、层次感强的溶图进行修饰，将手提包放在溶图亮度集中的位置，使其醒目、突出，能够第一时间夺得顾客的目光。

立体感十足的按钮设计：按钮的颜色与整个画面的色调一致，立体感强且逼真的按钮能获得较为抢眼的效果。

烘托主题的珍珠素材：为了突出手提包蔚蓝色海洋般的魅力，在手提包的下方使用了黑色的珍珠作为修饰元素，对手提包乃至整个画面进行点缀，同时也与画面左侧的蓝色海豚这一海洋生物的生存环境相呼应。

Step 01 运行 Photoshop 程序，新建一个文档，创建颜色填充图层，将填充色设置为黑色，让整个图像窗口的颜色呈现为黑色，在图像窗口中可以看到编辑的效果。

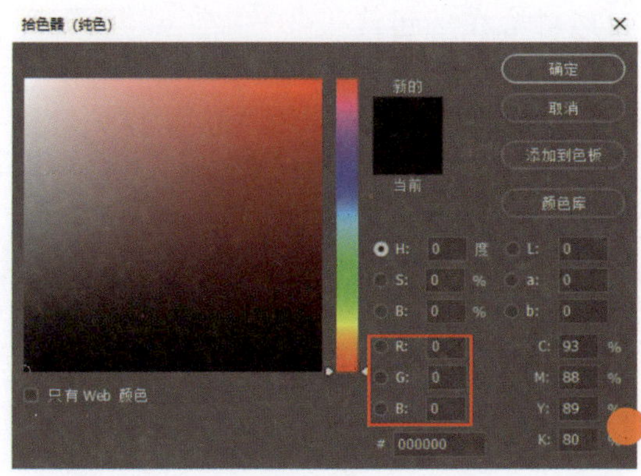

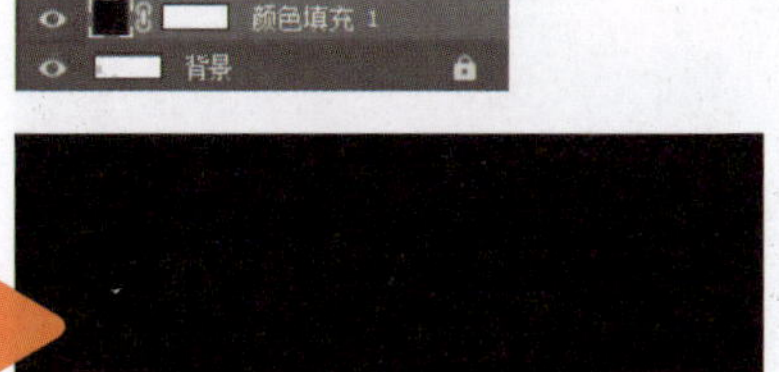

Step 02 添加背景素材 08.jpg 到图像窗口中，适当调整其大小，将其放在画面的右侧，为了让添加的溶图自然地与背景的黑色融合在一起，还需要对其边缘进行调整。为溶图所在图层添加图层蒙版，选择“画笔工具”，对图层蒙版进行编辑，使得溶图的周围自然与背景融合。

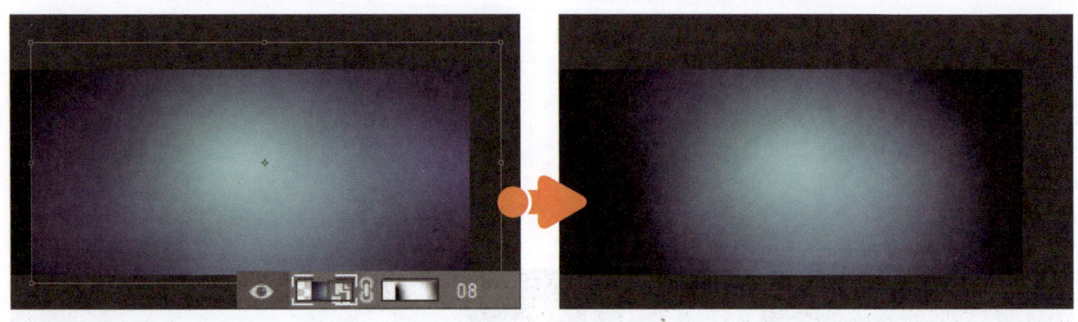

Step 03 执行“滤镜 > 模糊 > 高斯模糊”命令，在打开的“高斯模糊”对话框中设置“半径”为 20 像素，对添加的溶图进行模糊处理，使图像的颜色更加自然。

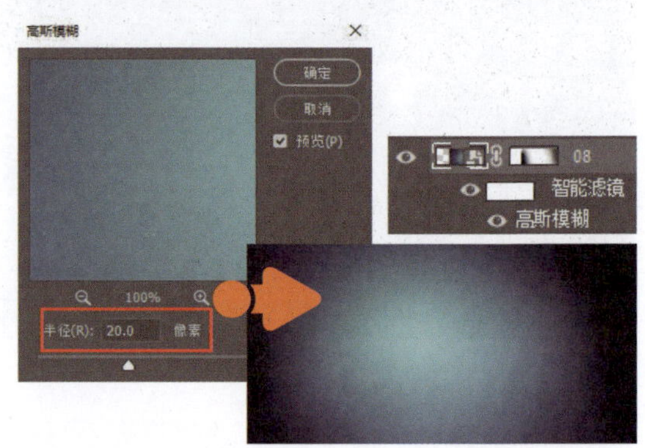

Step 04 为了营造理想的蓝色调，还需要对溶图的颜色进行调整。创建“色相 / 饱和度 1”调整图层，在打开的“属性”面板中对“全图”和“青色”下的参数进行设置，提升画面的颜色浓度，并稍微改变画面色调。

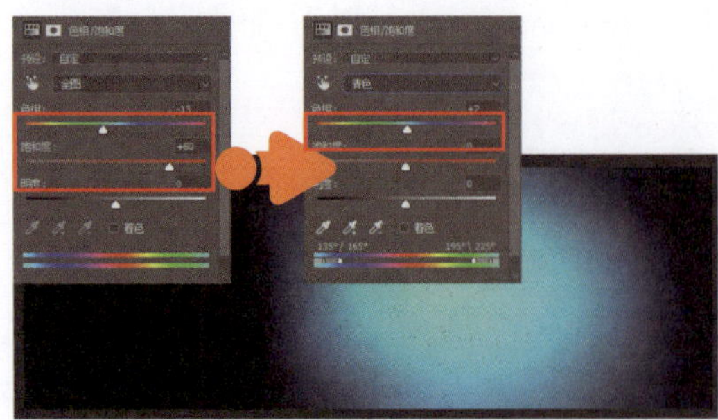

Step 05 添加海豚素材 09.jpg 到图像窗口中，适当调整其大小，接着为海豚素材所在图层添加图层蒙版，并使用“画笔工具”对图层蒙版进行编辑，最后调整图层的混合模式，使海豚素材与背景自然融合在一起。

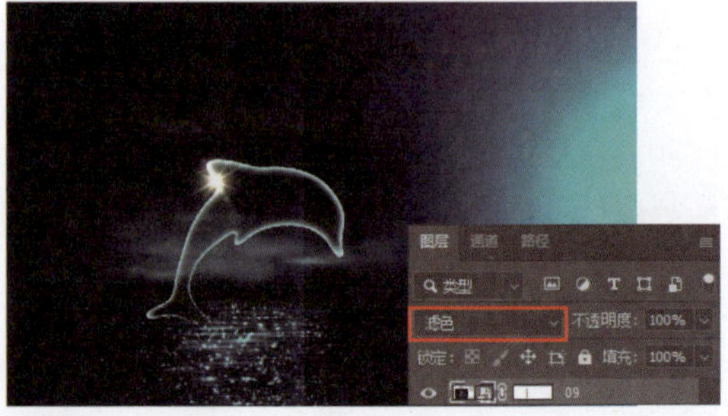

Step 06 添加手提包素材 10.jpg 到图像窗口中，适当调整其大小，接着使用“钢笔工具”沿着手提包的边缘绘制路径，将绘制的路径转换为选区，再以选区为准添加图层蒙版，将手提包图层抠取出来，并将抠取的手提包放在适当的位置。

Step 07 为了让手提包的色阶恢复正常光照下的效果，需要对手提包的亮度进行调整。将手提包图像添加到选区，为选区创建“色阶 1”调整图层，在打开的“属性”面板中对参数进行调整，提高手提包的亮度，增强手提包的层次感。

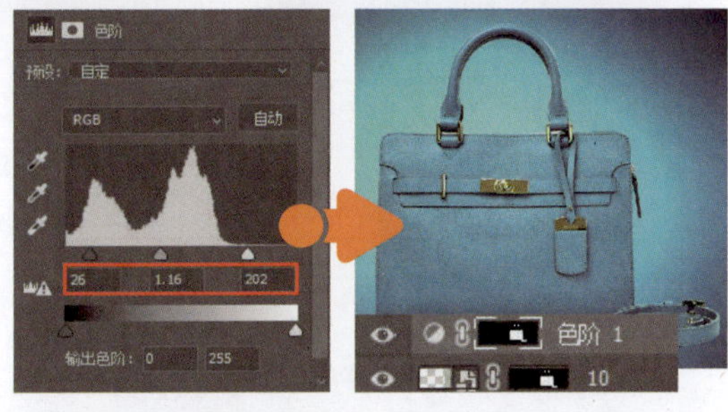

Step 08 还原手提包真实的颜色，需要对手提包图像的颜色进行调整。将手提包图像再次添加到选区，为选区创建“色相 / 饱和度 2”调整图层，在打开的“属性”面板中设置“黄色”和“青色”的参数。

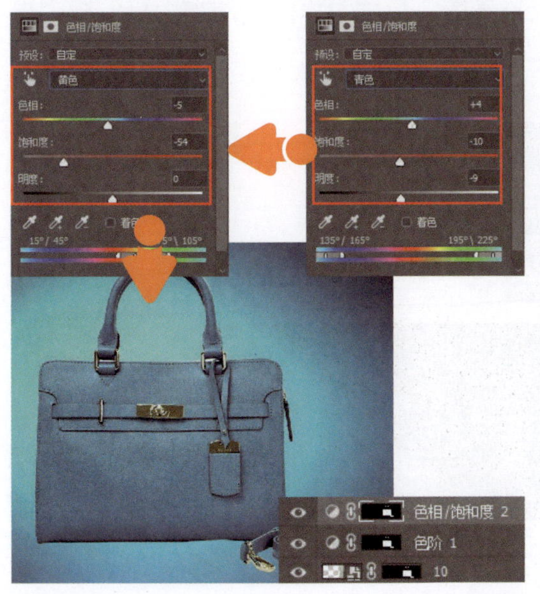

Step 09 复制前面编辑手提包图像的图层，并将复制前后的图层合并在一起，命名为“合并”，将该图层转换为智能对象图层，接着执行“滤镜 > 锐化 >USM 锐化”命令，在打开的“USM 锐化”对话框中对参数进行设置，让手提包的细节更加清晰。

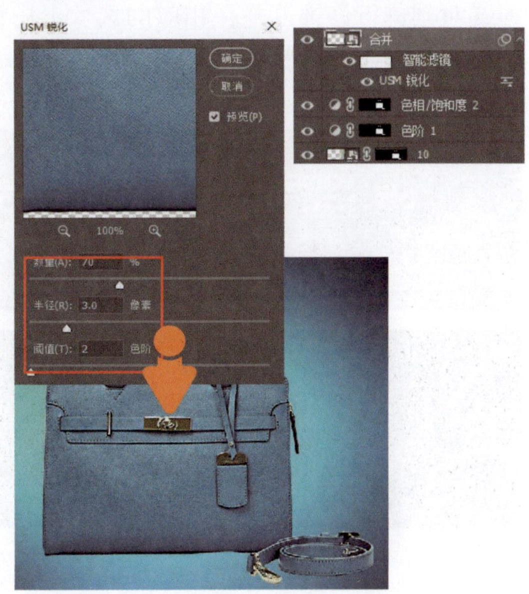

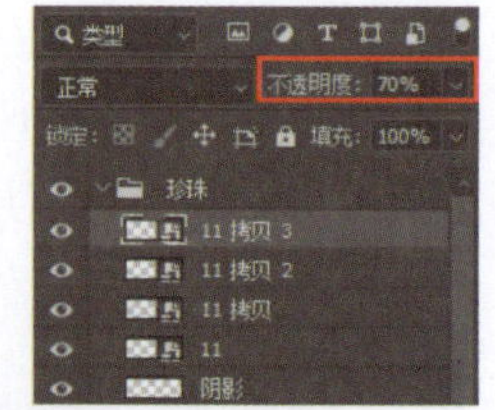

Step 10 添加珍珠素材 11.jpg 到图像窗口中，适当调整其大小，将其放在适当的位置，接着复制珍珠素材所在图层，调整珍珠素材的大小和位置，为了让添加的珍珠图像表现更真实，在“图层”面板中适当降低“不透明度”的参数，并使用“画笔工具”绘制阴影，在图像窗口中可以看到编辑后的效果。

Step 11 为了让手提包也呈现逼真的展示效果，下面为手提包的下方添加阴影。新建图层，命名为“阴影”，将其放在“10”图层的下方，接着选择“画笔工具”，在其工具选项栏中设置前景色为黑色，使用“画笔工具”在图像窗口中手提包的适当位置进行涂抹，绘制阴影。

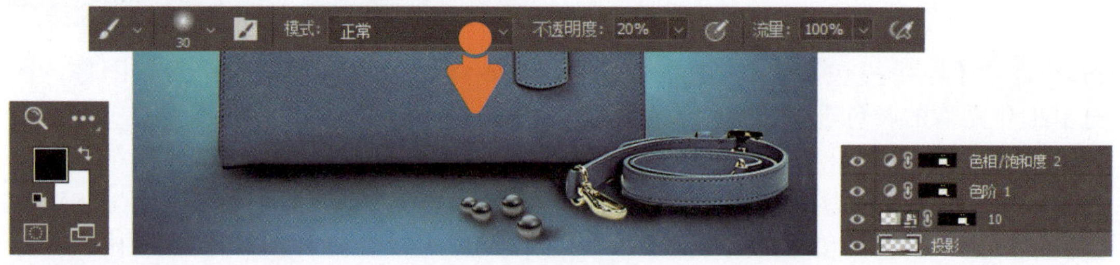

Step 12 使用“钢笔工具”绘制所需的三角形，使用“渐变叠加”和“外发光”图层样式对其进行修饰，并在相应的选项卡中设置参数，最后为该图层添加图层蒙版，编辑图层蒙版让三角形的下方显示半透明的效果。

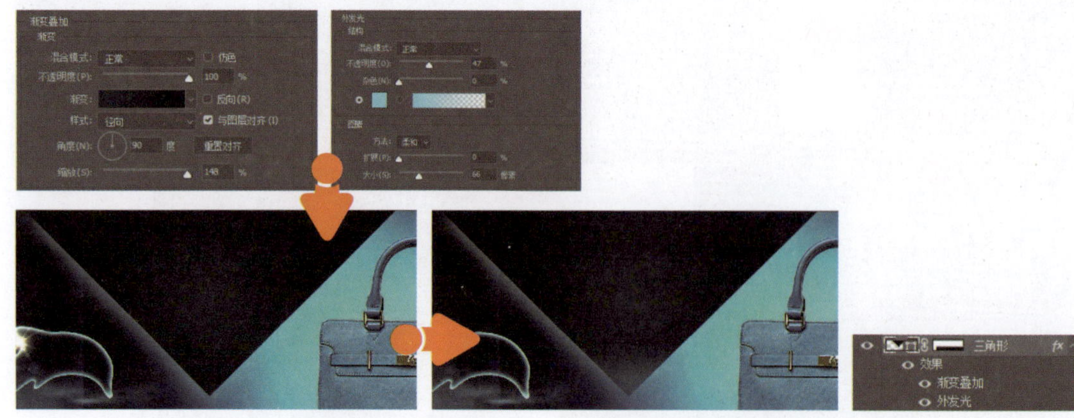

Step 13 复制编辑后的三角形，调整第二个三角形的位置，使两个三角形之间产生一定的距离，并适当调整第二个三角形的图层不透明度，提高图形的层次感，在图像窗口中可以看到编辑后的效果。

Step 14 想要完整地传递欢迎模块中商品的信息，还需要为画面添加文字。选择“横排文字工具”，输入所需的多段文字，调整文字的字体、字号和位置。

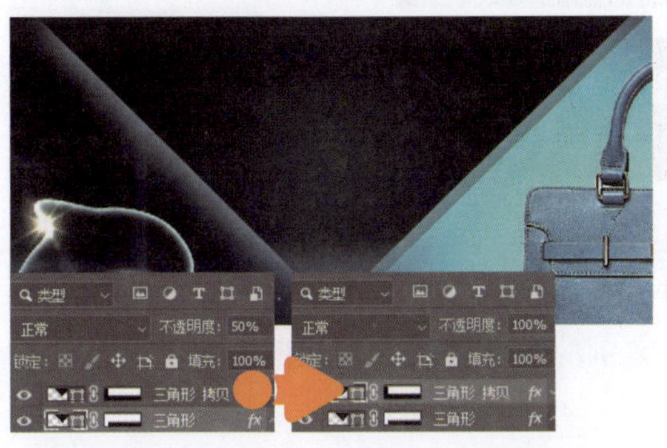

Step 15 双击输入的英文标题，在打开的“图层样式”对话框中添加“渐变叠加”和“描边”图层样式，并在相应的选项卡中设置参数，让标题文字的表现更加炫目，在图像窗口中可以看到编辑后的效果。

Step 16 使用“矩形工具”绘制一个矩形，添加图层蒙版，编辑图层蒙版让矩形呈现渐隐的效果，然后复制编辑后的形状图层，栅格化图层后将其转换为智能对象图层，对其进行镜像处理，使用编辑后的矩形来修饰文字。

Step 17 为了让欢迎模块中的标题文字更加炫目，需要为文字添加耀眼的星光。新建图层，接着选择工具箱中的“画笔工具”，在其工具选项栏中进行设置，并在工具箱中设置前景色，使用“画笔工具”在文字上单击，绘制光点，最后复制图层，调整光点的位置，完成文字的修饰操作。

Step 18 使用“圆角矩形工具”绘制所需的按钮形状，接着通过为该图层添加多种图层样式来使圆角矩形呈现出立体的视觉效果，然后添加文字，用图层样式调整文字颜色和添加阴影效果，具体的设置可以参考本案例的源文件，在图像窗口中可以看到编辑后的最终效果。

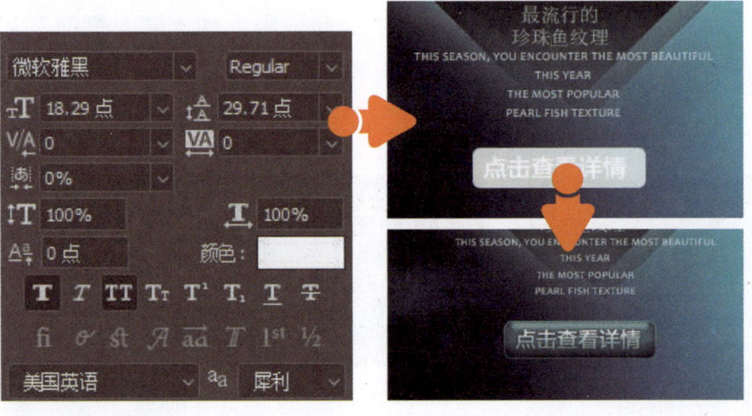

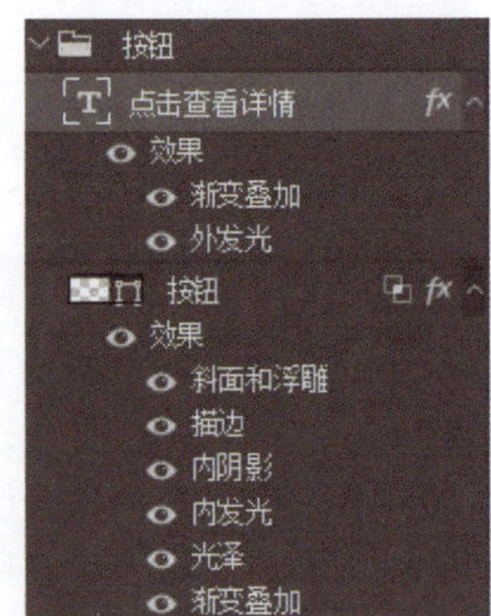

3.3 商品陈列区设计

在设计网店的首页时，除了店招、导航条和欢迎模块，商家大都会通过商品陈列区对网店中的宝贝进行展示，让顾客大致了解网店中商品的形象、风格和价格，商品陈列区也是较为重要且设计尺寸较大的区域。下面介绍商品陈列区的设计。

3.3.1 商品陈列区的常用布局

商品的布局是影响商品陈列区整个版式的关键因素，也是确定首页风格的关键因素。为了吸引顾客，设计师会根据商品的功能、外形特点、设计风格对商品陈列区进行精心规划，将网店中的多种商品艺术化地展现出来。常用的商品陈列区的布局方式有三种，分别为折线型布局、随意性布局和等距等大的方块式布局。

折线型布局

折线型布局就是将商品按照错位的方式进行排列。简化之后的折线如下图所示，顾客的视线会沿着商品呈现出折线的效果。这样的设计可以让画面表现出一种清爽、利落的感觉，具有韵律感。值得一提的是，这样的布局会占据大量的页面空间，只适合商品数量较少时使用。

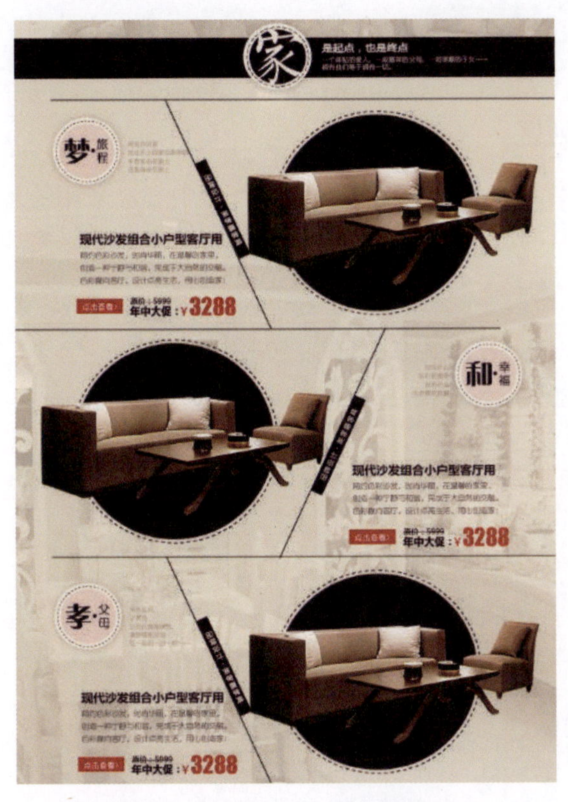

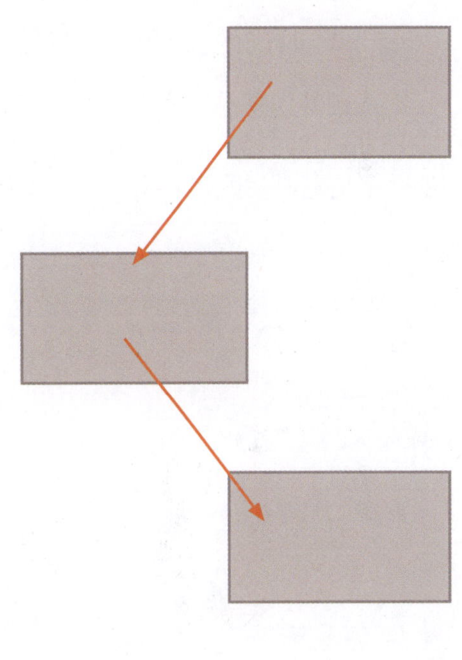

随意性布局

随意性布局就是将商品随意地放置在页面中，但是这种随意往往需要营造一种特定的氛围和感觉，让这些商品之间产生一种联系，否则会使得画面中的商品由于缺乏联系而显得突兀。随意性布局在女装搭配、组合销售中使用较多，是一种灵活性较强的布局方式，如右图所示。

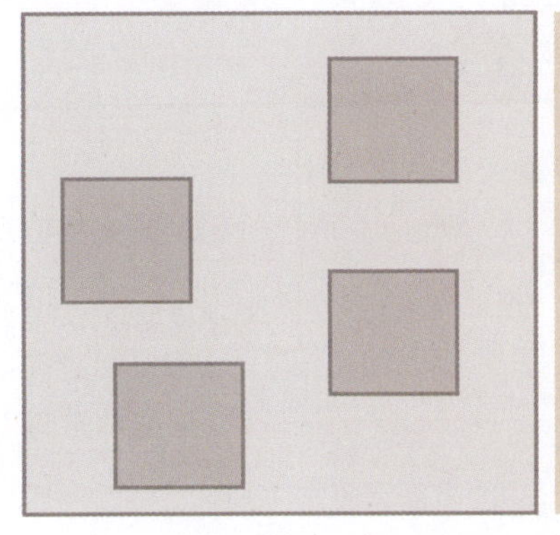

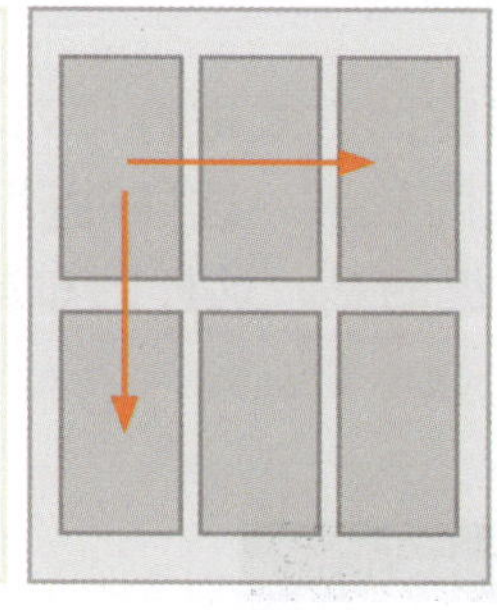

等距等大的方块式布局

等距等大的方块式布局是商品陈列区最常用也最有效的一种布局方式。它将画面分为相同大小的矩形，像棋盘一样进行页面布局，如左图所示。这种布局方式能让画面形成统一的感觉，可以充分利用空间，同时展示多个商品。

3.3.2 时尚的女鞋网店商品陈列区

本案例是为某品牌女鞋网店设计的商品陈列区，该区域以模特为中心，采用随意性布局方式，同色系的女鞋随意摆放在其周围，形成相对统一的画面效果；通过添加辅助文字信息，使顾客对网店中的女鞋的款式、价格等有一个简单了解。

素　材：下载资源\素材\03\12.psd、13~17.jpg、18.psd、19~23.jpg

源文件：下载资源\源文件\03\时尚的女鞋网店商品陈列区.psd

同色系的模特与女鞋的完美搭配：为了营造视觉上的和谐、统一感觉，尽量挑选着装颜色与女鞋色系相同的模特图像。值得注意的是，除了在颜色上保持和谐，模特的着装还应与女鞋的穿着季节相符。

与颜色相呼应的背景素材设计：画面中分别使用蓝色和黄色作为主色调进行创作，通过对颜色的联想，用蓝色的浪花、黄色的香蕉作为该色调的代表对象对画面进行点缀，提升整个画面的设计感。

辅助的文字信息提升顾客的购买欲望：为了提升商品的时尚感，在设计图中添加辅助性的文字来描述女鞋颜色的特点和内涵，同时给出相关的搭配着装建议，增强了网店的时尚专业性，更能引发顾客的购买欲望。

Step 01 启动 Photoshop 程序，新建一个文档，创建一个颜色填充图层，在打开的“拾色器（纯色）”对话框中设置填充色为 R245、G231、B212，单击“确定”按钮，在图像窗口中可以看到整个画面的颜色类似肤色。

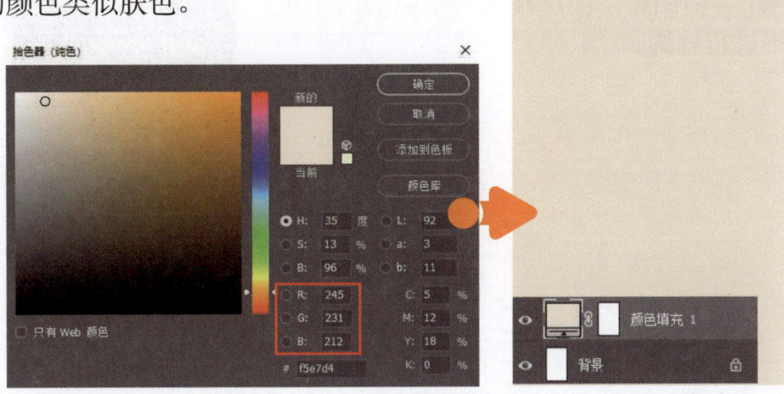

Step 02 添加浪花素材 12.psd 到图像窗口中，适当调整其大小，接着添加模特素材 13.jpg 到图像窗口中，使用“钢笔工具”沿着模特边缘绘制路径，再将路径转换为选区，添加图层蒙版将模特图像抠取出来，在图像窗口中可以看到编辑后的效果。

Step 03 将抠取的模特图像添加到选区，为选区创建“色阶 1”调整图层，在打开的“属性”面板中设置“RGB”选项下的色阶值，提升模特图像的亮度和对比度，使其与整个画面的色阶保持一致。

Step 04 使用“圆角矩形工具”绘制两个圆角矩形，调整其大小并将其叠加组合在一起。分别用“渐变叠加”“斜面和浮雕”“内阴影”图层样式对绘制的圆角矩形进行修饰。

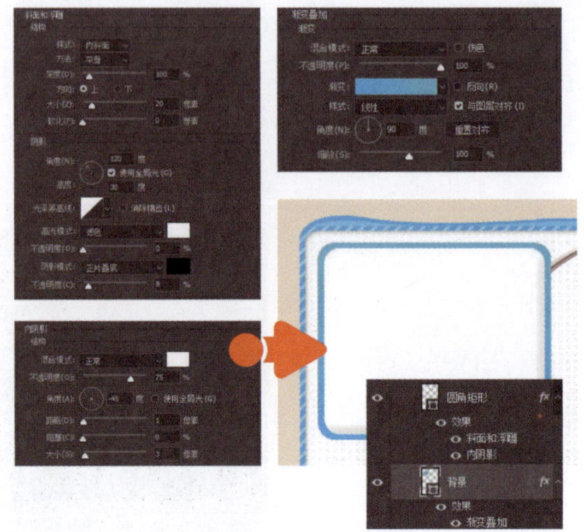

Step 05 选择“横排文字工具”，在圆角矩形上单击，输入所需的文字，设置文字的字体、字号等属性，最后使用“颜色叠加”“投影”“描边”图层样式对文字进行修饰，并在相应的选项卡中设置参数，在图像窗口中可以看到编辑后的效果。

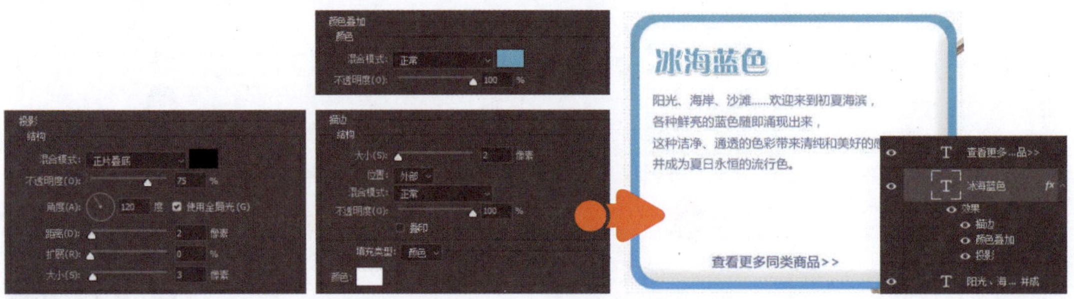

Step 06 为了让文字具有层次感且条理清晰，需要为画面添加修饰形状。使用“矩形工具”绘制大小不一的几个矩形，分别填充不同的颜色，取消描边色，将其放在适当的位置。

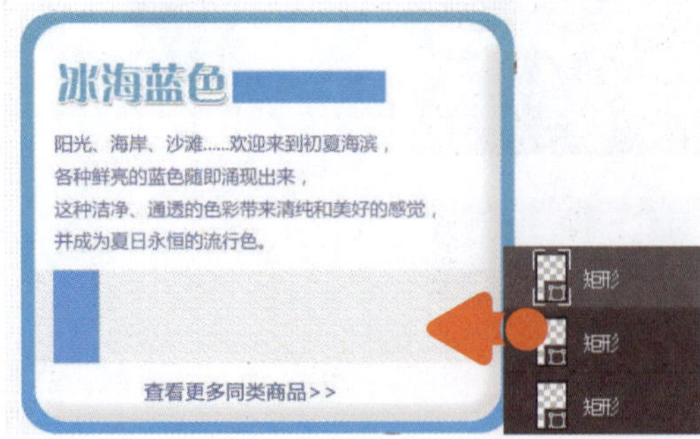

Step 07 使用“横排文字工具”输入所需的英文字母，并对文字的字体和字号进行设置，把文字放在蓝色矩形上，再输入所需的符号并对其进行修饰，在图像窗口中可以看到编辑后的效果。

Step 08 使用“圆角矩形工具”绘制所需的圆角矩形，使用“描边”图层样式对圆角矩形进行修饰。多次复制绘制的圆角矩形，并将它们按照等距的方式进行排列。

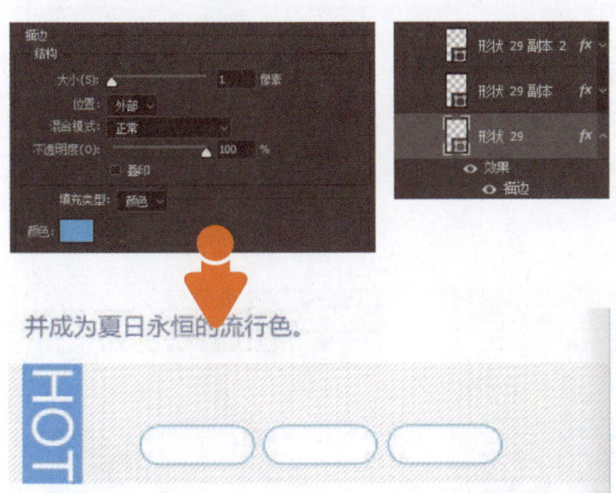

Step 09 使用“横排文字工具”输入所需的文字，调整文字的大小和字体，将其放在适当的位置，并使用“描边”图层样式对部分文字进行修饰，在图像窗口中可以看到编辑后的效果。

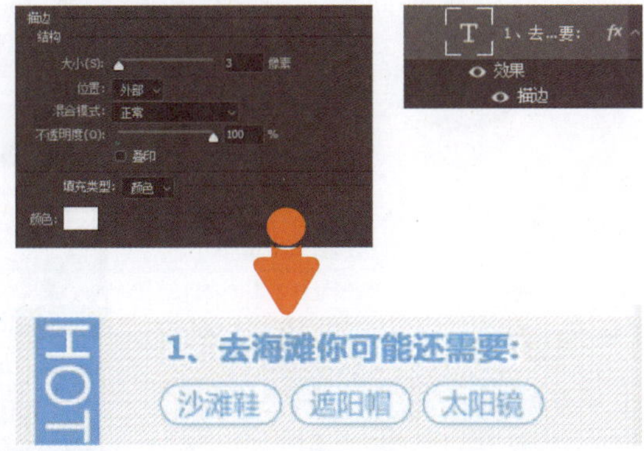

Step 10 使用“钢笔工具”绘制所需的按钮的形状，填充适当的颜色，取消描边色，接着复制形状，使用“渐变叠加”图层样式对复制后的形状进行修饰，调整按钮和按钮外形的位置，制作出设计图中所需的按钮，在图像窗口中可以看到编辑后的效果。

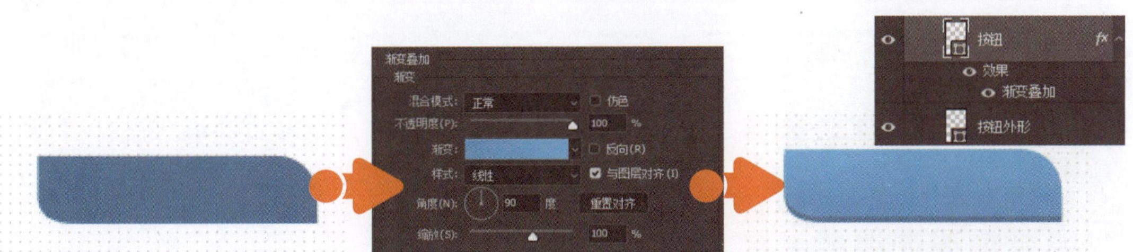

Step 11 使用“横排文字工具”输入按钮上所需的文字，打开“字符”面板，对文字的属性进行设置，接着使用“钢笔工具”绘制所需的箭头形状，起到指示的作用，在图像窗口中可以看到按钮的效果。

Step 12 继续使用“横排文字工具”输入设计图中所需的女鞋的名称、价格等信息，调整文字的颜色、字体和字号，按照所需的顺序和位置进行排列，在图像窗口中可以看到编辑后的效果。

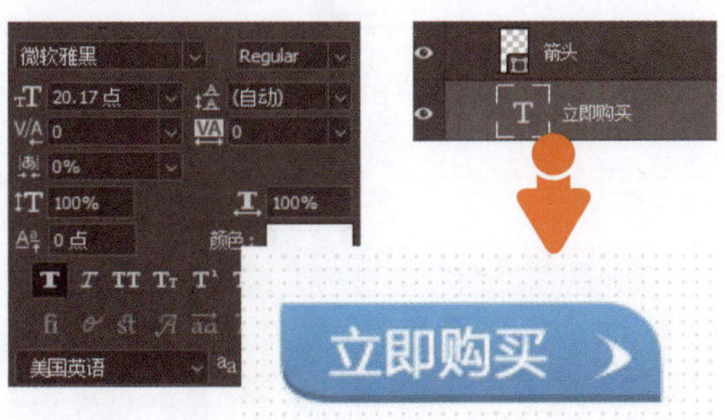

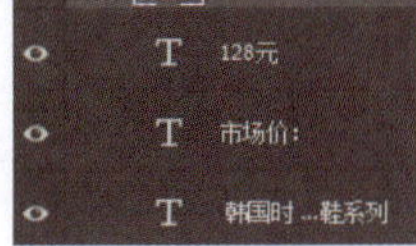

Step 13 添加女鞋素材 14.jpg 到图像窗口中，调整女鞋的大小和位置，接着使用“钢笔工具”沿着女鞋的边缘绘制路径，将绘制的路径转换为选区，以选区为准添加图层蒙版，将女鞋图像抠取出来，在图像窗口中可以看到编辑后的效果。

Step 14 将女鞋图像添加到选区，为选区创建“色相 / 饱和度 1”调整图层，在“全图”选项下调整图像的色相、饱和度和明度，改变女鞋的亮度和颜色，使其与真实商品的颜色更加接近，在图像窗口中可以看到编辑后的效果。

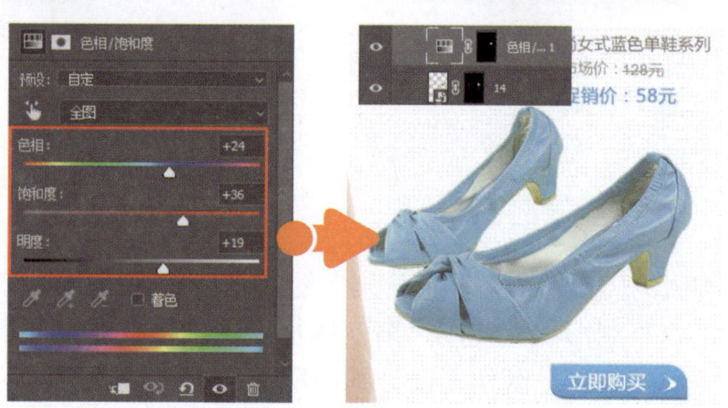

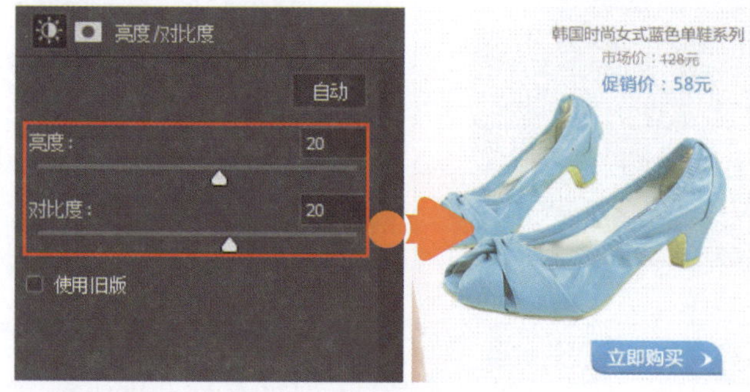

Step 15 再次将女鞋图像添加到选区，为选区创建“亮度 / 对比度 1”调整图层，在打开的“属性”面板中提高亮度和对比度的值，让女鞋的展示效果更具吸引力，在图像窗口中可以看到编辑后的效果。

Step 16 参照前面编辑女鞋素材的方式，将其他女鞋素材添加到图像窗口中，抠取女鞋图像，并复制绘制的按钮，使用“横排文字工具”添加商品的信息，将商品信息、按钮和女鞋图像进行组合，将其放在画面适当的位置。

Step 17 添加香蕉素材 18.psd 和模特素材 19.jpg 到图像窗口中，抠取所需的模特图像，并使用“色阶 2”和“选取颜色 1”等调整图层对模特图像的色阶和颜色进行调整，在图像窗口中可以看到编辑后的效果。

Step 18 参考前面编辑标题的方法，制作黄色商品区域的标题，接着添加所需的黄色女鞋素材，抠取女鞋图像，并复制绘制的按钮，使用“横排文字工具”添加商品的信息，将商品信息、按钮和女鞋图像进行组合，将其放在画面适当的位置，在图像窗口中可以看到黄色商品区域的效果。

3.3.3 规整的女装网店商品陈列区

本案例是为某品牌女装网店设计的商品陈列区，为了呈现较规整的画面效果，采用等距等大的方块式布局方式。由于女装针对的顾客多为女性，所以画面中使用浅粉色作为主色调，再搭配同样浅色系的蓝色、橘色，既迎合了女性的审美观，也营造了一种甜美、浪漫的艺术氛围。

素　材：下载资源\素材\03\24~27.jpg

源文件：下载资源\源文件\03\规整的女装网店商品陈列区.psd

等距等大的方块式布局：使用距离相等、大小相等的矩形展示商品，并以浅粉色为背景进行修饰，营造出清新、自然的视觉效果，再利用不同颜色对不同类别商品的标题进行区分。

交错式的标题设计：整个画面分割都非常均匀，但是在标题设计中使用了不同大小的矩形进行错落式的编排和布局，表现一定的动感，增强画面的视觉冲击力。

径向渐变的背景提升商品的表现力：为了体现视觉上的和谐、统一，在商品展示窗口中，对商品照片统一使用了颜色较淡的径向渐变背景，营造一种专业化、高品质的氛围。

Step 01 启动 Photoshop 程序，新建一个文档，在工具箱中单击前景色色块，在打开的“拾色器（前景色）”对话框中设置 R249、G249、B231 的值，按 Alt+Delete 快捷键，给“背景”图层填充前景色。

Step 02 使用“矩形工具”绘制所需的矩形，接着绘制商品图像的背景，为了体现一定的层次，使用“渐变叠加”图层样式对绘制的形状进行修饰，并在相应的选项卡中设置参数，在图像窗口中可以看到编辑后的效果。

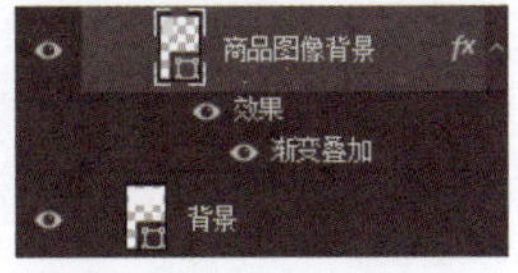

Step 03 使用“矩形工具”绘制几个矩形，分别填充不同的颜色，将其放在商品图像背景矩形的下方，接着使用“横排文字工具”输入所需的文字，对文字的大小和字体进行设置，并分别设置不同的填充色，将其放在矩形适当的位置。

Step 04 添加模特素材 24.jpg 到图像窗口中，适当调整其大小，并对其进行角度调整，接着使用“钢笔工具”沿着模特的边缘绘制路径，将其抠取出来，在图像窗口中可以看到编辑后的效果。

Step 05 将模特图像添加到选区，为选区创建“亮度 / 对比度 1”调整图层，在打开的“属性”面板中设置参数，提高模特图像的亮度和对比度，还原模特身上服装的颜色和层次。

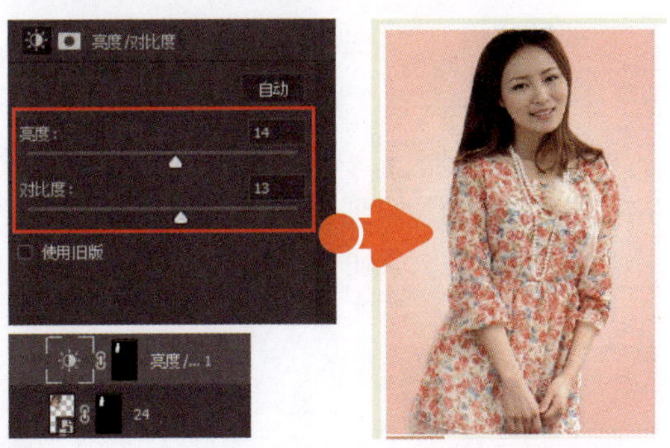

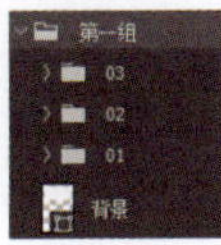

Step 06 参考前面制作“包邮”区域的模特和文字的方法，制作“爆款”和“精品”区域的内容，将这三组内容以等距的方式排列，在图像窗口中可以看到编辑后的效果。

Step 07 使用“矩形工具”绘制所需的矩形，调整其大小和位置，并调整其填充色，将其作为标题的背景，在图像窗口中可以看到编辑后的效果。

Step 08 使用“横排文字工具”输入标题中所需的文字，打开“字符”面板，对文字的属性进行设置，将文字放在矩形上方，按照所需的顺序进行排列，再在“图层”面板中创建图层组，对添加的文字图层进行管理，在图像窗口中可以看到添加文字后的效果。

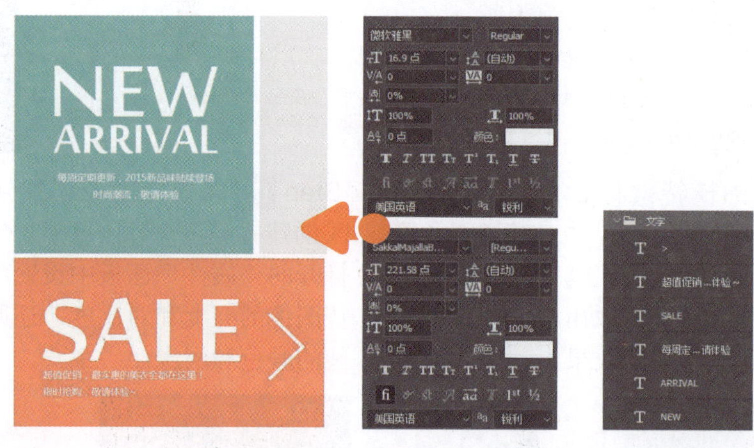

Step 09 添加模特素材25.jpg到图像窗口中，适当调整其大小，接着将前面标题中绘制的两个矩形添加到选区，以选区为准添加图层蒙版，控制模特图像的显示范围，在图像窗口中可以看到模特图像的效果。

Step 10 将模特图像添加到选区，为选区创建“色阶 1”调整图层，在打开的“属性”面板中设置“RGB”选项下的色阶值，提高图像的亮度和层次，在图像窗口中可以看到模特图像变得明亮且层次清晰。

Step 11 添加模特素材 26.jpg 到图像窗口中，适当调整其大小，参考模特素材 25.jpg 的制作方法，通过图层蒙版来控制其显示范围，并利用色阶调整图层来调整其亮度和对比度，在图像窗口中可以看到编辑后的效果。

Step 12 使用“矩形工具”绘制黑色的矩形，在“图层”面板中降低其“不透明度”，制作半透明的效果，接着使用“横排文字工具”输入所需的文字，打开“字符”面板，对文字的属性进行设置，制作小标题，在图像窗口中可以看到编辑后的效果。

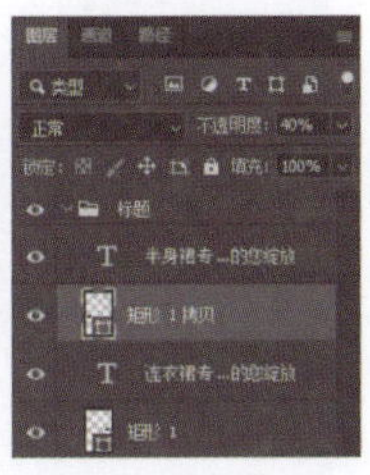

Step 13 参考前面制作商品陈列区的方法，制作其他商品展示区，以每行展示四个商品的方式进行排列，制作两行商品展示区，在图像窗口中可以看到本例最终的效果。

第 4 章

商品详情页面元素设计

当顾客打开单个商品的详情页面时，会有针对性地了解与这个商品相关的信息，这些信息包括商品的优惠活动、整体形象、局部细节及售后服务等。通过这些信息，顾客可以对商品有一个更清晰、完整的了解。商品详情页面各元素的设计重点有所不同，本章将通过具体的案例分别对商品详情页面中各元素的设计及要点进行分析。

4.1 主图和橱窗照设计

当顾客在电商平台中搜索某个系列的商品或打开单个商品的详情页面时，首先接触到的就是商品的主图和橱窗照。因此，主图和橱窗照的设计对顾客是否购买商品有非常重要的影响。主图和橱窗照的设计主要以销售的商品为表现对象，巧妙地应用布景、道具，以背景画面装饰为衬托，配以合适的灯光、颜色和文字说明，这是一种商品介绍和宣传为一体的综合性广告艺术形式。

4.1.1 主图和橱窗照的设计规范

网店装修中，主图和橱窗照的设计相比于网店首页装修设计显得更为重要，其既要突出商品的特色，还要迎合顾客的心理行为和需求，让顾客看了之后对商品产生向往之情。下面简单介绍几大主流电商平台的商品主图和橱窗照的设计规范。

淘宝

淘宝平台要求显示在搜索结果页面中的商品主图尺寸为 220×220 像素，而显示在商品详情页面左上角的商品主图尺寸为 400×400 像素，如下图所示。商品主图的文件大小要小于 500KB，图片格式可以为 JPG、PNG、GIF。当上传的商品主图尺寸大于 700×700 像素时，淘宝平台会为商品详情页面自动提供放大镜功能，即顾客将鼠标指针移动到商品主图上时会显示局部放大效果，以便查看商品细节。

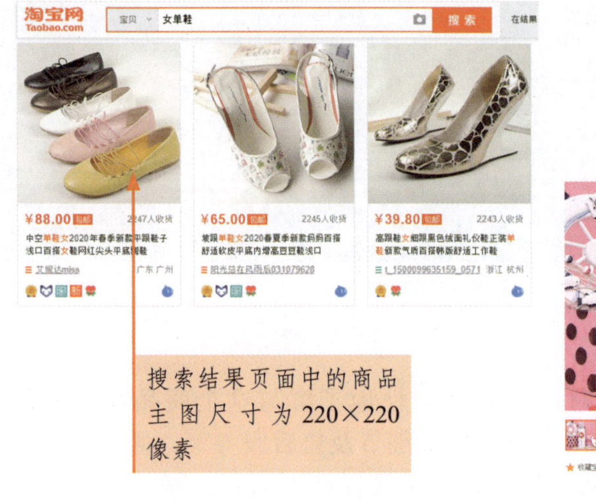

天猫商城

天猫商城的网店主要是企业网店，多为知名品牌的直营旗舰店和授权专卖店。天猫商城的商品主图设计规范又与淘宝不同。天猫商城规定商品主图尺寸为800×800像素以上，自动提供放大镜功能。主图必须为白底、实物拍摄，展示商品的正面；不允许出现留白、拼接、水印，不得包含促销、夸大描述等文字说明，此文字说明包括但不限于“秒杀”“限时折扣”“包邮”“× 折”“满 × 送 ×”等。

京东

京东平台规定商品主图的尺寸为800×800像素，分辨率达到72dpi，图片格式为JPG。主图必须为商品主体正面实物图，图片清晰、无噪点，不能有模糊之处，在画面中居中显示，保证亮度充足，真实还原商品的颜色。

4.1.2 清爽风格的主图设计

本实例是为某品牌洁面乳所设计的主图。洁面乳的主要作用是清除皮肤上的污垢，使皮肤清爽，因此，为了营造干净、整洁的氛围，在画面中使用清爽的蓝色作为背景色，将要表现的商品——洁面乳放在画面中间位置，这样更能突出商品，使其更容易引起顾客的注意。

素　材：下载资源\素材\04\01、02.jpg

源文件：下载资源\源文件\04\清爽风格的主图设计.psd

简单的商品功效说明：通过简单的文字说明对商品的主要功效进行介绍，利用简洁的图形突出这些文字，让顾客一眼就能看到商品的特性。

添加颜色反差较大的修饰元素：商品价格方面的优势，用与画面整体颜色反差较大的红色加以表现，帮助提高转化率。

合成水元素的素材：根据商品保湿补水的功效，在画面中添加包含水元素的素材以烘托商品形象。

完整的商品形象：用“钢笔工具”将商品图像抠取出来，再对其光影、颜色进行微调，使商品能够以更完美、精致的状态呈现出来。

Step 01 启动 Photoshop 程序，新建一个文档，将其命名为“清爽风格的主图设计”，设置“宽度”和“高度”均为 1200 像素。

Step 02 创建“背景”图层组，将水珠素材 01.jpg 添加到图像窗口中，按 Ctrl+T 快捷键，将其调整至合适的大小，然后按 Ctrl+J 快捷键，复制图层，得到“01 拷贝”图层，将图层的混合模式更改为“正片叠底”，加深颜色。

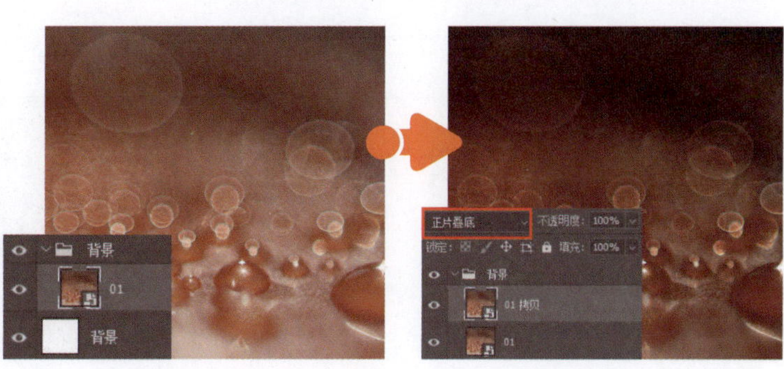

Step 03 执行“图层 > 新建填充图层 > 纯色”命令，创建“颜色填充 1”图层，打开“拾色器（纯色）”对话框，将颜色设置为 R77、G214、B239，单击“确定”按钮，将填充色设为蓝色，在“图层”面板中选中“颜色填充 1”图层，将混合模式更改为“滤色”，此时在图像窗口中可以看到原红色的背景变为蓝色。

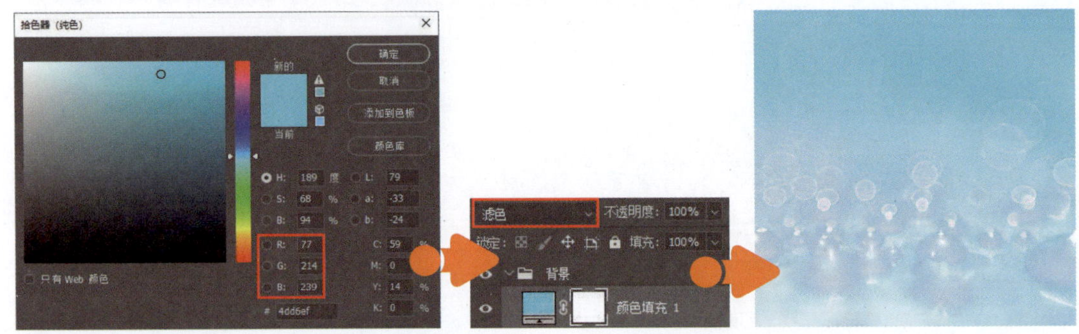

Step 04 单击“调整”面板中的“色彩平衡”按钮，创建“色彩平衡 1”调整图层，在打开的“属性”面板中拖曳颜色滑块，对颜色进行适当的调整，使背景更蓝一些。

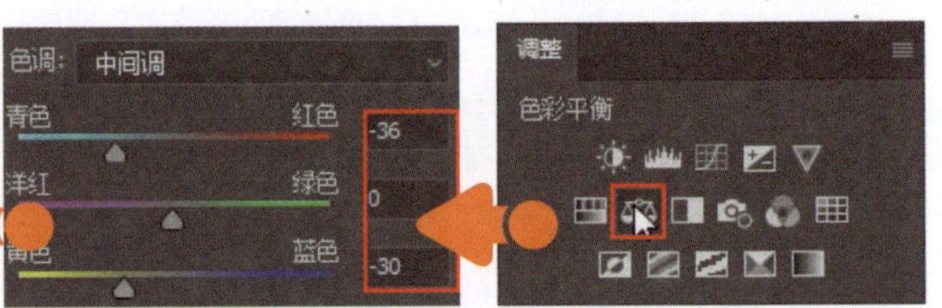

Step 05 使用“矩形选框工具”在画面中间位置单击并拖曳，绘制矩形选区，执行“选择 > 修改 > 羽化”命令，打开“羽化选区”对话框，设置“羽化半径”为 150 像素，羽化选区。

Step 06 新建“曲线 1”调整图层，打开“属性”面板，为了让选区中的图像变得更亮，可以在“属性”面板中的直线上单击，添加控制点并向上拖曳该点。

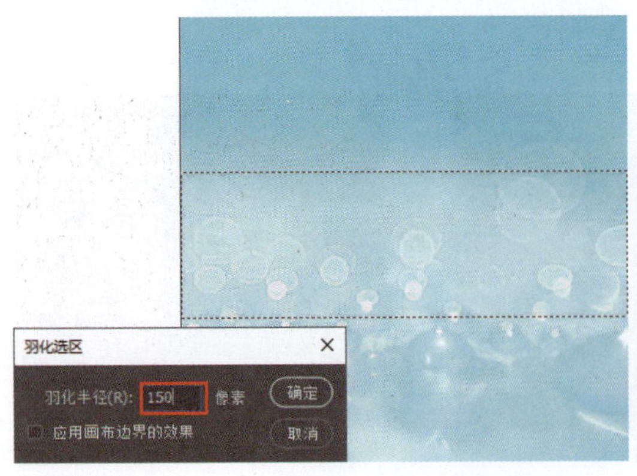

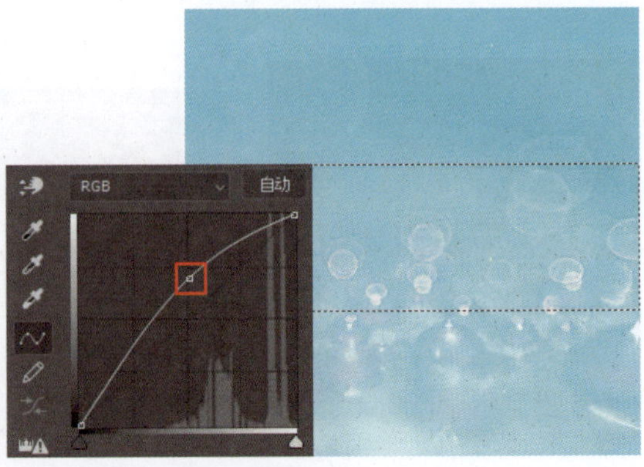

Step 07 按住 Ctrl 键，单击“曲线 1”图层缩览图，载入选区，按 Ctrl+Shift+I 快捷键，反选选区，再创建“曲线 2”调整图层，在“属性”面板中的直线上单击并向下拖曳控制点，降低选区内图像亮度，增加中间与边缘区域的亮度反差。

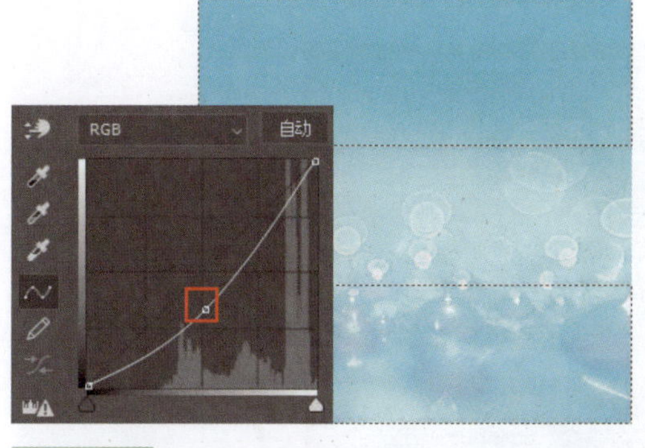

Step 08 创建“商品”图层组，将商品素材 02.jpg 添加到图像窗口中，得到“02”图层，调整其至合适的大小，使用“钢笔工具”沿商品边缘绘制路径，执行“图层 > 矢量蒙版 > 当前路径”命令，根据绘制的路径创建矢量蒙版。

Step 09 按住 Ctrl 键，单击“02”图层蒙版，载入选区，新建“色阶 1”和“曲线 3”调整图层，打开“属性”面板，在其中设置参数，调整选区中的商品图像明暗程度。

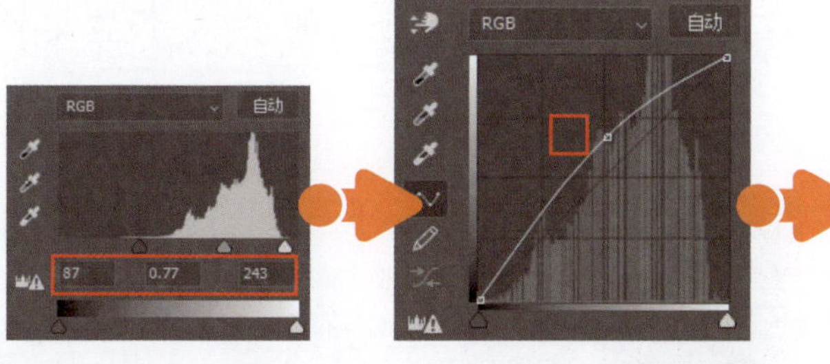

Step 10 再次载入商品图像选区，新建“色彩平衡 2”调整图层，在打开的“属性”面板中拖曳颜色滑块，对选区中的商品图像颜色加以微调，使其看起来更加清爽。

Step 11 同时选中“02”、“色阶 1”、“曲线 3”和“色彩平衡 2”图层，按 Ctrl+Alt+E 快捷键，盖印图层，执行“编辑 > 变换 > 垂直翻转”命令，垂直翻转图像并将其移到原商品图像下方。

Step 12 将盖印得到的“色彩平衡 2（合并）”图层移到“02”图层下方，添加图层蒙版，选择“渐变工具”从下往上拖曳，创建渐变的图像，设置商品的投影。

Step 13 按住 Shift 键，使用“椭圆工具”在画面中绘制一个圆形，然后单击其工具选项栏中的“填充”按钮，在展开的面板中单击“渐变”按钮，设置渐变颜色，填充图形。

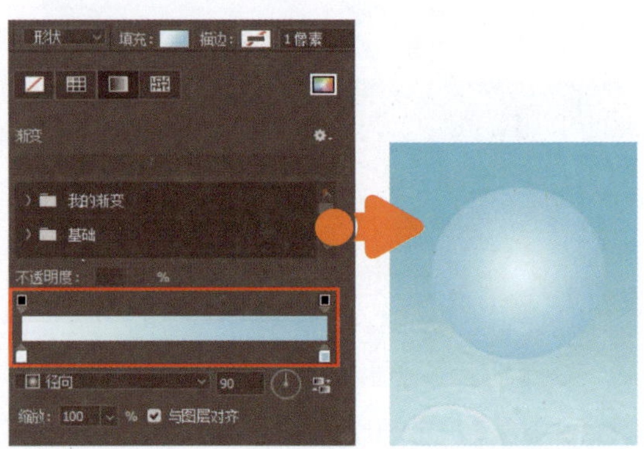

Step 14 使用形状工具绘制其他图形，然后将这些图形复制并调整大小，分别放到合适的位置，最后使用“横排文字工具”在图形上输入所需的文字，设置文字的字体、字号等。至此完成主图的设计。

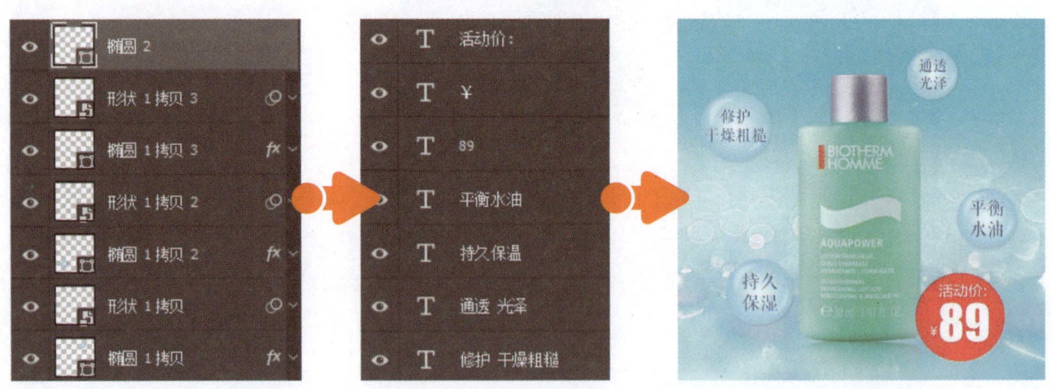

4.1.3 突出多样选择的橱窗照设计

本实例是为某品牌保温杯设计的橱窗照，根据保温杯的颜色和图案特征，选用粉色作为整个画面的背景色，营造一种可爱、浪漫的氛围。另外，考虑到保温杯的实际情况，在画面中也将另外几种颜色的保温杯一一展示了出来，让顾客有更多的选择空间，从而间接提高商品转化率。

素　材：下载资源\素材\04\03.jpg

源文件：下载资源\源文件\04\突出多样选择的橱窗照设计 .psd

强调特性的文字说明：利用有效的文字说明对保温杯便于携带、时尚、简约等特点加以说明，使顾客更清楚此款商品与其他同类商品的区别。

完整的商品展示：从复杂的背景中用“钢笔工具”将保温杯图像抠取出来，并将其放到画面左侧，这样方便顾客查看保温杯的外观、细节。

渐变的背景设计：考虑到保温杯不锈钢的材质特点，在设计时添加了同色系的渐变背景，模拟自然光线照射效果，以突出保温杯的材质。

不同颜色的商品展示：为突出保温杯颜色多的特点，根据保温杯实际情况，对抠取的杯子图像颜色加以调整，让顾客可以有更多的选择。

Step 01　启动 Photoshop 程序，创建一个“宽度”和“高度”均为 1200 像素的新文档，在工具箱中设置前景色为 R255、G192、B211，背景色为 R255、G140、B175，使用“渐变工具”从图像上方往下拖曳，创建渐变背景。

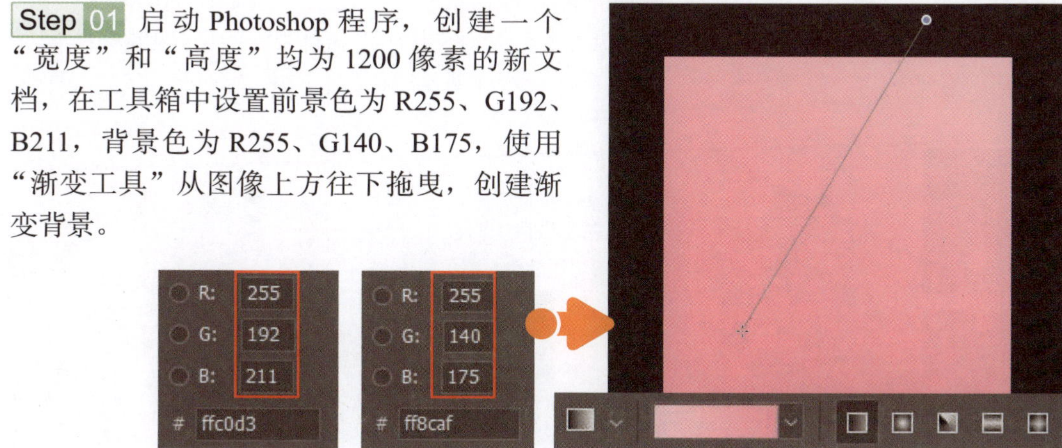

Step 02 将保温杯素材 03.jpg 添加到图像窗口中，得到“03”图层，将鼠标指针移到编辑框中任意一个转角位置，当鼠标指针变为双向箭头时，单击并向外拖曳，放大图像；当鼠标指针变为折线箭头时，单击并拖曳，旋转图像，调整保温杯角度。

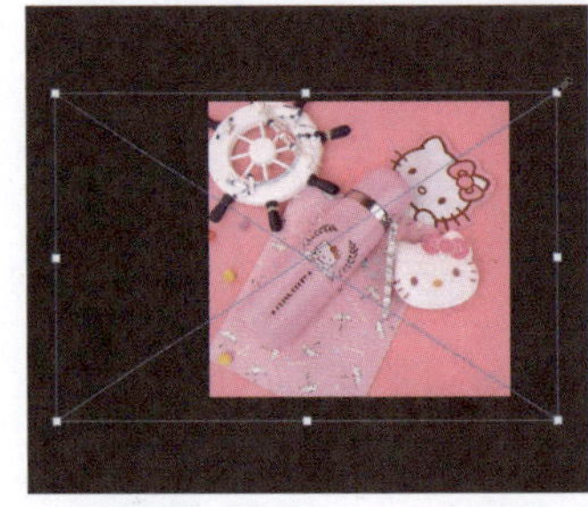

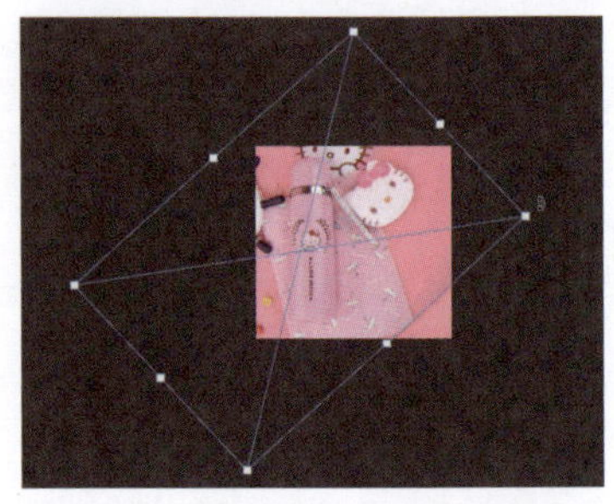

Step 03 使用“钢笔工具”沿保温杯边缘绘制路径，执行“图层 > 矢量蒙版 > 当前路径”命令，创建矢量蒙版，抠取保温杯图像。

Step 04 双击“03”图层，打开“图层样式”对话框，在对话框的“内发光”和“投影”选项卡中设置参数，为抠取出的保温杯图像添加“内发光”和“投影”效果。

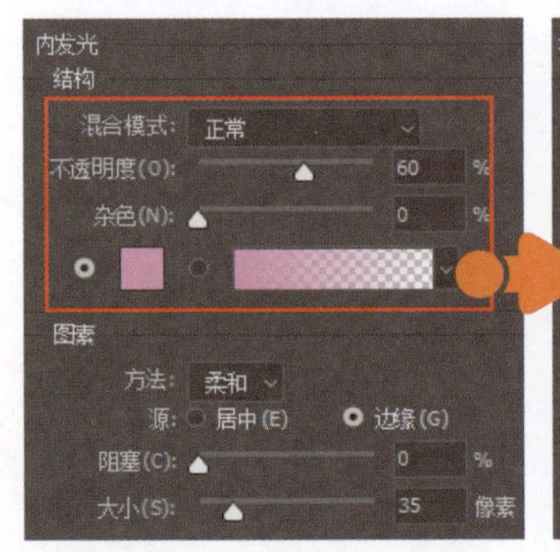

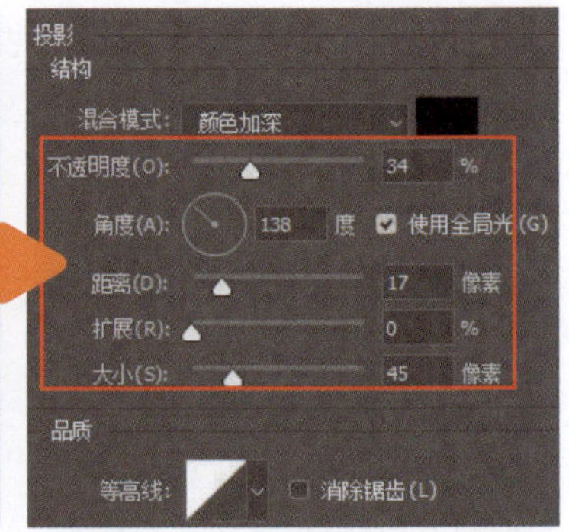

Step 05 按住 Ctrl 键单击“03”图层缩览图，载入选区，新建“曲线 1”调整图层，在打开的“属性”面板中分别拖曳“RGB”和“蓝”通道曲线，调整图像的明暗与颜色。

Step 06 单击“03”图层下方的“投影”图层样式，先将其隐藏起来，选中“03”和“曲线 1”图层，按 Ctrl+Alt+E 快捷键，盖印图层，将盖印图层中的保温杯图像缩小并移到画面右下方。

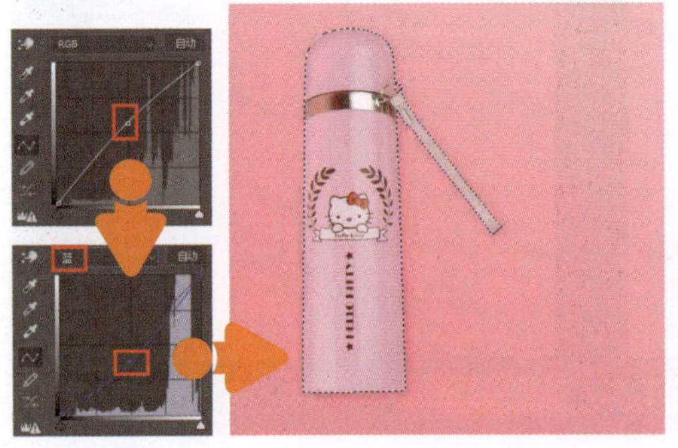

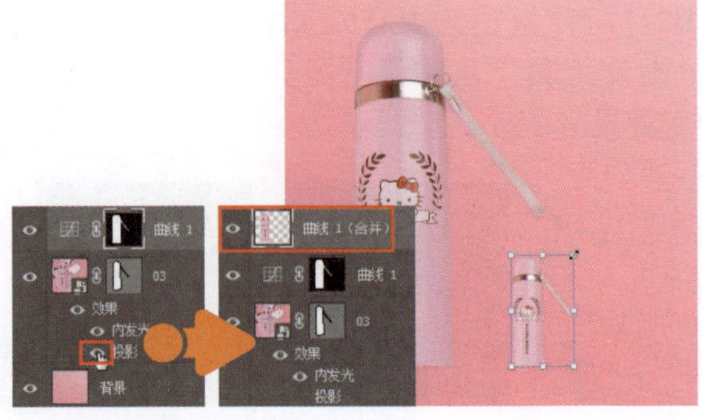

Step 07 选择“橡皮擦工具”，在保温杯带子位置涂抹，擦除多余图像，然后选择“仿制图章工具”，按住 Alt 键单击取样图像，然后在保温杯带子位置涂抹，修补图像。

Step 08 双击“曲线 1（合并）”图层，打开“图层样式”对话框，在“投影”选项卡中设置参数，为处理后的保温杯图像添加“投影”效果。

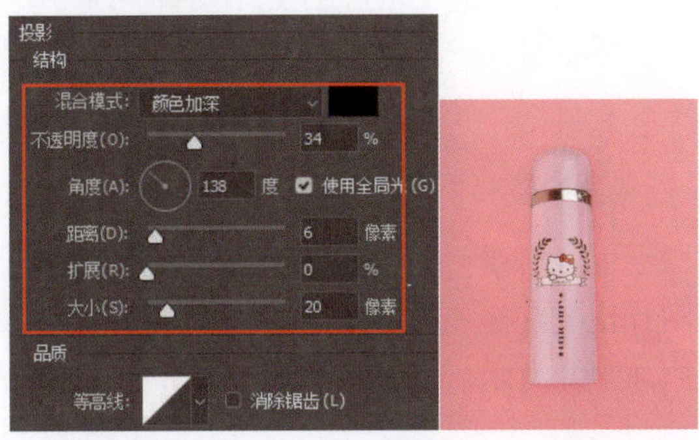

Step 09 按 Ctrl+J 快捷键，复制“曲线 1（合并）”图层，将复制图层中的保温杯图像向右移到适合的位置，然后载入选区，新建“色相 / 饱和度 1”调整图层，设置混合模式为“颜色”，在“属性”面板中设置颜色参数，更改保温杯图像的颜色。

Step 10 使用相同方法制作另两个保温杯图像，然后分别添加“色相 / 饱和度 3”和“色相 / 饱和度 4”调整图层，调整这两个保温杯图像的颜色。

Step 11 创建“文案”图层组，选择“横排文字工具”，在画面右上方单击并输入 New，打开“字符”面板，对输入文字的字体、大小、颜色等属性进行调整。

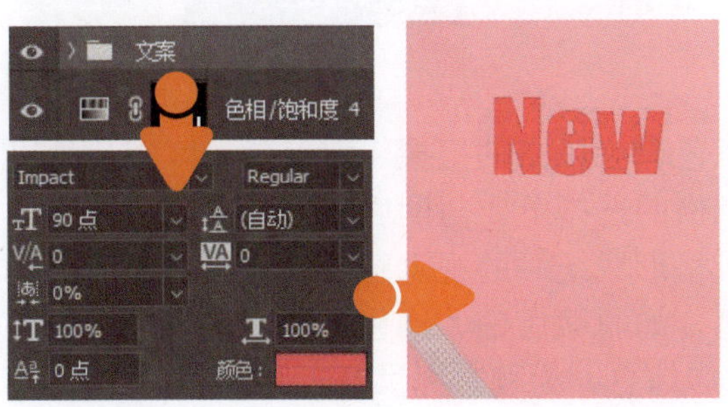

Step 12 继续结合使用“横排文字工具”和“字符”面板在画面中添加更多文字，并在部分文字下方绘制图形以突出文字信息。

4.2 宝贝分类区设计

宝贝分类区在网店中的作用就好像实体店铺中商品的目录指示牌和导购员。宝贝分类区设计是网店装修的重要环节，因为不论是普通店铺还是旺铺，分类清楚非常重要，它可以让顾客快速找到想要的商品，尤其是商品种类繁多时，其作用尤为突出。

4.2.1 分类区设计要点

宝贝分类的“类”是指网店左侧的商品类目，可以采用文字或者图片的形式，但图片比文字更有直观、醒目的效果。用图文结合的方式设计精美的宝贝分类区，会让商品井井有条，为网店增色。如下面左图所示为宝贝分类区在详情页面的位置。

淘宝平台要求宝贝分类区图片最大宽度是 160 像素，高度不限；文件可以是 JPG 格式的图片，也可以是 GIF 格式的动画。在设计中，有时会使用图片来对商品的分类进行提示，有时会通过颜色的反差来营造强烈的对比，如下图所示。

值得注意的是，如果在淘宝平台中对宝贝分类区进行设计，由于其本身不提供分类图片上传空间，因此需要先设计好分类图片，将其上传到淘宝相册空间或者其他相册空间，再链接图片地址。

在设计宝贝分类区图片的时候，要注意色调和风格的把握。宝贝分类区图片始终贯穿每个商品详情页面的始末，在配色和风格的选择上要与网店整体风格或者商品的整体形象一致，使商品详情页面的色调和风格形成统一的视觉感受。除此之外，商家会在宝贝分类区的上方或下方添加多组信息，如收藏店铺、销售排名、客服等，能够让顾客在浏览宝贝分类的同时了解更多的网店信息，为顾客提供及时的服务。

4.2.2 炫彩风格的宝贝分类区设计

本案例是为某箱包网店设计的宝贝分类区，使用单一的色块对不同的分组信息进行表现，让顾客能够一目了然地识别出每组之间的差异，再搭配外形方正的字体，使得整个侧边栏的风格保持一致。而顶端箱包的剪影小巧而精致，体现细节上的设计。

源文件：下载资源\源文件\04\炫彩风格的宝贝分类设计.psd

精致的图形和文字设计：为了让设计显得更加精致，加入箱包轮廓和 HOT 字样，使单一的画面也能表现出富足、充实和绚丽的感觉。

单一的色块表现：使用单一的色块对不同分组信息进行表现，大大缩短顾客浏览和查找的时间，给顾客的阅读体验加分。

Step 01 启动 Photoshop 程序，新建一个文档，给“背景”图层填充 R23、G42、B136 的背景色，接着使用“矩形工具”绘制一个矩形，填充适当的颜色，取消描边色。

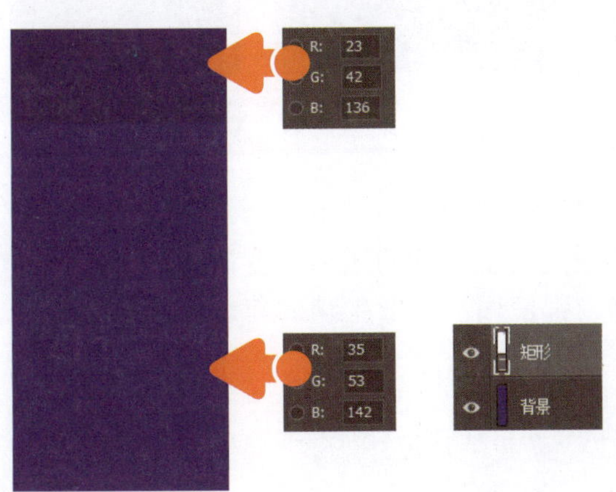

Step 02 使用“横排文字工具”在适当的位置输入所需的文字，适当调整文字的大小，在图像窗口中可以看到编辑后的效果。

Step 03 新建一个图层，将其命名为“箱包”，使用“钢笔工具”在适当的位置绘制箱包的形状，设置其填充色为白色，在图像窗口中可以看到编辑后的效果。

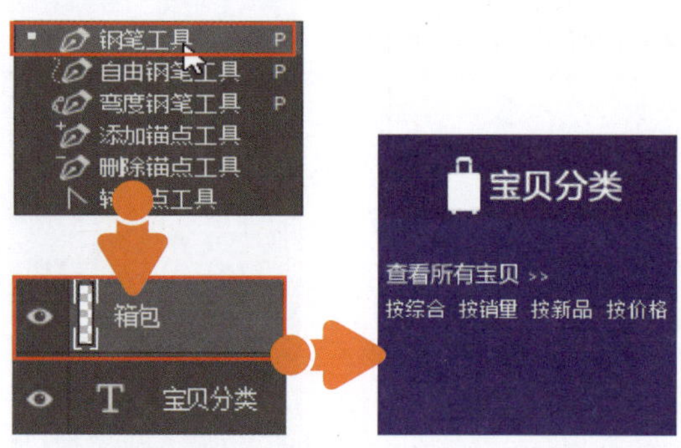

Step 04 使用“矩形工具”绘制若干个矩形，分别为每个矩形填充不同的颜色，取消描边色。接着将这些矩形居中对齐，放在适当的位置，作为宝贝分类区的次级分类标题，在图像窗口中可以看到编辑后的效果。

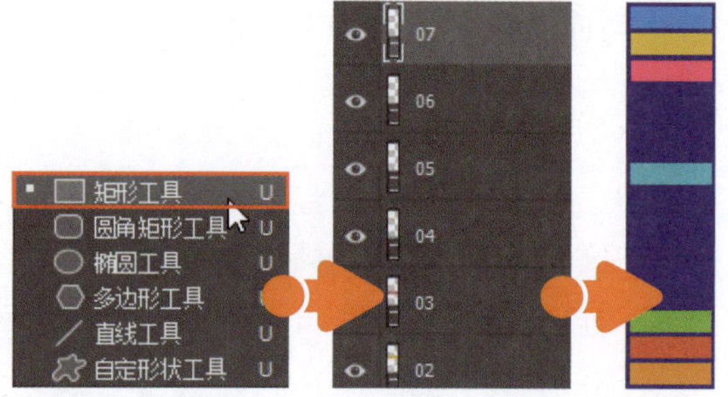

Step 05 使用“横排文字工具”在次级分类标题的矩形添加所需的文字，打开“字符”面板，对文字的属性进行设置，调整文字的颜色为白色，在图像窗口中可以看到编辑后的效果。

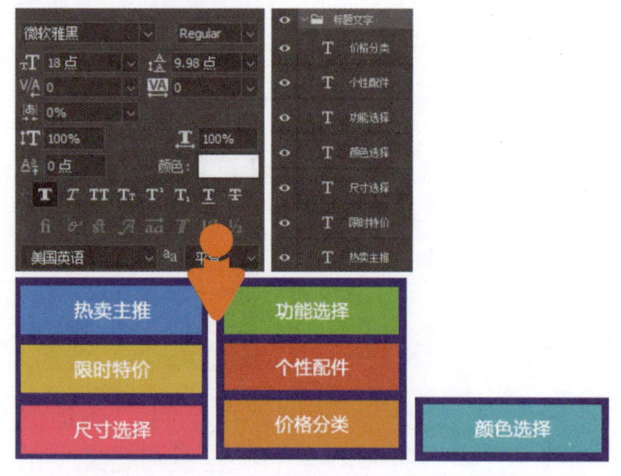

Step 06 使用“横排文字工具”继续为分类区添加文字，并使用 HOT 字样来标注其中较为热卖的分类，在图像窗口中可以看到编辑后的效果。至此完成本案例的制作。

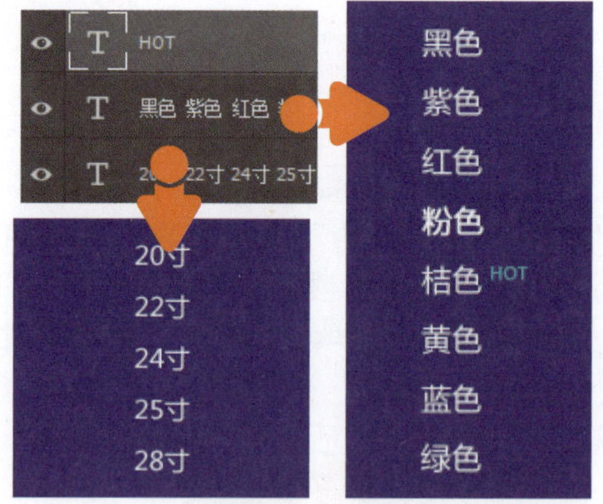

4.2.3 单色风格的宝贝分类区设计

本案例是为某服装网店设计的宝贝分类区。设计时使用了单色调的配色，画面显得非常简洁。由于服装颜色多样，所以分类区使用单色调的风格进行设计，可以让服装更加突出。此外，在每种不同服装的类别前都使用了外形生动的剪影来对该类服装进行提示，让分类表现得更加形象。

源文件：下载资源\源文件\04\单色风格的宝贝分类设计.psd

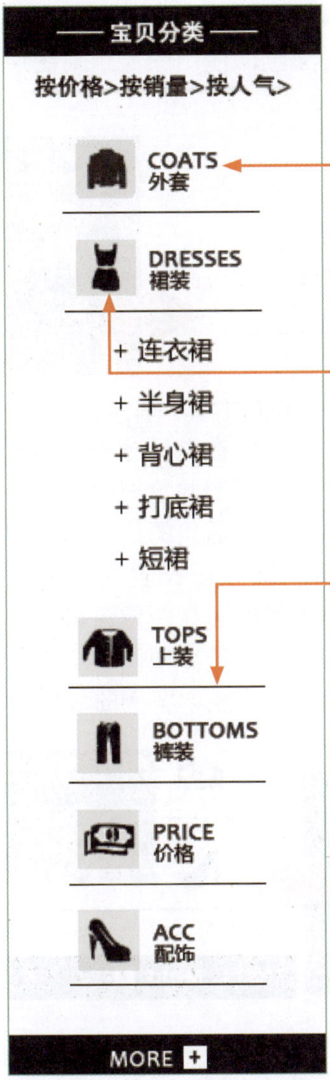

宝贝分类
按价格>按销量>按人气>
COATS
外套
DRESSES
裙装
+ 连衣裙
+ 半身裙
+ 背心裙
+ 打底裙
+ 短裙
TOPS
上装
BOTTOMS
裤装
PRICE
价格
ACC
配饰
MORE

单一的颜色表现：整个宝贝分类区采用了单色的配色，使得该分类区可以适合多种不同设计风格的商品详情页面。

剪影设计突出商品形象：通过服装的类别将商品分为多个组，并利用服装的剪影塑造该类别商品的形象。

线条分割增强变现力：通过线条对每组内容进行分割，顶部和底部使用黑色矩形，让画面具有较强的集中度和表现力。

提示

线条包含多种多样的审美因子，有强弱、精细、穿插、节奏等变化。在网店装修的过程中，如果能够合理地应用线条对画面中的文字或者图片进行修饰，可以得到很好的设计效果。线条是设计师最原创、最得力的伙伴。它既能准确地塑造各种各样的形状，又能表现不同体积的空间感。

Step 01 启动 Photoshop 程序，新建一个文档，使用“矩形工具”绘制一个矩形并填充黑色，接着使用“横排文字工具”添加所需的文字。

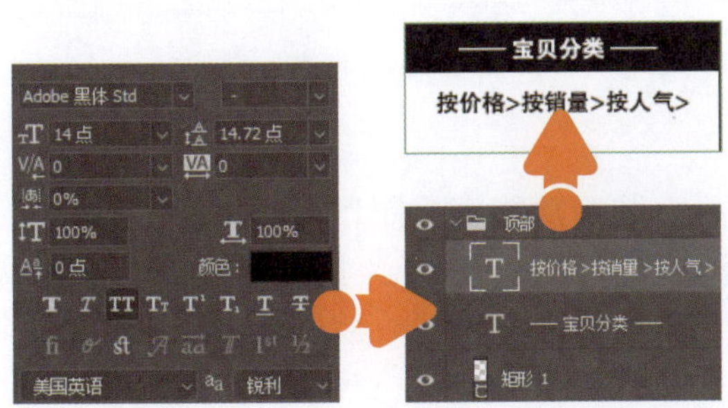

Step 02 使用“矩形工具”绘制一个矩形并填充灰色，使用“钢笔工具”绘制外套剪影并填充黑色，将两个图形组合在一起，放在适当位置，同时在其下方添加黑色线条。

Adobe 黑体 Std
14 点
14.72 点
100%
100%
颜色：
美国英语
锐利
顶部
按价格>按销量>按人气>
宝贝分类
矩形 1
宝贝分类
按价格>按销量>按人气>

外套
外套图标
线条
宝贝分类
按价格>按销量>按人气>

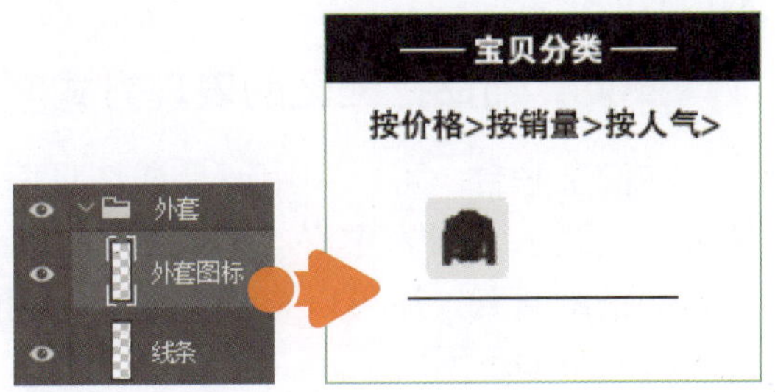

Step 03 选择“横排文字工具”，在适当的位置添加所需的文字，打开“字符”面板，设置文字的字体、字号和间距等属性，并调整文字的颜色为黑色，使用图层组对图层进行管理。

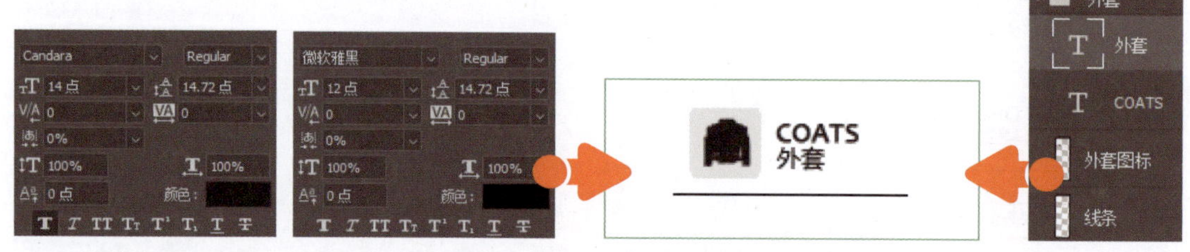

Step 04 参考前面的方法来绘制其他图标，同时添加相应的文字，使用黑色的线条对内容进行分组，在图像窗口中可以看到编辑后的效果。

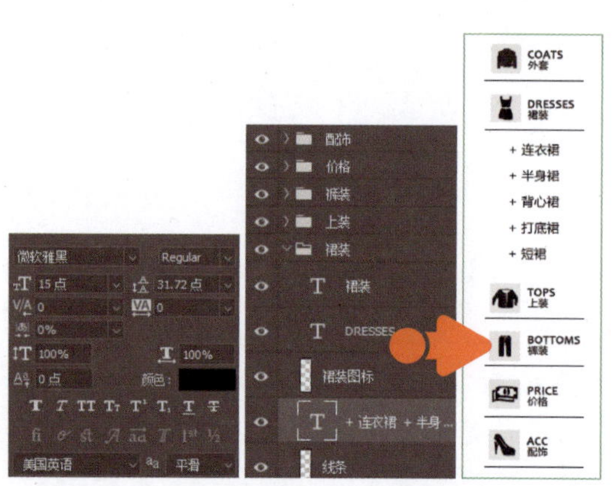

Step 05 使用“矩形工具”绘制一个矩形并填充黑色，将其放在宝贝分类区的底部，接着绘制一个正方形并填充白色。使用“横排文字工具”在适当的位置添加文字，打开“字符”面板，设置文字的字体、字号和颜色等属性，在图像窗口中可以看到编辑后的效果，最后使用图层组对图层进行管理。至此完成本案例的制作。

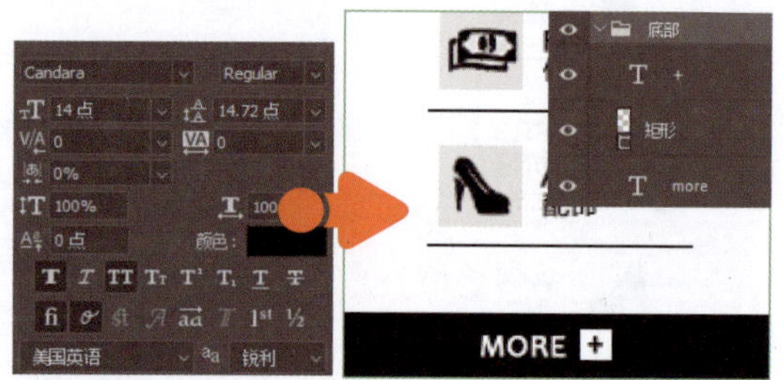

4.3 商品搭配区设计

如今为网店策划活动成了每个网店商家的必备技巧，活动的效果依赖精细化运营策略中搭配销售的成果。如果做活动时只推广一个商品，那么，“火”的只是这一个商品，对于网店的整体运营来说其作用有限，因此商家应做好商品搭配区设计，帮助提高网店的销售额。

4.3.1 商品搭配区的表现方式

在淘宝平台，可以利用商品详情页面的后台装修功能直接制作商品搭配套餐，具体方法是进入“卖家中心 > 营销中心 > 促销管理”页面，选择“搭配套餐”，即可创建新的搭配套餐，还可以查看、编辑、删除已创建的搭配套餐。使用此功能制作的搭配套餐效果如下图所示。

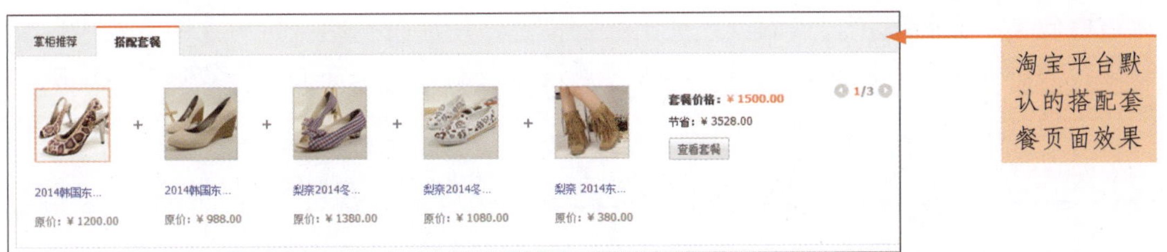

如果想要让搭配套餐更加吸引顾客，那么在单个商品的详情页面中，可以设计商品搭配区，用个性化的、符合商品特点的设计图来打动顾客。商品搭配区的表现形式有两种：第一种是不同商品之间的叠加销售，第二种是单个商品与其他多个商品之间的叠加销售。

不同商品之间的叠加销售

不同商品之间的叠加销售，就是将两个或者两个以上不同内容的商品进行组合，使用比整体原价更低的组合价进行销售，如右图所示。这些组合的商品之间可能会存在一定的关联，如内衣与内裤的组合、鞋子与袜子的组合、耳机与耳机盒的组合等，这种有关联的组合可以大大提高商品成交的概率。当然，有的也可能是不同类型商品的组合，具体的搭配要根据商家的商品情况、价格优势等方面进行考虑。

单个商品与其他多个商品之间的叠加销售

单个商品与其他多个商品之间的叠加销售是指选择一个商品作为标准，通过选择其他多个商品与其进行一一搭配组合的方式进行搭配销售，如左图所示。

无论使用哪种表现形式，其目的都是将商品销售出去，因此在进行商品组合的过程中，应该从商品的关联性、实用性等角度考虑，弥补顾客在购买过程中缺失的购物空间，以获得较高的客单价。

4.3.2 冷酷风格的商品搭配区设计

本案例是为某品牌相机和镜头设计的商品搭配区，使用较为暗沉的颜色进行搭配，通过白色文字和暗蓝色背景的反差突出文字信息，用原价与组合价对比的方式表现套餐组合的价格优势，同时使用箭头作为背景进行提示，而添加的阴影效果增强了画面的层次感。

素　材：下载资源\素材\04\04 ～ 06.jpg

源文件：下载资源\源文件\04\冷酷风格的商品搭配区设计 .psd

颜色反差突出文字信息：使用较为暗沉的蓝色作为背景色，通过白色文字和暗蓝色背景的反差突出文字信息。

加号的应用表现套餐叠加销售：将套餐中的数码产品以加号的方式捆绑起来，等号后显示折扣价格，利用原价与组合价对比的形式显示价格之间的差异。

箭头的应用引导顾客视线：使用箭头形状作为背景，可以起到引导顾客视线的作用，并且能更清晰地实现商品套餐的分组。

Step 01 启动 Photoshop 程序，新建一个文档，设置前景色为黑色，接着按 Alt+Delete 快捷键，给“背景”图层填充黑色。

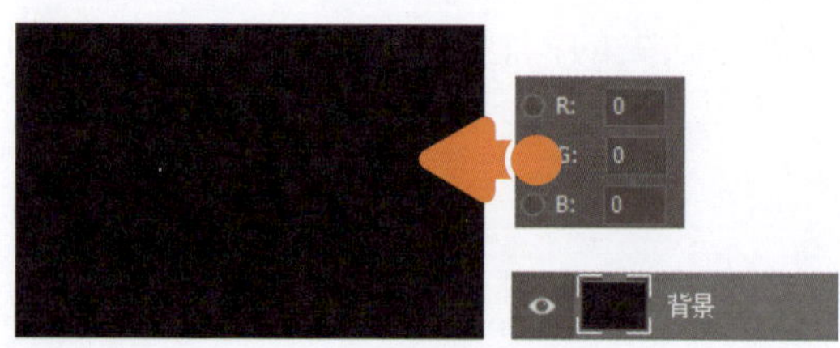

Step 02 使用“矩形选框工具”创建一个矩形的选区，新建图层，将其命名为“背景”，为选区填充 R0、G26、B47 的颜色，在图像窗口中可以看到编辑后的效果。

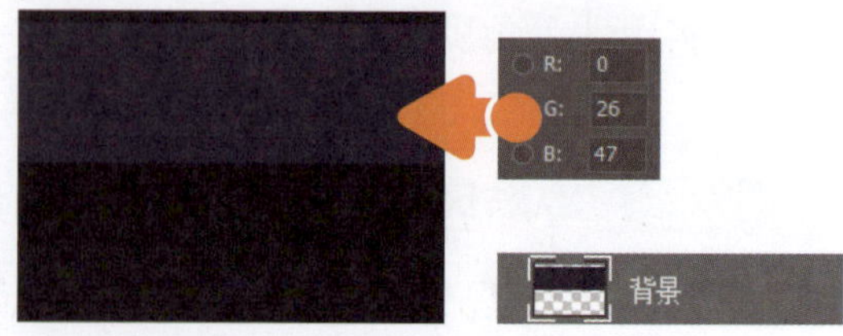

Step 03 使用“钢笔工具”绘制斜面线条的形状并填充适当的颜色，将其放在画面适当的位置，通过创建剪贴蒙版的方式控制其显示范围，在图像窗口中可以看到编辑后的效果。

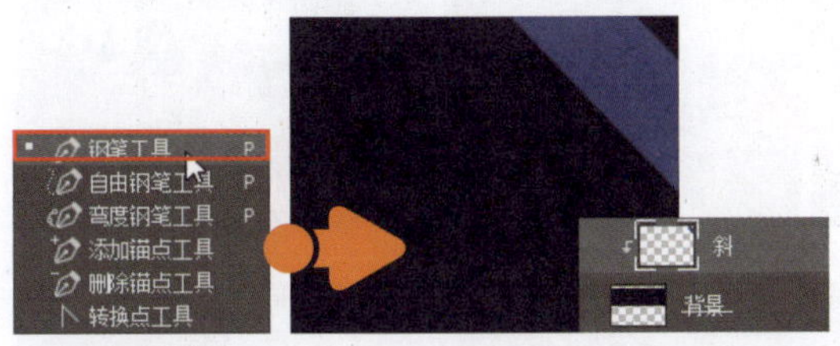

Step 04 使用“横排文字工具”在适当的位置单击，输入“套餐一”，打开“字符”面板，对文字的字体、字号和颜色等属性进行设置，并适当调整文字的角度，将其放在画面适当的位置。

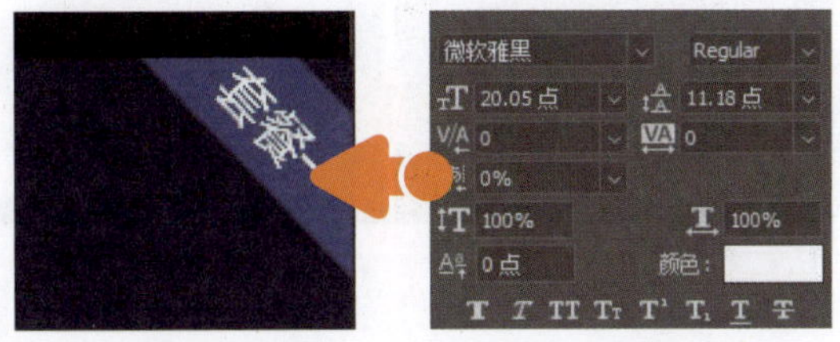

Step 05 使用“钢笔工具”绘制一个三角形并填充 R0、G73、B134 的颜色，接着使用“投影”图层样式对三角形进行修饰，在相应的选项卡中设置参数，在图像窗口中可以看到编辑后的效果。

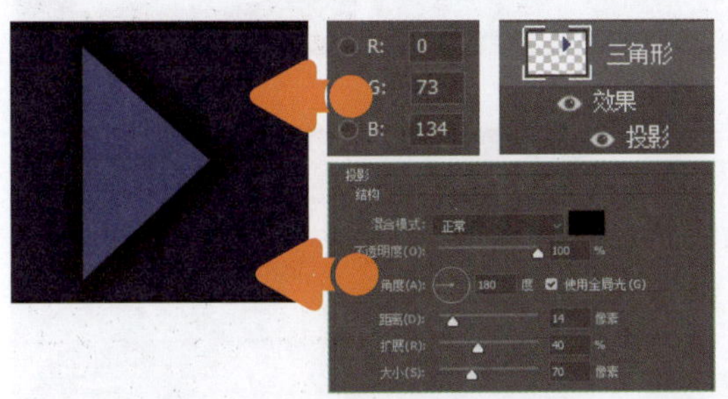

Step 06 使用“钢笔工具”绘制所需的形状并填充 R0、G73、B134 的颜色，接着将其与前面绘制的三角形组合在一起，微调形状的位置，在图像窗口中可以看到编辑后的效果。

Step 07 使用“横排文字工具”在适当的位置单击，输入加号和等号，打开“字符”面板，对文字的属性进行设置，调整文字的颜色为白色，在图像窗口中可以看到编辑后的效果。

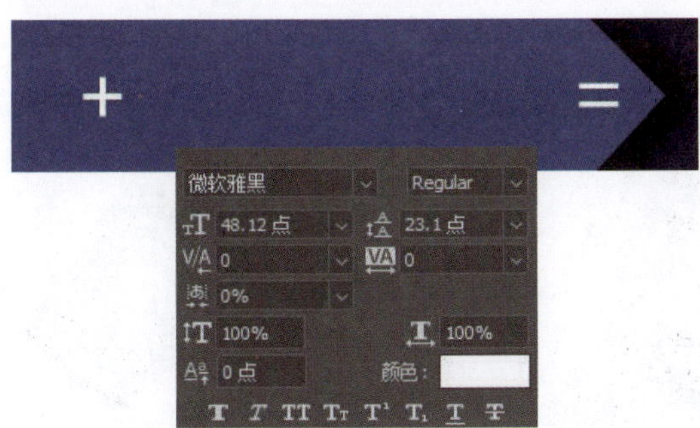

Step 08 继续使用“横排文字工具”在图像窗口中添加其他所需的文字，并使用“圆角矩形工具”和“钢笔工具”绘制所需的形状并进行修饰。

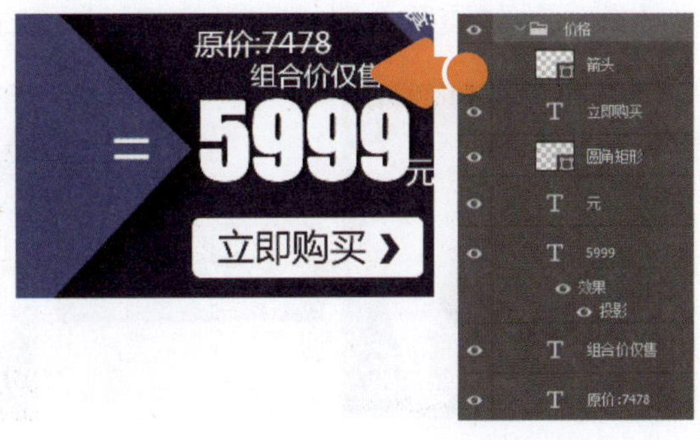

Step 09 将镜头素材 05.jpg 添加到图像窗口中，适当调整其大小，并将其放在合适的位置，接着使用“钢笔工具”沿着镜头绘制路径，通过“路径”面板将绘制的路径转换为选区，创建选区后，为该图层添加图层蒙版，将镜头图像抠取出来，在图像窗口中可以看到编辑后的效果。

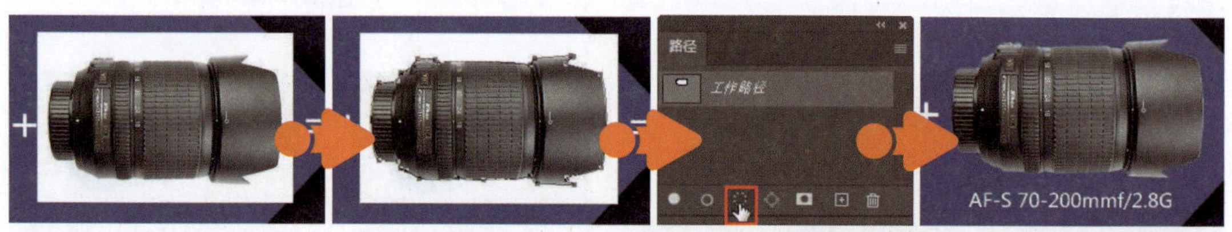

Step 10 创建“色阶”调整图层，设置“RGB”选项下的色阶值分别为 195、0.55、255，接着给该图层的蒙版填充黑色，将镜头图像添加到选区，使用白色的“画笔工具”对选区中的蒙版进行编辑。

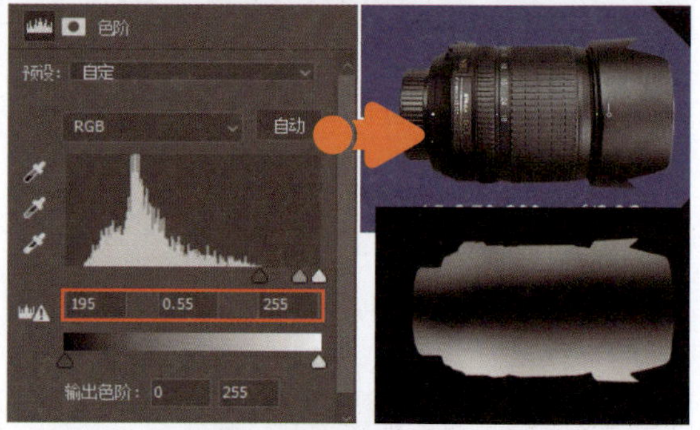

Step 11 将前面编辑的所有图层添加到创建的图层组“搭配 1”中，接着对图层组进行复制，从而得到“搭配 2”图层组，调整图像的位置，再添加镜头素材 06.jpg 到“搭配 2”图层组，根据镜头素材适当调整该图层组中文字的内容，在图像窗口中可以看到编辑后的效果。

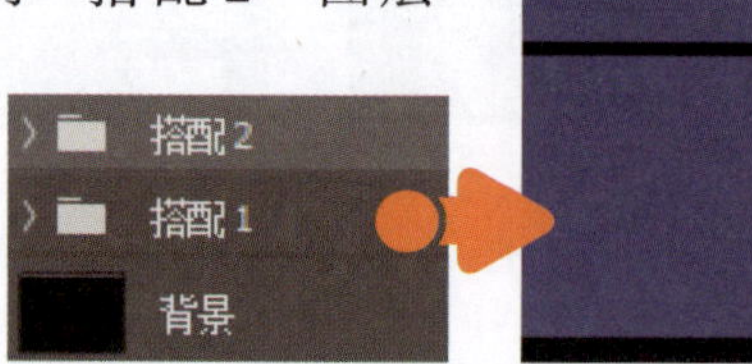

Step 12 将相机素材 04.jpg 添加到图像窗口中，适当调整其角度和大小，接着选择“磁性套索工具”，在相机的边缘位置单击，添加一个锚点，使用鼠标让鼠标指针沿着相机的边缘移动，Photoshop 会根据鼠标指针运动的轨迹自动添加锚点，当最后一个锚点和第一个锚点重合时，即可将相机图像添加到选区。

Step 13 利用创建的选区为相机图像所在图层添加图层蒙版，打开“属性”面板，单击“选择并遮住”按钮，在展开的面板中对参数进行设置，调整抠取图像的精确度，在图像窗口中可以看到抠取的效果。

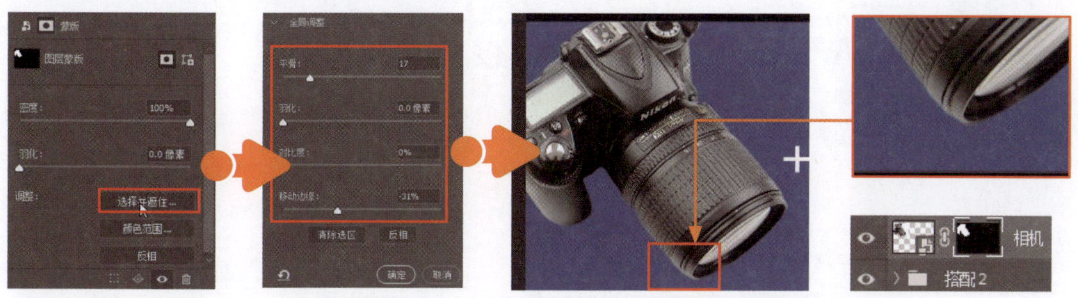

Step 14 创建“色阶”调整图层，设置“RGB”选项下的色阶值分别为 0、0.30、255，接着给该图层的蒙版填充黑色，将相机图像添加到选区，使用白色的“画笔工具”对选区中的蒙版进行编辑。

Step 15 复制编辑好的相机图像，将其移动到适当的位置，接着盖印可见图层，得到“图层 1”，将其转换为智能对象图层，使用“USM 锐化”滤镜对其进行锐化处理，让细节更加清晰。至此完成本案例的制作。

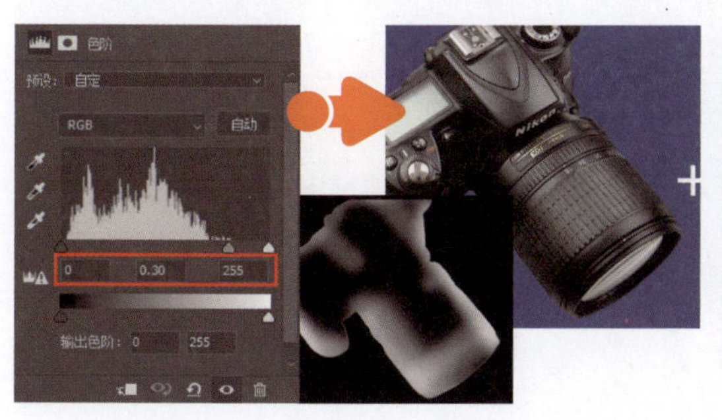

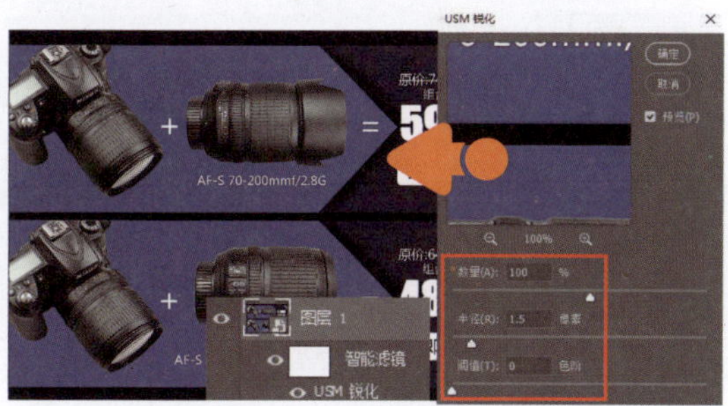

4.3.3 清新风格的商品搭配区设计

本案例是为某品牌女童装设计的商品搭配区，由于女童自由、可爱、活泼的形象，设计时使用了多种颜色来营造活力四射的氛围，采用女童模特穿着服装的图像来表现商品，通过简洁的文字对套餐进行介绍来激发顾客的兴趣。

素　材：下载资源\素材 \04\07~13.jpg

源文件：下载资源\源文件\04\清新风格的商品搭配区设计.psd

应用模特展示商品： 为了让顾客更直观感受服装穿着效果，服装的素材为模特展示效果，通过将模特抠取出来放在统一的背景中，画面显得更加和谐。

清新颜色打造更有活力感的画面： 由于是为童装设计的商品搭配区，所以在画面的配色上，选择了多种清新的颜色以营造更有活力感的氛围。

简明扼要的套餐说明： 通过简洁的文字清楚说明套餐包含的商品，再搭配艺术化的标题，增加整个画面的设计感。

Step 01 启动 Photoshop 程序，新建一个文档，新建图层，将其命名为“背景”，使用“矩形工具”绘制一个矩形并填充 R239、G239、B239 的颜色，在图像窗口可以看到编辑后的效果。

Step 02 将花卉素材 07.jpg 添加到图像窗口中，使用“渐变工具”对其图层蒙版进行编辑，制作出渐隐的效果，复制花卉素材，更改其图层蒙版的参数。

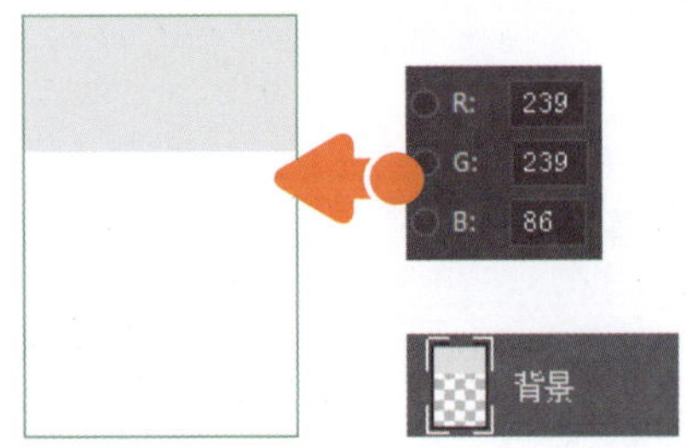

Step 03 使用“钢笔工具”绘制所需的梯形，为其填充 R244、G201、B86 的颜色，取消描边色，将其放在画面适当的位置，在图像窗口中可以看到编辑后的效果。

Step 04 将儿童素材 08.jpg、09.jpg 添加到图像窗口中，使用“磁性套索工具”分别将儿童图像抠取出来，并通过图层蒙版控制其显示范围，适当调整儿童图像的大小，将其放在画面的左侧，在图像窗口中可以看到编辑后的效果。

Step 05 使用“钢笔工具”绘制所需的梯形，填充白色，取消描边色，将其放在画面适当的位置，设置白色梯形的“不透明度”为 66%。

Step 06 使用“横排文字工具”在画面适当位置单击，输入所需的文字，并使用“椭圆工具”绘制所需的圆形。

Step 07 使用“横排文字工具”输入“省钱搭配购”，接着利用“渐变叠加”图层样式对其进行修饰，在相应的选项卡中对参数进行设置，在图像窗口中可以看到编辑后的效果。

Step 08 使用“矩形工具”绘制大小不同的两个矩形，分别为它们填充不同明度的粉红色，将两个矩形叠加在一起，在图像窗口中可以看到编辑后的效果。

Step 09 使用“钢笔工具”绘制其他的形状，分别为它们填充适当的颜色，并通过“渐变叠加”样式对其中一个形状的颜色进行修饰，在相应的选项卡中调整参数，在图像窗口中可以看到编辑后的效果。

Step 10 将儿童素材10.jpg、11.jpg添加到图像窗口中，接着将儿童图像抠取出来，利用图层蒙版控制其显示范围，通过剪贴蒙版功能对抠取图像进行进一步的约束，并适当调整儿童图像的位置。

Step 11 使用“矩形工具”绘制所需的形状，接着使用“横排文字工具”在画面适当的位置添加所需的文字，在打开的“字符”面板中设置文字的属性，在图像窗口中可以看到编辑后的效果。

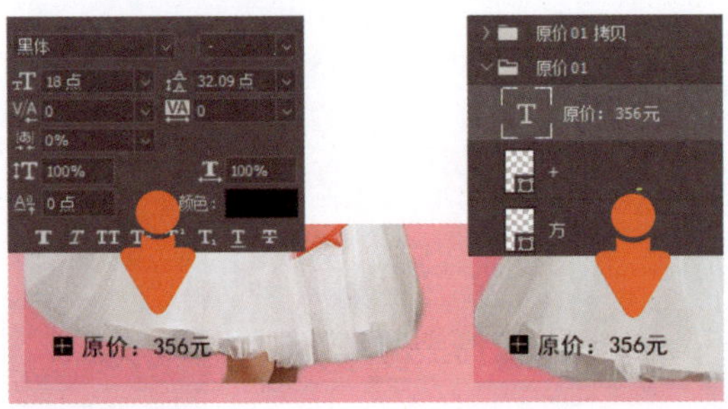

Step 12 继续使用“横排文字工具”添加所需的文字，并增加线条和圆形对文字进行修饰，通过创建图层组对编辑的图层进行管理。

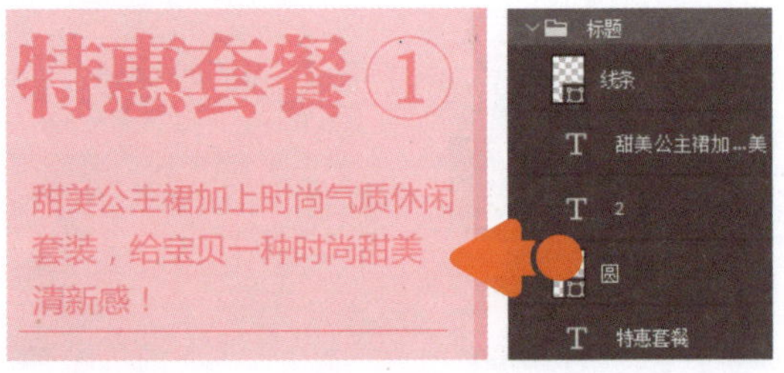

Step 13 分别使用“矩形工具”、“钢笔工具”和“圆角矩形工具”绘制所需的形状，接着使用“横排文字工具”添加所需的文字，在图像窗口中可以看到编辑后的效果。

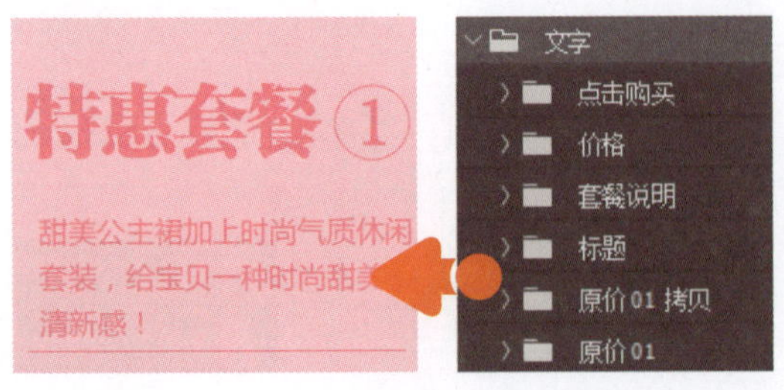

Step 14 参考前面的方法制作另一组色调不同的背景，接着将所需的儿童素材添加到图像窗口中，将儿童图像抠取出来，利用图层蒙版和剪贴蒙版功能对抠取图像进行约束，并适当调整儿童图像的位置。

Step 15 参考前面文字的制作方法，在第二组套餐的适当位置添加所需的文字信息，适当调整文字和形状的颜色，使其与背景色调一致，并通过图层组对图层进行归类和整理，在图像窗口中可以看到编辑后的效果。

提示

使用“圆角矩形工具”可以绘制带有平滑转角的矩形，再通过“半径”选项对圆角的程度进行控制。

Step 16 按 Ctrl+Alt+Shift+E 快捷键，盖印可见图层，得到“图层 1”图层，将其转换为智能对象图层，执行“滤镜 > 锐化 >USM 锐化”命令，在打开的“USM 锐化”对话框中设置“数量”为 60%，“半径”为 1.0 像素，“阈值”为 1 色阶，单击“确定”按钮，在图像窗口中可以看到画面的细节更加清晰。至此完成本案例的制作。

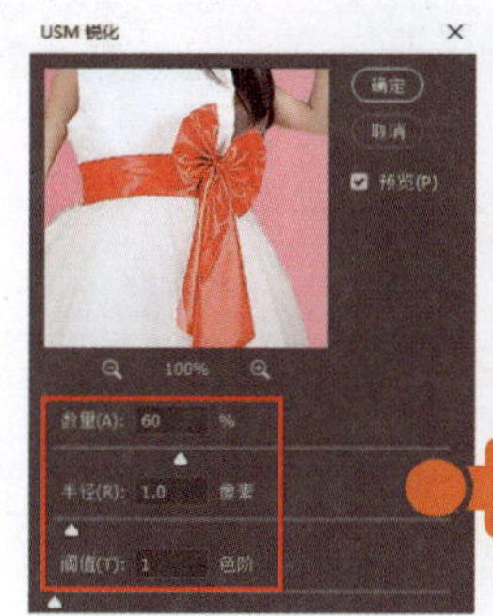

4.4 商品细节展示区设计

在商品详情页面中，为了让顾客能够完整而清晰地了解商品的细节和特点，会设计相应的模块来对商品进行全方位展示，这就是我们在浏览网店时经常会看到的商品细节展示区。本节主要介绍商品细节展示区的设计要点和技巧。

4.4.1 商品细节展示区的表现方式

与其他区域的设计要求类似，商品细节展示区的尺寸仍要遵循电商平台的设计规范进行规划。考虑到不同商品在材质、功能、外观等方面的差异，在设计商品细节展示区时会采用不同的表现方式。常见的商品细节展示区的表现方式有两种：一种是指示型，另一种是局部图解型。

指示型表现方式

指示型表现方式是指先将商品完整地展示出来，再把商品需要突出展示的局部细节图像以放大的形式排列在完整商品图像的四周，并利用线条、箭头等设计元素将局部细节图像与完整商品图像连接起来，有时还会用简单的说明性文字来解说细节，如下图所示。

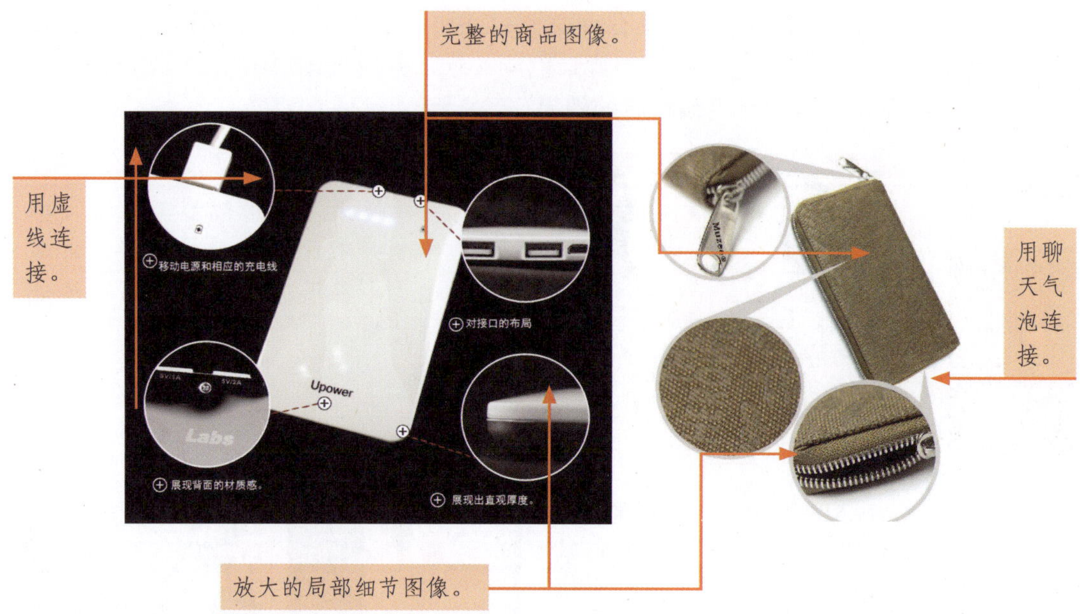

运用指示型表现方式对商品及其细节进行展示，既可宏观呈现商品的完整外观，又可深入展现重要部分的细节，非常适用于体积较小、部件较多的商品或家具等特大商品的细节展示。这种表现方式能够清楚地告诉顾客所展示的细节位于商品的哪个位置，及其具体的优势和特点。

局部图解型表现方式

与指示型表现方式相比，局部图解型表现方式的设计更为简单，只需将商品的局部细节放大即可，不需要对该细节的位置进行指示，而且局部图解型表现方式可以增加说明性文字，比较适用于外观简单、部件少的商品及日常用品的细节展示。

如下图所示为局部图解型表现方式的设计范例。设计者分别将手提包和玩具车的局部放大，并通过文字对部分细节进行说明，尽管没有使用任何修饰元素来指明各部分位于商品的哪个位置，顾客还是可以很容易地判断出来的。

在使用局部图解型表现方式制作商品细节展示区时需要注意的是，一定要在商品详情页面的开始位置对商品进行整体外观的展示，这样才能方便顾客在浏览的过程中理解细节图所传递的信息。

4.4.2 指示型商品细节展示区设计

本实例将为某品牌礼服设计一个商品细节展示区，为了让顾客能够完整而清晰地了解礼服的细节和特点，通过指示型表现方式对礼服的各个细节进行介绍，让顾客对礼服有一个详细的了解。

素　材：下载资源\素材\04\14.jpg

源文件：下载资源\源文件\04\指示型商品细节展示区的设计.psd

标题栏的设计：“产品细节”的标题栏使用矩形和文字组合的方式并进行了艺术化编排，很有设计感。

指示型表现方式：通过指示型表现方式将礼服的局部细节放大。利用虚线进行指示，显得精致，并且不会过度遮挡商品图像。在细节图的旁边，通过简短的说明文字介绍细节中的设计亮点。

纯色的背景设计：纯色的背景让画面中的礼服图像更加突出，避免了形成喧宾夺主的视觉效果，同时也提升了商品的品质。

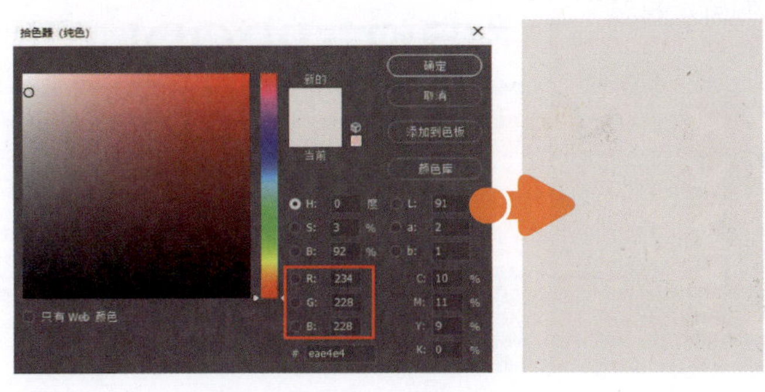

Step 01 启动 Photoshop 程序，新建一个文档，创建“颜色填充 1”图层，在打开的“拾色器（纯色）”对话框中对填充色进行设置，将图像的背景色设置为纯色。

Step 02 使用“横排文字工具”输入所需的标题栏文字，打开“字符”面板，设置文字的属性，通过参数的差异来营造一定的设计感。

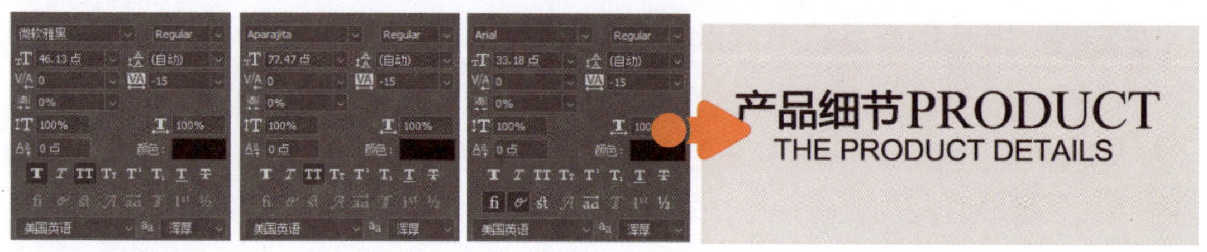

Step 03 选择“矩形工具”，在其工具选项栏中设置参数，使用渐变色对其进行修饰，绘制一个矩形，将其放在文字的附近，再复制 2 个矩形，分别调整矩形的大小并将其放在适当的位置。

Step 04 选择“自定形状工具”，在其工具选项栏中单击“形状”右侧的按钮，在展开的面板中单击“我的形状”前面的倒三角形按钮，在展开的列表中单击“未标题自定形状”前面的倒三角形按钮，在展开的列表框中选择箭头形状，将其放在适当的位置，完成标题栏的制作。

Step 05 将礼服素材 14.jpg 添加到图像窗口中，适当调整其大小，接着使用“钢笔工具”沿着礼服图像的边缘绘制路径，将绘制的路径转换为选区，给图层添加图层蒙版，将礼服图像抠取出来，将其放在适当的位置。

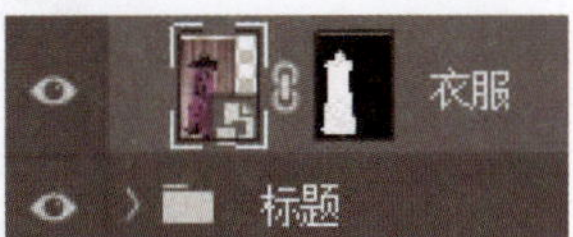

Step 06 使用“椭圆工具”绘制一个圆形，接着使用“横排文字工具”输入若干减号“-”来组成虚线形状，打开“字符”面板，设置减号的字体和颜色等参数。复制圆形和减号，将它们放在适当的位置，作为礼服细节展示的指示线。

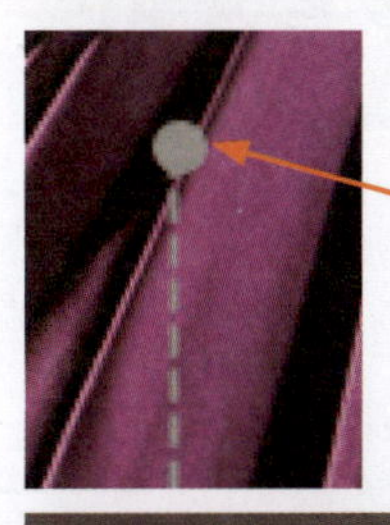
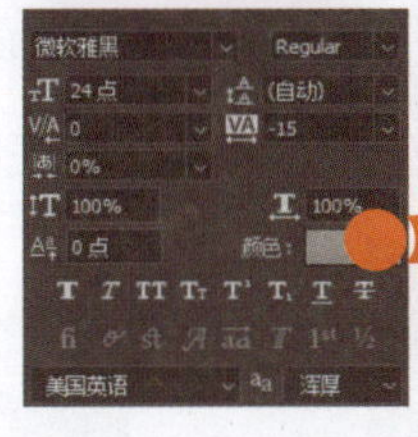

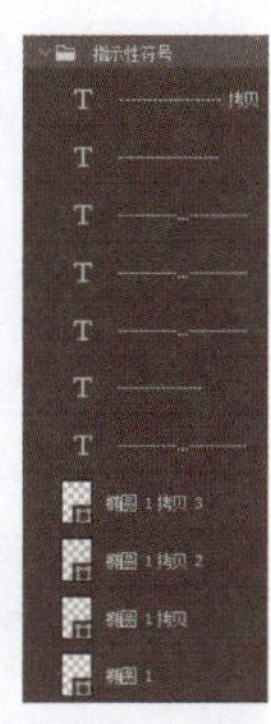

Step 07 使用“椭圆工具”绘制所需的圆形，将它们放在适当的位置。接着复制抠取出来的礼服图像，通过创建剪贴蒙版来控制礼服图像的显示范围。

Step 08 使用“横排文字工具”输入所需的文字，打开“字符”面板，设置文字的属性，将其放在适当的位置，作为细节说明文字的标题。

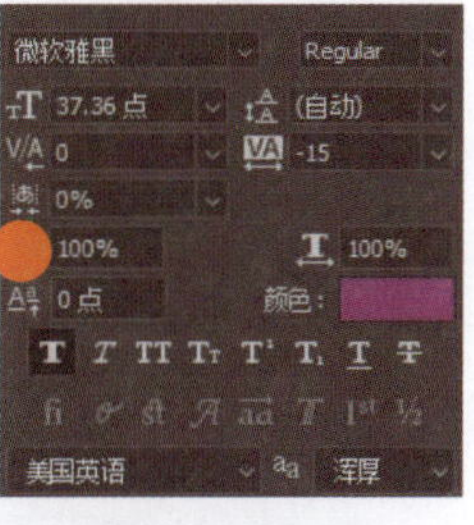

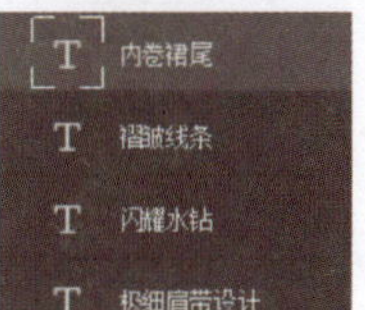

Step 09 使用“横排文字工具”继续输入细节的说明文字，打开“字符”面板，设置文字的属性，并按照版式设计要求调整文字的对齐方式。

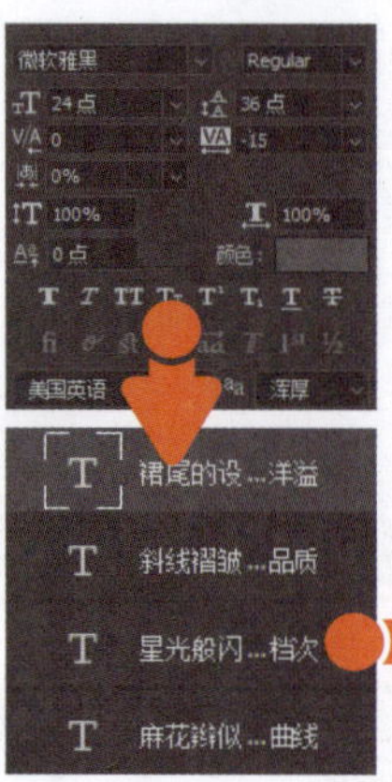

Step 10 单击“调整”面板中的“色相/饱和度”按钮，创建“色相/饱和度 1”调整图层，在打开的“属性”面板中设置“洋红”选项下的“色相”为 +3，“饱和度”为 +29，“明度”为 +25。

Step 11 创建“可选颜色 1”调整图层，在打开的“属性”面板中将“洋红”选项下的“青色”“洋红“黄色”“黑色”分别设置为 −27%、+21%、−9%、−3%，以调整画面的颜色，让礼服图像的颜色与实物的颜色更相符。至此，本案例全部制作完成。

4.4.3 局部图解型商品细节展示区设计

本案例是为某品牌玩具车设计的商品细节展示区，为了让顾客能够清晰地看到玩具车的细节，在设计的过程中将玩具车拆分为四个部分进行逐一展示，同时使用简单、总结性的文字对玩具车各部分的设计特点进行说明，整个画面采用错位的布局形成视觉上的引导，同时简单的配色能够让玩具车重点突出。

素　材：下载资源\素材\04\15.jpg

源文件：下载资源\源文件\04\局部图解型商品细节展示区设计.psd

错位的布局方式：整个画面通过错落有致的商品摆放来形成折线型的视觉引导线，从而优化了布局，避免给人留下眼花缭乱的感觉。

局部图解型表现方式：根据玩具车的特点，采用局部图解型表现方式对四个主要部分逐一展示，加深顾客对商品细节的了解。

精简的文字说明：在展示的玩具车细节图旁边使用了精简的文字说明，介绍了玩具车各部分的特点，及时消除顾客对该部分可能存在的疑问。

整体与局部相结合：在拆分的每个细节下方位置都以小面积的方式对玩具车的整体形象进行了展示，巩固商品在顾客心中印象的同时，有助于提高顾客的兴趣，从而达到提高商品销量的目的。

Step 01 启动 Photoshop 程序，新建一个文档，使用“矩形工具”绘制所需的矩形，将其作为标题背景，接着使用“钢笔工具”绘制梯形并填充适当的颜色，使用“投影”样式对其进行修饰。

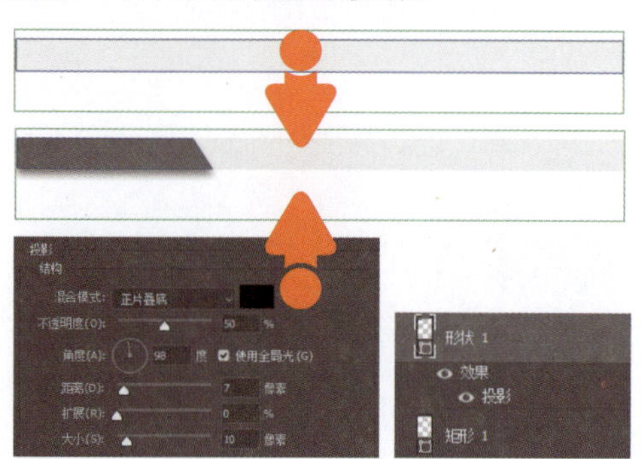

Step 02 选择“横排文字工具”，在适当的位置单击并输入所需的文字，打开“字符”面板，对文字的颜色、字体和字号等属性进行设置，在图像窗口中可以看到编辑后的效果。

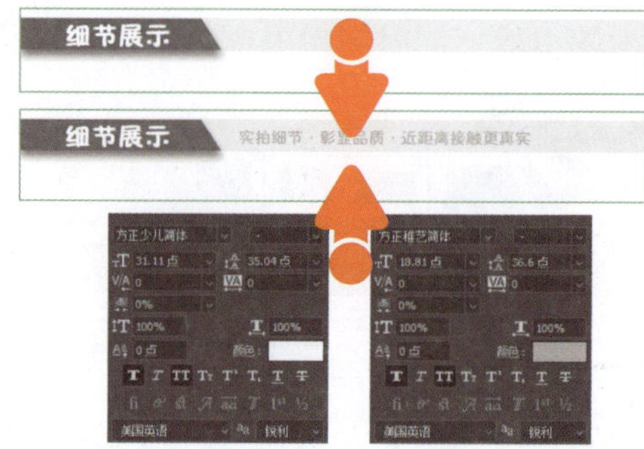

Step 03 将玩具车素材 15.jpg 添加到图像窗口中，适当调整其大小和位置，接着使用“矩形选框工具”创建矩形的选区，单击“图层”面板下方的“添加图层蒙版”按钮，以选区为准添加图层蒙版，对玩具车的显示范围进行控制。

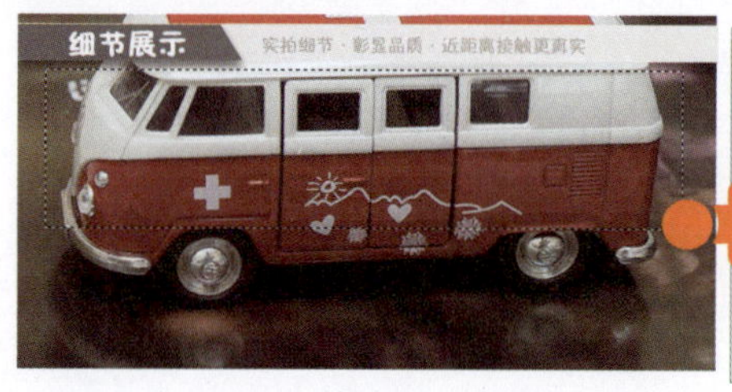

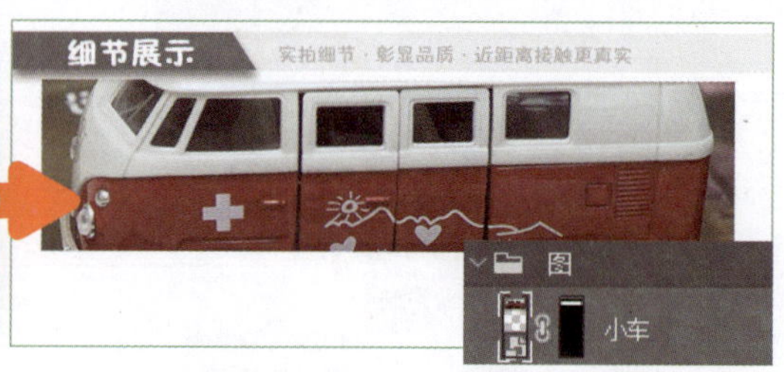

Step 04 将玩具车素材添加到选区，为选区创建“色阶”和“亮度 / 对比度”调整图层，在相应的“属性”面板中设置参数，提高玩具车素材的色阶和层次，在图像窗口中可以看到编辑后的效果。

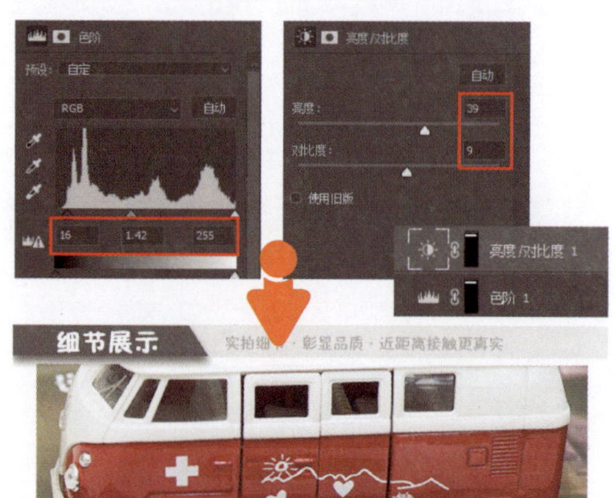

Step 05 使用“矩形工具”绘制所需的矩形，并在“图层”面板中调整其“不透明度”为 30%，接着为矩形添加图层蒙版，使用“渐变工具”对图层蒙版进行编辑，在图像窗口中可以看到编辑后的效果。

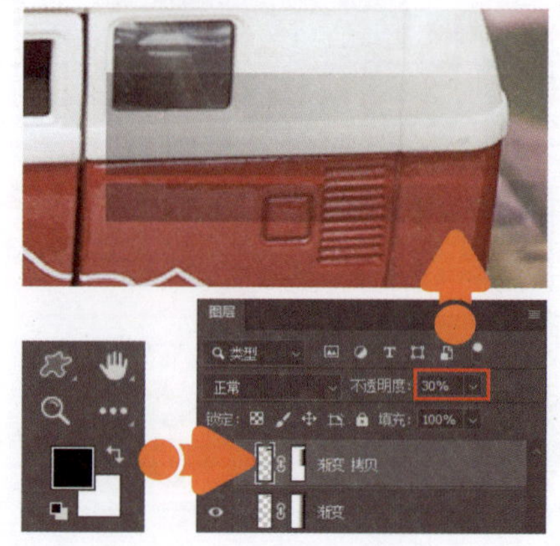

Step 06 使用“横排文字工具”添加所需的文字，打开“字符”面板，对文字的大小、位置和对齐方式进行调整，并使用“描边”图层样式对部分文字进行修饰，在图像窗口中可以看到编辑后的效果。

Step 07 再次将玩具车素材添加到图像窗口中，使用“钢笔工具”沿着玩具车的边缘绘制路径，接着把路径转换为选区，以选区为准创建图层蒙版，把玩具车图像抠取出来，在图像窗口中可以看到编辑后的效果。

Step 08 将玩具车图像添加到选区，为选区创建“色阶”调整图层，在打开的“属性”面板中设置“RGB”选项下的色阶值分别为 12、1.44、203，将玩具车图像调亮，并在其下方绘制阴影效果。

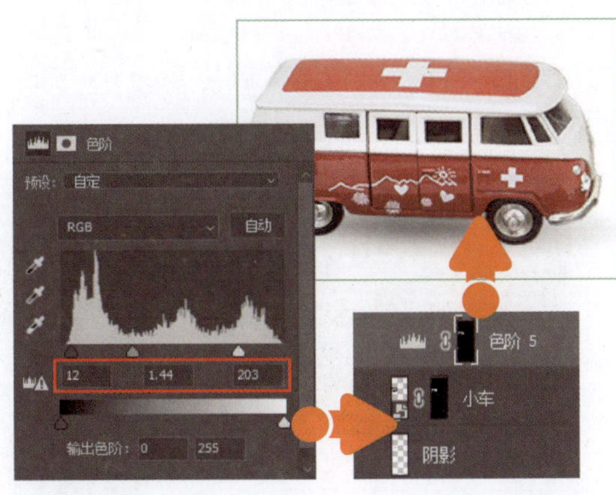

Step 09 复制玩具车图像所在的图层，将其合并在一个图层中，接着把复制的玩具车图像放在适当的位置，部分进行水平翻转处理，在图像窗口中可以看到编辑后的效果。

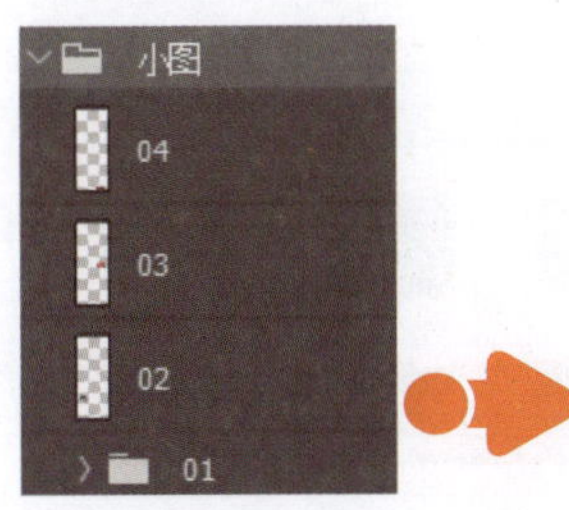

Step 10 使用“矩形工具”绘制所需的矩形，接着为绘制的矩形填充所需的颜色，并使用图层组对图层进行管理，在图像窗口中可以看到编辑后的效果。

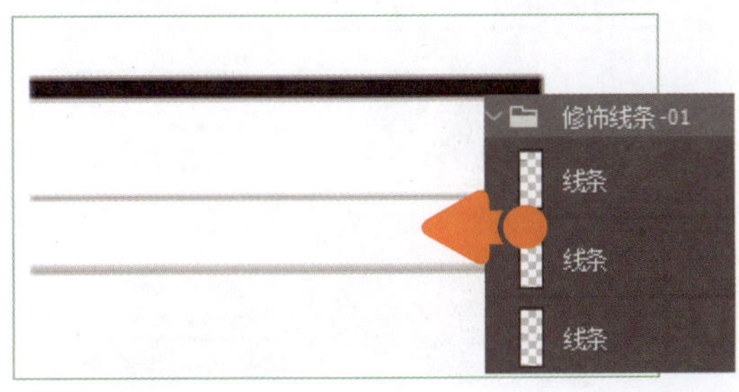

Step 11 按 Ctrl+J 快捷键，多次复制“修饰线条 -01”图层组，将它们分别放在每个玩具车图像的附近位置，在图像窗口中可以看到编辑后的效果。

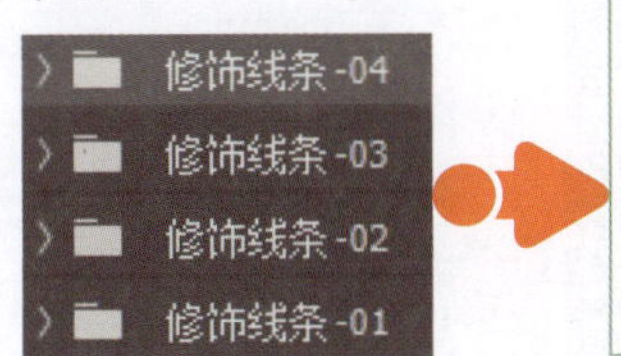

Step 12 使用“矩形工具”绘制一个较长的矩形，设置矩形的颜色为一定程度的灰色，复制绘制的矩形，利用矩形分隔每组内容，在图像窗口中可以看到编辑后的效果。

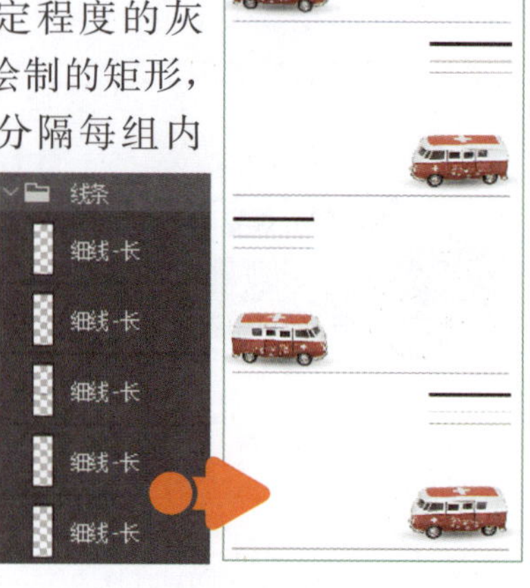

Step 13 使用“横排文字工具”添加所需的文字，设置文字的字体、字号和颜色等属性，将其放在适当的位置，使用同样方法制作其他几组文字信息。

Step 14 将玩具车图像拖曳到图像窗口中，适当调整其大小，使用“矩形选框工具”创建选区，为玩具车图像添加图层蒙版，对其显示范围进行控制，展示玩具车某部分的细节，在图像窗口中可以看到编辑后的效果。

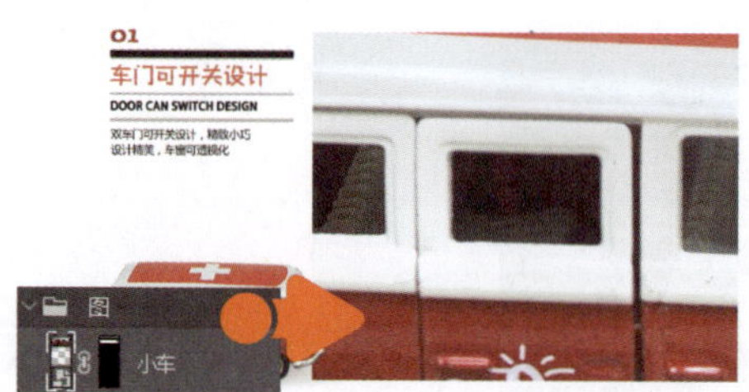

Step 15 参考前面的方法，将其余的玩具车部分细节制作出来，将它们放在相应的位置，并使用“色阶”调整图层对细节的亮度进行修饰，其具体参数与 Step 08 中的相同。

Step 16 按 Ctrl+Alt+Shift+E 快捷键，盖印可见图层，得到“图层 1”图层，将其转换为智能对象图层，执行“滤镜 > 锐化 >USM 锐化”命令，在打开的“USM 锐化”对话框中设置“数量”为 100%，“半径”为 1.1 像素，“阈值”为 0 色阶，单击“确定”按钮，在图像窗口中可以看到玩具车的细节更加清晰。至此完成本案例的制作。

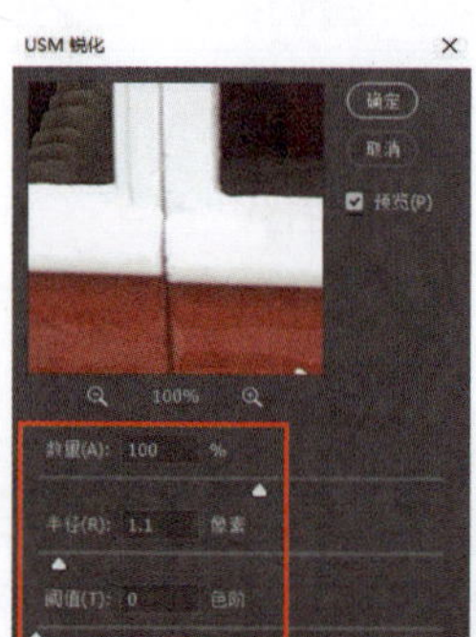

第 5 章

网店首页整体装修设计

网店首页的装修效果会影响顾客对这个店铺的第一印象，它是店铺的门面，也是店铺的形象。网店首页中所包含的内容很多，如店招、导航条、客服区、收藏区等，如何将这些内容融入同一个画面中，是非常考验设计者创意能力的。本章将对三种类型商品的网店首页进行设计，从不同的设计角度出发，打造风格和布局都各具特色的网店首页装修效果。

5.1 女装网店首页装修设计

本案例是为女装网店设计的首页，画面色调呈怀旧色，流露出复古的时尚韵味。此外，使用矩形的元素进行棋盘式布局，将众多的图像集合为视觉上的一个整体，具有很强的统一感。

素　材：下载资源\05\素材\01~05.jpg、06.psd

源文件：下载资源\05\源文件\女装网店首页装修设计.psd

技术制作要点

- 使用“柔边圆”的“画笔工具”对图层蒙版进行编辑，制作出欢迎模块中的图像。
- 使用“横排文字工具”输入所需的文字，改变字体来增强文字的设计感。
- 使用“图层混合模式”将模特照片与背景融合在一起。
- 使用“剪贴蒙版”功能对模特照片进行修饰，使其边缘呈现出规则的矩形效果。
- 使用“矩形工具”绘制所需的矩形，并在其工具选项栏中设置矩形颜色。

配色分析

观察本案例中的五张模特素材照片，可以发现其中大部分的色调为怀旧的复古色，并且模特的服装颜色纯度较低，偏向于中性色。此处选择其中最具代表性的一张照片来对其进行配色分析，将照片中所包含的颜色提取出来。

利用从照片中提取的颜色对首页中的元素进行颜色搭配，主色调仍然为怀旧色，为了突显两组不同的服装，分别添加了橡皮红和尼罗蓝来点缀，因为这两种颜色明度适中、纯度不高，与整个画面的搭配比较和谐，具体如下图所示。

布局分析

在本案例的布局中，所有组成元素基本都是矩形的，这样的设计会让画面变得非常规整。同时，在布局设计中通过多种不同面积的矩形的编排，使其呈现多样化的视觉效果，类似于棋盘式的布局，具体如右图所示。在不同区域采用不同的布局，消除了画面沉闷、呆板的弊端，表现出一种稳定感。

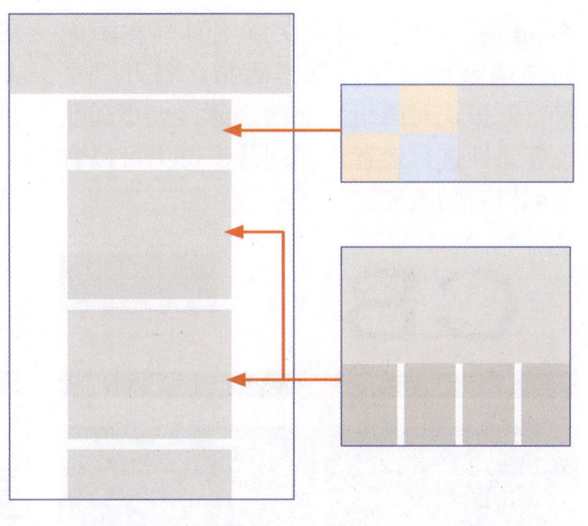

本案例在一个区域放置了多张模特照片，把女装的信息一次性地呈现在顾客眼前，将众多的图像集中在一个整体上，从而形成一种统一感，并分散了视觉的重力感。通过大图与小图的合理搭配，让布局符合力学的原理，表现出强烈的视觉空间感和重量感，对女装的主次表现有非常重要的推动作用。

5.1.1 文字和图形组成简约店招和导航条

为了让画面呈现出怀旧的色调，在画面的背景中使用了偏黄的单色来填充背景，通过单一颜色的形状和文字的添加，让店招和导航条的内容显得简约、大气。具体的制作步骤如下。

Step 01 新建一个文档，给背景色填充 R252、G244、B230 的颜色，接着使用“矩形工具”在画面的顶端绘制矩形，填充 R255、G242、B221 的颜色，在图像窗口中可以看到编辑后的效果。

Step 02 使用“矩形工具”绘制导航条的背景，填充 R97、B62、B8 的颜色，接着使用“横排文字工具”在适当位置单击，为导航条添加所需的文字，打开“字符”面板，对文字的属性进行设置。

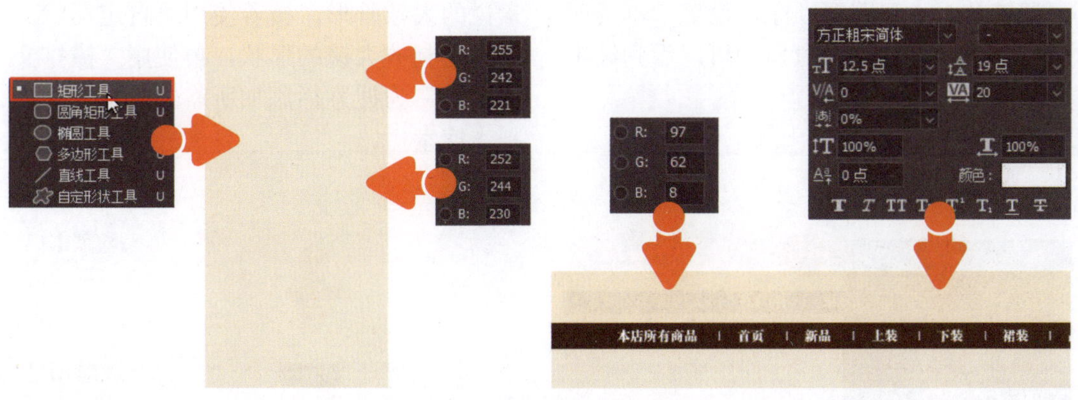

Step 03 使用“横排文字工具”在画面的顶端添加文字，制作店招，打开“字符”面板，对两组文字的字体、大小和颜色等属性进行设置，在图像窗口中可以看到编辑后的效果。

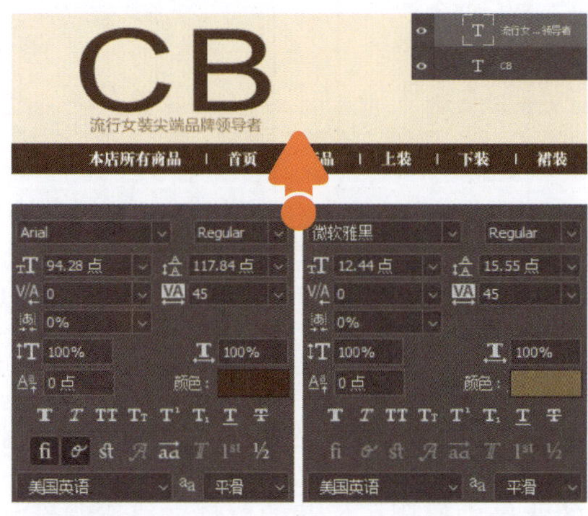

Step 04 选择“自定形状工具”，在其工具选项栏中选择“花 1”形状，绘制花朵的形状，将其放在文字上，并设置“不透明度”为 70%，完成 Logo 的制作，在图像窗口中可以看到编辑后的效果。

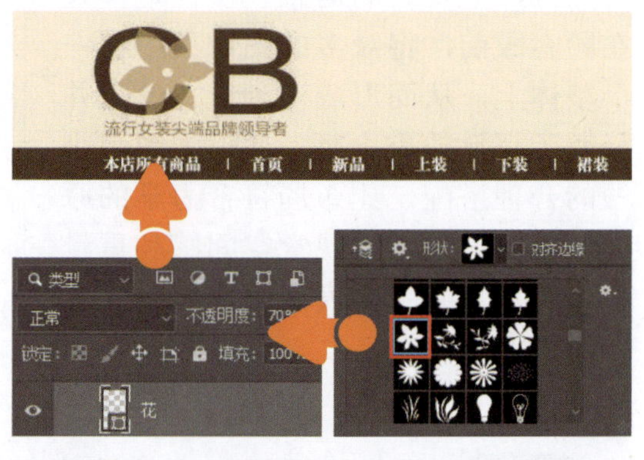

Step 05 使用“横排文字工具”在适当的位置添加所需的文字，接着打开“字符”面板，对文字的字体、颜色和字号等属性进行设置。

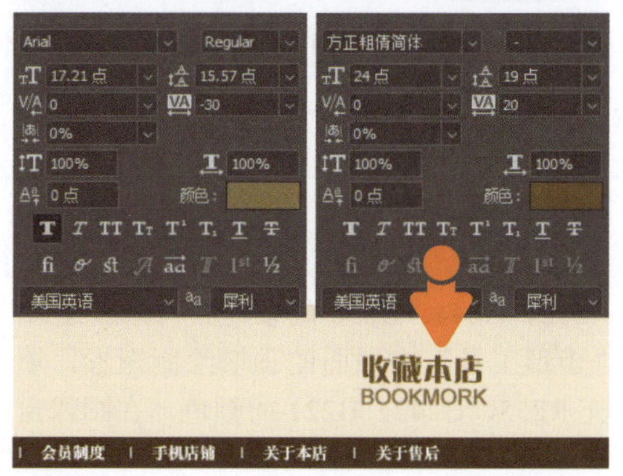

Step 06 复制前面绘制的花朵形状，适当调整其大小和图层顺序，设置“不透明度”为 30%，在图像窗口中可以看到编辑后的效果。

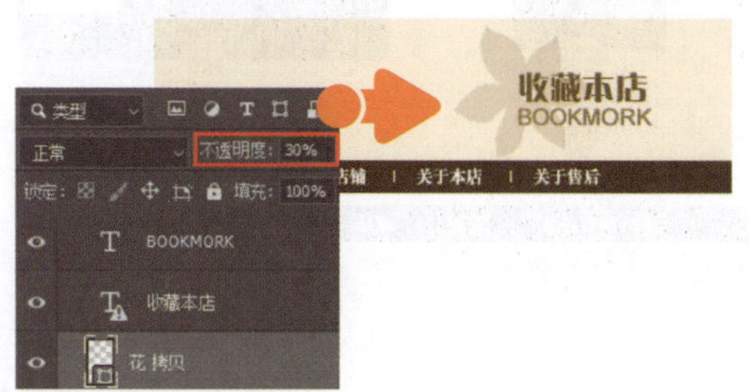

Step 07 使用“圆角矩形工具”绘制搜索栏的大致外形，接着使用“自定形状工具”绘制放大镜的形状，再使用“横排文字工具”为搜索栏添加所需的文字，完成制作搜索栏。

5.1.2 图层蒙版制作溶图

利用简单的文字和图片组合的方式可以完成欢迎模块的设计，通过“图层蒙版”让模特照片与欢迎模块的背景自然地合成在一起，具体的制作步骤如下。

Step 01 选择“矩形工具”，在适当的位置单击并拖曳，绘制一个矩形，设置其填充色为 R217、G198、B173，将其作为欢迎模块的背景，在图像窗口中可以看到编辑后的效果。

Step 02 将模特素材 01.jpg 添加到图像窗口中，适当调整其大小和位置，为该图层添加图层蒙版，使用“画笔工具”对蒙版进行编辑，将照片与背景合成在一起，在图像窗口中可以看到编辑后的效果。

Step 03 将欢迎模块的背景矩形添加到选区，为选区创建“色阶 1”调整图层，在打开的“属性”面板中设置“RGB”选项下的色阶值分别为 0、1.00、247，对欢迎模块中的图像进行亮度的调整。

Step 04 选择“横排文字工具”，在欢迎模块的左侧单击，输入所需的文字，接着打开“字符”面板，对文字的属性进行设置，丰富欢迎模块中的信息，在图像窗口中可以看到编辑后的效果。

Step 05 将文字拖曳到创建的图层组中，为图层组应用“投影”图层样式，在相应的选项卡中设置参数，完成欢迎模块的制作，在图像窗口中可以看到编辑后的效果。

5.1.3 简易色块组成分类栏

本案例的布局中基本为矩形，在分类栏中，先对多个矩形进行设计，接着将矩形拼接在一起，使其形成完整的分类区域效果，再利用颜色和内容上的对比来协调画面，具体的制作步骤如下。

Step 01 使用“矩形工具”绘制一个矩形，将模特素材 02.jpg 添加到图像窗口中，适当调整其大小，通过创建剪贴蒙版的方式对照片的显示进行控制，接着创建“色阶 2”调整图层，设置“RGB”选项下的色阶值分别为 0、1.15、234，对模特照片的亮度进行调整。

Step 02 使用“钢笔工具”绘制聊天气泡，接着使用“横排文字工具”输入所需的文字，并使用“投影”图层样式对文字进行修饰，将文字放在模特的周围。

Step 03 使用“矩形工具”绘制另一个矩形，使用“横排文字工具”在适当的位置添加文字，制作出分类栏中的另一个组成内容。

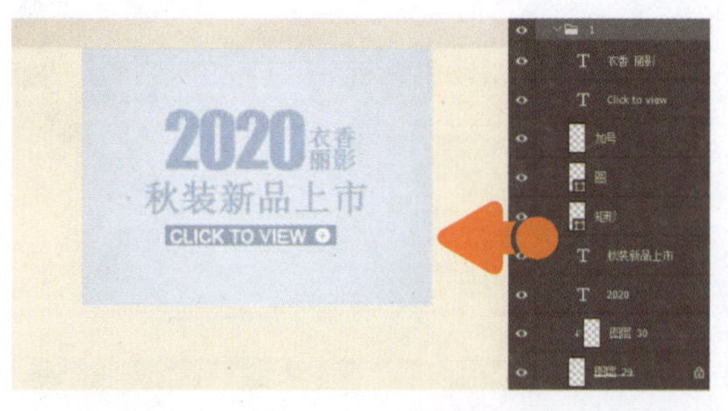

Step 04 参考前面的方法，制作出分类栏中的其余组成内容，对绘制的对象进行拼接，完善每个矩形中的信息，在图像窗口中可以看到编辑后的效果。

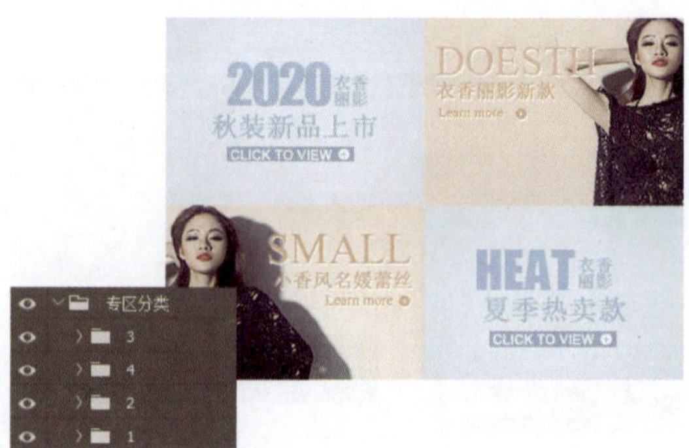

5.1.4 制作简约风格的女装展示区

女装展示区主要分为小海报和单品展示两部分，这两部分使用了不同的颜色进行区分，让顾客产生不同的感受，通过相似的元素和不同的颜色来呈现网店中的商品内容，具体的制作步骤如下。

Step 01 选择“横排文字工具”，在分类栏的下方位置单击，输入所需的文字，接着打开“字符”面板，对文字的属性进行设置，再通过“矩形工具”绘制一个矩形对文字进行修饰，在图像窗口中可以看到编辑后的效果。

Step 02 再次选择“横排文字工具”，输入所需的段落文字，接着打开“字符”面板，对文字的属性进行设置，并适当调整段落文字的对齐方式，再通过“矩形工具”绘制一个矩形，对文字进行修饰，在图像窗口中可以看到编辑后的效果。

Step 03 使用“矩形工具”绘制所需的矩形，接着使用“横排文字工具”在适当的位置添加不同的文字，调整文字的大小和位置，制作出首页所需的标题栏。

01 爆款热卖 EXPLOSION MODELS　AUTUMN REJIAN | MINIMALISM IS SUPREME | 查看更多

Step 04 使用“矩形工具”绘制一个矩形，填充 R247、G235、B223 的颜色，接着添加模特素材 04.jpg 到图像窗口中，使用“渐变工具”对其蒙版进行编辑，让模特照片与矩形自然地合成在一起。

Step 05 参考上一步骤中的方法，再次将模特素材 04.jpg 添加到图像窗口中，使两个模特形成一种镜像的效果，并适当调整照片的大小，利用图层蒙版对照片的显示进行控制，在图像窗口中可以看到编辑后的效果。

提示

双击图层蒙版的“蒙版缩览图”，可以打开“蒙版”面板，其中可以对蒙版边缘的羽化和不透明度等属性进行设置。

Step 06 使用“横排文字工具”和“矩形工具”分别为画面添加文字和修饰的形状，调整各组文字的属性，并使用“投影”图层样式对部分文字进行修饰，在图像窗口中可以看到编辑后的效果。

Step 07 将模特素材 05.jpg 添加到图像窗口中，通过创建剪贴蒙版对其显示进行控制，接着使用“矩形工具”绘制一个矩形，在矩形内添加文字，适当调整文字的属性，将编辑后的图层拖曳到创建的图层组中。

Step 08 复制绘制完成的商品展示图片组，使用“移动工具”将这些图层组选中，利用其工具选项栏中的对齐和分布功能对这些照片的位置进行调整，在图像窗口中可以看到编辑后的效果。

Step 09 将蓝色模特照片添加到选区，创建“色阶 3”调整图层，在打开的“属性”面板中设置“RGB”选项下的色阶值分别为 0、1.00、232，对模特照片的亮度进行调整。

Step 10 将蓝色模特照片添加到选区，创建“色相/饱和度 1”调整图层，在打开的“属性”面板中设置“青色”选项下的“色相”为 +180，“饱和度”为 −59，“明度”为 +29。

Step 11 参考前面的方法，将其他模特素材添加到图像窗口中，完成标题文字、标题栏和商品陈列画面的制作，在图像窗口中可以看到编辑后的效果。至此完成商品展示区的制作。

5.1.5 利用客服区提升首页服务品质

客服区是网店首页中必不可少的一部分，下面使用文字和旺旺头像组合的方式，制作出简约的客服区效果，未经修饰的设计元素让主要信息表现得更加突出，具体的制作步骤如下。

Step 01 使用“矩形工具”绘制两个大小不一的矩形，将其作为客服区的背景，分别填充白色和 R224、G204、B180 的颜色，适当调整两个矩形的位置，将其放在画面的底部。

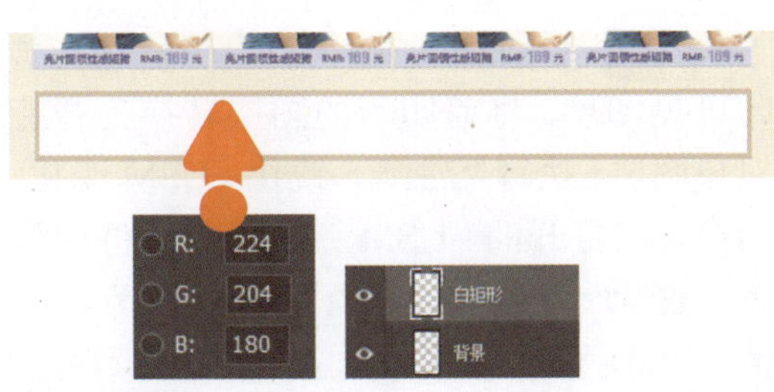

Step 02 将旺旺头像 06.psd 添加到图像窗口中，适当调整其大小，将其放在合适的位置，接着输入客服的名称，打开“字符”面板，设置文字的属性，使用图层组对编辑的图层进行归类和整理。

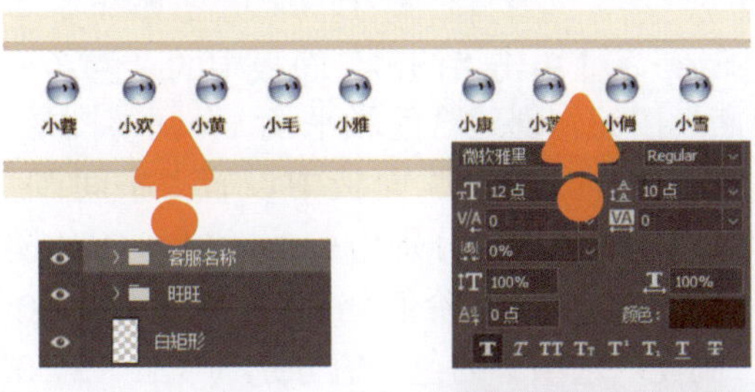

Step 03 选择“横排文字工具”，在客服区适当的位置单击，添加所需的文字，并使用“钢笔工具”绘制所需的虚线，对文字进行修饰，在图像窗口中可以看到编辑后的效果。

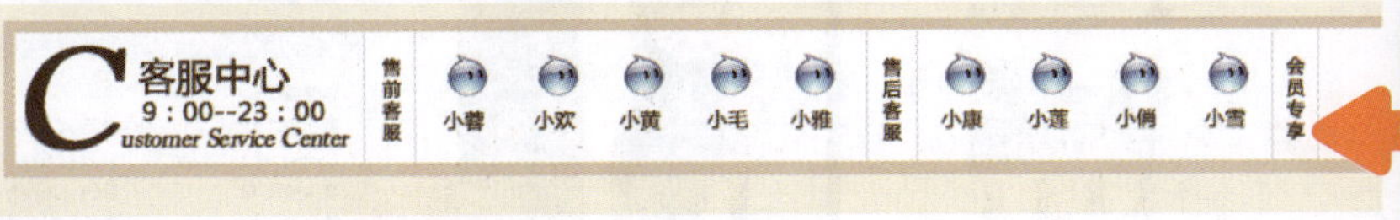

提示

在图像窗口中添加文字后，如果想要对文本图层中的个别文字进行单独的处理，可以使用“文字工具”将部分文字选中，然后在“字符”面板中调整选中文字的属性。

Step 04 使用“矩形工具”绘制所需的矩形，使用“钢笔工具”绘制箭头的形状，接着使用“横排文字工具”在适当的位置添加文字，在图像窗口中可以看到编辑后的效果。

Step 05 复制前面绘制的 Logo 图层组，将其放在绘制的矩形上，适当调整 Logo 的大小，为其应用白色的“颜色叠加”图层样式，在图像窗口中可以看到编辑后的效果。

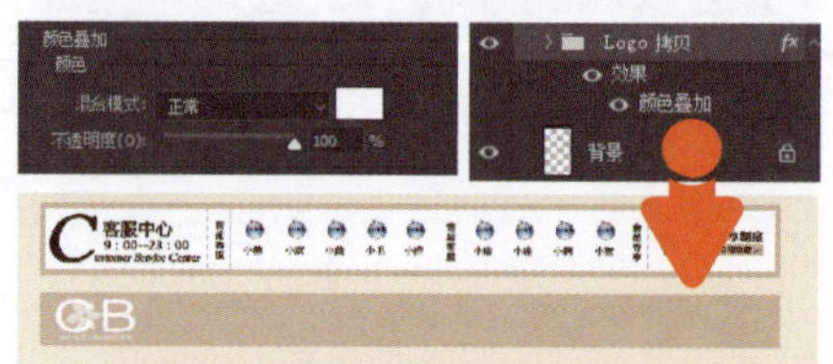

Step 06 使用“横排文字工具”在画面底部的矩形右侧添加所需的文字，打开“字符”面板，对文字的属性进行设置，接着使用“钢笔工具”绘制三角形的形状，设置所需的填充色，将其放在适当的位置，在图像窗口中可以看到编辑后的效果。

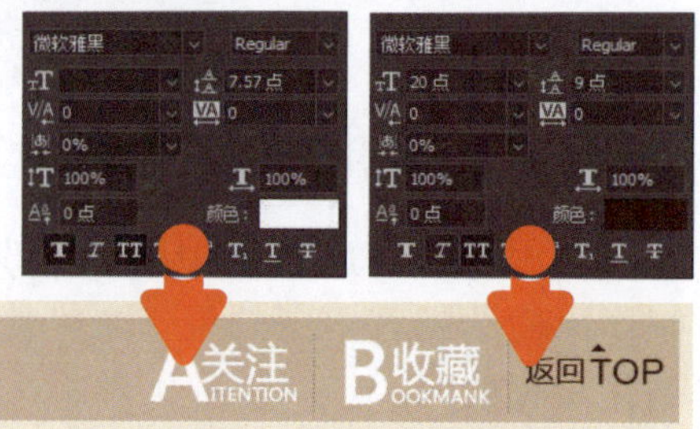

5.1.6 调色和锐化

如果对页面中的颜色不满意，可以通过最后的整体调色来修饰，这里使用“色彩平衡”对画面中的不同明暗区域的色调进行微调，并利用“USM 锐化”滤镜让画面中的细节变得清晰，具体的制作步骤如下。

Step 01 单击“调整”面板中的“色彩平衡”按钮，创建“色彩平衡 1”调整图层，在打开的“属性”面板中设置“中间调”选项下的色阶值分别为 +18、+14、+36，“阴影”选项下的色阶值分别为 −8、−4、+10，“高光”选项下的色阶值分别为 +3、+5、0，对画面整体的色调进行细微的调整。

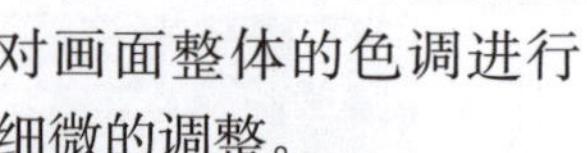

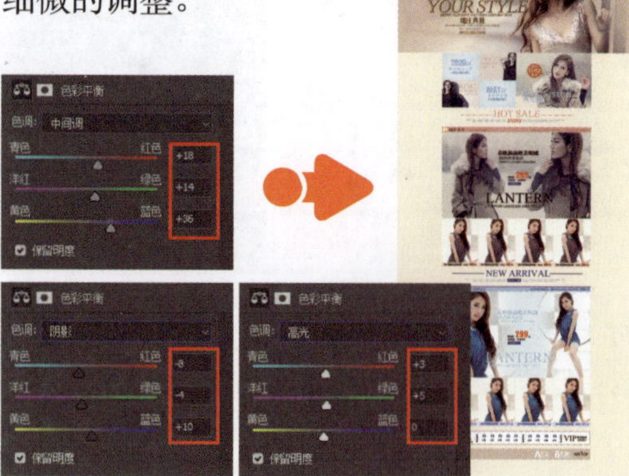

Step 02 按 Shift+Ctrl+Alt+E 快捷键，盖印可见图层，将盖印后的图层转换为智能对象图层，执行“滤镜 > 锐化 >USM 锐化”命令，在打开的“USM 锐化”对话框中设置“数量”为 70%，“半径”为 0.5 像素，“阈值”为 0 色阶，单击“确定”按钮关闭对话框，在图像窗口中可以看到画面的细节变得更加清晰。至此完成网店首页装修设计。

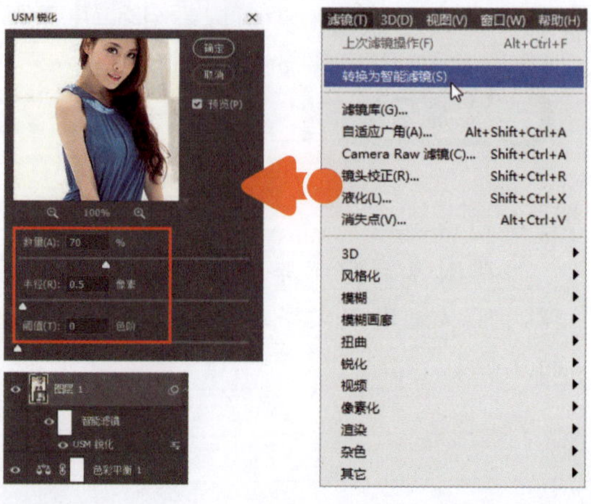

5.2　饰品网店首页装修设计

本案例是为饰品网店设计的首页，在设计中以素材的风格为基础，为画面打造出水墨风格的效果，表现出浓浓的中国古典韵味。

素　材：下载资源\05\素材\07~16.jpg、06.psd

源文件：下载资源\05\源文件\饰品网店首页装修设计.psd

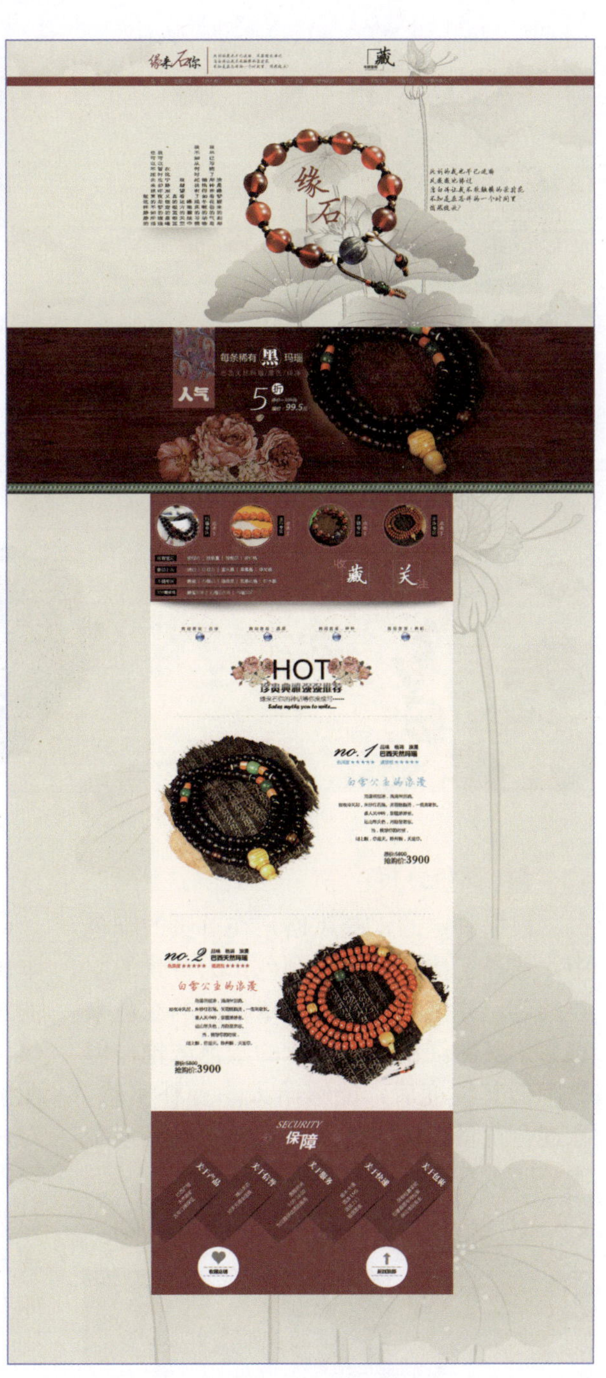

技术制作要点

- 使用“图层混合模式”将水墨叠加到纯色的背景中，并利用“不透明度”来控制其显示效果。
- 使用“钢笔工具”在饰品的边缘创建路径，将创建的路径转换为选区，利用选区创建图层蒙版，由此来抠取饰品图像。
- 使用“横排文字工具”或者“直排文字工具”添加所需的文字，通过“字符”面板对文字属性进行设置。
- 利用“剪贴蒙版”功能对饰品素材的显示进行修饰，使其边缘呈现出毛笔绘制的效果，增加商品的表现力和设计感。

灵感来源

观察本案例中的素材照片，可以发现这些饰品的风格都表现出浓郁的中国古典韵味，有鲜明的民族特点。由此，设计时将水墨这种带有独特视觉效果的元素融入网店的首页中。

在首页背景的制作中，选择了荷花这种品质纯净、高尚的植物来修饰，使其与具有通透特点的饰品相互辉映，更加切入主题，如下图所示。

分析饰品的风格

联想到水墨风格

首页水墨风格背景

确定首页背景的风格后，根据水墨的特点，在文字、饰品边缘处理和素材的编辑过程中，将水墨的元素表现得淋漓尽致，使得画面风格统一、和谐，具体设计效果如下图所示。

配色分析

根据确定的水墨风格，在首页的配色中，选择了接近宣纸的颜色作为背景的主要颜色，并搭配与水墨印章相似的红色来点缀。虽然红色没有印章的颜色浓艳，但是降低其纯度后，能够给人一种朴实感，在迎合背景色的同时，使画面中的元素主次分明。具体配色如下图所示。

布局分析

首页的信息较为丰富，为了调动顾客的浏览兴趣，将几个热销商品排列成 S 形曲线，以曲线式布局对顾客的视线进行引导，让整个画面不会显得呆板、单一，体现出较强的设计感，如右图所示。

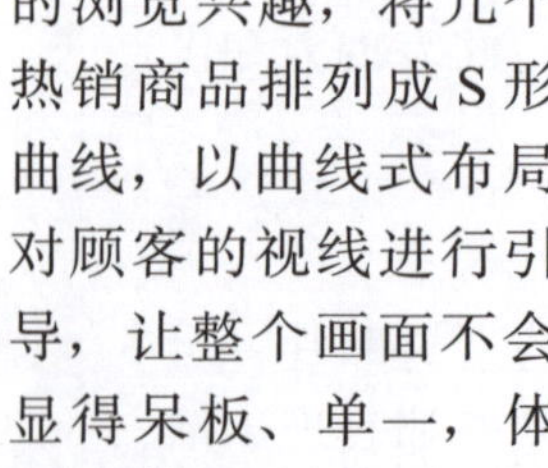

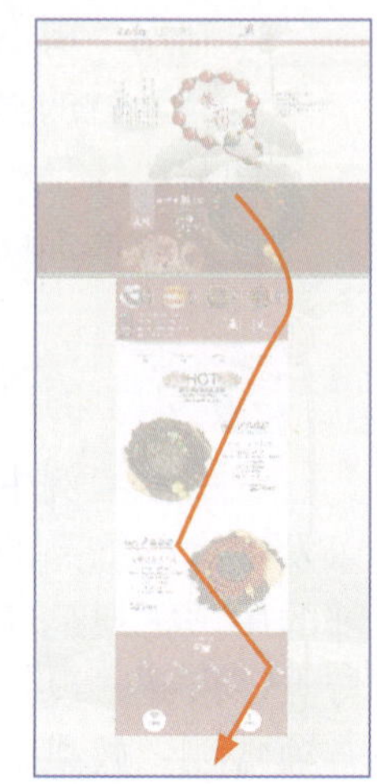

5.2.1 制作背景确定设计风格

在画面的背景中添加水墨样式的荷花，通过图层混合模式将其与背景合成在一起，利用背景色和荷花确定画面的风格，接着添加手写样式的文字来制作店招和导航条，具体的制作步骤如下。

Step 01 新建一个文档，按照设计所需设置页面的大小，将背景色填充为 R237、G234、B223 的颜色，接着将水墨荷花素材 07.jpg 添加到图像窗口中，适当调整其大小。

Step 02 在“图层”面板中将图层名称更改为“荷花”，设置其混合模式为“明度”，“不透明度”为 10%，在图像窗口中可以看到编辑后的效果。

Step 03 使用“矩形工具”在画面顶端的适当位置绘制矩形，将其作为导航条的背景，接着使用“横排文字工具”在适当的位置单击，输入导航条上的文字，打开“字符”面板，对文字的属性进行设置，使用“投影”图层样式对文字进行修饰。

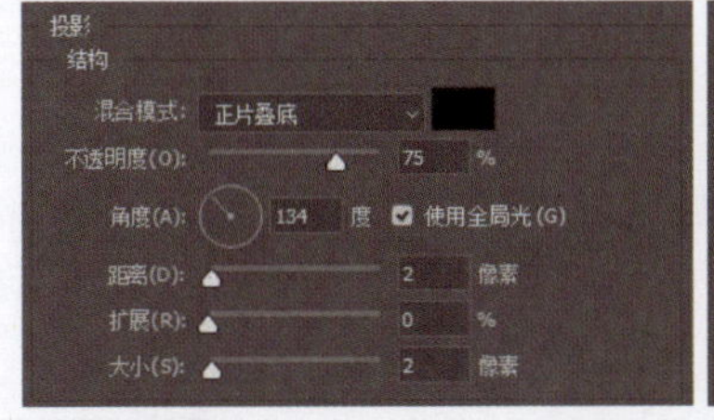

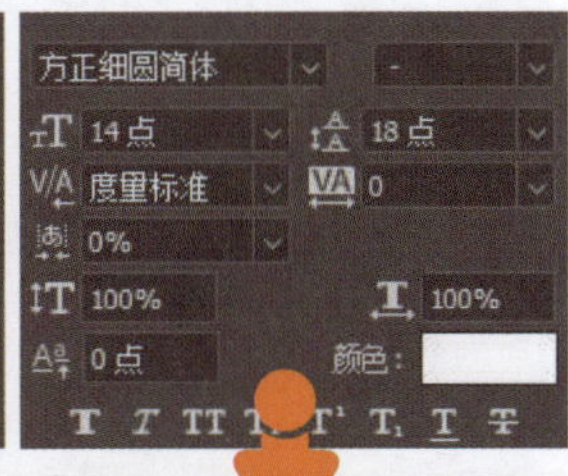

Step 04 使用“横排文字工具”，在画面的顶端添加网店的名称和相关的文字信息，调整文字的大小和位置，并为文字设置不同的填充色，在图像窗口中可以看到编辑后的效果。

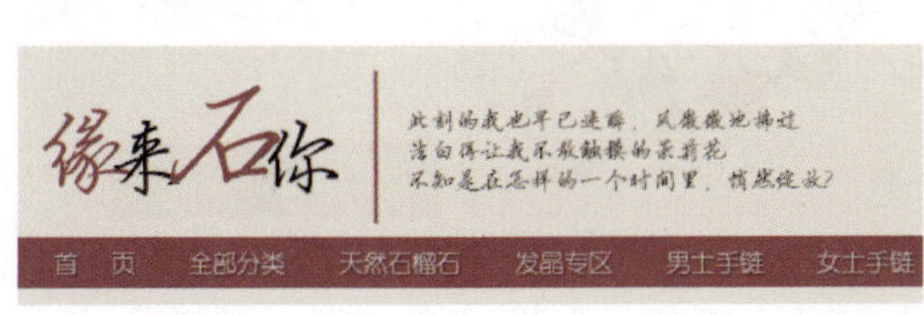

Step 05 使用“矩形工具”绘制所需的线条，使用“横排文字工具”为收藏区域添加文字，最后创建图层组对图层进行管理。

5.2.2 抠取饰品图像制作欢迎模块

使用“钢笔工具”抠取饰品图像，并通过“亮度 / 对比度”调整图层对其层次和亮度进行修饰，让饰品呈现出通透的感觉，最后添加段落文字，利用手写字体营造出古典韵味。

Step 01 将水墨荷花素材 07.jpg 再次添加到图像窗口中，设置其图层混合模式为“明度”，“不透明度”为 30%，让荷花与背景色合成在一起，在图像窗口中可以看到编辑后的效果。

Step 02 执行“文件 > 置入嵌入对象”命令，在打开的“置入嵌入的对象”对话框，选择饰品素材 08.jpg，将其添加到图像窗口中，使其变成智能对象图层，适当调整饰品素材的大小和位置。

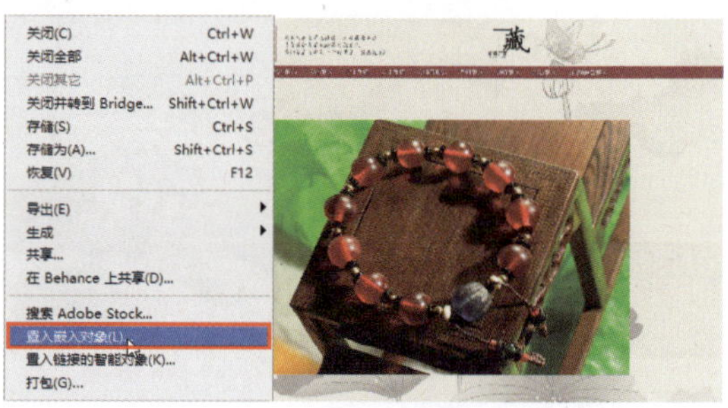

Step 03 选择“钢笔工具”，搭配“删除锚点工具”“添加锚点工具”等路径编辑工具，沿着饰品的边缘绘制路径，通过对路径进行加减，将饰品包围在绘制的路径中。

Step 04 打开“路径”面板，单击“将路径作为选区载入”按钮，将绘制的路径转换为选区，并为饰品图层添加图层蒙版，把饰品图像抠取出来，在图像窗口中可以看到编辑后的效果。

Step 05 按住 Ctrl 键单击饰品图层的蒙版缩览图，将饰品添加到选区，为其创建“亮度 / 对比度 1”调整图层，设置“亮度”为 23，“对比度”为 17，对饰品的层次和亮度进行调整。

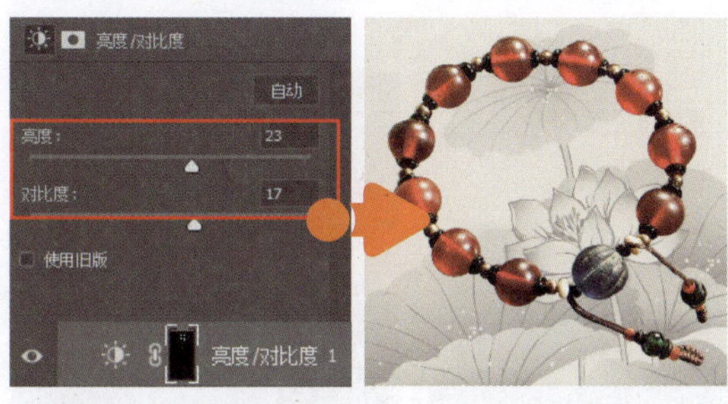

Step 06 选择“横排文字工具”，在饰品的中间位置单击，输入所需的文字，打开“字符”面板，对文字的字体、字号、颜色等属性进行设置，在图像窗口中可以看到编辑后的效果。

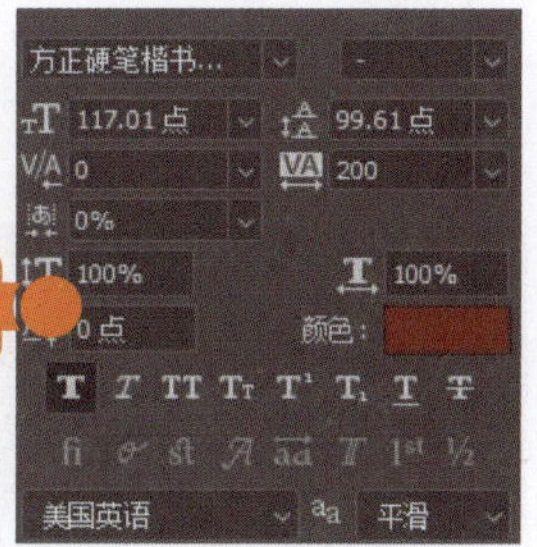

Step 07 使用“横排文字工具”和“直排文字工具”分别在画面中适当的位置单击，输入所需的段落文字；打开“字符”和“段落”面板，分别对每组文字的字体、字号、颜色、间距和对齐方式等属性进行设置，在图像窗口中可以看到两组段落文字编辑后的效果。

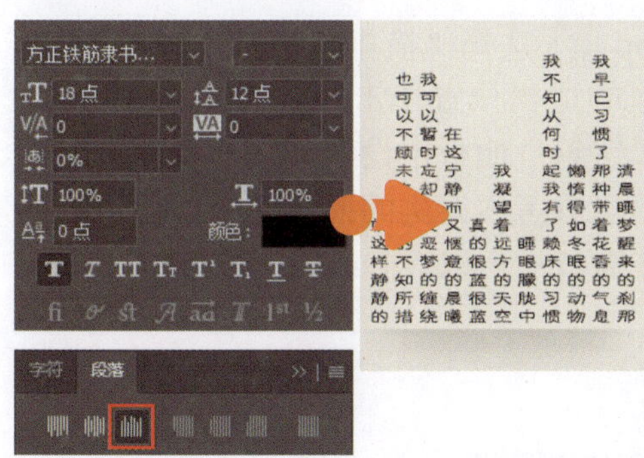

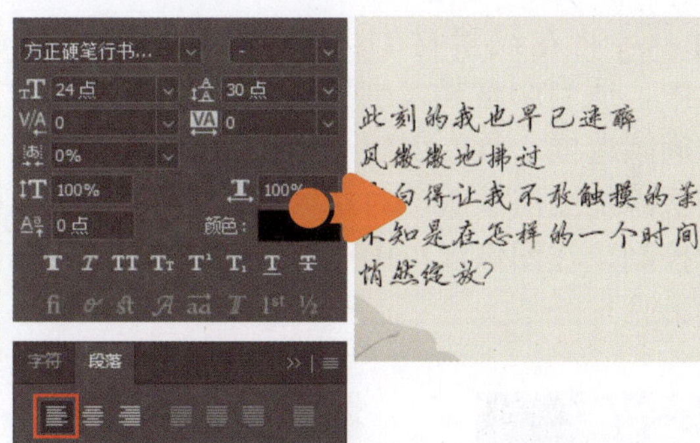

Step 08 创建图层组，将其命名为“欢迎模块”，将编辑的图层拖曳到其中，便于管理和归类，接着使用“移动工具”对欢迎模块中的元素进行细微的调整，完善其显示效果，在图像窗口中可以看到欢迎模块的效果。

5.2.3 明度较暗的二级海报

二级海报位于欢迎模块的下方，是网店首页中较为重要的部分。本案例将网店的人气商品放置在二级海报中，利用与欢迎模块较大的明度差使整个首页呈现层次感，具体的制作步骤如下。

Step 01 将木制纹理素材09.jpg和屋檐素材10.jpg添加到图像窗口中，按Ctrl+T快捷键，利用自由变换框对它们的大小和位置进行调整，制作出二级海报的背景，在图像窗口中可以看到编辑后的效果。

Step 02 使用“矩形工具”绘制一个矩形，填充适当的颜色，接着使用“横排文字工具”在适当的位置输入“人气”，打开“字符”面板，对文字属性进行设置，在图像窗口中可以看到编辑后的效果。

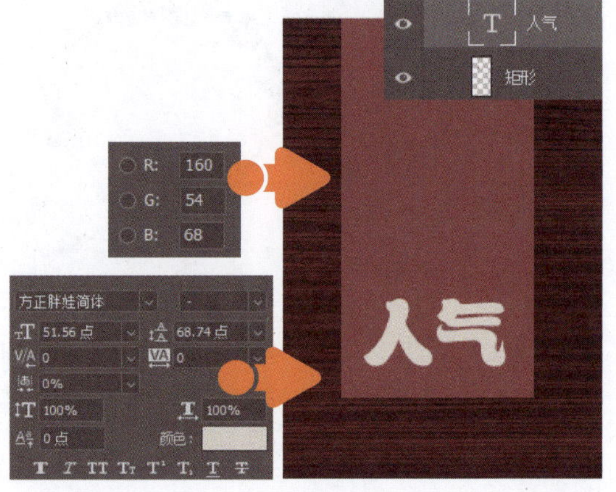

Step 03 将花纹素材11.jpg添加到图像窗口中，适当调整其大小和位置，接着使用“椭圆选框工具”创建选区，为该素材的图层添加图层蒙版，对花纹的显示范围进行控制，在图像窗口中可以看到编辑后的效果。

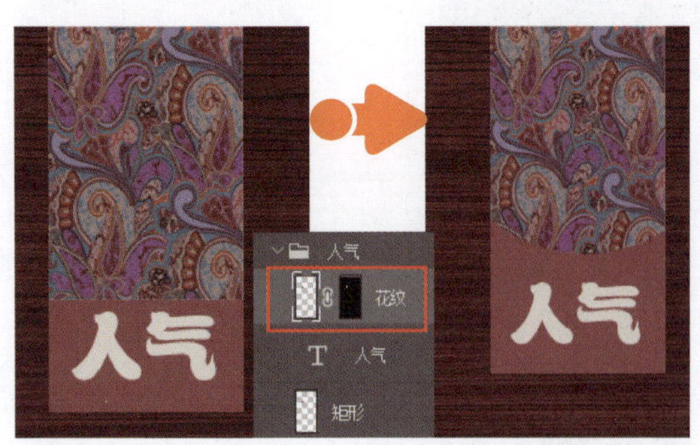

Step 04 选择“横排文字工具”，在二级海报的适当位置单击并输入所需的文字，在“字符”面板中设置文字的属性，此处也可以参考本案例的源文件进行编辑，在图像窗口中可以看到编辑后的效果。

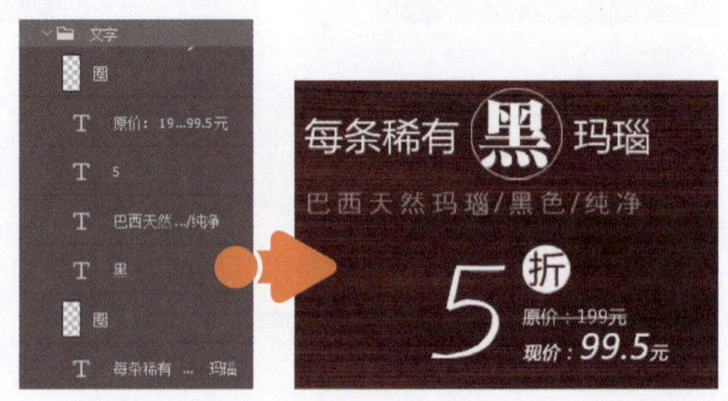

提示

在使用“椭圆选框工具”的过程中，按住Shift键使用该工具，可以创建圆形的选区。

Step 05 将黑色的玛瑙素材 06.jpg 添加到图像窗口中，适当调整其大小，接着为其图层添加白色的图层蒙版，使用“画笔工具”对蒙版进行编辑，只显示饰品图像的部分，让饰品图像的表现更加自然。

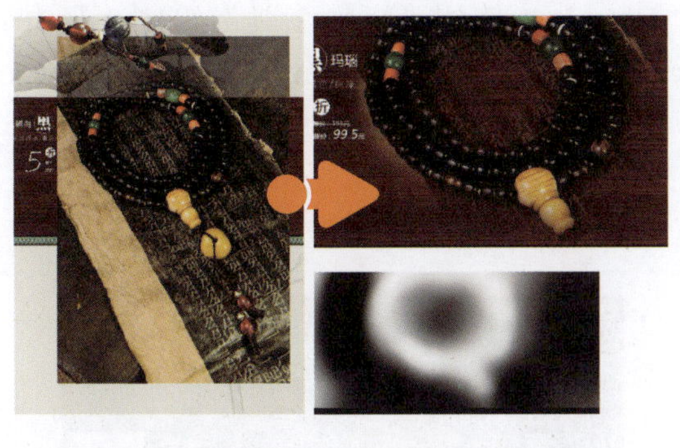

Step 06 将花朵素材 12.jpg 添加到图像窗口中，适当调整其大小、位置和角度，接着选择“魔棒工具”，在其工具选项栏中设置“容差”为 20，再在白色的部分单击，将花朵素材中的白色区域选中。

Step 07 执行“选择 > 反向”命令，对创建的选区进行反选，以选区为准创建图层蒙版，再用“矩形选框工具”对图层蒙版的局部进行编辑。

Step 08 在“图层”面板中设置花朵素材的图层混合模式为“点光”，“不透明度”为 70%，使其与背景中的木制纹理合成在一起，在图像窗口中可以看到编辑后的效果。

Step 09 使用“移动工具”对设计的各个元素进行细微的调整，完成后使用图层组对图层进行管理，在图像窗口中可以看到编辑后的效果。

5.2.4 使用分类区引导购物

分类区可以让顾客快速对网店的商品有大致的了解。本案例中使用饰品图片对不同类型的饰品进行修饰，利用饰品的分类给人以直观的感受，虚线的修饰使分类区看起来更加精致，具体的制作步骤如下。

Step 01 选择“矩形选框工具”创建选区，在新建的“背景”图层中为选区填充 R159、G54、B68 的颜色，并使用黑色的“画笔工具”在“投影”图层中进行涂抹，绘制出矩形的投影。

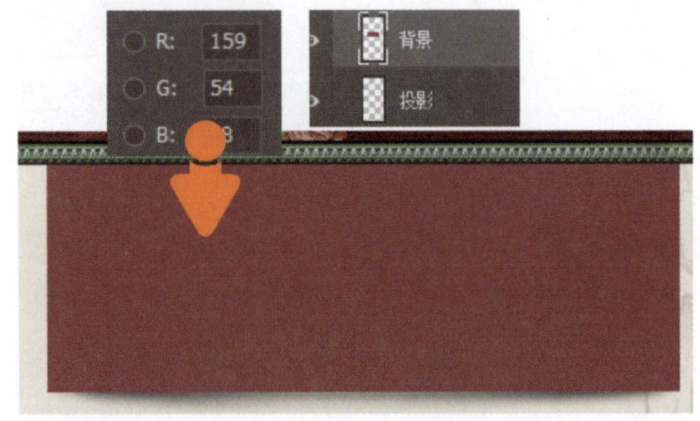

Step 02 使用“矩形工具”绘制矩形并填充黑色，再使用“直排文字工具”在适当的位置单击，输入所需的文字，打开“字符”面板，对文字的属性进行设置，在图像窗口中可以看到编辑后的效果。

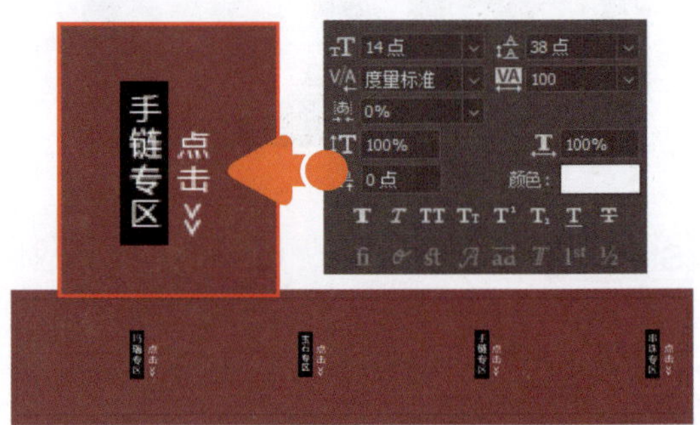

Step 03 创建椭圆和折线路径，使用“横排文字工具”在创建的路径上输入所需的内容，制作虚线的效果，最后将多余的路径删除，并将路径文字图层栅格化，复制绘制的圆形和折线的虚线，将其放在适当的位置。

Step 04 将饰品图像 13 ～ 16.jpg 添加到图像窗口中，适当调整其大小，使用“椭圆选框工具”创建圆形的选区，以选区为准给图层添加图层蒙版，对饰品素材的显示范围进行控制，在图像窗口中可以看到编辑后的效果。

Step 05 使用“钢笔工具”绘制带有虚线的田字格，接着使用“横排文字工具”在适当的位置单击，输入所需的文字，打开“字符”面板，对文字的属性进行设置，再利用“投影”图层样式对文字进行修饰。

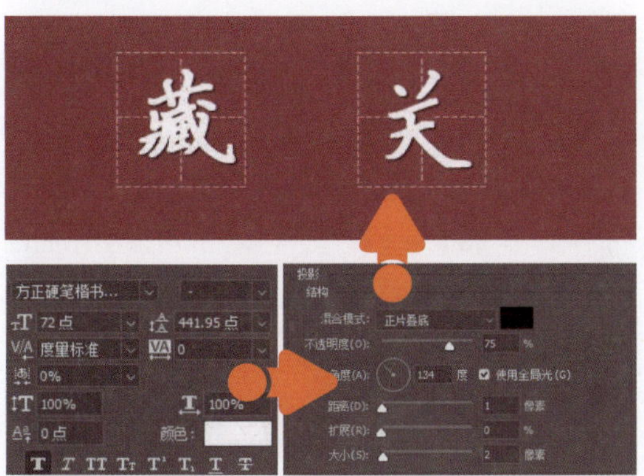

Step 06 使用“横排文字工具”输入其他所需的文字，在“字符”面板中设置文字的属性，并将文字放在适当的位置，在“图层”面板中设置“不透明度”为 50%，在图像窗口中可以看到编辑后的效果。

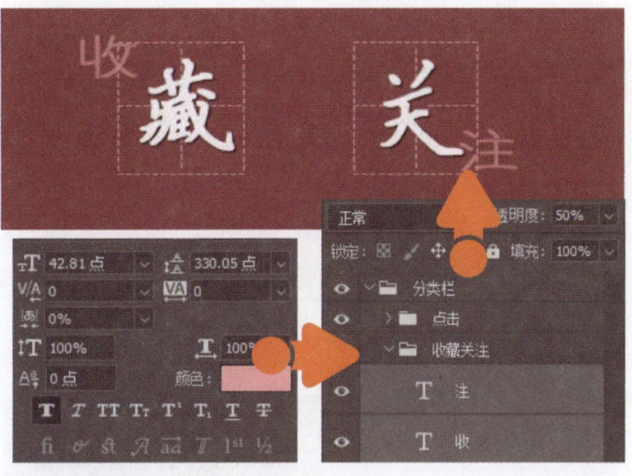

Step 07 使用“画笔工具”“矩形工具”“橡皮擦工具”绘制所需的阴影和黑色色调，适当调整其效果，将其作为商品分类的背景，在图像窗口中可以看到编辑后的效果。

Step 08 选择“横排文字工具”，在适当的位置单击并输入所需的文字，打开“字符”面板，对文字的属性进行设置，在图像窗口中可以看到编辑后的效果。

Step 09 使用“横排文字工具”再次输入所需的文字，打开“字符”面板，对文字的属性进行设置，双击文本图层，打开“图层样式”对话框，设置“投影”图层样式以增强文字的表现力，在图像窗口中可以看到编辑后的效果。

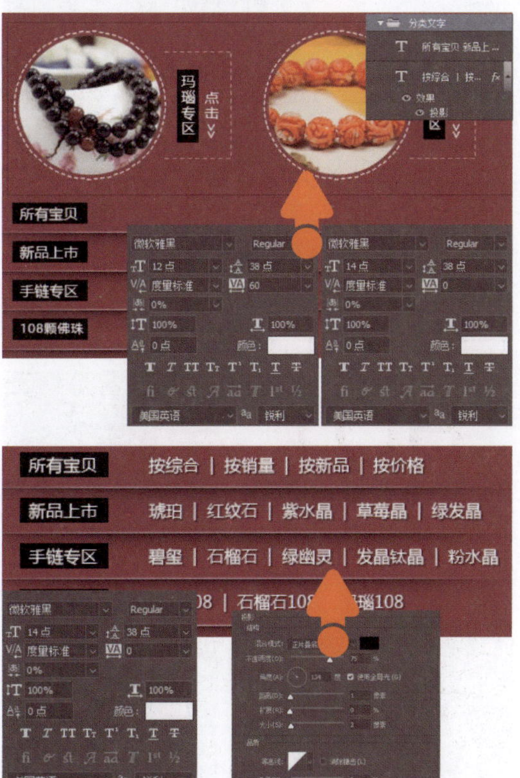

5.2.5 推荐款区域呈现主打商品

推荐款区域包含客服区、标题和主打商品展示等内容，这些内容较多，因此使用错落的方式来对其进行布局，使其呈现出曲线的视觉引导效果，具体的制作步骤如下。

Step 01 新建图层，将其命名为“背景”，使用“矩形选框工具”创建矩形的选区，接着设置前景色为R255、G255、B255，按Alt+Delete快捷键为选区填充适当的颜色，作为推荐款区域的背景。

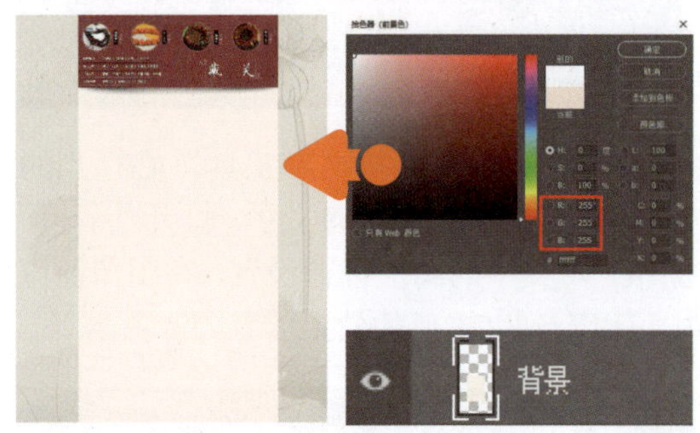

Step 02 参考前面绘制圆形虚线的方法，绘制其他圆形虚线，并为其添加所需的文字、旺旺头像和线条，制作客服区的内容，在图像窗口中可以看到编辑后的效果。

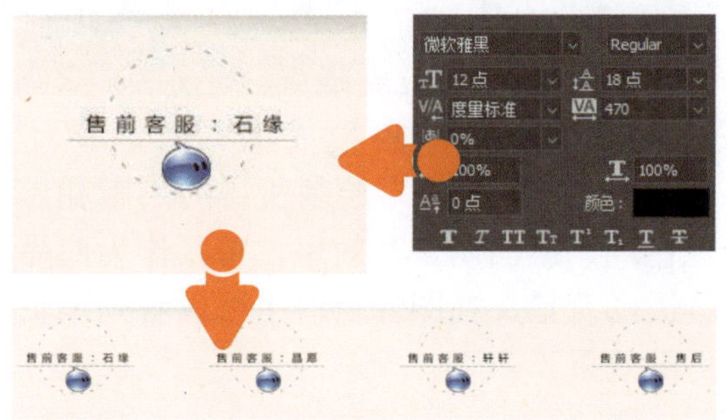

Step 03 选择“横排文字工具”，在适当的位置单击，输入所需的文字，打开“字符”面板，对文字的属性进行设置，并使用“渐变叠加”图层样式修饰文字，在图像窗口中可以看到编辑后的效果。

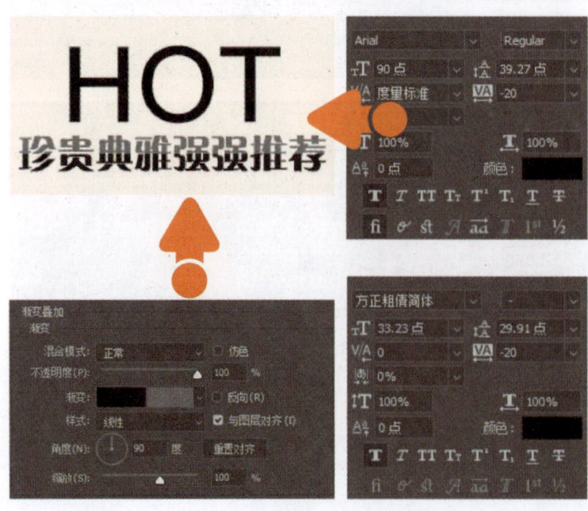

Step 04 选择“横排文字工具”，在适当的位置单击，再次输入所需的文字，打开“字符”面板，对文字的属性进行设置，调整文字的位置和大小，在图像窗口中可以看到编辑后的效果。

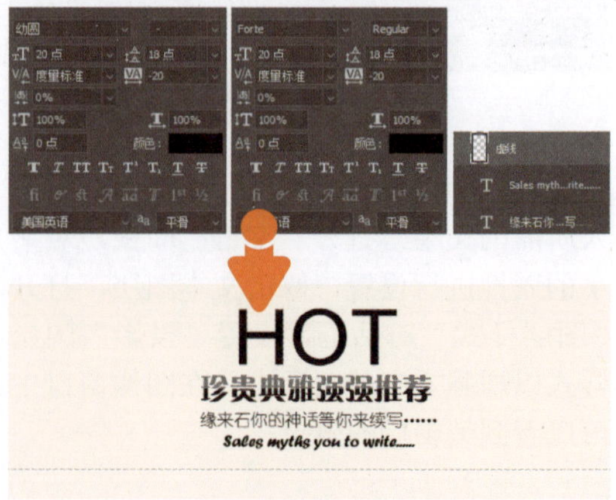

Step 05 将花朵素材 07.jpg 添加到图像窗口中，对其进行水平翻转，放在适当的位置上，设置其混合模式为“正片叠底”，对文字进行修饰。

Step 06 选择“横排文字工具”，在适当的位置单击，输入所需的商品介绍、价格等文字，打开“字符”面板，对文字的属性进行设置。

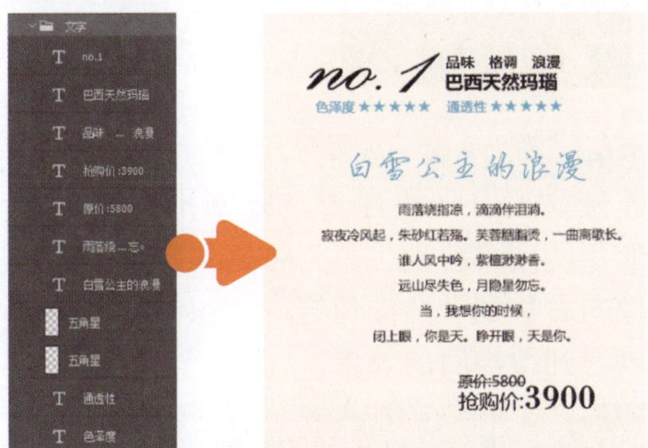

Step 07 使用“画笔工具”绘制水墨的背景，使其边缘呈现出毛糙的感觉，接着将饰品素材 06.jpg 添加到图像窗口中，通过创建剪贴蒙版控制其显示范围，在图像窗口中可以看到编辑后的效果。

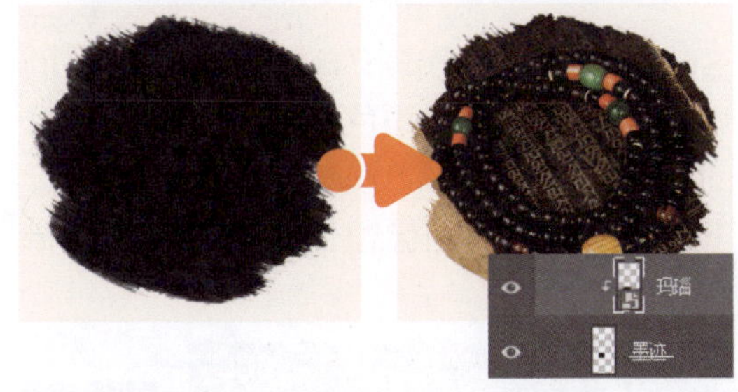

Step 08 将饰品图像添加到选区，创建“色阶”调整图层，在打开的“属性”面板中设置“RGB”选项下的色阶值分别为 0、1.42、210，对饰品图像的亮度进行调整，在图像窗口中可以看到编辑后的效果。

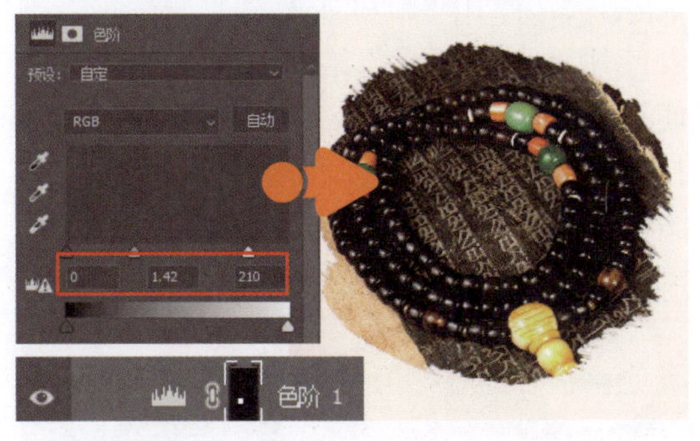

Step 09 参考前面的方法，使用“横排文字工具”输入所需的文字，接着绘制另一个水墨背景，利用剪切蒙版对饰品的显示范围进行控制，并使用“色阶”调整图层对其亮度和层次进行调整，在图像窗口中可以看到编辑后的效果。

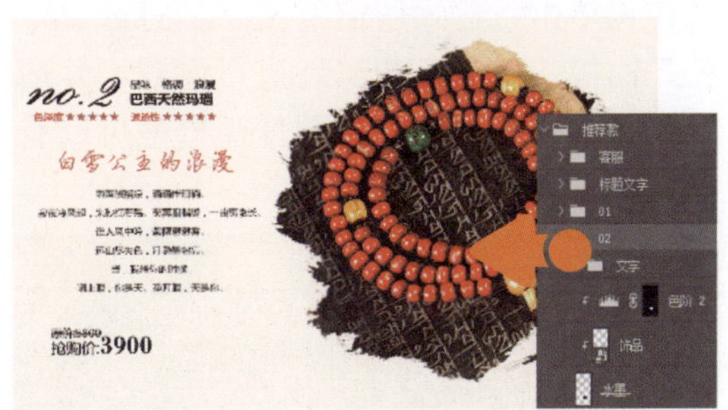

5.2.6 补充内容完善首页信息

在首页的底部添加与发货、售后、服务等相关的信息，这些信息可以增加顾客的信任感。参考前面的曲线引导设计，此处将信息设计为倾斜的效果，并给予画面一定的动感，具体的制作步骤如下。

Step 01 创建“背景”图层，在“拾色器（前景色）”对话框中，将前景色设置为R159、G54、B68，使用“矩形选框工具”绘制选区，按Alt+Delete快捷键，用设置的前景色填充选区。

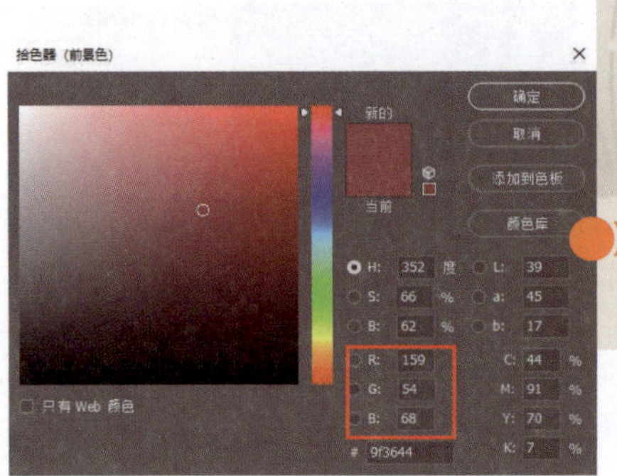

Step 02 使用“矩形工具”绘制所需的矩形，填充适当的颜色作为首页补充信息的底色，接着使用“画笔工具”绘制矩形下方的阴影，在图像窗口中可以看到编辑后的效果。

Step 03 选择“矩形”和“阴影”图层，连续按Ctrl+J快捷键，复制出更多的图形，使用“移动工具”将这些图层中的图像向右移到合适的位置，在图像窗口中可以看到编辑后的效果。

Step 04 选择“横排文字工具”，在适当的位置单击，输入所需的文字，打开“字符”面板，对文字的属性进行设置，并适当调整文字的角度，在图像窗口中可以看到编辑后的效果。

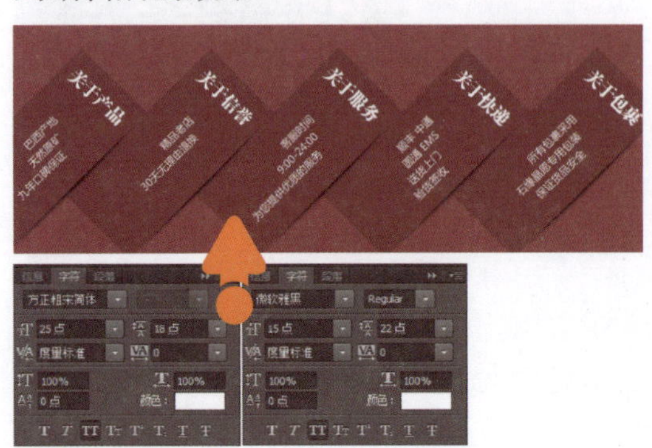

Step 05 使用“椭圆工具”绘制圆形，接着使用“钢笔工具”绘制心形和箭头，再使用“横排文字工具”添加所需的文字，打开“字符”面板，设置文字的属性，在图像窗口中可以看到编辑后的效果。

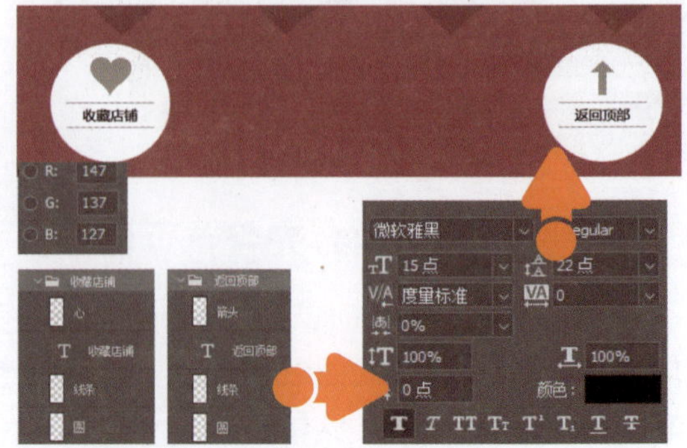

Step 06 使用“钢笔工具”绘制“保障”字样，接着使用“横排文字工具”添加所需的文字，打开“字符”面板，设置文字的属性，在图像窗口中可以看到编辑后的效果。

Step 07 创建“箭头”图层，使用“椭圆工具”绘制圆形，然后使用“钢笔工具”在圆形中间绘制箭头，复制“箭头”图层，将其移到右侧合适的位置。至此完成本案例的制作。

5.3　家具网店首页装修设计

本案例是为某品牌家具网店设计的首页。在设计时，观察素材中的家具，其使用大量的线条、圆形和矩形作为修饰形状，因为这些都是组成家具的基础元素。另外，这些元素全部采用了单一颜色填充，从视觉上给人简约、现代的感受。

素　材：下载资源\素材\05\17~20.jpg

源文件：下载资源\源文件\05\家具网店首页装修设计.psd

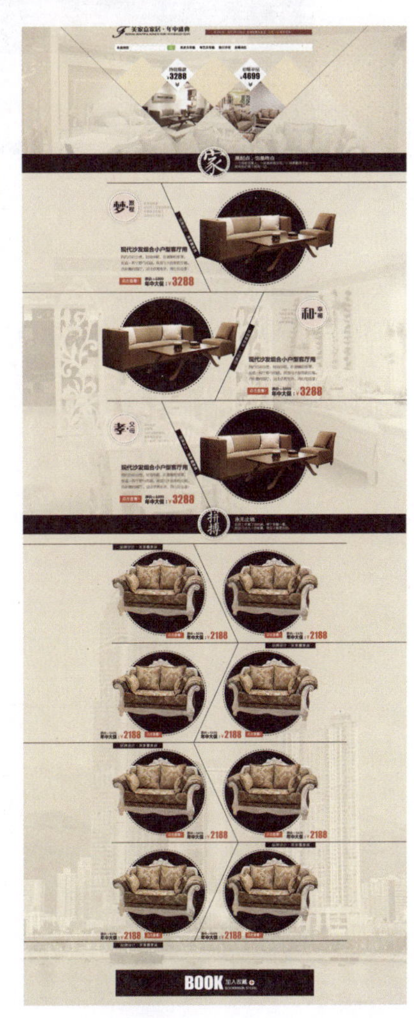

技术制作要点

- 使用“矩形工具”绘制矩形，根据绘制的矩形创建图层蒙版，控制家具图像的显示效果。
- 使用“钢笔工具”在家具的边缘创建路径，然后把创建的路径转换为选区，利用选区创建图层蒙版，抠取素材中的家具图像。

- 使用“椭圆工具”绘制圆形，结合“横排文字工具”创建路径文字，制作虚线圆形效果。
- 使用“横排文字工具”添加所需的文字，通过“字符”面板对文字属性进行设置。
- 利用“USM 锐化”滤镜对画面进行锐化处理，使家具图像变得更加清晰。

配色分析

由于本案例是以展示商品为主的，而突出商品的特点和形象是首页设计的宗旨，所以先观察家具素材的颜色。不难看出，卡其色、棕色、驼色是家具最主要的色调，这些颜色给人祥和、惬意的感受，能营造出放松和休闲的氛围，因此，本案例参考家具素材的颜色，采用卡其色、棕色、驼色等颜色进行配色。

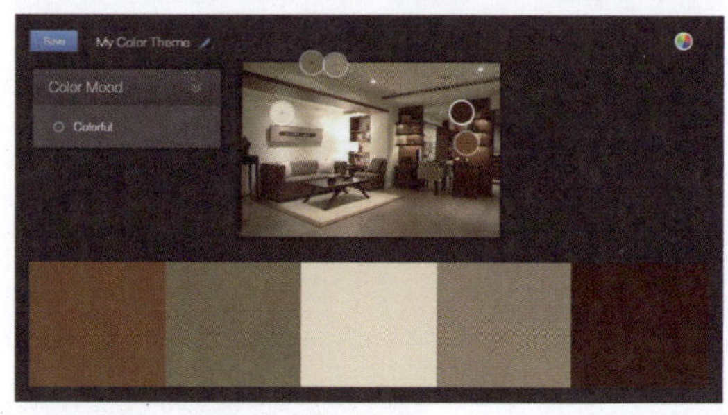

使用与商品照片色调同色系的颜色作为设计图的配色，可以让整个画面呈现和谐、统一的视觉效果，大大降低配色错误带来的风险。在这种配色方式中，为了避免给人留下单一和呆板的印象，通常会选择一种或两种点缀色，本案例选择了纯度较高的红色作为点缀色，用于价格、按钮等重要信息的突出显示。具体如右图所示。

突出部分重要信息

布局分析

线条、矩形和圆形是最基本的设计元素。而在人们的印象中，家具是由这些基本元素构成的组合体，因此，在本案例首页框架设计的过程中，使用大量的线条、矩形、圆形对画面进行分割，利用合理的留白、对称节奏来营造一定的设计感，以提升整个设计图的档次，其大致的布局如右图所示。

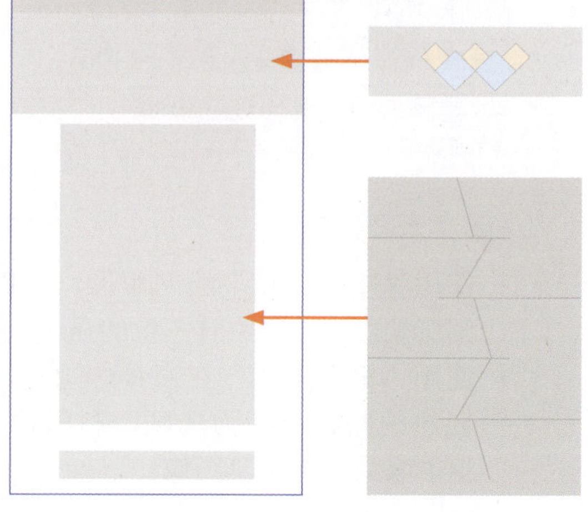

在具体的设计过程中，根据商品的形状、信息的数量等可能会对布局进行细微调整，但是整个画面的布局会使用线条、矩形、圆形这些方向性和指示性较强的对象来制作。例如，在欢迎模块中选择矩形作为设计元素，对画面进行分割，制作图形化的拼接效果，表现家具外形棱角分明的特点；在商品陈列区则使用大量不同角度、不同长短的线条对其进行分割，提升了画面的设计感。

5.3.1 制作拼接效果的欢迎模块

不同的图形组合可以让画面呈现出不同的视觉效果。在本案例的欢迎模块中利用线条和矩形的组合进行布局，将网店中的人气商品放置在绘制的矩形中，通过错位排列的方式制作拼接的画面效果，具体的制作步骤如下。

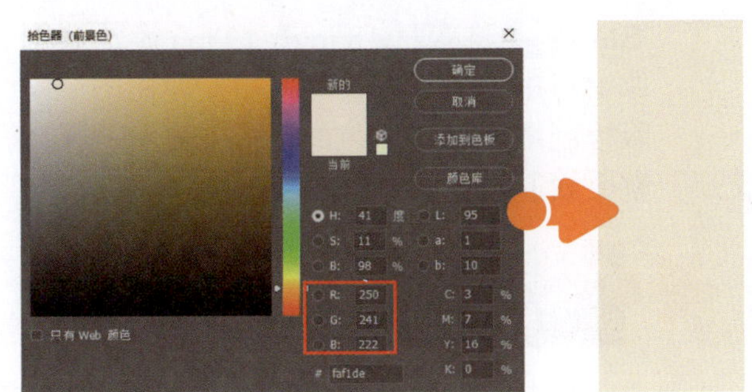

Step 01 启动 Photoshop 程序，新建一个文档，在工具箱中设置前景色，接着按 Alt+Delete 快捷键，给“背景”图层填充前景色，将其作为首页装修设计图的背景。

Step 02 将素材 17.jpg 添加到图像窗口中，适当调整其大小，在“图层”面板中设置图层混合模式为“明度”，“不透明度”为 20%，制作渐隐的效果，让背景内容更加丰富。

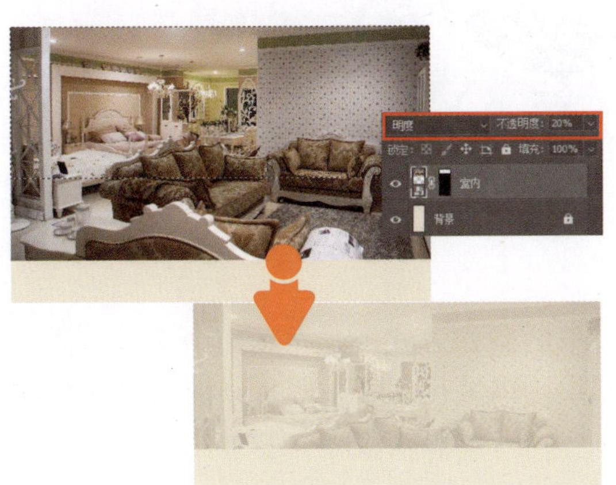

Step 03 为了让欢迎模块更具设计感，选用矩形、三角形、线条等作为修饰元素。选择“矩形工具”和“钢笔工具”，绘制矩形、三角形和线条，并适当调整这些形状的大小和颜色，对欢迎模块进行布局和修饰。

Step 04 为了突出商品的价格和特点，还需要在欢迎模块中添加相应的文字。选择“横排文字工具”，输入所需的文字，在打开的“字符”面板中对文字的属性进行设置，再将文字放在合适的位置。

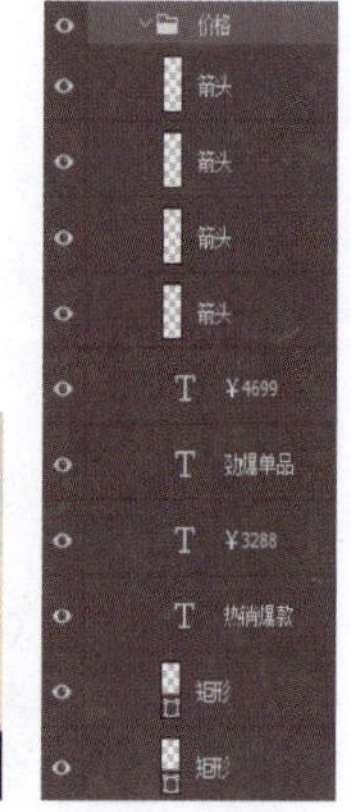

Step 05 将素材 18.jpg、19.jpg 添加到图像窗口中，适当调整其大小，使用图层蒙版控制图像只在黑色的矩形中显示，保持整个欢迎模块的布局不变。

Step 06 为了让家具图像的色阶恢复正常，呈现与真实商品相同的色调和明度，需要对其进行调整。将家具图像添加到选区，为选区创建“自然饱和度 1”和“曲线 1”调整图层，在打开的“属性”面板中调整参数和曲线。至此完成欢迎模块的制作。

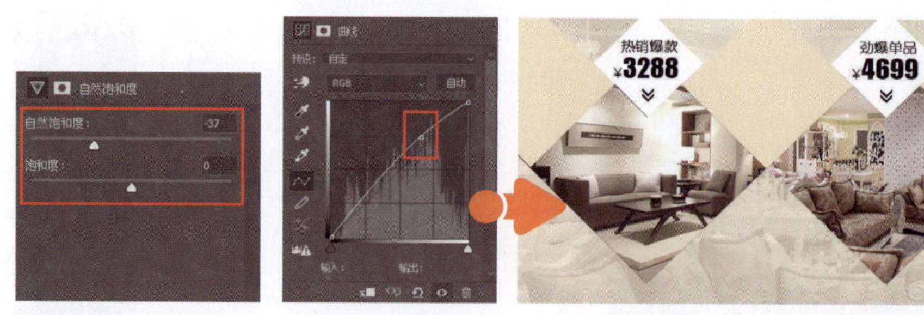

5.3.2 简洁的店招和导航条设计

本案例中的店招和导航条采用了比较简单的制作方式，先在画面中输入所需文字，然后在文字下方绘制颜色反差较大的图形，以突出文字信息，具体的制作步骤如下。

Step 01 选择“横排文字工具”，输入所需的文字，在打开的“字符”面板中设置文字的字体和字号等属性，通过字体的变化来显示一定的设计感。

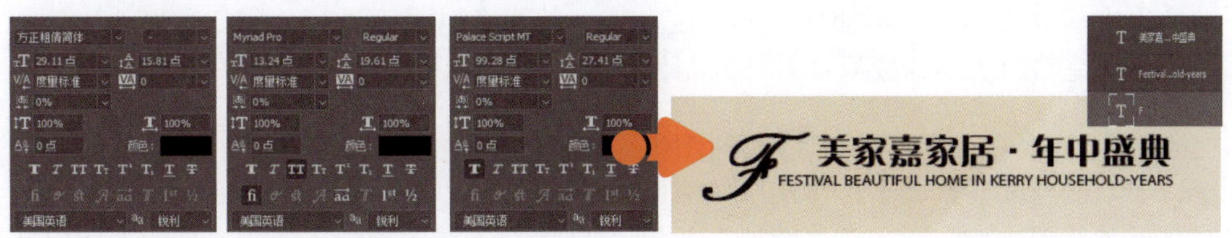

Step 02 选择工具箱中的形状相关工具和文字相关工具，制作促销活动内容，通过颜色之间的差异来突出重要信息，选择红色作为文字的背景色，以营造喜庆、热闹的氛围。

Step 03 使用“矩形工具”绘制导航条的背景，利用“描边”图层样式对其进行修饰，接着使用“横排文字工具”输入导航条中的文字，在打开的“字符”面板中对文字的属性进行设置。

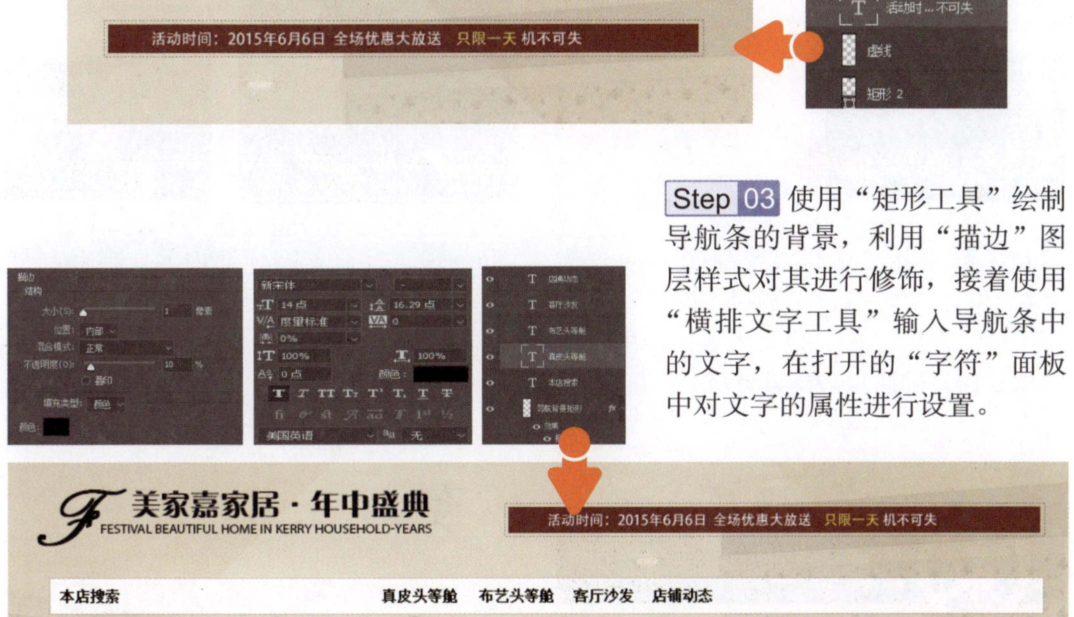

Step 04 使用“矩形工具”绘制搜索栏中的输入框形状，使用“描边”和“内阴影”图层样式对其进行修饰，接着使用“圆角矩形工具”绘制按钮的外形，最后使用“钢笔工具”绘制放大镜图标。至此完成搜索栏的绘制。

5.3.3 利用线条引导视线的商品展示区

商品展示区用来向顾客展示各种各样的商品。下面先绘制圆形，将要展示的商品抠取出来后放置其中，再使用不同角度、长短的线条对画面进行分割、布局，让整个画面呈现完整、统一的效果，具体的制作步骤如下。

Step 01 再次将素材 19.jpg 添加到图像窗口中，适当调整其大小，使用图层蒙版对其显示范围进行控制，在“图层”面板中调整图层的混合模式和不透明度。

Step 02 使用“矩形工具”绘制标题栏，接着使用“椭圆工具”绘制两个圆形，分别填充不同的颜色，使用“投影”图层样式对其中一个圆形进行修饰。

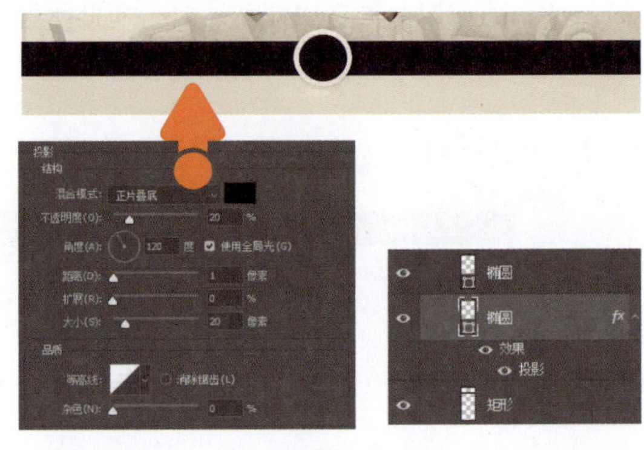

Step 03 使用“横排文字工具”输入标题栏中的文字，打开“字符”面板，对文字的属性进行设置，利用字体、颜色之间的差异让标题栏呈现出设计感。

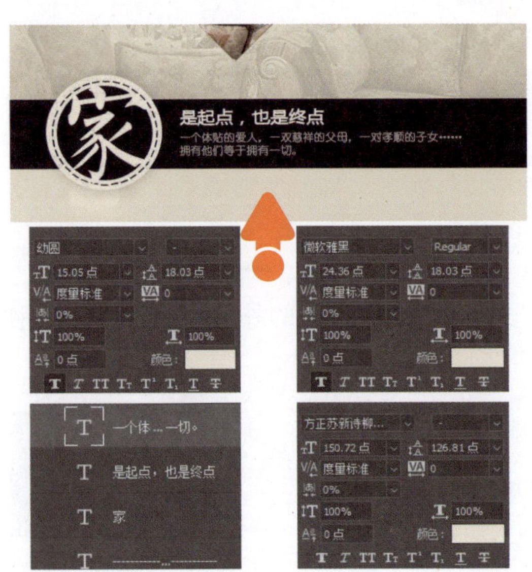

Step 04 为了丰富画面内容，在商品展示区还使用形状相关工具和文字相关工具添加多种用于煽情的标签文字，以辅助商品的表现。

Step 05 使用“矩形工具”绘制多个线条，调整线条的长度和角度，对商品展示区进行分割和布局。接着使用“矩形工具”和“横排文字工具”在线条上添加修饰形状与文字。

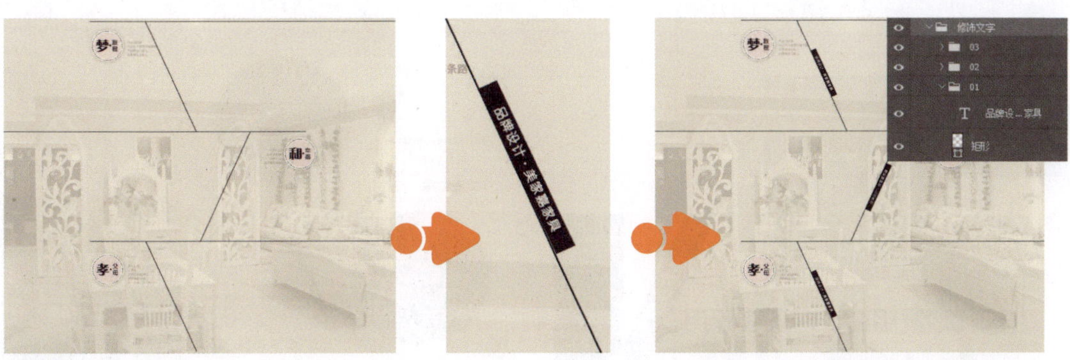

Step 06 使用“椭圆工具”绘制一个圆形，接着使用“横排文字工具”结合减号创建路径文字，制作虚线圆形的效果，将其作为家具图像的背景。

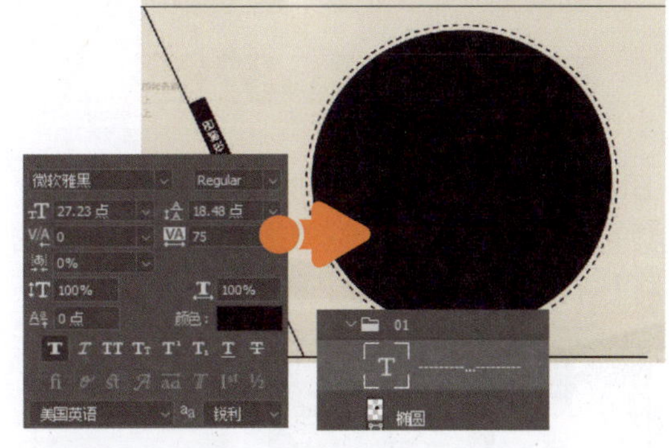

Step 07 为了使商品展示区呈现和谐、统一的视觉效果，复制上一步中绘制的形状和文字，并将其放在合适的位置。

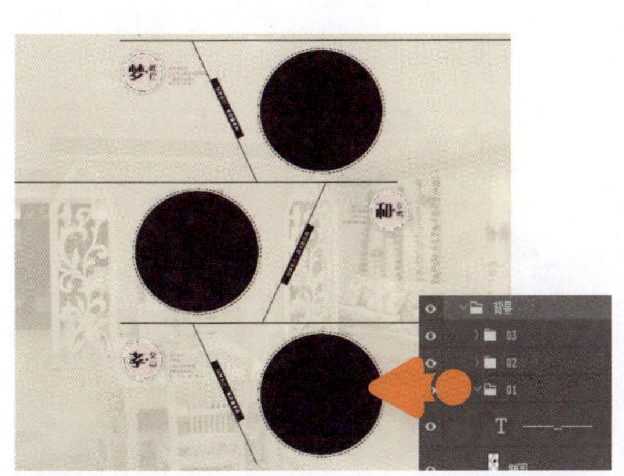

Step 08 在商品展示区还需要通过文字展示商品的名称、价格、特点等信息。先选择“横排文字工具”，输入所需的文字，在“字符”面板中设置文字属性。

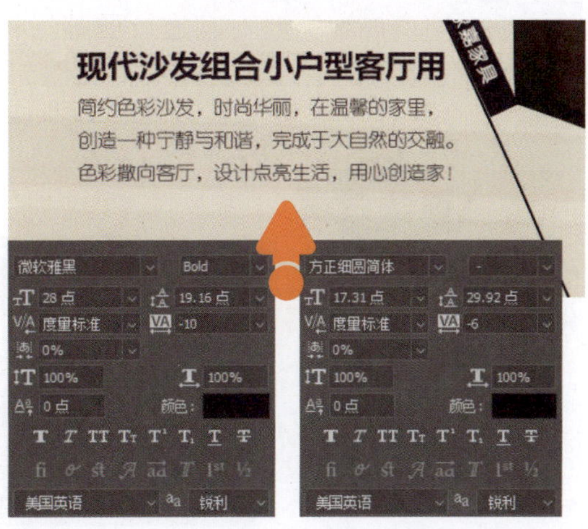

Step 09 继续使用“横排文字工具”输入其他文字，并在“字符”面板中设置文字的颜色、字体和字号等属性，然后使用“矩形工具”绘制图形，制作出“点击查看”按钮。

Step 10 按 Ctrl+J 快捷键，复制两个商品信息图层组，将图层组名称依次更改为“02”和“03”，然后将复制图层组中的文字、图形移到合适的位置。

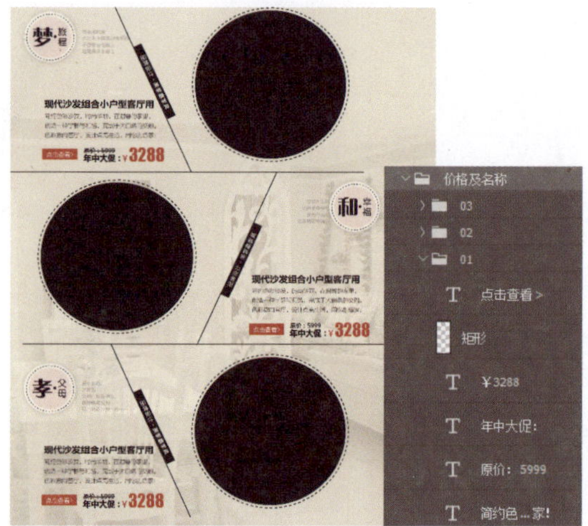

Step 11 再次将素材 18.jpg 添加到图像窗口中，适当调整其大小，接着使用“多边形套索工具”沿着沙发的边缘创建选区，为图层添加图层蒙版，将沙发图像抠取出来，将其放在圆形背景的上面。

Step 12 复制上一步抠取的沙发图像，将其放在适当的位置。为了让沙发图像的色阶接近真实商品，需要对其进行调整。将沙发图像添加到选区，为选区创建“亮度 / 对比度 1”调整图层，在打开的“属性”面板中设置参数，提高沙发图像的亮度和对比度。

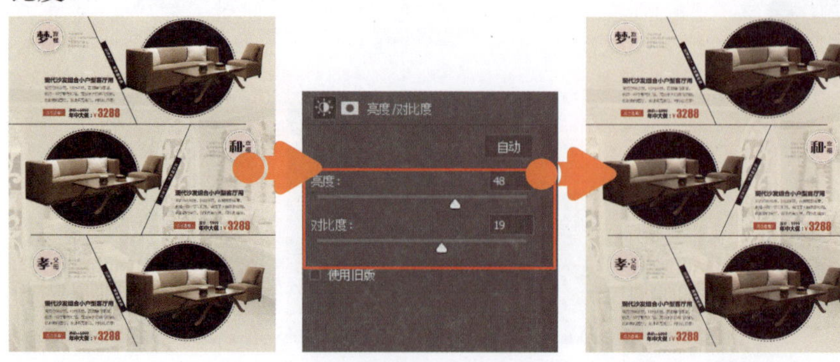

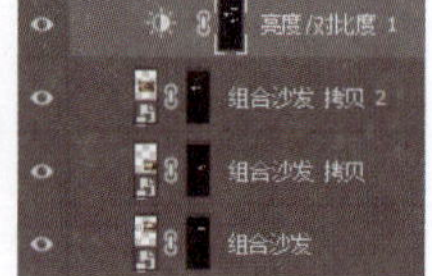

Step 13 完成色阶的调整后，若要使沙发图像的颜色与真实商品的颜色相近，还需要对沙发图像的色调进行调整。将沙发图像添加到选区，为选区创建“色相 / 饱和度 1”调整图层，在打开的“属性”面板中设置参数。

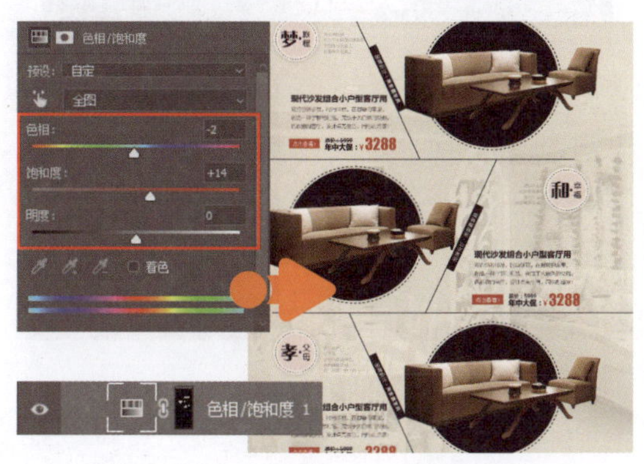

Step 14 为了提高沙发图像的清晰度，还需要对其进行锐化处理。复制前面编辑好的沙发图像，合并图层后将其转换为智能对象图层，接着使用“USM 锐化”滤镜进行处理，使其细节显示得更加清晰。

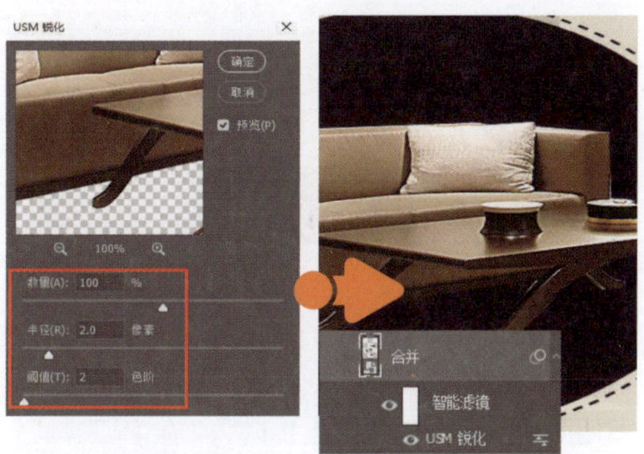

Step 15 继续制作其他商品展示区。参考前面的制作风格，使用线条对画面进行分割，再使用圆形作为背景，添加所需的商品图像后，制作出另一组商品展示区。

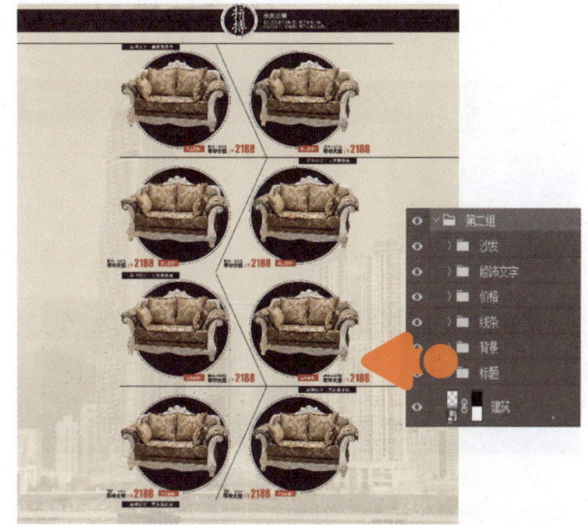

5.3.4 添加收藏区完善画面效果

为了让首页的信息更加完整，在商品展示区下方设计了收藏区，使用形状相关工具绘制图形，然后使用文字相关工具输入相应的文字，制作出与整个画面匹配的收藏区，具体的制作步骤如下。

Step 01 选择“矩形选框工具”，在首页的底部创建矩形选区，将前景色设置为 R23、G1、B22，用该颜色填充矩形选区。

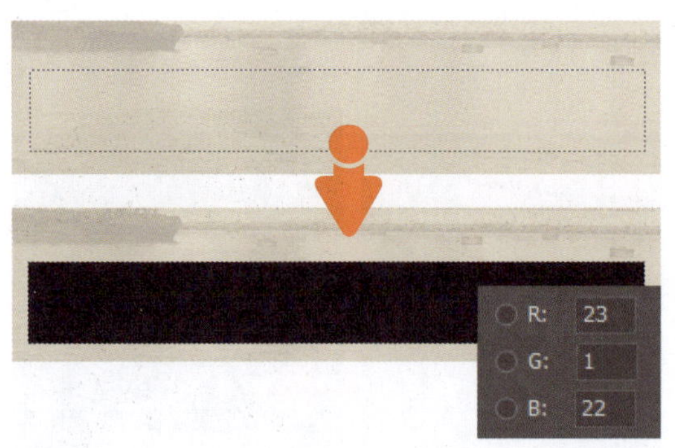

Step 02 使用“横排文字工具”，输入所需的文字，将文字移到矩形中间位置，打开“字符”面板，设置文字的属性。

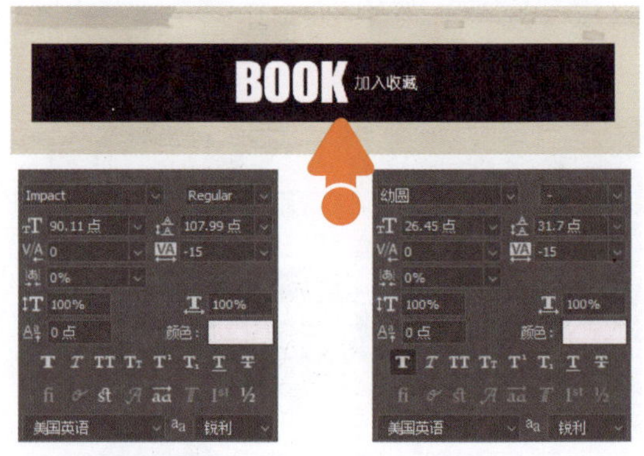

Step 03 选择“椭圆工具”，在其工具选项栏中进行设置，接着使用该工具在适当的位置绘制一个白色的圆形，作为收藏区的点缀。

Step 04 使用“横排文字工具”，继续输入“+”等文字，打开“字符”面板，对文字的属性进行设置，完善收藏区的内容。至此，本案例全部制作完成。

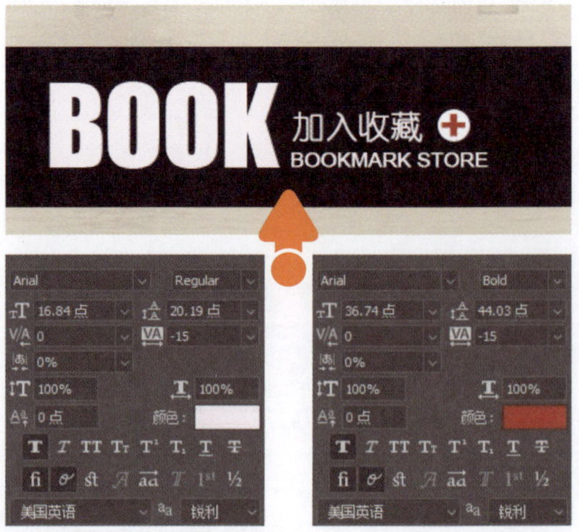

第 6 章

商品详情页面装修设计

商品详情页面是顾客查看单个商品信息时所呈现出来的页面，在这个页面中会包含与该商品相关的详细信息。商品详情页面装修得是否成功，将直接影响到该商品的销售。通常情况下，在商品详情页面中需要设计橱窗照、商品详情信息、售后信息和侧边栏等，将这些内容组合起来，就能塑造出一个商品较为全面的形象。本章将通过女包、腕表、运动鞋、眼镜框等 4 个商品详情页面来介绍商品详情页面的设计技巧和方法。

6.1 女包详情页面设计

本案例是为女包设计的商品详情页面，页面中以商品颜色作为主色调进行创作，通过详尽的商品信息来展示女包的质感和特点。

素　材：下载资源\06\素材\01~03.jpg

源文件：下载资源\06\源文件\女包详情页面设计.psd

技术制作要点

- 使用“横排文字工具”和“矩形工具”制作简约大方的标题栏。
- 使用“钢笔工具”将女包抠取出来，使用“图层蒙版”对女包的显示范围进行控制。
- 通过“色阶”“亮度 / 对比度”“色相 / 饱和度”调整图层对女包的层次、亮度和颜色进行调整，使其更具视觉冲击力。
- 利用“颜色加深”图层混合模式将女包素材叠加到侧边栏中，作为修饰的图像。
- 使用“渐变填充”制作橱窗照的背景，并通过“渐变工具”完成女包倒影的制作，让女包呈现逼真的立体感。

配色分析

在本案例设计前，先分析女包的颜色，女包花纹繁杂，所包含的颜色偏多，因此，在设计商品详情页面前，提取了其中一种颜色——橡皮红作为主色调进行配色。因为橡皮红兼有粉红色的稚气和洋红的强势特点，所以以橡皮红为主色调设计的画面，容易给人一种优雅、浪漫的视觉感受。橡皮红是象征浪漫爱情的颜色，也是被许多女性喜欢的颜色，这样的配色更容易被女性顾客所接受。此外，为了保证画面色调的统一，在设计时将橡皮红进行了扩展，即通过多种不同的明度来表现。

画面设计元素配色

女包配色

单色色块构成的标题栏

在本案例的标题栏设计中，秉承了画面的主色调，将橡皮红的矩形作为标题栏的背景，直接在矩形上添加文字来表示标题栏的信息，这种由单色色块组成的标题栏能够表现出大气、简约的视觉效果，并且能对详情页面中的信息进行有效的分割和布局，避免信息的混淆。

产品信息 Product information 用心做好包

细节展示 Show details 用心做好包

颜色展示 Color Display 用心做好包

会员制度 Membership system 用心做好包

倒影和尺寸标示设计

在女包的详情说明中，使用了渐隐的倒影和具体的尺寸标志来增强女包的真实感，这样可以让顾客更加直观地感受到女包的存在，更容易理解女包的大小和体积，避免对商品产生错误的判断。

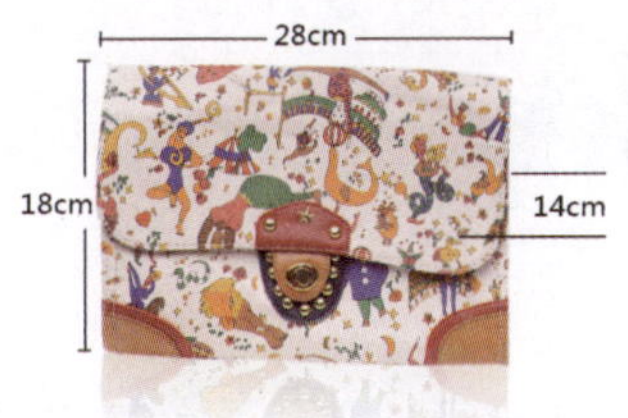

用颜色增强侧边栏层次

使用相同的色相、不同明暗程度的颜色，可以把侧边栏的层级关系表现得更加清晰。在本案例的侧边栏设计中，使用浓度较深的橡皮红填充标题，使用颜色较淡的矩形作为主要类别的背景，而主要类别的下一级直接用灰色的背景，这样层层递进的颜色表现，能够让侧边栏的层级关系更加直观，便于顾客阅读和理解，避免因为颜色使用错误而造成侧边栏的信息混乱。

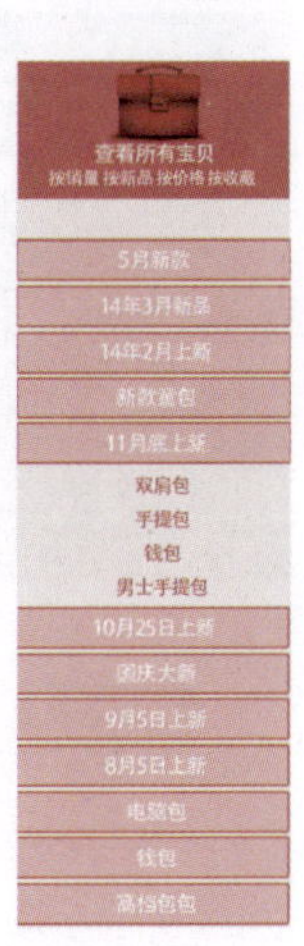

6.1.1 利用广告图展示女包形象

在本案例的商品详情页面的顶部，使用了广告图对女包的形象进行展示，布局简约、配色和谐的画面使女包给顾客留下美好的印象，具体的制作步骤如下。

Step 01 启动 Photoshop 程序，新建一个文档，在工具箱中设置前景色为 R235、G225、B224，新建图层，使用“矩形选框工具”创建矩形选区，按 Alt+Delete 快捷键，为选区填充前景色。

Step 02 将女包素材 01.jpg 添加到图像窗口中，按 Ctrl+T 快捷键，对其角度和大小进行调整，接着使用“磁性套索工具”沿着女包边缘创建选区，将女包图像抠取出来，通过剪贴蒙版对箱包的显示范围进行控制。

Step 03 将女包图像添加到选区，为选区创建“色阶 1”调整图层，在打开的“属性”面板中设置“RGB”选项下的色阶值分别为 19、1.68、244，提亮女包的色阶，在图像窗口中可以看到女包图像变亮了。

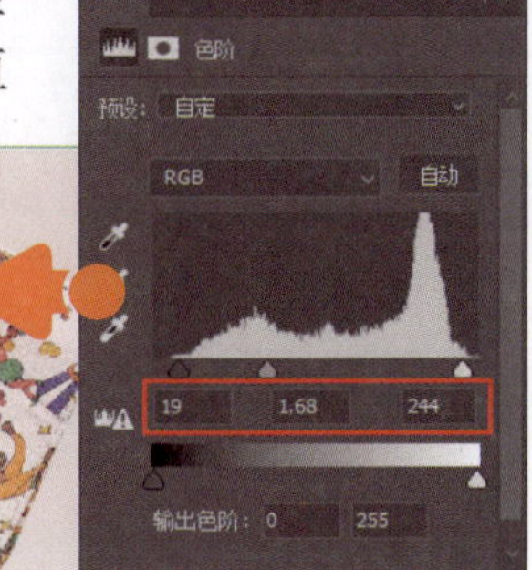

Step 04 选择“横排文字工具”，在画面适当的位置单击并输入所需的文字，打开“字符”面板，对文字的字体、字号和颜色等属性进行设置，按照右对齐的方式对文字的位置进行调整，在图像窗口中可以看到编辑后的效果。

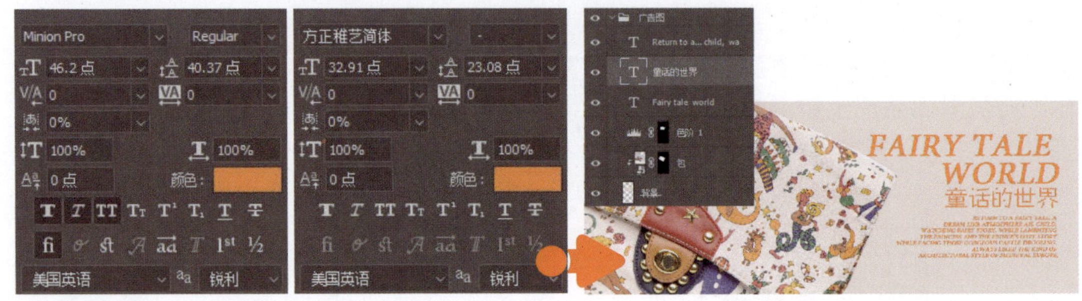

6.1.2 全面的女包详情

本案例的女包详情包含产品信息、颜色展示、细节展示和会员制度四项内容。这四组信息分别用单色色块的标题栏隔开，每组信息都配以精美的图片和详尽的文字进行介绍，具体的制作步骤如下。

Step 01 使用“矩形工具”绘制一个矩形，填充 R197、G71、B79 的颜色，取消描边色，接着使用“横排文字工具”在矩形适当的位置添加所需的文字，打开“字符”面板，对文字的属性进行设置。

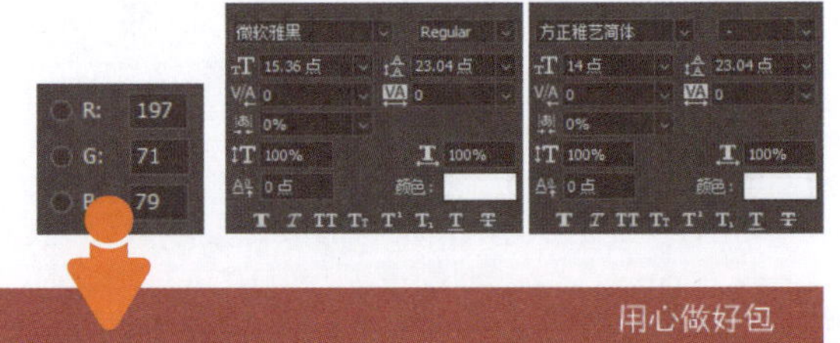

Step 02 使用“横排文字工具”添加所需的文字，打开“字符”面板，设置文字的字体、字号、间距和颜色，在图像窗口中可以看到编辑后的效果。

Step 03 使用“矩形工具”绘制正方形，设置其填充色为 R201、G156、B123，取消描边色，接着复制正方形，调整复制后正方形的位置，将其放在文字的左侧，在图像窗口中可以看到编辑后的效果。

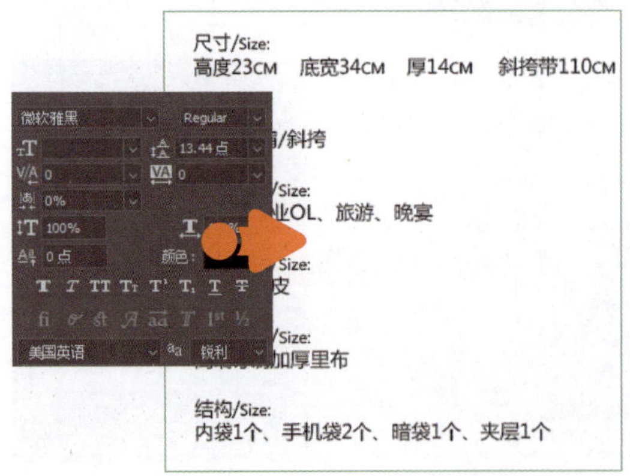

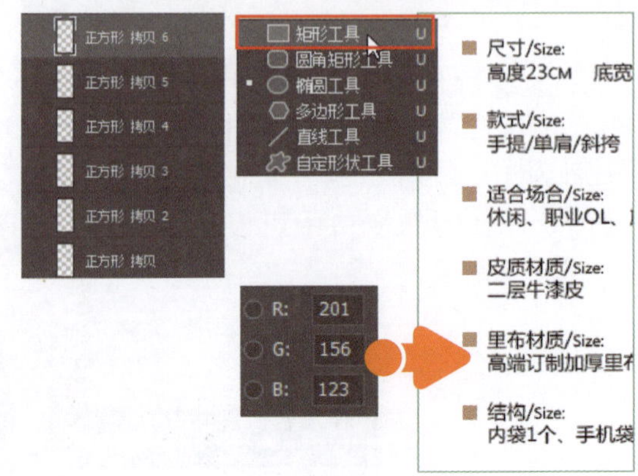

Step 04 将女包素材 01.jpg 添加到图像窗口中，适当调整其大小，使用“图层蒙版”将女包图像抠取出来，接着复制女包图像，在栅格化其图层后，将其放在“包”图层的下方，使用“渐变工具”对其添加的图层蒙版进行编辑，制作女包的投影。

Step 05 将女包图像添加到选区，为选区创建“色阶 2”调整图层，在打开的“属性”面板中设置“RGB”选项下的色阶值分别为 12、1.17、244，提亮女包的色阶，在图像窗口中可以看到女包图像变亮了。

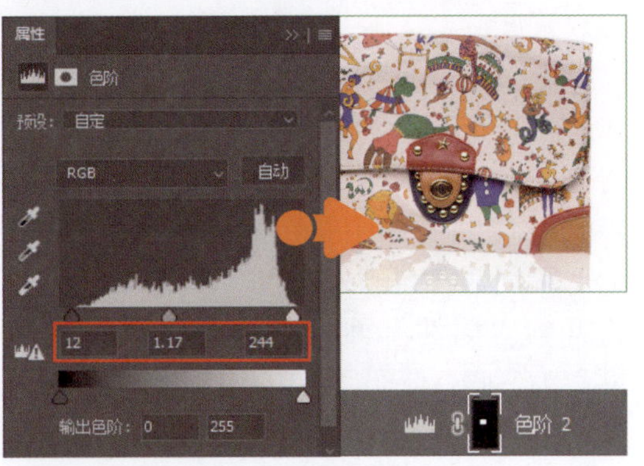

Step 06 使用“矩形工具”绘制所需的矩形，作为女包尺寸显示的标尺，接着使用“横排文字工具”在适当的位置添加所需的尺寸信息，在图像窗口中可以看到编辑后的效果。

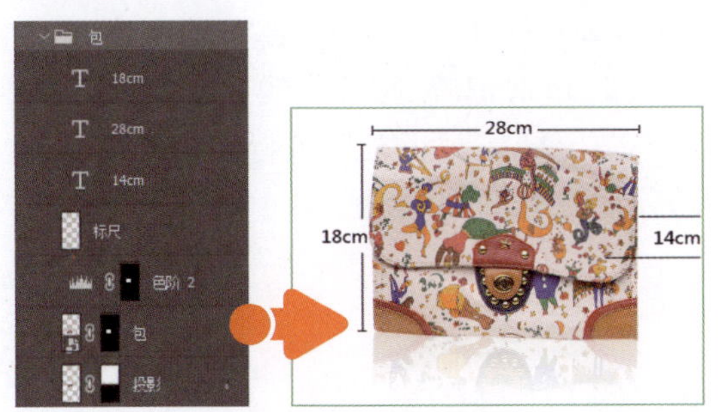

Step 07 复制前面制作的标题栏，更改标题栏中的文字，接着复制抠取的女包图像，适当调整其大小并按照一定的位置进行排列，在图像窗口中可以看到编辑后的效果。

Step 08 将三个女包图像添加到选区，为选区创建“亮度 / 对比度 1”调整图层，在打开的“属性”面板中设置“亮度”为 9，“对比度”为 22，对女包图像的亮度和对比度进行调整。

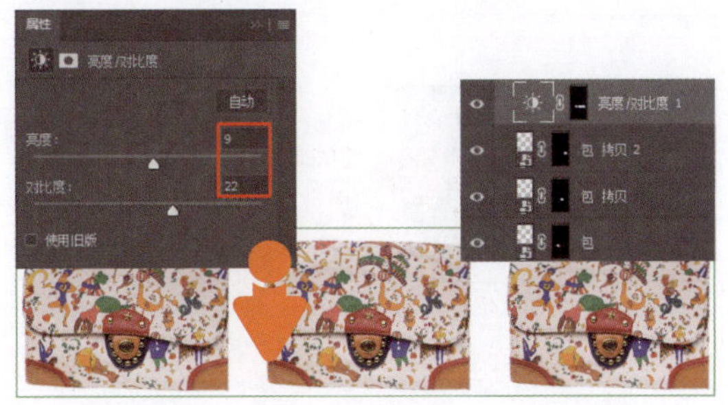

Step 09 使用“色相 / 饱和度 1”调整图层分别对另两个女包图像的颜色进行调整，通过“图层蒙版”对其显示范围进行控制，在图像窗口中可以看到编辑后的女包颜色。

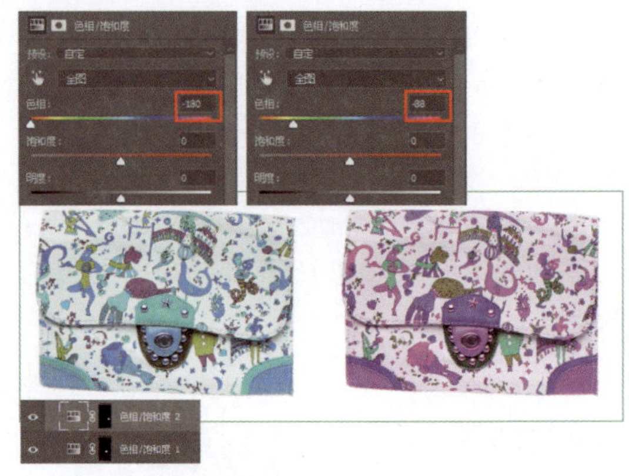

Step 10 将后两个女包图像添加到选区，为选区创建“自然饱和度”调整图层，在打开的“属性”面板中设置“自然饱和度”为 −49，降低图像的饱和度，在图像窗口中可以看到编辑后的效果。

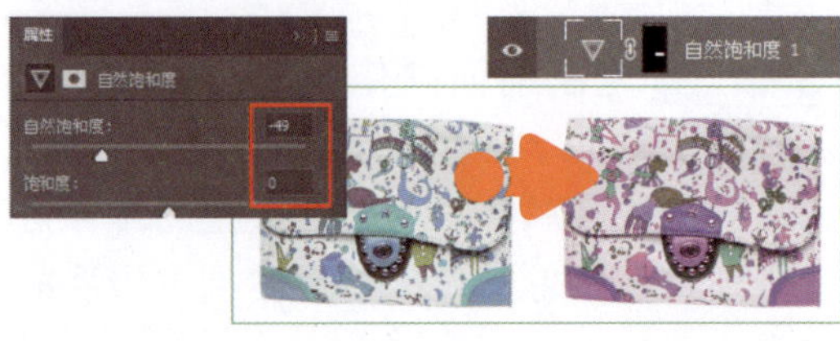

Step 11 复制前面制作的女包图层，将复制前后的两个图层合并在一起，并进行镜像处理，接着为该图层添加图层蒙版，使用“渐变工具”对图层蒙版进行编辑，制作出女包的阴影效果。

Step 12 使用“矩形工具”绘制一个矩形，作为女包细节展示区的背景，填充白色，接着将模特素材 02.jpg 添加到图像窗口中，使用“图层蒙版”和“剪贴蒙版”对其显示范围进行控制，再复制前面制作的女包图像，将其放在适当的位置。

Step 13 使用“矩形工具”绘制多个正方形，分别填充适当的颜色，使用“描边”图层样式对正方形进行修饰，并调整部分正方形的“填充”为 10%。

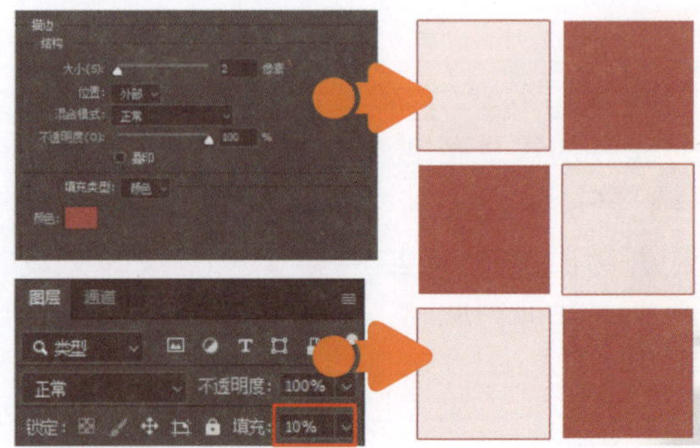

Step 14 将女包素材 01.jpg 添加到图像窗口中，通过创建剪贴蒙版的方式将女包的细节展示出来，接着使用“横排文字工具”在矩形的中间添加所需的文字，打开“字符”面板，对文字的属性进行设置。

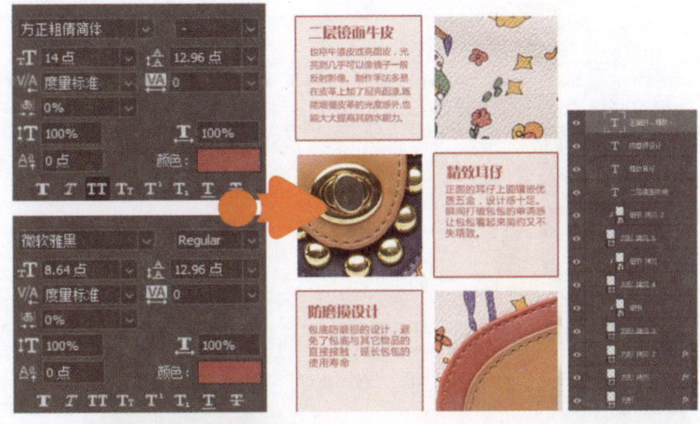

Step 15 使用“横排文字工具”输入另外所需的文字，接着打开“字符”面板，对文字的属性进行设置，接着双击文字图层，在打开的“图层样式”对话框中勾选“描边”复选框，并对相应的参数进行设置。

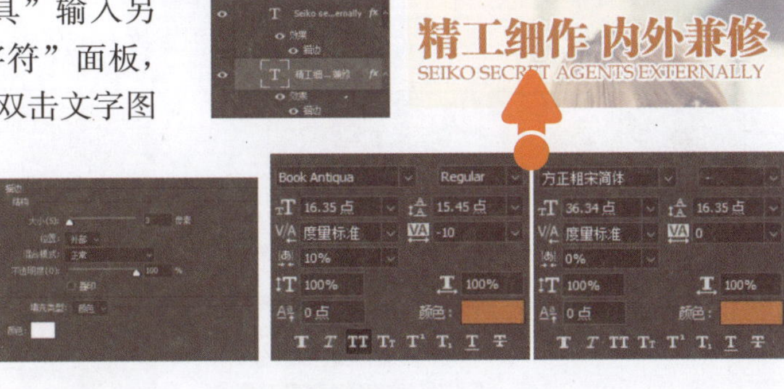

Step 16 使用“矩形工具”绘制所需的矩形，填充白色，取消描边色，接着为这些矩形添加“描边”图层样式，在相应的选项卡中设置参数，并按照一定的顺序对矩形的位置进行调整。

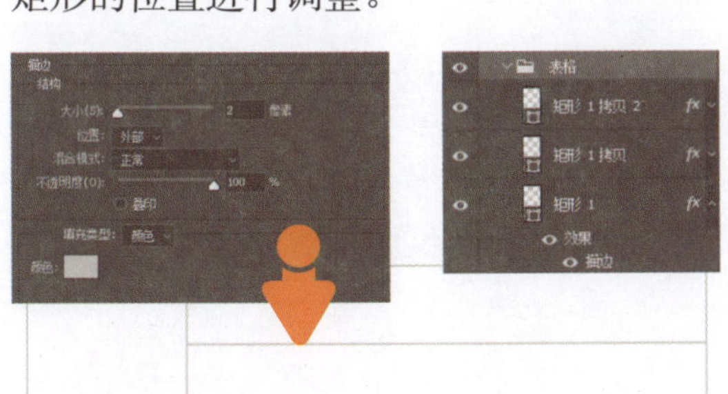

Step 17 选择“横排文字工具”，在矩形适当的位置单击，添加所需的文字，打开“字符”面板，对文字的字体、字号和颜色等属性进行设置，在图像窗口中可以看到编辑后的效果。

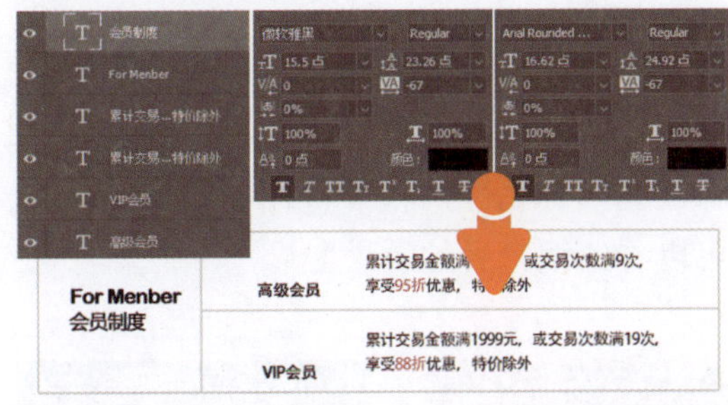

Step 18 复制前面制作的标题栏，更改复制的标题栏的文字内容，作为“会员制度”区域的标题栏，接着选择“自定形状工具”，绘制所需的皇冠形状，适当调整其形状和大小，填充黑色，取消描边色，将其放在适当的位置，在图像窗口中可以看到编辑后的效果。至此完成女包详情页面的制作。

6.1.3 制作侧边栏

本案例的侧边栏主要利用颜色的不同明度来区分层级关系，通过降低绘制图形的“填充”参数，使其颜色变亮，并通过添加女包素材来修饰侧边栏的标题，具体的制作步骤如下。

Step 01 使用“矩形工具”绘制所需的矩形，作为侧边栏的背景，分别填充R197、G71、B79和R238、G238、B238的颜色，取消描边色，在图像窗口中可以看到编辑后的效果。

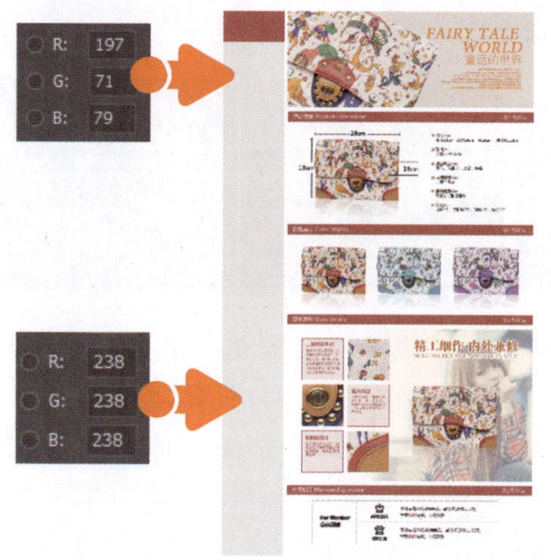

Step 02 使用“矩形工具”绘制另外所需的矩形，接着为其填充适当的颜色，通过“描边”图层样式对矩形进行修饰，并在“图层”面板中设置“填充”为30%，将其按照一定的位置进行排列。

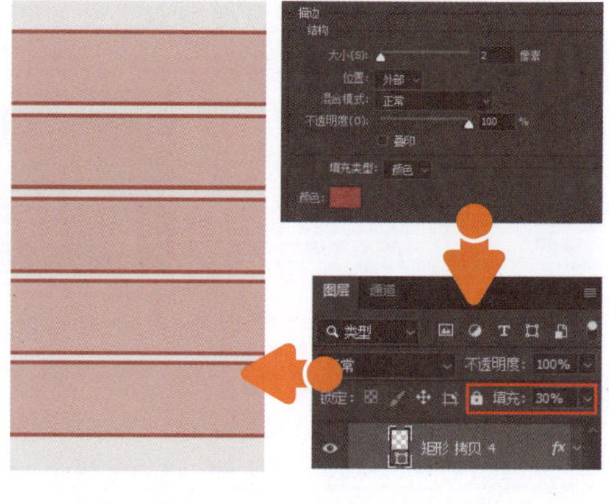

Step 03 选择“横排文字工具”，在适当的位置单击，添加所需的侧边栏文字，接着打开“字符”面板，对文字的字体、字号和颜色等属性进行设置，在图像窗口中可以看到编辑后的效果。

Step 04 将女包素材03.jpg添加到图像窗口中，适当调整其大小，在“图层”面板中设置该图层混合模式为“颜色加深”，使其与背景中的色块自然地合成在一起。

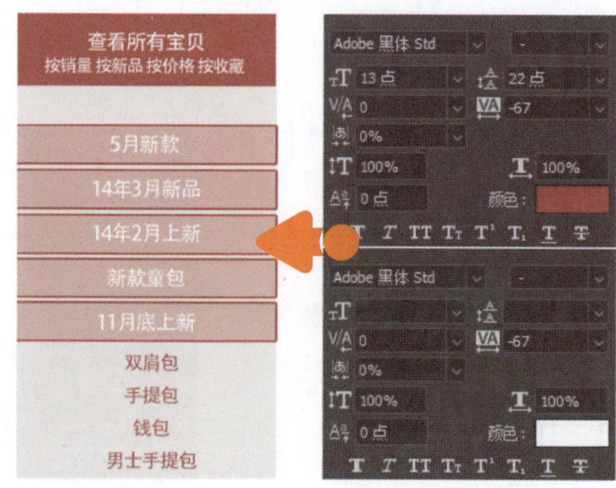

6.1.4 添加收藏区丰富侧边栏

在顾客浏览侧边栏的时候，如果想让顾客对商品感兴趣，在侧边栏添加收藏区是一个好方法。本案例通过对文字进行艺术化的组合，将收藏区嵌入侧边栏中，起到促进网店推广的作用，具体的制作步骤如下。

Step 01 选择“矩形工具”，绘制两个矩形，分别填充 R197、G71、B79 的颜色和白色，取消描边色，适当调整矩形的大小，按照所需的位置进行排列，在图像窗口中可以看到编辑后的效果。

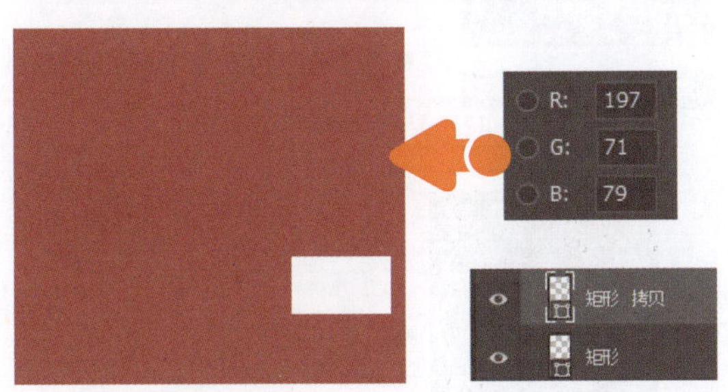

Step 02 使用“横排文字工具”添加所需的文字，完善收藏区的信息，在图像窗口中可以看到编辑后的效果。至此完成收藏区的制作。

6.1.5 简约的女包橱窗照

为了让顾客能够直观地浏览女包的外观，同时了解女包的颜色种类，在设计橱窗照的时候，要将主打颜色的女包图像放大，在其下方放置其余颜色的女包图像，制作出专业、简约的女包橱窗照，具体的制作步骤如下。

Step 01 使用“矩形选框工具”创建正方形的选区，为选区创建“渐变填充”调整图层，在打开的“渐变填充”对话框中对各项参数进行设置，在图像窗口中可以看到橱窗照背景的效果。

Step 02 复制前面抠取的女包图像，按 Ctrl+T 快捷键，对女包图像的大小和位置进行调整，将其放在渐变色背景的上方，在图像窗口中可以看到编辑后的效果。

Step 03 复制前面制作完成三种颜色的女包图像，按 Ctrl+T 快捷键，对女包图像的大小和位置进行调整，将其放在大女包图像的下方，在图像窗口中可以看到编辑后的效果。

Step 04 将橱窗照中女包图像添加到选区，为选区创建“曲线 1”调整图层，在打开的“属性”面板中对曲线的形态进行调整，在图像窗口中可以看到橱窗照的效果。至此完成本案例的制作。

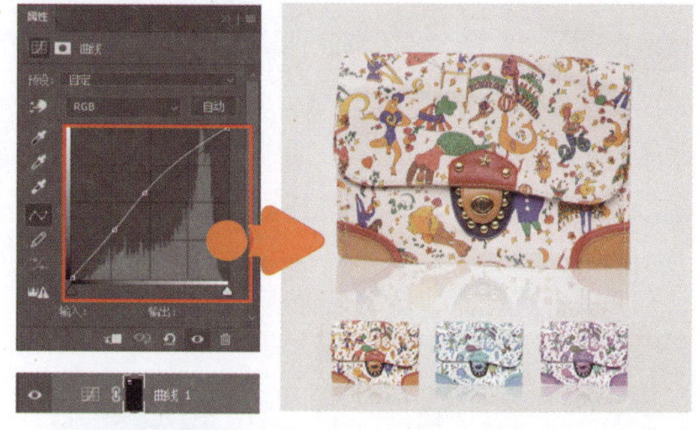

6.2 腕表详情页面设计

本案例是为腕表设计的商品详情页面，页面以黑色为背景，暗色色阶让腕表的金属材质表现得更加硬朗和高贵，突显腕表高品质的形象。

素　材：下载资源\06\素材\04~07.jpg

源文件：下载资源\06\源文件\腕表详情页面设计.psd

技术制作要点

- 使用“明度”混合模式将腕表图像与黑色的背景自然地合成在一起，并通过“亮度 / 对比度”调整图层来增强腕表表面的金属光泽感。
- 使用“USM 锐化”滤镜来增强腕表表盘细节的锐利度，表现精致的细节。
- 使用“横排文字工具”添加所需的文字，并在“字符”面板中设

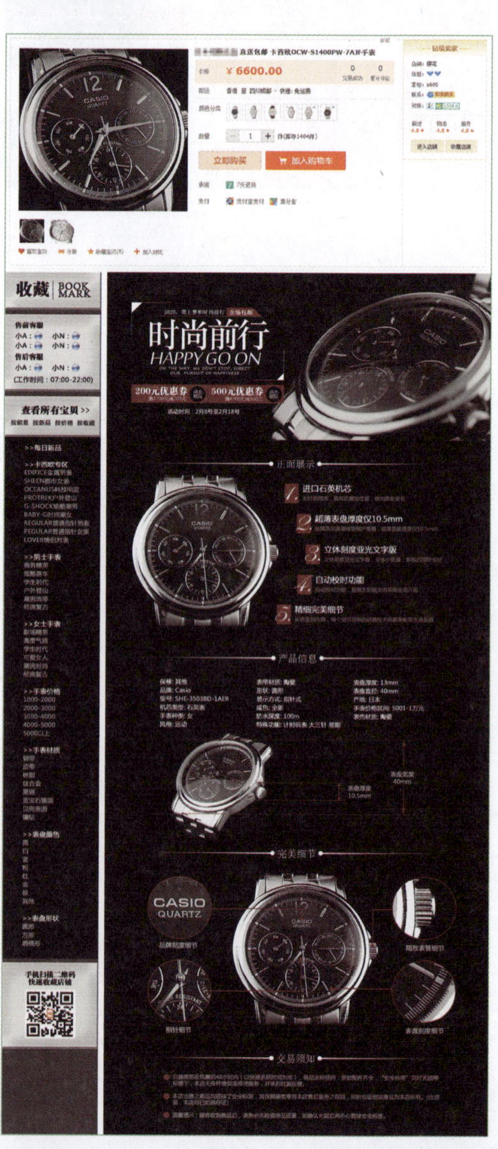

置文字的属性。

- 使用“斜面和浮雕”、“描边”、“光泽”和“图案叠加”来修饰侧边栏的图形，制作出金属光泽的质感。
- 通过使用多种形状工具绘制所需的形状，辅助文字和商品的表现。

配色分析

本案例中的腕表是金属色的，商品自身的颜色形成了一种无彩色配色。在黑白的商品画面中寻求整体画面统一的同时，把暗红色添加其中，将单一的颜色进行有意识的放大，找到彩色辅助点，让无彩色与有彩色之间形成碰撞，强烈的对比可以使顾客产生视觉上的刺激感，从而留下较为深刻的印象。在无彩色中添加小面积的单一有彩色的方式，可大幅加深顾客对商品的整体印象。

与腕表风格相互辉映的侧边栏

为了使整个商品详情页面不论是材质还是配色都高度一致，在制作侧边栏标题背景矩形时，添加了多种图层样式，使其呈现出金属光泽，这与腕表外观中硬朗的金属质地相互一致，表现出和谐、统一的视觉感受，让顾客深刻地体会到一种颜色和谐、质感和谐的愉悦之感。

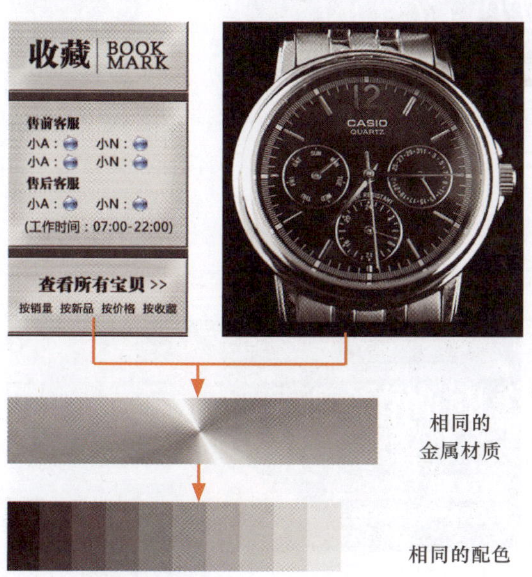

清晰的测量与指示

由于腕表是一种价格较贵的商品，为顾客展示其细节和品质是设计商品详情页面的关键。本案例通过尺寸标示来告知顾客腕表的宽度和厚度，直观地为顾客树立出商品的外观印象，接着对腕表局部区域进行放大，让顾客了解腕表表盘中更多的细节。微距的放大能够体现腕表的精致和品质，可以使腕表在顾客的心中留下深刻的印象。

6.2.1 冷酷大气的广告图

在本案例商品详情页面的顶部，设计了一张腕表的广告图，将艺术化编排后的文字与腕表侧面深邃的图像组合在一起，营造出冷酷、大气的氛围，提升了腕表的档次，具体的制作步骤如下。

Step 01 新建一个文档，使用“矩形工具”绘制一个矩形并填充黑色，将其作为商品详情页面的背景，接着将腕表素材 04.jpg 添加到图像窗口中，适当调整其大小和位置，设置该图层的混合模式为“明度”。

Step 02 使用“矩形工具”和“钢笔工具”绘制所需的边框形状，填充白色，取消描边色，接着使用“横排文字工具”添加所需的文字，打开“字符”面板，对文字的属性进行设置。

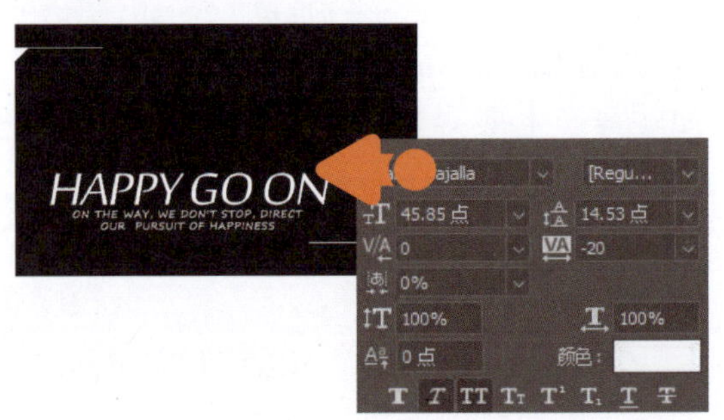

Step 03 使用“钢笔工具”绘制所需的形状，填充 R125、G0、B34 的颜色，接着使用“横排文字工具”添加所需的文字，打开“字符”面板，对文字的属性进行设置，在图像窗口中可以看到编辑后的效果。

Step 04 使用“椭圆工具”和“矩形工具”绘制所需的形状，接着为其添加“颜色叠加”图层样式，将其作为修饰形状，在图像窗口中可以看到编辑后的效果。

Step 05 选择“横排文字工具”，在适当的位置单击，输入所需的优惠券信息，并对文字的字体、颜色和字号等属性进行设置，在图像窗口中可以看到编辑后的效果。至此完成广告图的制作。

6.2.2 暗色调的商品详情

在本案例的商品详情页面中，使用标题栏对正面展示、产品信息、完美细节和交易须知四个组的内容进行分隔，使用黑色作为画面背景，打造出深邃、精致的画面效果，具体的制作步骤如下。

Step 01 使用“椭圆工具”绘制圆形，使用“钢笔工具”绘制三角形，使用“渐变叠加”图层样式对三角形进行修饰，接着使用“横排文字工具”添加所需的文字，打开“字符”面板，对文字的属性进行设置，完成标题栏的制作。

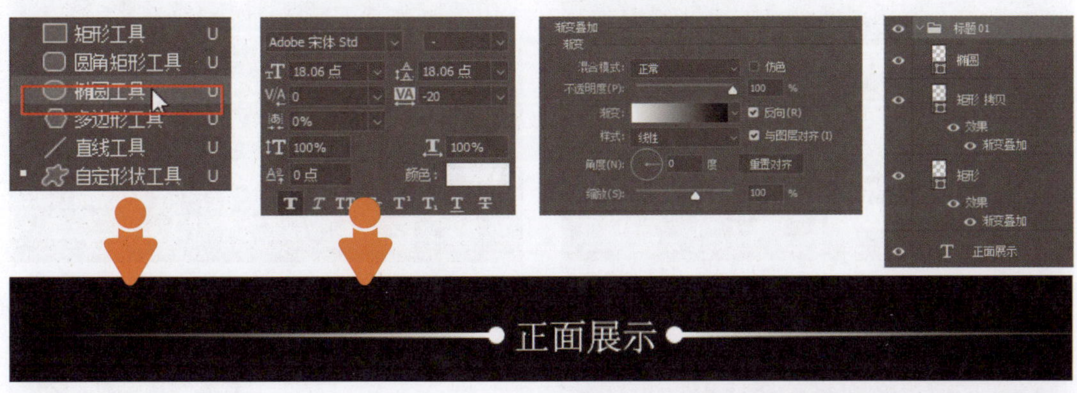

Step 02 将腕表素材 05.jpg 添加到图像窗口中，得到相应的智能对象图层，适当调整其大小和位置，接着使用图层蒙版对腕表的显示范围进行控制，并设置图层的混合模式为“明度”，在图像窗口中可以看到编辑后的效果。

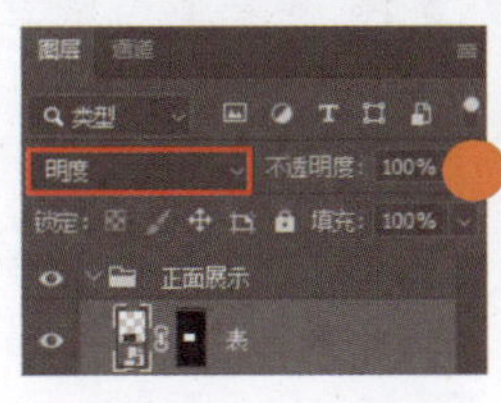

Step 03 将腕表图像添加到选区，创建“亮度 / 对比度 1”调整图层，在打开的“属性”面板中设置“对比度”为 100，提高明部和暗部之间的对比，在图像窗口中可以看到编辑后的效果。

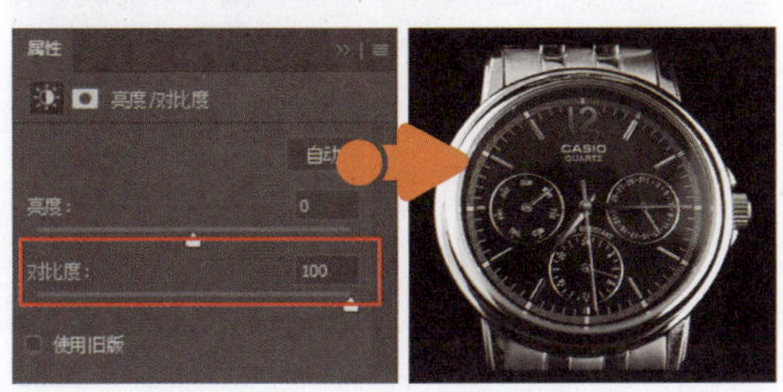

Step 04 使用“矩形工具”绘制一个矩形，为其填充适当的颜色，取消描边色，接着使用“横排文字工具”输入数字，打开“字符”面板，对文字的属性进行设置，在图像窗口中可以看到编辑后的效果。

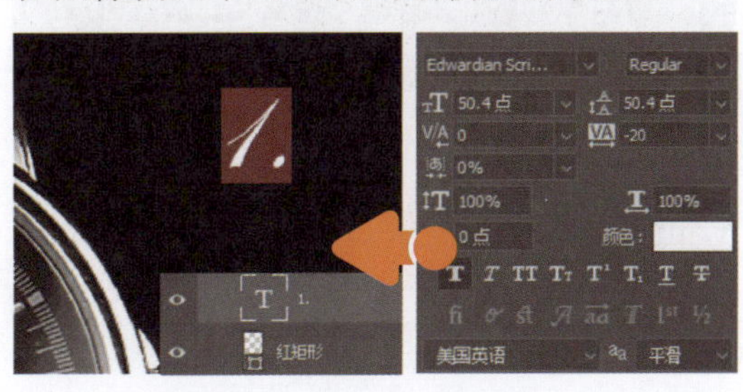

Step 05 继续使用“横排文字工具”添加所需的文字，打开“字符”面板，对文字的属性进行设置，并分别设置文字的颜色为白色和灰色，调整文字的位置，在图像窗口中可以看到编辑后的效果。

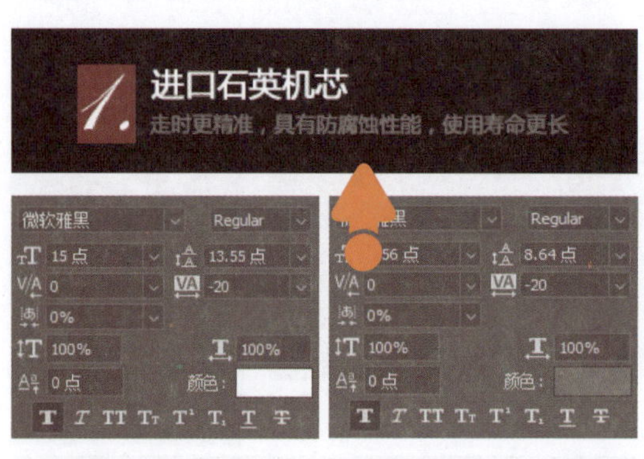

Step 06 参考前面的方法，在图像窗口中制作出其他文字信息，并创建图层组，对每组文字信息进行分组管理，在图像窗口中可以看到编辑后的效果。

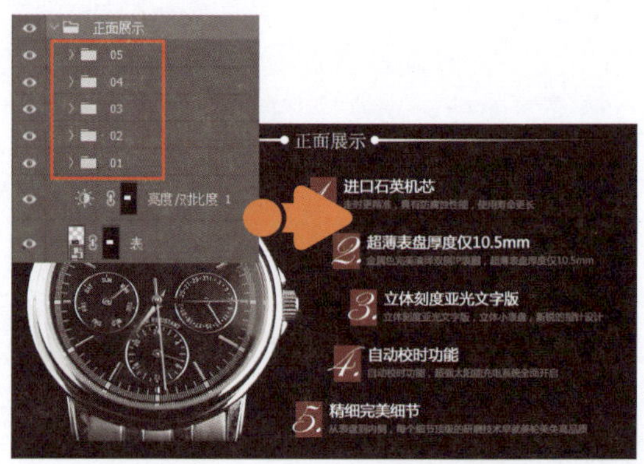

Step 07 复制前面制作的标题栏图层组，适当移动标题栏的位置，接着使用“横排文字工具”更改其标题的内容为“产品信息”，在图像窗口中可以看到编辑后的效果。

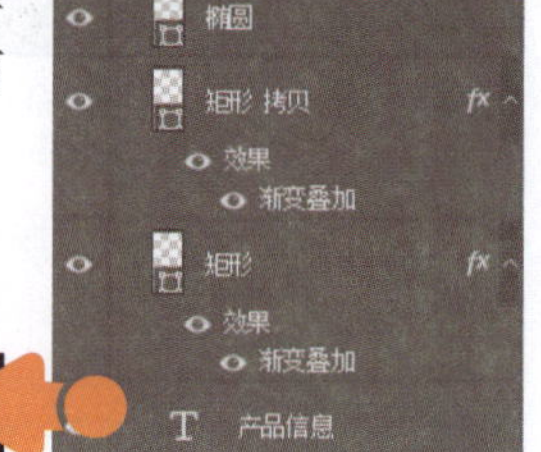

Step 08 使用“横排文字工具”输入所需的文字，打开“字符”面板，对文字的间距、字体、字号和颜色等属性进行设置，在图像窗口中可以看到编辑后的效果。

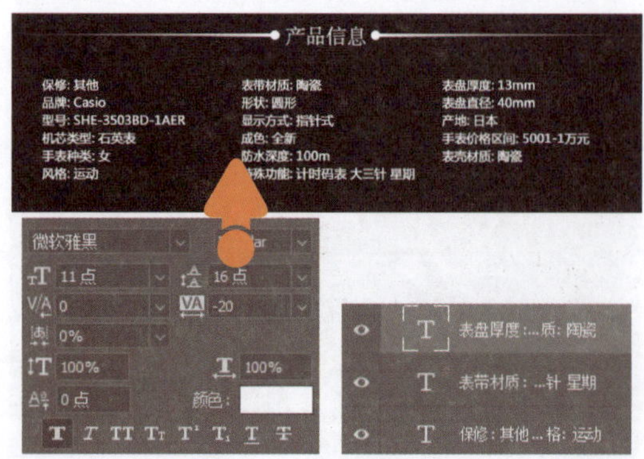

Step 09 将腕表素材 06.jpg 添加到图像窗口中，使用“钢笔工具”沿着腕表的边缘绘制路径，将路径转换为选区，为图层添加图层蒙版，抠取腕表图像，在“图层”面板中设置混合模式为“明度”。

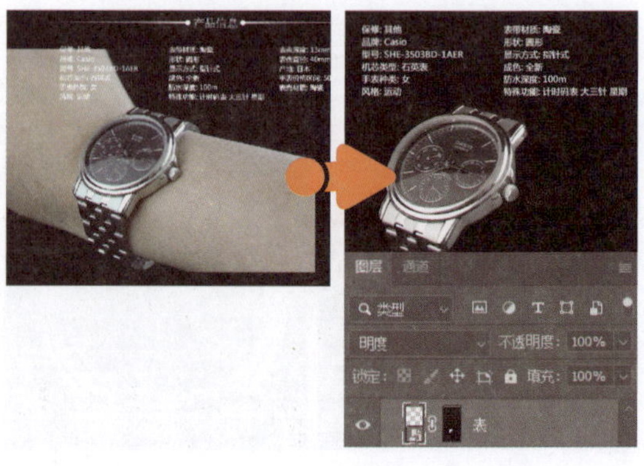

Step 10 将腕表图像添加到选区，创建“亮度 / 对比度 2”调整图层，在打开的“属性”面板中设置“亮度”为 16，“对比度”为 56，提高腕表的亮度和对比度。

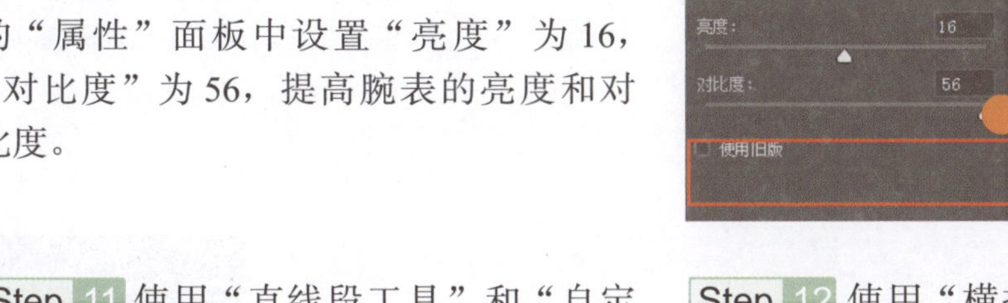
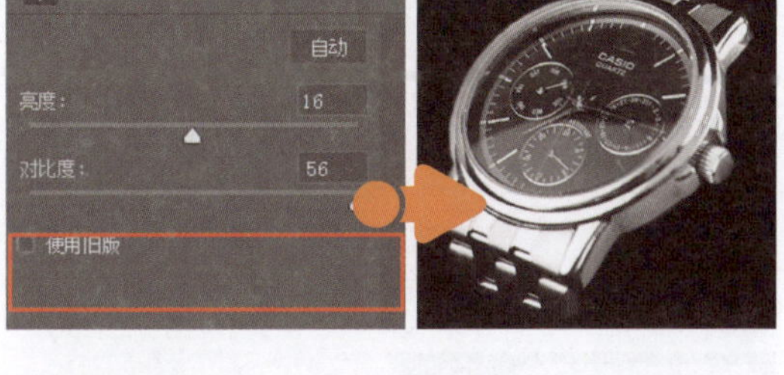

Step 11 使用“直线段工具”和“自定形状工具”绘制所需的直线和箭头，接着对绘制的形状的角度和位置进行调整，对腕表的宽度和厚度进行标示，在图像窗口中可以看到编辑后的效果。

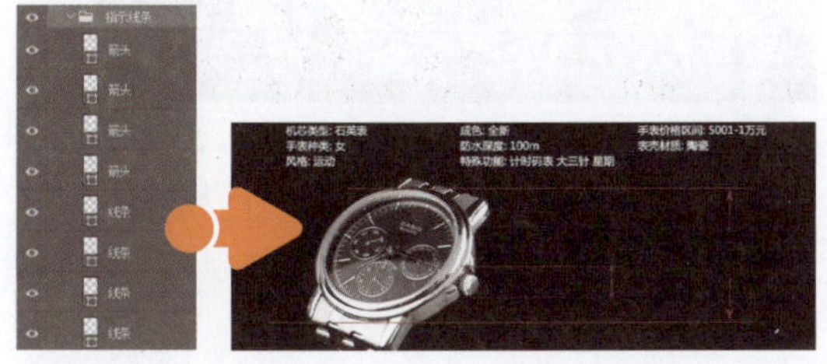
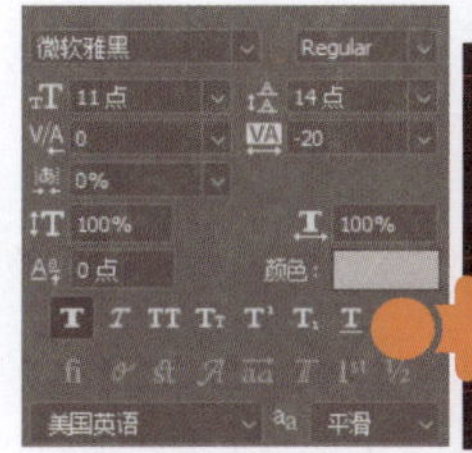

Step 12 使用“横排文字工具”输入所需的文字，打开“字符”面板，对文字的属性进行设置，在图像窗口中可以看到腕表尺寸标示后的效果。

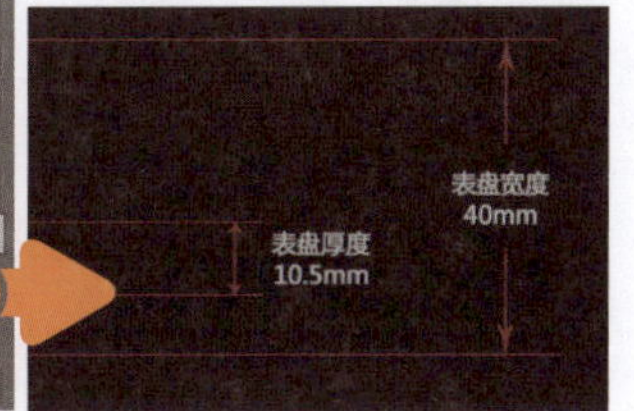

Step 13 复制前面制作的标题栏图层组，适当移动标题栏的位置，接着使用“横排文字工具”更改其标题的内容为“完美细节”，再将所需腕表素材拖曳到图像窗口中，得到相应的智能对象图层，适当调整腕表图像的大小和位置，并设置图层的混合模式为“明度”，在图像窗口中可以看到编辑后的效果。

Step 14 复制添加的腕表素材，接着使用“椭圆选框工具”创建圆形的选区，对腕表的细节进行显示，并使用“描边”图层样式对其进行修饰，在图像窗口中可以看到编辑后的效果。

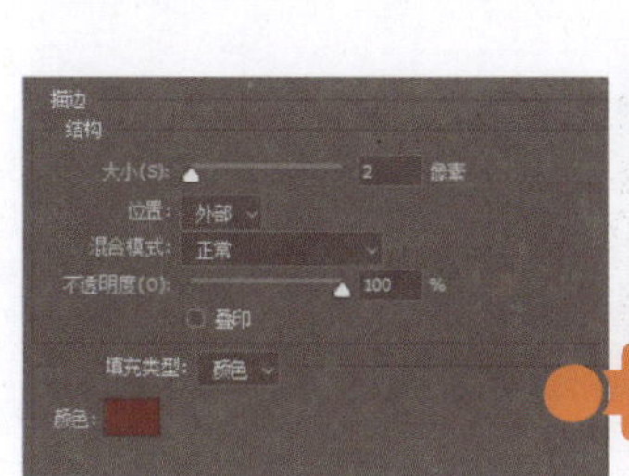

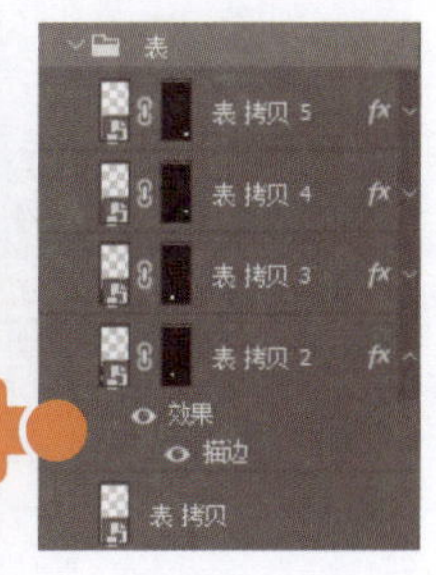

Step 15 复制前面制作的腕表细节图，将其合并在一个图层中后将图层转换为智能对象图层，设置混合模式为“明度”，使用“USM 锐化”滤镜对图像进行锐化处理，使细节更加清晰。

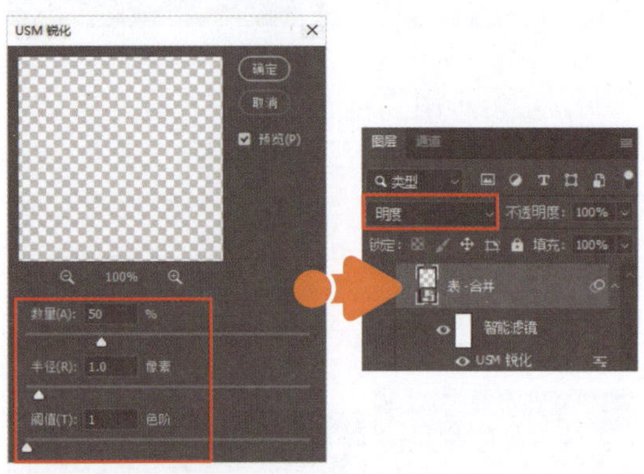

Step 16 将腕表图像添加到选区，为其创建“亮度 / 对比度 3”调整图层，在打开的“属性”面板中设置“对比度”为 88，提高明部和暗部的对比度，在图像窗口中可以看到编辑后的效果。

Step 17 使用“直线段工具”和“椭圆工具”绘制所需的形状，并为其填充相同的颜色，调整绘制的形状的位置，在图像窗口中可以看到编辑后的效果。

Step 18 选择“横排文字工具”，在适当的位置单击，分别对每个细节添加文字说明，打开“字符”面板，对文字的属性进行设置，在图像窗口中可以看到编辑后的效果。

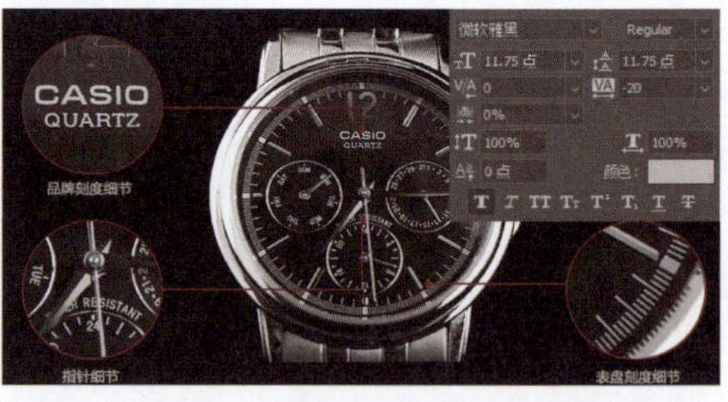

Step 19 复制前面制作的标题栏，更改为“交易须知”的标题栏，接着使用“横排文字工具”添加所需的文字，使用“自定形状工具”绘制所需的形状，在图像窗口中可以看到编辑后的效果。至此完成商品详情页面的制作。

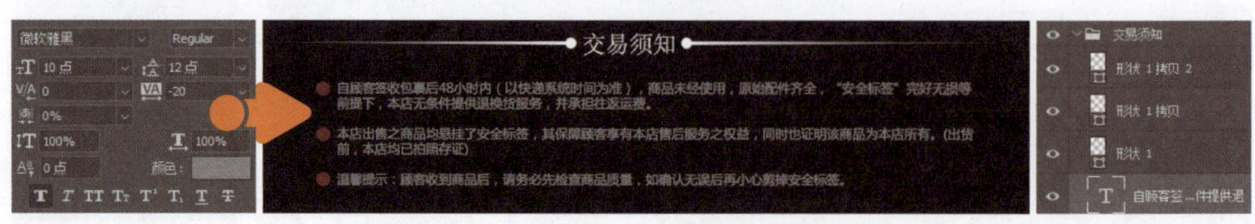

6.2.3 金属材质的侧边栏

在本案例侧边栏中，通过添加图层样式让绘制的形状呈现金属材质的光泽，使其与腕表的材质相互辉映，并利用多组信息使侧边栏的内容丰富而精致，具体的制作步骤如下。

Step 01 使用“矩形工具”绘制侧边栏的矩形，填充一定的灰度色，再绘制一个矩形，将其作为侧边栏单组信息的背景，使用“斜面和浮雕”“描边”“光泽”“图案叠加”图层样式对其进行修饰，制作金属质感的效果。

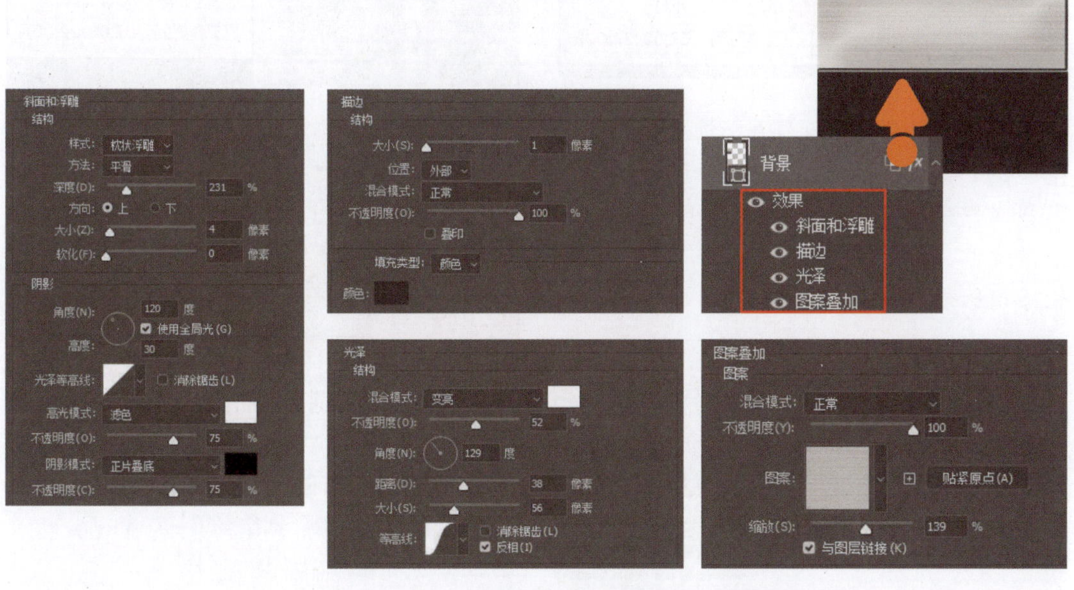

Step 02 使用“横排文字工具”添加所需的文字，打开“字符”面板，对文字的属性进行设置，然后使用“矩形工具”绘制所需的线条，在图像窗口中可以看到收藏区的效果。

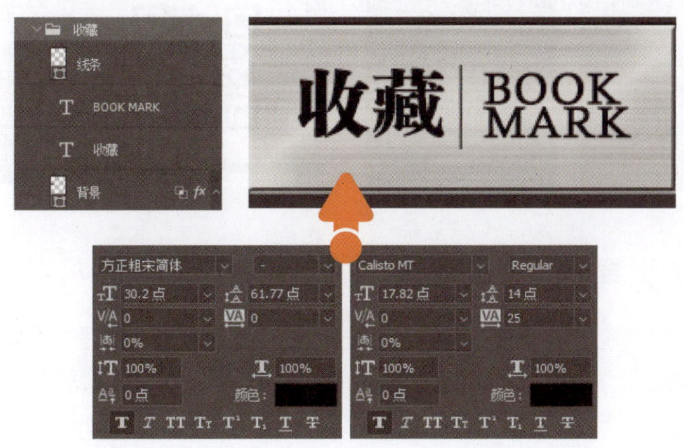

Step 03 复制前面制作的金属光泽的矩形，适当调整其大小，将其作为客服区的背景，接着使用“横排文字工具”添加所需的文字，并将旺旺头像放置其中，在图像窗口中可以看到客服区的效果。

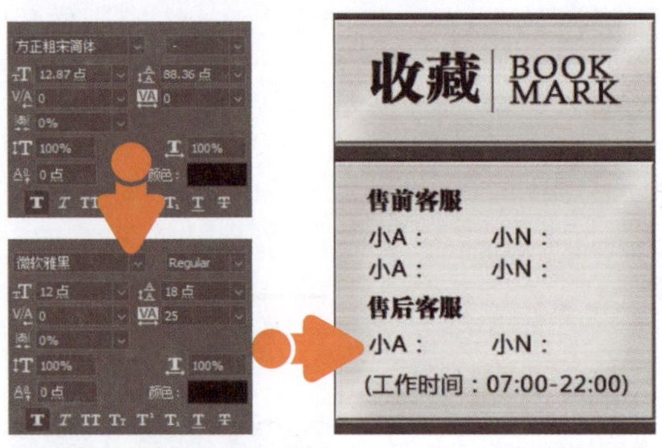

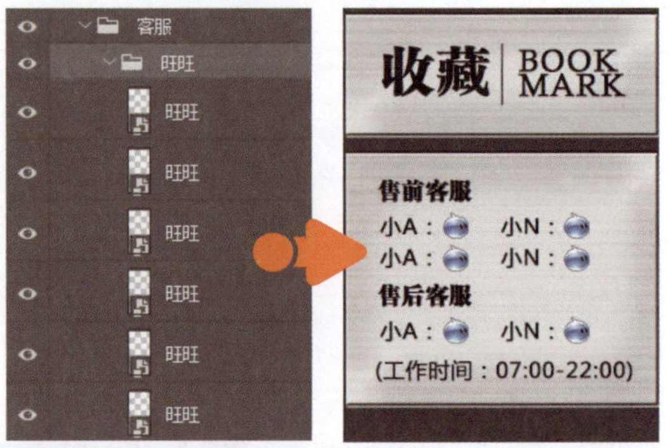

Step 04 复制前面制作的金属光泽的矩形，适当调整其大小，将其作为分类区的背景，接着使用“横排文字工具”添加所需的文字，制作分类区的标题，在图像窗口中可以看到分类区的效果。

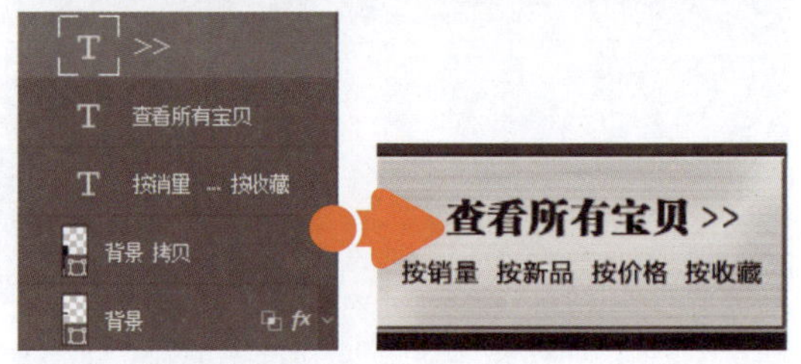

Step 05 使用“横排文字工具”输入所需的文字，对文字的颜色、字体和字号等属性进行适当的设置，制作侧边栏的分组信息，将其放在适当的位置。

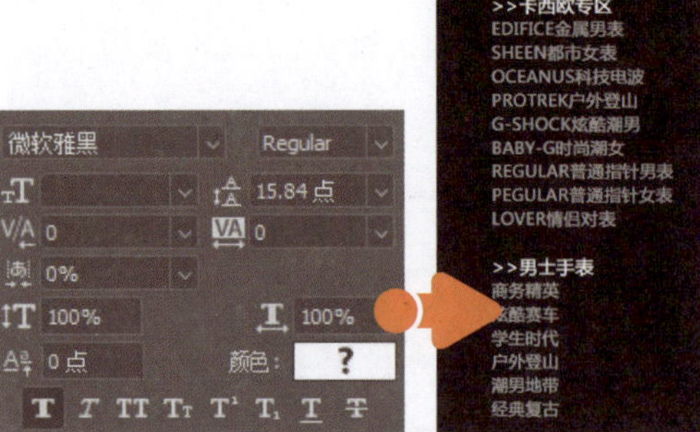

Step 06 复制前面制作的金属光泽的矩形，适当调整其大小，作为二维码区域的背景，添加所需的文字和二维码图片，在图像窗口中可以看到二维码区域的设计效果。至此完成侧边栏的制作。

6.2.4 简约大气的腕表橱窗照

腕表橱窗照主要展示腕表的表面，使用“USM 锐化”“色阶”调整腕表表面的细节和层次，突显腕表的局部细节，使其刻度、表盘等局部更加精致，具体的制作步骤如下。

Step 01 使用“矩形选框工具”创建正方形的选区，新建一个图层，在图层中为创建的选区填充黑色，将其作为橱窗照的背景。

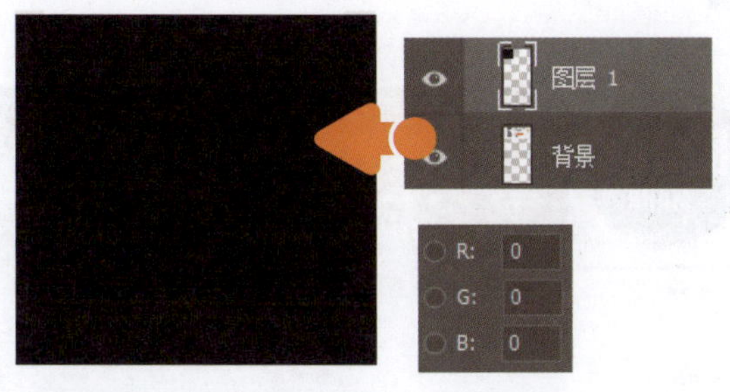

Step 02 将腕表素材 07.jpg 添加到图像窗口中，适当调整其大小，使用图层蒙版控制其显示范围，设置混合模式为“明度”，在图像窗口中可以看到编辑后的效果。

Step 03 复制前面制作的橱窗照，将其图层转换为智能对象图层，设置该图层的混合模式为“明度”，执行“滤镜 > 锐化 >USM 锐化”命令，在打开的“USM 锐化”对话框中设置“数量”为 60%，“半径”为 1.0 像素，“阈值”为 1 色阶，单击“确定”按钮，对腕表图像进行锐化处理。

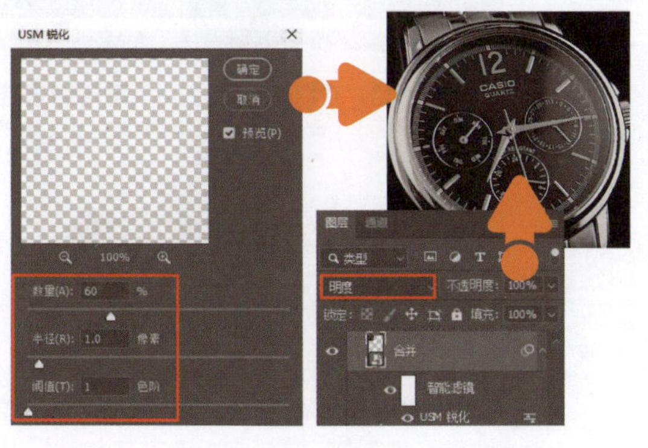

Step 04 创建“色阶 1”调整图层，在打开的“属性”面板中设置“RGB”选项下的色阶值分别为 14、1.16、248，提高图像的层次和对比度，在图像窗口中可以看到编辑后的效果。至此本案例制作完成。

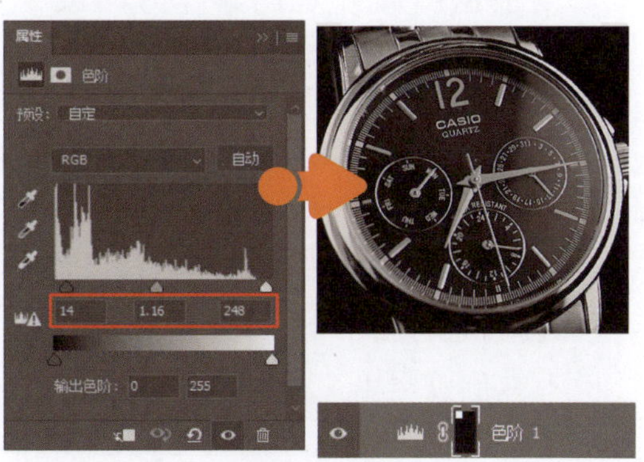

6.3　运动鞋详情页面设计

本案例是为某款运动鞋设计的商品详情页面，设计内容包括广告图、卖点展示区、细节展示区、橱窗照等，要求页面能清晰、准确地说明运动鞋的特点、选购须知等。

素　材：下载资源\06\素材\08~13.jpg

源文件：下载资源\06\源文件\运动鞋详情页面设计.psd

技术制作要点

- 使用“滤色”混合模式将溶图背景与闪电素材自然地合成在一起，并通过“色相/饱和度”调整图层来调整颜色，营造出新品上架的气势。
- 使用“钢笔工具”抠取运动鞋图像，去除多余的内容，使用“钢笔工具”绘制指示性的线条，突出运动鞋的细节特征。
- 使用“横排文字工具”添加所需的文字，在“字符”面板中设置文字的属性。
- 使用“椭圆工具”绘制圆形，根据图像外观创建“剪贴蒙版”来控制图像的显示范围，指示运动鞋的特定功能。
- 使用“USM锐化”滤镜来增加橱窗照中的运动鞋细节的锐度，显示精致的细节。

配色分析

本案例以突出运动鞋的形象和特点为主要目的，因此，在制定配色方案时，需要先分析运动鞋的配色，运动鞋主要包含紫蓝色和灰度的银色这两种颜色，属于有彩色与无彩色的搭配方式。为了让商品详情页面呈现统一、和谐的视觉效果，同时避免多余的颜色干扰顾客的视线，决定使用紫蓝色作为主色调，对整个商品详情页

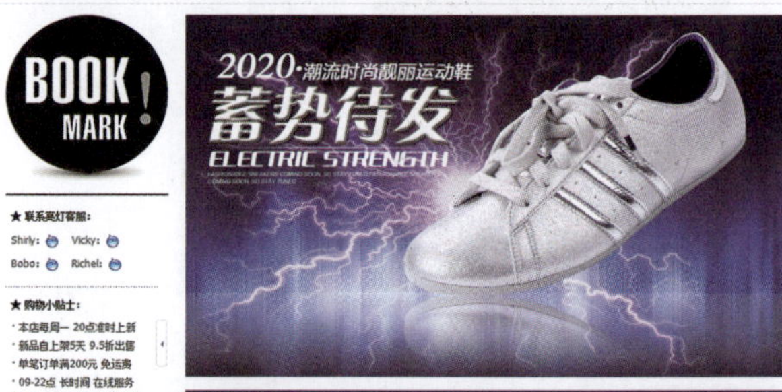

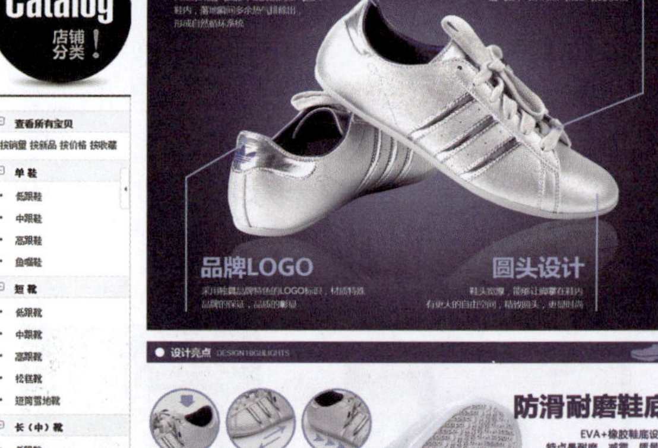

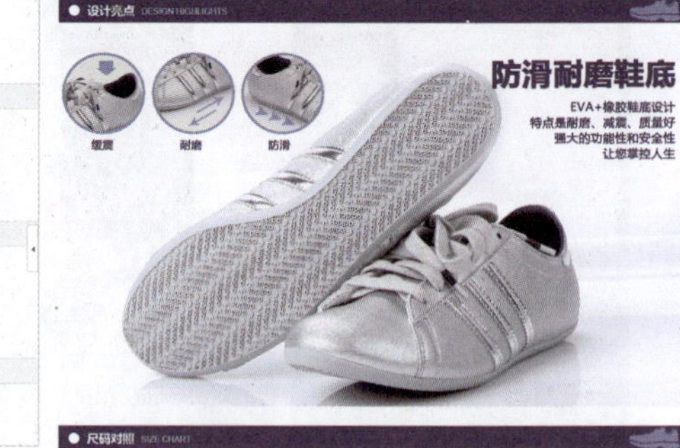

尺码对照 SIZE CHART

美国码USA	2½	3½	4½	5	5½	6½	7	8	9	9½	10	11	12
法国码EUR	35	36	37	38	39	40	41	42	43	44	45	46	47
中国码CHN	225	230	235	240	245	250	255	260	265	270	280	285	295

购物须知 SHOPPING NOTES

因为拍照、灯光、各显示效果不同等原因，您在电脑上看到的商品图片与您收到的商品存在颜色差异，实际颜色以您收到的商品为准、对颜色较为苛刻的顾客朋友，请谨慎购买，色彩问题不在退换货范围内。

因为本品牌的尺码体系，鞋型及测量方法的不同，商品实际尺码与我们提供的数据可能存在细微的差异，范围在±0.5CM以内为正常值，属正常现象。尺码不合适可以在收到货七天内换货，邮费由顾客朋友承担。

七天内有理由退换货，质量问题退换货的运费由我们店铺承担，非质量问题退换货的运费由顾客朋友承担，即商品及包装保持出售时原状，且配件齐全，不影响二次销售，方可享受退换货。

面进行配色。使用单一颜色难免会导致画面缺乏层次感，不能清晰地表达商品信息，因此，再将选择的紫蓝色进行扩展，对其色相、明度、纯度进行细微改变，从而得到多种不同层次的颜色，通过将这些颜色应用到页面中，统一页面的整体风格。

设计元素配色

商品颜色配色

指示性的卖点展示

为了让顾客能够了解这款运动鞋的特色，在细节展示区使用了线条进行指示，并且在线条的旁边添加简短的文字说明来介绍运动鞋细节的设计亮点，一目了然又不会遮挡商品图像。

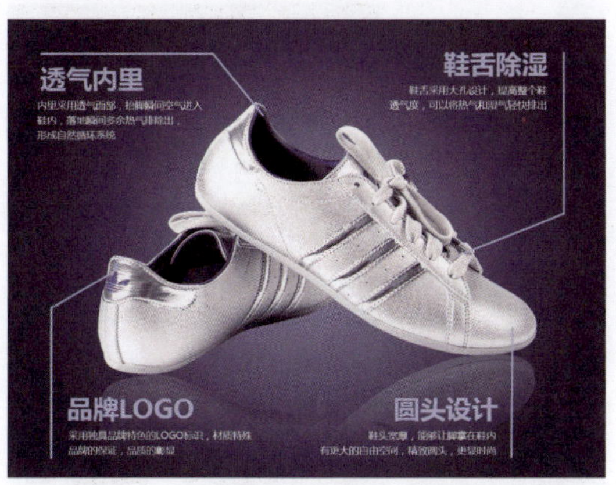

详细的尺码说明设计

目前各国采用的鞋的尺码并不一致，即使在同一个国家，针对不同人群和不同用途的鞋，如儿童鞋、运动鞋，也有不同的尺码定义。在本案例中使用详细的尺码对照表对不同版本所对应的尺码加以说明，可以帮助顾客解决如何正确挑选鞋尺码的问题，并且对鞋的尺码问题进行了补充说明，如果鞋不合适，顾客可以在收到货 7 天内无理由换货，解决顾客后顾之忧。

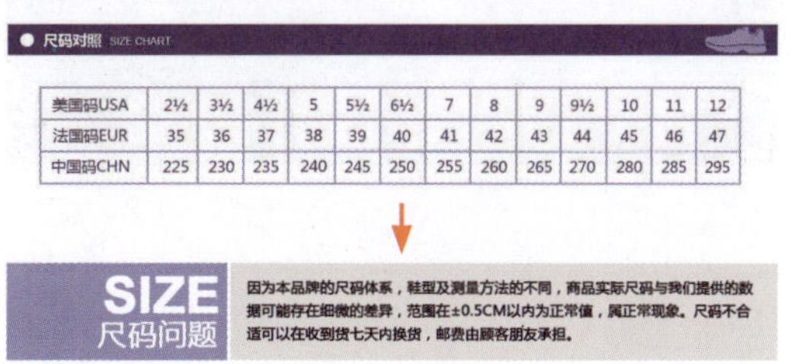

尺码对照 SIZE CHART

美国码USA	2½	3½	4½	5	5½	6½	7	8	9	9½	10	11	12
法国码EUR	35	36	37	38	39	40	41	42	43	44	45	46	47
中国码CHN	225	230	235	240	245	250	255	260	265	270	280	285	295

SIZE 尺码问题

因为本品牌的尺码体系，鞋型及测量方法的不同，商品实际尺码与我们提供的数据可能存在细微的差异，范围在±0.5CM以内为正常值，属正常现象。尺码不合适可以在收到货七天内换货，邮费由顾客朋友承担。

6.3.1 炫酷的运动鞋广告图

为了营造新品上架的气势，在设计商品详情页面中的广告图时，选择了溶图背景和闪电素材，将其与运动鞋通过蒙版合成在一起，制作出炫酷的商品广告图，具体的制作步骤如下。

Step 01 启动 Photoshop 程序，新建一个文档。将素材 08.jpg、09.jpg 添加到图像窗口中，适当调整其大小，并调整“09”图层的混合模式为“滤色”，使其与下方的图层叠加在一起，共同作为广告图的背景。

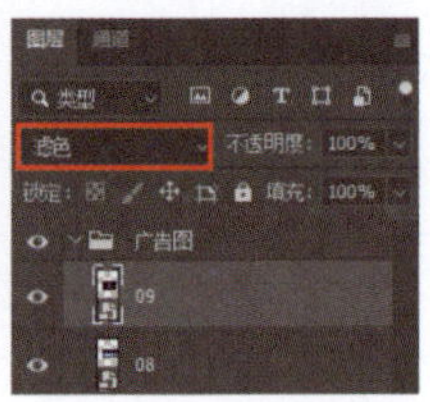

Step 02 为了让广告图中背景图像的颜色与运动鞋的颜色和谐而统一，需要调整背景图像的颜色。将背景图像添加到选区，为选区创建“色相 / 饱和度”调整图层，设置“全图”和“洋红”选项下的参数。

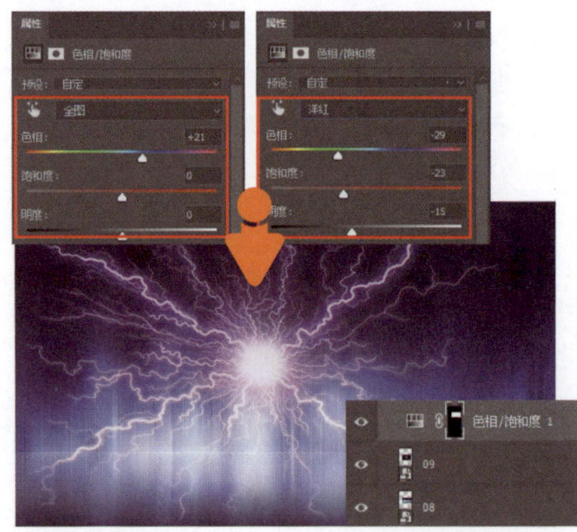

Step 03 将运动鞋素材 10.jpg 添加到图像窗口中，适当调整其大小并旋转一定的角度。接着使用“钢笔工具”沿着运动鞋的边缘绘制路径，再将路径转换为选区，添加图层蒙版，将运动鞋图像抠取出来。

Step 04 将运动鞋图像添加到选区，创建“色阶 1”调整图层，在打开的“属性”面板中设置“RGB”选项下的色阶值分别为 38、1.23、234，提升运动鞋图像的亮度和层次。在图像窗口中可以看到编辑后的运动鞋图像与背景图像的色阶一致。

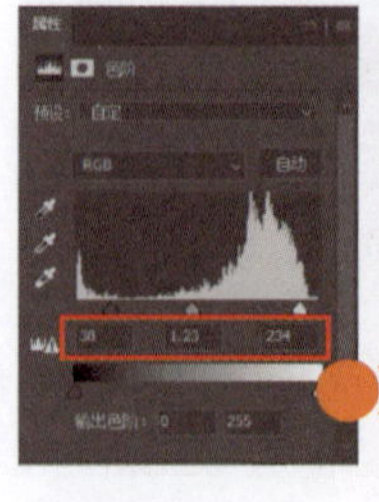

Step 05 复制制作好的运动鞋图层与“色阶 1”调整图层，将复制出的图层合并为一个图层，命名为“合并 - 阴影”，调整图层的顺序，并翻转图像，添加图层蒙版后进行编辑，制作运动鞋的倒影效果。

Step 06 使用“横排文字工具”添加所需的广告语，打开“字符”面板，对文字的字体、字号、间距等属性进行设置，并调整文字的位置。

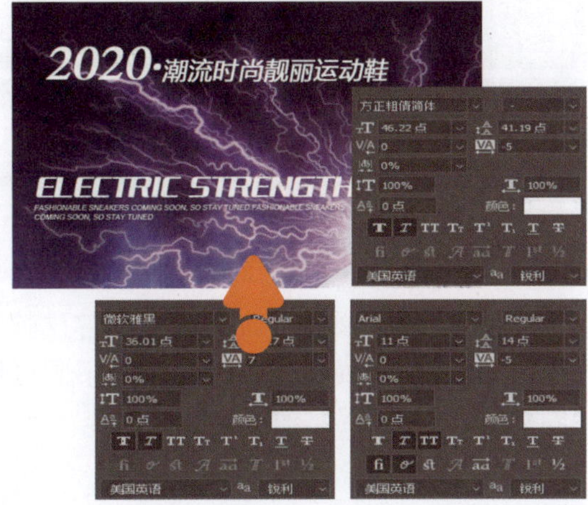

Step 07 使用“矩形工具”绘制矩形，填充白色，取消描边色，将其放在英文文字的上方。接着为图层添加图层蒙版，对蒙版进行编辑，制作两端渐隐的效果。

Step 08 使用“横排文字工具”添加“蓄势待发”的主题文字，在打开的“字符”面板中对文字的属性进行设置。为了增强文字的表现力，使用“斜面和浮雕”“描边”“投影”图层样式对文字进行修饰。

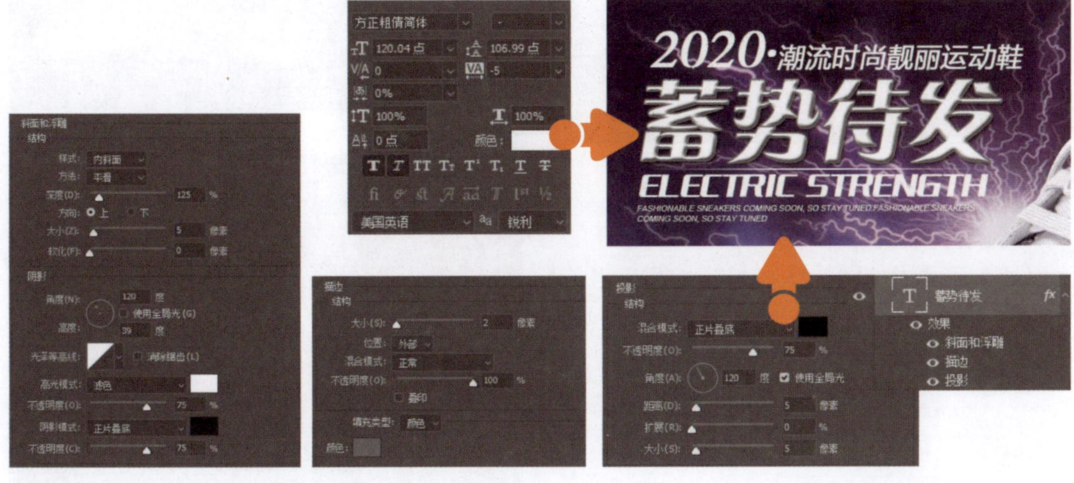

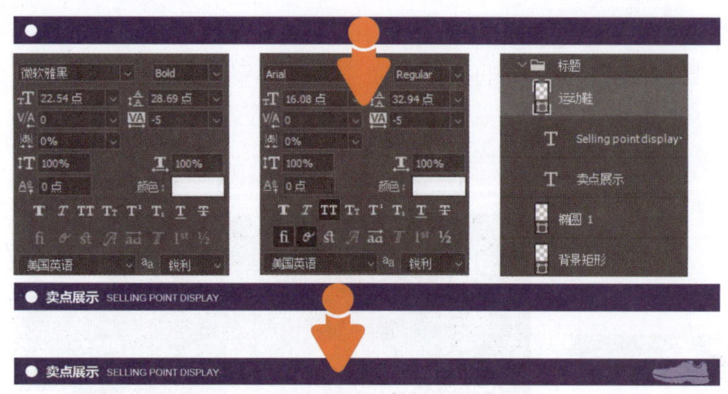

Step 09 使用“矩形工具”绘制矩形，将其作为标题栏的背景。接着使用“椭圆工具”绘制圆形并填充白色，再使用“横排文字工具”添加标题文字，在“字符”面板中设置文字的属性，使用“钢笔工具”绘制运动鞋的剪影图形。

6.3.2 指示性线条突出商品卖点

为了让顾客能够全面、清晰了解这款运动鞋，在商品详情页面中设计了商品的卖点展示区，利用线条分别指向鞋的不同区域，并通过添加简单的文字说明将这款运动鞋的特点一一展现出来，具体的制作步骤如下。

Step 01 使用“矩形工具”绘制一个矩形，在该工具选项栏中进行设置，使用径向渐变对矩形进行填充，并取消描边色，制作卖点展示区的背景。

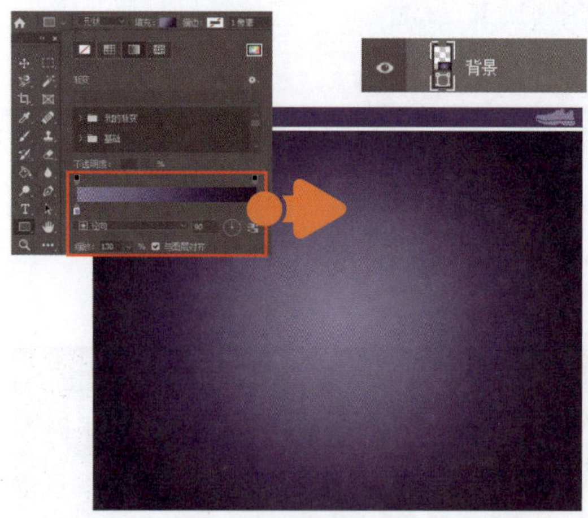

Step 02 将运动鞋素材 11.jpg 添加到图像窗口中，适当调整其大小，放在矩形背景上方。接着使用“钢笔工具”沿着运动鞋的边缘绘制路径，再将路径转换为选区，添加图层蒙版，将运动鞋图像抠取出来。

Step 03 将运动鞋图像添加到选区，为选区创建“色阶 2”调整图层，在打开的“属性”面板中设置“RGB”选项下的色阶值分别为 23、1.17、230，提升运动鞋图像的亮度和层次。

Step 04 再次将运动鞋图像添加到选区，为其创建“色彩平衡 1”调整图层，在打开的“属性”面板中对“中间调”选项下的参数进行调整，让运动鞋图像的颜色接近真实商品的颜色。

Step 05 复制制作好的运动鞋图层与相关调整图层，将复制出的图层合并为一个图层，命名为“合并 - 阴影”，调整图层的顺序，并翻转图像，添加图层蒙版后进行编辑，制作运动鞋的倒影效果。

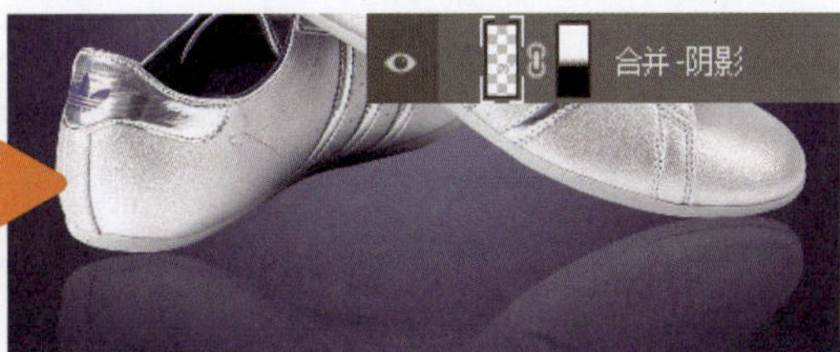

Step 06 使用“横排文字工具”添加所需的八组文字，在打开的“字符”面板中对文字的属性进行设置，将文字分别组合在一起并放在画面的适当位置。

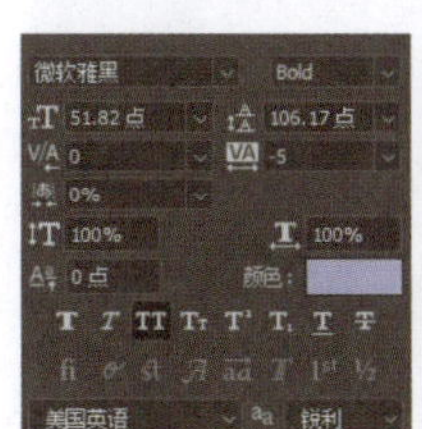

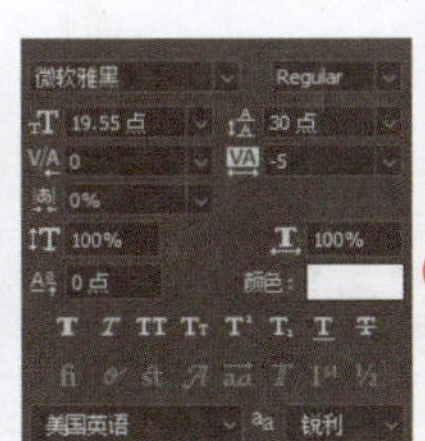

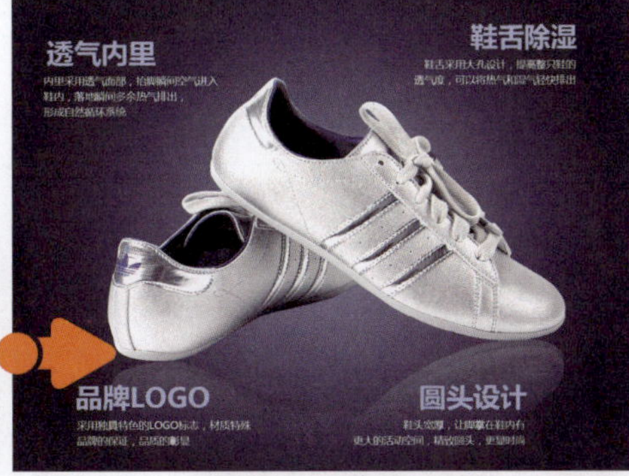

Step 07 选择“钢笔工具”，在其工具选项栏中进行设置后，在适当的位置绘制折线，使文字与运动鞋各区域之间的对应关系更加明确。

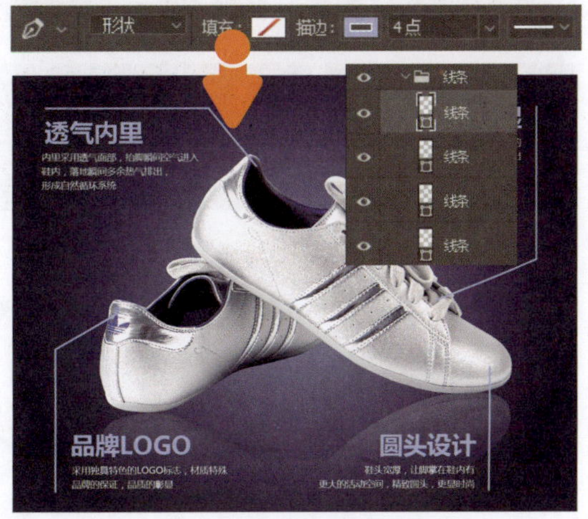

6.3.3 运动鞋的多个亮点设计

运动鞋大多是在进行体育运动时穿着，与选购其他鞋不同，顾客更多关注的是鞋是否具有减震功能、是否耐磨等。因此，本案例使用剪贴蒙版清晰展现运动鞋的局部，并利用不同外形的箭头，指示运动鞋缓震、耐磨、防滑的特性，具体的制作步骤如下。

Step 01 复制卖点展示区的标题栏，选择“横排文字工具”，将标题文字修改为“设计亮点”和“DESIGN HIGHLIGHTS·”。

设计亮点 DESIGN HIGHLIGHTS

Step 02 将运动鞋素材 12.jpg 添加到图像窗口中，适当调整其大小。参考前面的抠取方法将运动鞋图像抠取出来，并使用“色阶”调整图层对其进行修饰，让运动鞋变得更明亮。

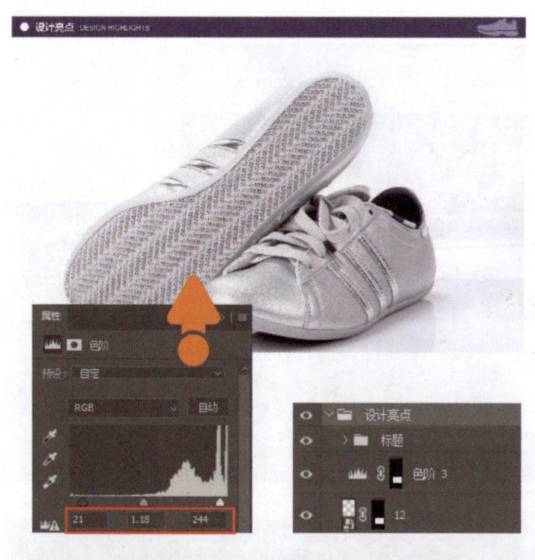

Step 03 选择“椭圆工具”，在其工具选项栏中进行设置，绘制多个圆形，并将运动鞋图像添加到图像窗口中，适当调整其大小，通过创建剪贴蒙版控制其显示范围。

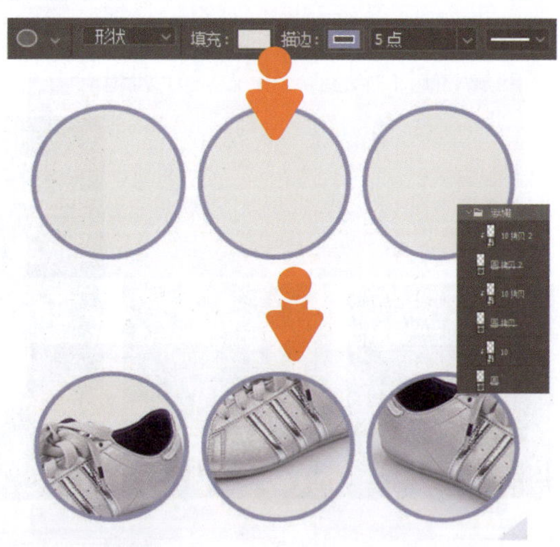

Step 04 选择“自定形状工具”，在其工具选项栏中分别选择不同的箭头形状，将其放在适当的位置，以清晰地指示运动鞋的特性。

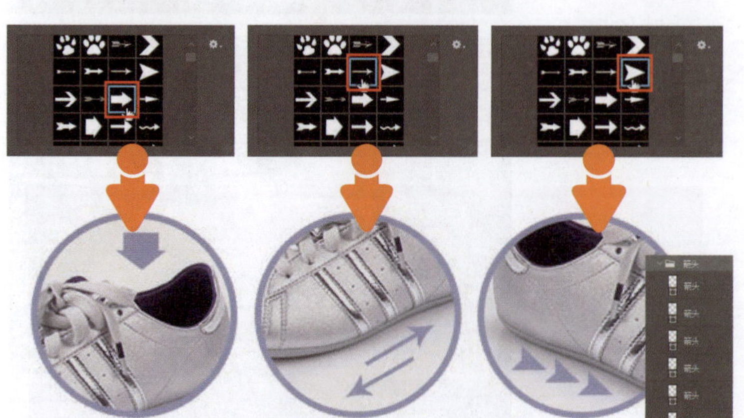

Step 05 选择“横排文字工具”，添加“设计亮点”区域的内容文字，在打开的“字符”面板中对文字的属性进行设置。

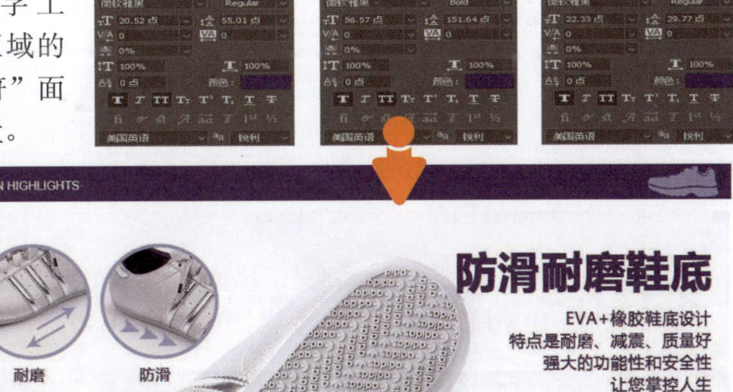

6.3.4 添加尺码对照表

尺码对照表可以帮助顾客更全面了解商品的尺寸信息。制作商品尺码对照表主要使用“矩形工具”绘制出表格，并根据不同国家尺码标准使用“横排文字工具”输入每个尺码的详细数值，具体的制作步骤如下。

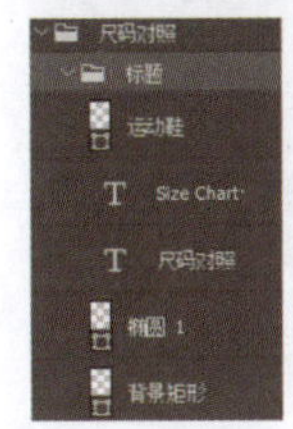

Step 01 复制制作好的标题栏，选择“横排文字工具”，将标题文字修改为“尺码对照”和“SIZE CHART·”，制作“尺码对照”区域的标题栏。

Step 02 选择“矩形工具”，在其工具选项栏中进行设置，绘制矩形。多次复制绘制的矩形，将它们组合成一个表格，用于显示尺码信息。

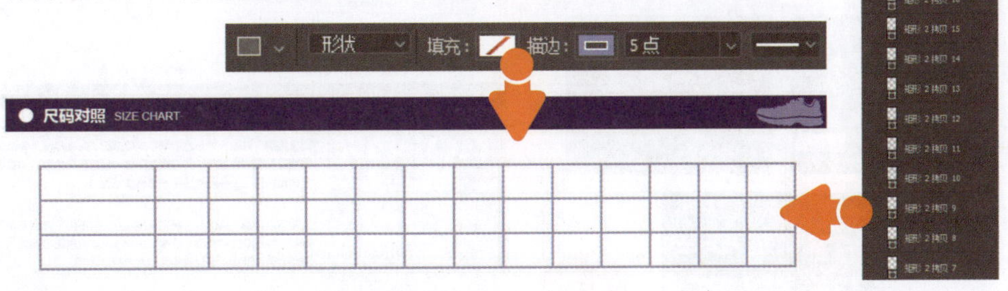

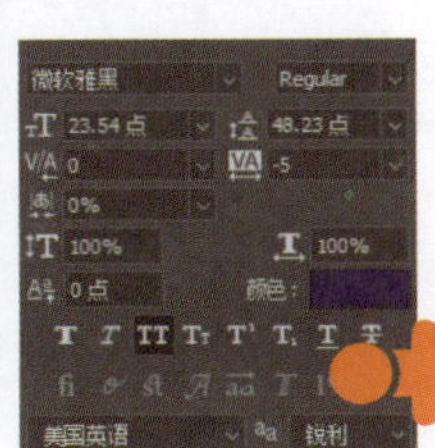

Step 03 使用“横排文字工具”输入表格中的文字，打开“字符”面板，对文字的字体、字号和间距等属性进行设置，将文字分别放在表格的适当位置。至此完成尺码对照表的制作。

美国码USA	2½	3½	4½	5	5½	6½	7	8	9	9½	10	11	12
法国码EUR	35	36	37	38	39	40	41	42	43	44	45	46	47
中国码CHN	225	230	235	240	245	250	255	260	265	270	280	285	295

6.3.5 辅助信息塑造专业店铺形象

在商品详情页面中，除了商品广告图、卖点展示区、细节展示区，还可以根据实际情况添加网店购物流程、退换货流程的信息等。本案例为了塑造出更加专业、值得信赖的店铺形象，结合“矩形工具”和“横排文字工具”设计了“购物须知”，用于对顾客比较关注的商品色差、尺码及售后问题进行说明，具体的制作步骤如下。

Step 01 复制卖点展示区的标题栏，选择“横排文字工具”，将标题文字修改为“购物须知”和“SHOPPING NOTES·”，制作“购物须知”的标题栏。

购物须知 SHOPPING NOTES·

Step 02 使用“矩形工具”在标题栏下方绘制所需的矩形，分别将矩形的填充颜色设为 R140、G151、B203 和 R229、G229、B229。

Step 03 使用“横排文字工具”输入所需的文字，在打开的“字符”面板中对文字的属性进行设置，通过字体和字号的差异来体现文字内容的层次。

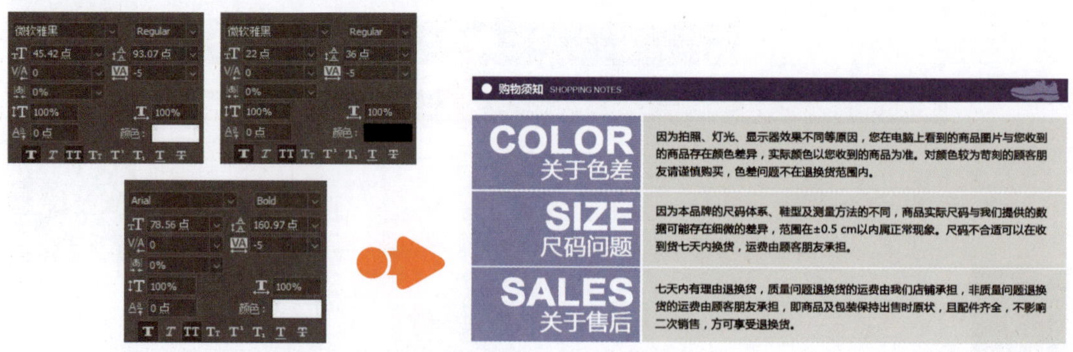

6.3.6 选取图像制作运动鞋橱窗照

运动鞋橱窗照主要展示鞋的整体效果，使用“矩形选框工具”和“钢笔工具”分别制作背景和运动鞋图像，将两个图像合成在一起，然后利用气泡对运动鞋的特点加以说明，具体的制作步骤如下。

Step 01 将背景素材 08.jpg 添加到图像窗口中，使用“矩形选框工具”创建矩形选区，单击“图层”面板中的“添加图层蒙版”按钮，添加图层蒙版，控制其显示范围，制作橱窗照的背景。

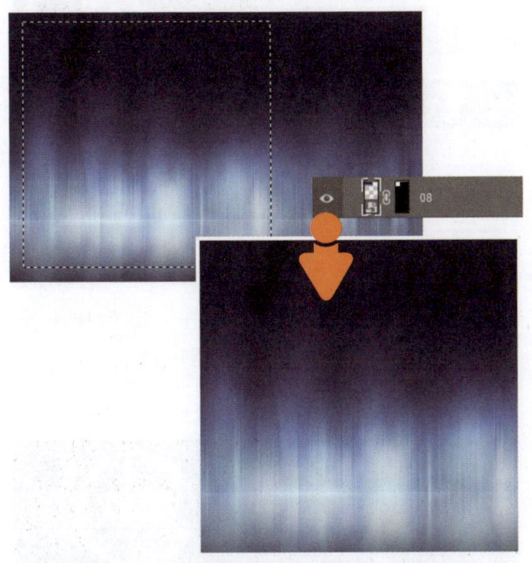

Step 02 将运动鞋素材 10.jpg 添加到图像窗口中，适当调整其大小和位置，使用“钢笔工具”沿着运动鞋图像绘制路径，接着将路径转换为选区，添加图层蒙版，将运动鞋图像抠取出来。

Step 03 将运动鞋图像添加到选区，为选区创建“色阶 4”调整图层，在打开的“属性”面板中对设置“RGB”选项下的色阶值分别为 23、1.15、225，使运动鞋图像的色阶与整个画面的色阶保持协调一致。

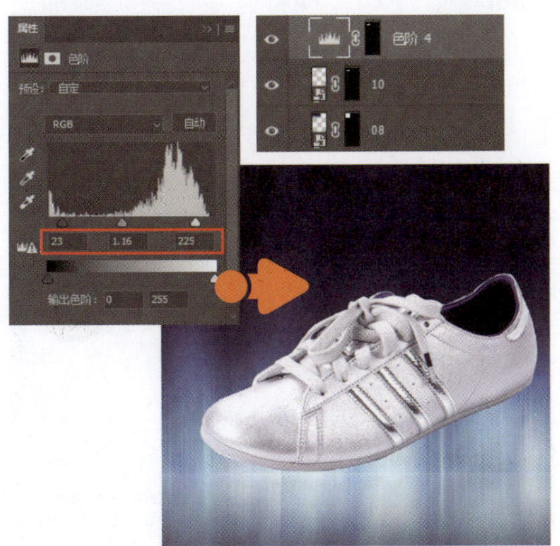

Step 04 复制前面制作好的运动鞋图层和相关调整图层，将复制出的图层合并为一个图层，命名为“合并”。将“合并”图层转换为智能对象图层，执行“滤镜 > 锐化 >USM 锐化”命令，在“USM 锐化”对话框中设置参数，对图像进行锐化处理，使细节更加清晰。

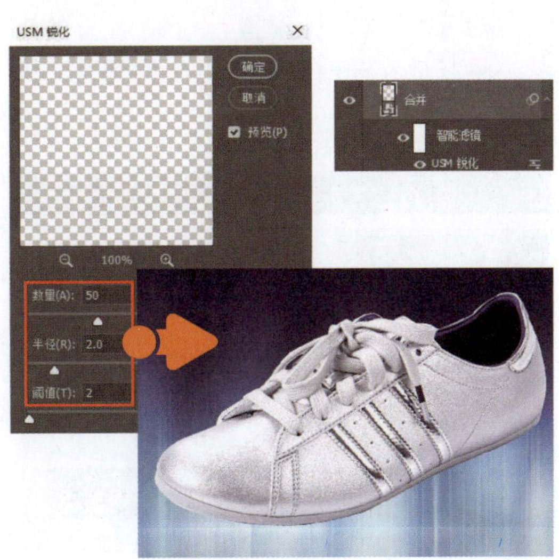

Step 05 再次复制运动鞋图层与“色阶”调整图层，将复制出的图层合并为一个图层，命名为“合并-阴影”，调整图层的顺序，并翻转图像，添加图层蒙版后进行编辑，制作运动鞋的倒影效果。

Step 06 将气泡素材 13.jpg 添加到图像窗口中，适当调整其大小。接着复制图层，调整气泡图像的大小，设置图层混合模式为“滤色”，去除气泡图像中的黑色，使其与背景自然地合成在一起。

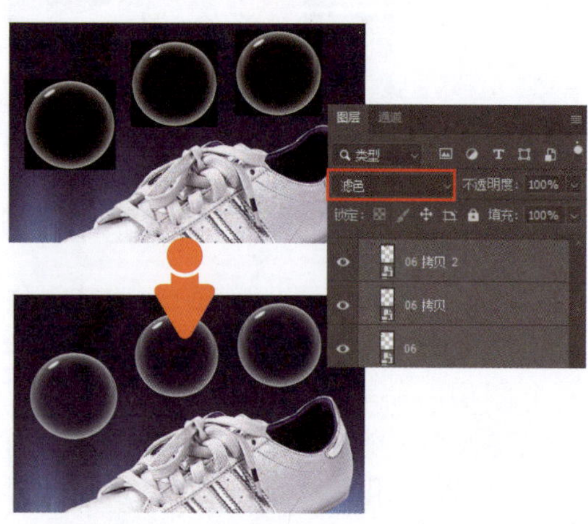

Step 07 使用“横排文字工具”添加所需的文字，在打开的“字符”面板中对文字的属性进行设置，将文字分别放在不同的气泡上。

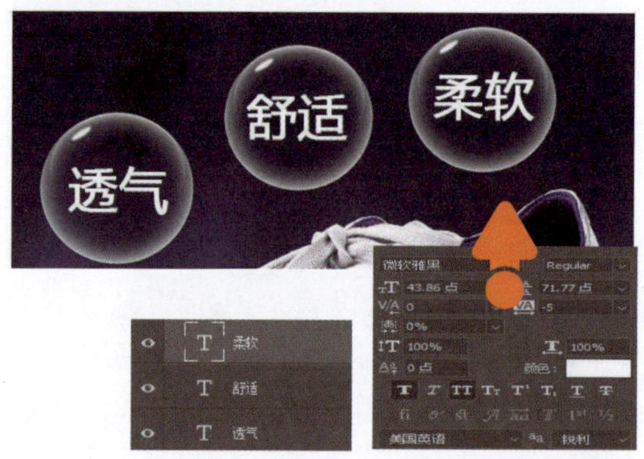

Step 08 选择“圆角矩形工具”，在其工具选项栏中进行设置，绘制所需的形状，将其放在橱窗照的下方，作为文字的背景。

Step 09 使用“横排文字工具”添加所需的文字，在打开的“字符”面板中对文字的属性进行设置。至此，本案例全部制作完成。

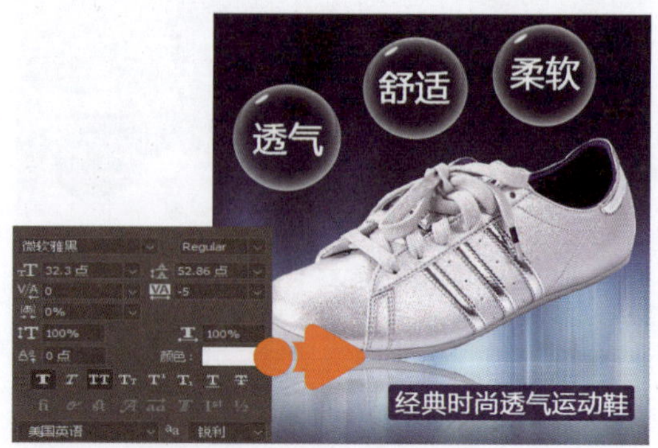

6.4　眼镜框详情页面设计

本案例是为一款眼镜框设计的商品详情页面，设计内容包括广告图、橱窗照、商品介绍等，设计出的页面要能够准确、清晰地表达眼镜框的特点、购买注意事项等信息。

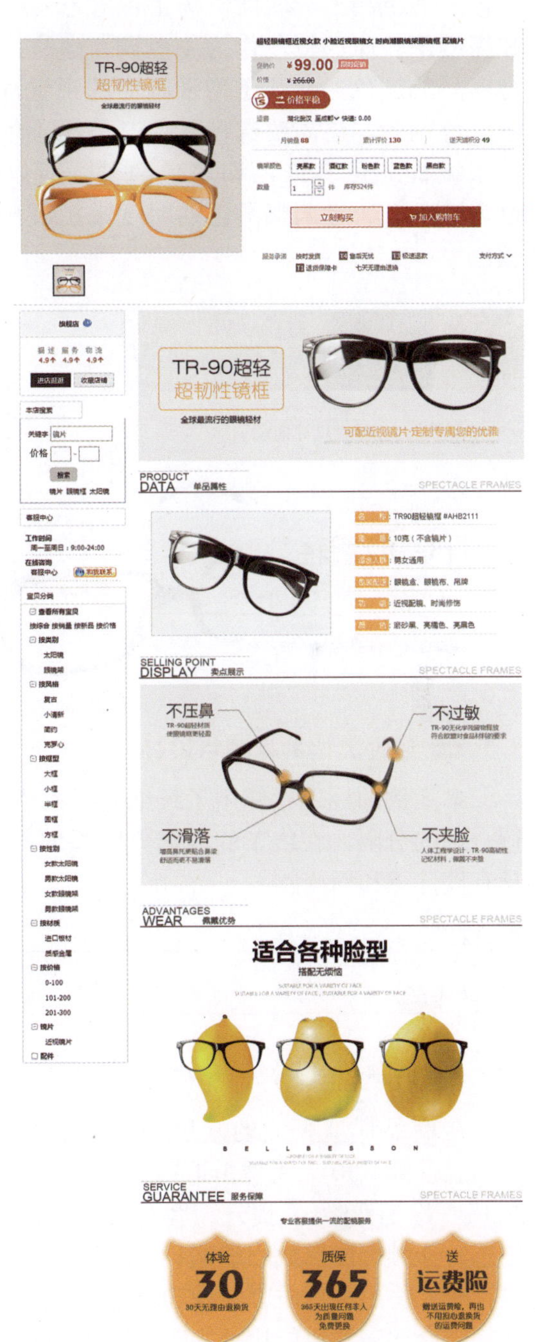

素　材：下载资源\06\素材\14~17.jpg

源文件：下载资源\06\源文件\眼镜框详情页面设计.psd

技术制作要点

- 使用“钢笔工具”在眼镜框的边缘创建路径，然后把路径转换为选区，利用选区创建图层蒙版，抠取素材中的眼镜框图像。
- 使用“矩形工具”绘制线条，并在线条旁边添加文字，制作简约、线性风格的标题栏。
- 使用“椭圆工具”绘制不同大小的多个圆形，分别调整每个圆形的图层不透明度，制作重点标记。
- 使用“横排文字工具”添加所需的文字，通过“字符”面板对文本属性进行设置。
- 使用“自定形状工具”绘制盾牌的形状，并通过添加“描边”“外发光”“投影”图层样式使其看起来更为精致。

配色分析

本案例的配色可以从商品照片的颜色进行分析。眼镜框素材的颜色主要由橙色系和灰色系组成，这两个色系的色相差异较大。为了保守起见，选择鲜艳度和亮度都较高的橙色作为主色调，这样既保证了配色与商品的颜色一致，还增强画面的视觉冲击力。在确定主色调后，还需要选择其他颜色用于辅助表现，由于眼镜框颜色有橙色和黑色两种，所以确定次要颜色为黑色，通过调整黑色的明度来扩展出多种灰度的颜色。

画面设计配色

商品照片配色

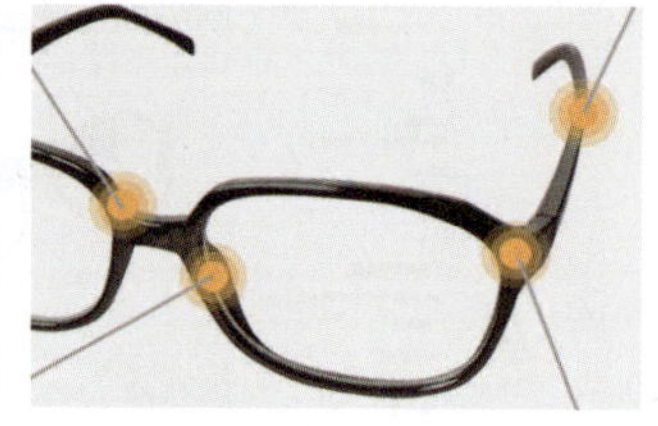

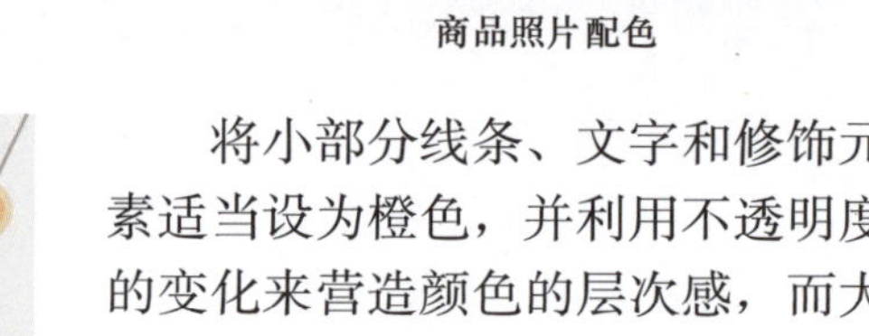

将小部分线条、文字和修饰元素适当设为橙色，并利用不透明度的变化来营造颜色的层次感，而大部分元素使用灰色进行处理。

线性风格的标题栏设计

本案例的标题栏使用了纤细的线条进行表现，对商品详情页面中各部分的信息进行合理的分隔，在线条的两端分别添加不同灰度的文字，丰富了标题栏的内容，使其具有设计感和均衡感。

SELLING POINT
DISPLAY 卖点展示 SPECTACLE FRAMES

SERVICE
GUARANTEE 服务保障 SPECTACLE FRAMES

ADVANTAGES
WEAR 佩戴优势 SPECTACLE FRAMES

PRODUCT
DATA 单品属性 SPECTACLE FRAMES

可视化的售后服务设计

在商品详情页面的末尾添加售后服务信息，如“30天无理由退换货”“质保365”“送运费险”，提升顾客对店铺的信任感，让顾客能够放心地购买。另外，在设计时，将形象的盾牌图像和错落有致的文字结合起来，也能让顾客直观感受到商家服务的诚意和专业程度。

6.4.1 简洁的商品广告图

本案例的广告图采用了比较简洁的风格，将素材中的眼镜框图像用“钢笔工具”抠取出来，放置到设置好的灰色背景中，然后在眼镜框图像旁边添加文字对商品的特色加以说明，具体的制作步骤如下。

Step 01 启动 Photoshop 程序，新建一个文档，使用“矩形工具”绘制广告图的背景，填充一定程度的灰色，取消描边色。接着将眼镜框素材 14.jpg 添加到图像窗口中，并使用“钢笔工具”将眼镜框图像抠取出来。

Step 02 将眼镜框图像添加到选区，为选区创建“色阶 1”调整图层，在打开的“属性”面板中设置参数，增强眼镜框图像的层次感。

Step 03 在拍摄照片的过程中，由于反光导致眼镜框图像的颜色与商品的真实颜色有些许差异，因此，再次将眼镜框图像添加到选区，创建“自然饱和度 1”调整图层，设置“属性”面板中的参数，将眼镜框图像调整为灰度图像。

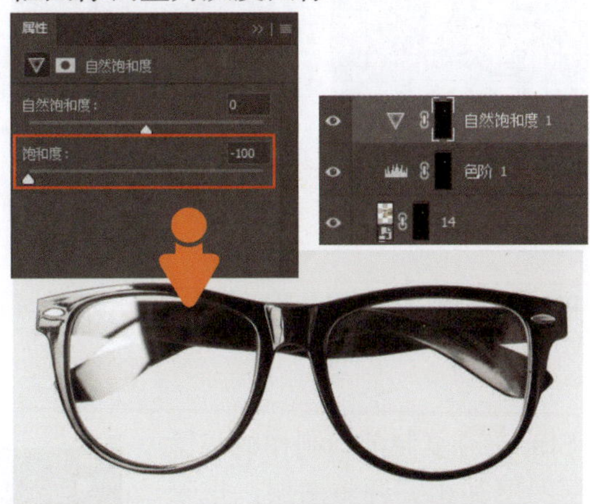

Step 04 使用“横排文字工具”添加所需的文字，然后在“字符”面板中调整文字的字体和字号，使用黑色和橘色填充。

Step 05 选择“圆角矩形工具”，在其工具选项栏中进行设置，绘制所需的形状。调整圆角矩形的大小，将广告图中的主题文字框选其中，对文字进行修饰。

6.4.2 内容详细的商品详情

本案例的商品详情包含单品属性、卖点展示、佩戴优势和服务保障四方面的内容，分别使用标题栏来分隔，通过一致的配色和设计元素来统一视觉效果，具体的制作步骤如下。

Step 01 使用“矩形工具”绘制矩形线条，使用“横排文字工具”添加标题栏文字，将矩形线条与文字组合在一起，制作“单品属性”区域的标题栏。

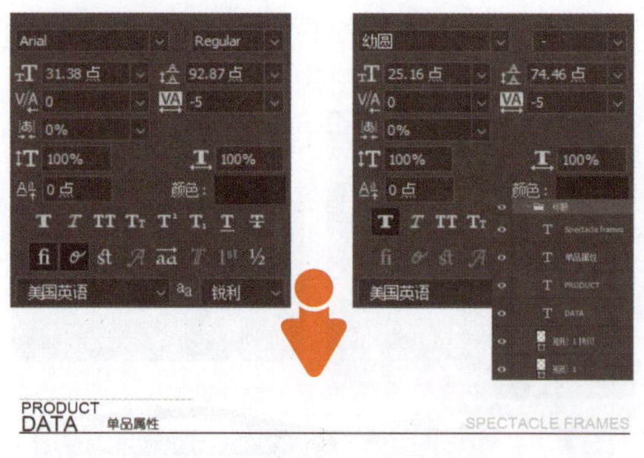

Step 02 选择“矩形工具”，在该工具选项栏中进行设置，绘制所需的矩形，将其放在“单品属性”区域标题栏下方靠左的位置，作为放置商品图像的背景。

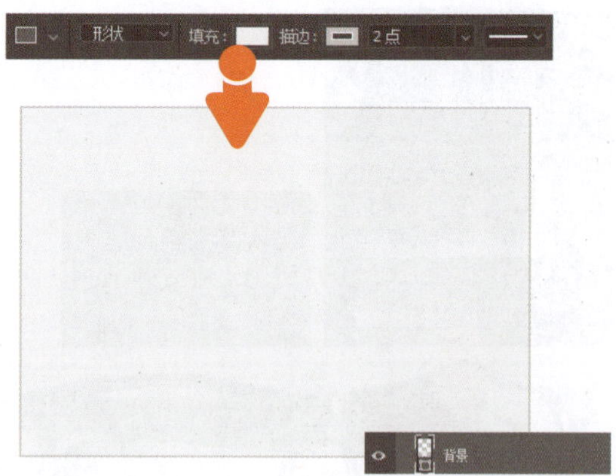

Step 03 复制前面制作的眼镜框图层和相关调整图层，把复制出的图层合并为一个图层，调整眼镜框图像的角度后将其放在矩形上。接着使用“矩形工具”绘制若干个矩形，填充橙色，取消描边色。

Step 04 使用“横排文字工具”添加描述商品属性的文字，将部分文字的颜色设置为白色，放在橘色矩形上，在打开的“字符”面板中对这些文字的字体、字号、间距等属性进行设置。

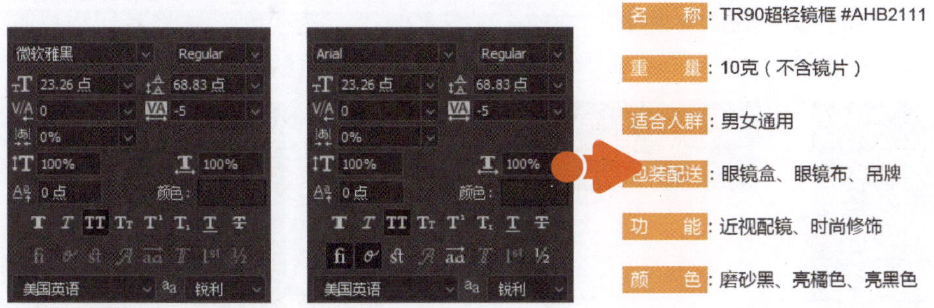

Step 05 为了进一步体现线性化的设计风格，使用矩形线条对文字进行修饰。使用“矩形工具”绘制矩形线条，设置填充色为较浅的灰色，复制线条，将其按照等距方式排列，作为商品属性文字的修饰。

Step 06 复制“单品属性”标题栏，修改文字，制作“卖点展示”区域的标题栏。使用“矩形工具”绘制填充浅灰色、无描边色的矩形，将其作为“卖点展示”区域的背景。

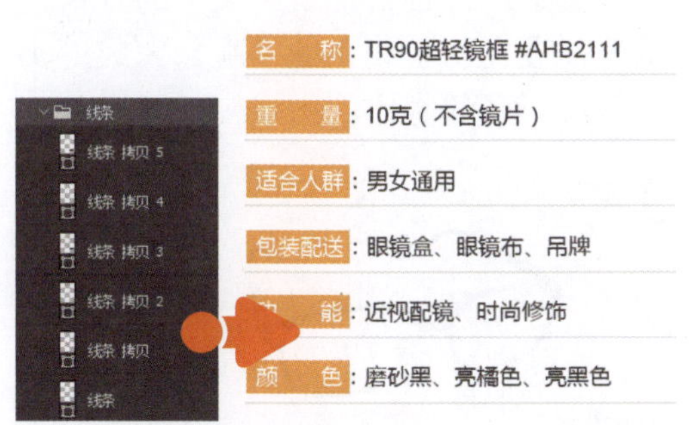

Step 07 将眼镜框素材 15.jpg 添加到图像窗口中，适当调整其大小，使用“钢笔工具”沿着黑色眼镜框绘制路径，将绘制的路径转换为选区，添加图层蒙版，将眼镜框图像抠取出来并放在绘制的灰色矩形上。

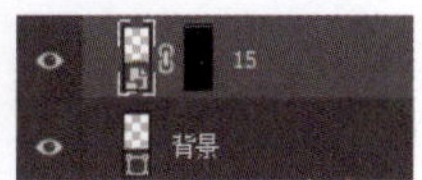

Step 08 将眼镜框图像添加到选区，创建“色相 / 饱和度 1”调整图层，在打开的“属性”面板中调整“黄色”选项下的参数，使眼镜框图像呈现亮眼的黑色，在图像窗口中可以看到眼镜框图像的色调和亮度的变化。

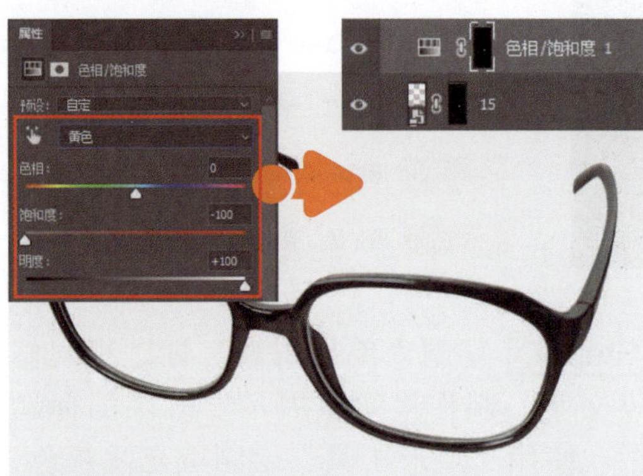

Step 09 为了对眼镜框的几个较特殊的部分进行指示说明，可以使用圆形对这些部分进行重点标记。使用“椭圆工具”绘制三个不同大小的圆形并填充橙色，调整图层的“不透明度”并将其居中排列，制作涟漪状发散的效果。

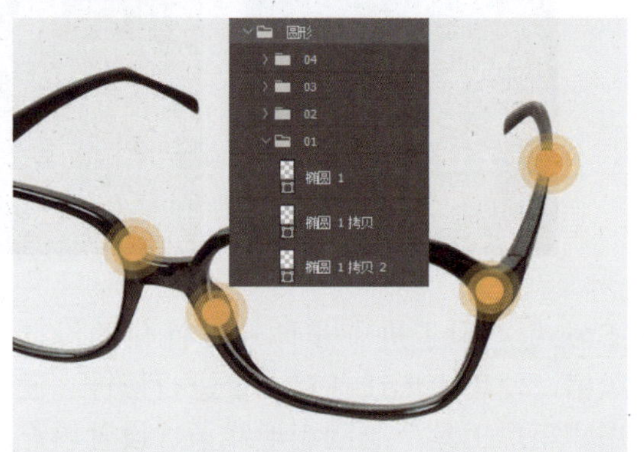

Step 10 选择“钢笔工具”，在其工具选项栏中进行设置，接着在画面的适当位置使用“矩形工具”绘制指示性的矩形线条，用于关联指示位置与文字。

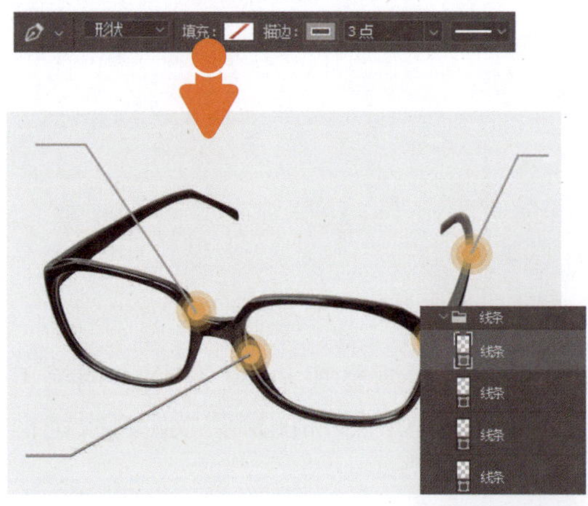

Step 11 使用“横排文字工具”，添加眼镜框的卖点信息，调整文字的字号、间距，将文字以标题搭配说明文字的方式进行组合，放在指示线条的一端。完成“卖点展示”区域的制作。

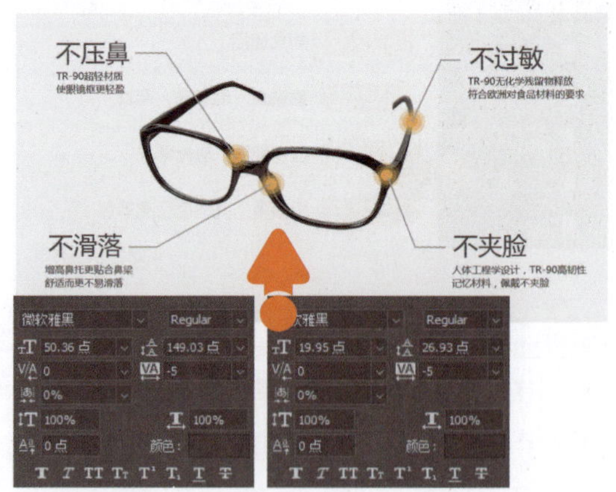

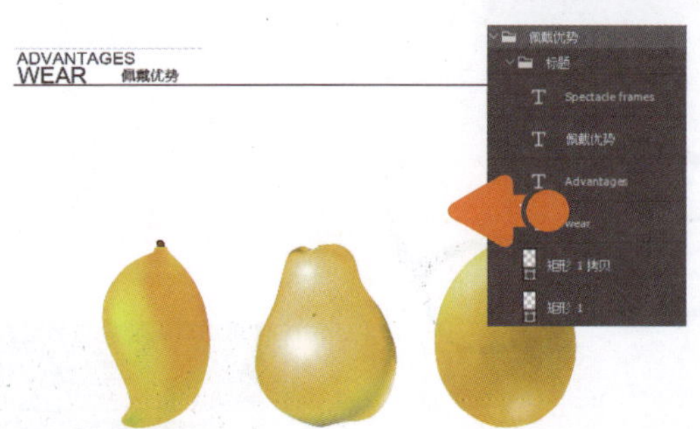

Step 12 参照前面的方法，制作“佩戴优势”区域的标题栏。接着将水果素材 16.jpg 添加到图像窗口中，适当调整其大小后，将其放在适当的位置。

Step 13 将眼镜框素材 14.jpg 添加到图像窗口中，使用“钢笔工具”抠取眼镜框的部分图像，复制抠取后的图像，将其分别放在水果素材上。

Step 14 使用“横排文字工具”添加所需的文字，调整文字的字体、字号、颜色，按照居中排列方式对其进行布局。完成“佩戴优势”区域的制作。

提示

在设计商品详情页面的过程中，为了提升商品的表现力，让商品描述的内容更加饱满、形象，可以使用辅助元素来配合商品形象的表现。例如，本案例中使用不同外形的水果来代表不同的脸型，以形象生动的方式展示不同脸型的人佩戴这款眼镜框的效果，而为了保持画面颜色的统一、和谐，选择的水果都是颜色相近的。

Step 15 参照前面的方法，制作“服务保障”区域的标题栏。选择“自定形状工具”，在其工具选项栏中选择盾牌形状进行绘制，复制绘制的盾牌，并将其等距排列。

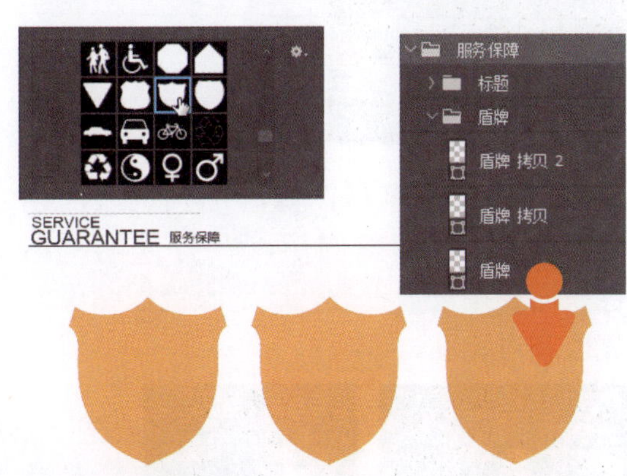

Step 16 使用“描边”“外发光”“投影”图层样式对盾牌形状进行修饰，让盾牌形状的边缘呈现多层线条的效果。

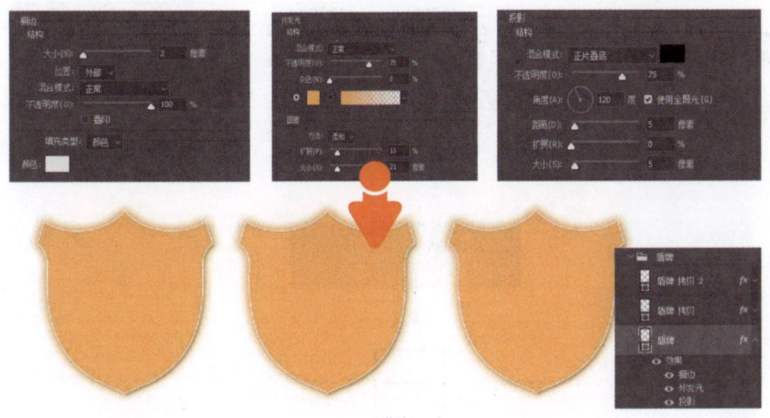

Step 17 使用“横排文字工具”添加所需文字，调整文字的字体、字号和间距，将文字以居中排列的方式放置在盾牌形状上。

6.4.3 风格统一的眼镜框橱窗照

为了让整个商品详情页面的设计风格保持统一，在制作橱窗照时主要抠取素材中的商品图像，然后复制广告图中的文字进行搭配，具体的制作步骤如下。

Step 01 新建“渐变填充 1”图层，在“渐变填充”对话框中设置要填充的渐变颜色，将其作为橱窗照背景颜色。

Step 02 将眼镜框素材 17.jpg 添加到图像窗口中，适当调整其大小，使用“钢笔工具”将眼镜框图像抠取出来。

Step 03 将眼镜框图像添加到选区，创建“色阶 2”调整图层，在打开的“属性”面板中设置参数，调整眼镜框图像的亮度和对比度。

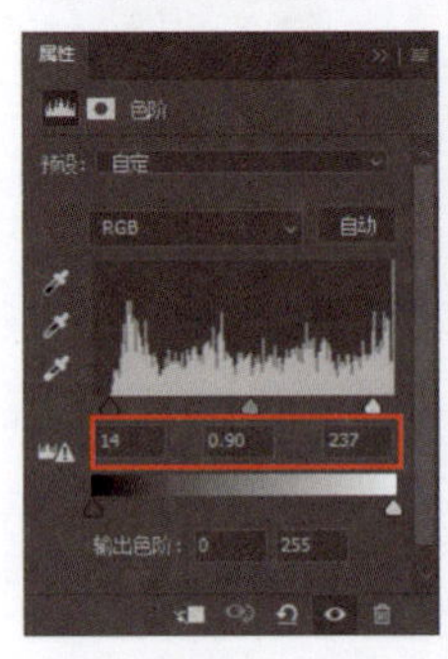

Step 04 复制广告图中左侧的文字，将复制的文字移到橱窗照中的眼镜框图像上方合适的位置，然后将其进行缩放，调整复制文字的大小。

Step 05 最后盖印制作好的橱窗照图层，将图像缩小后移到下方的方框中。至此，本案例全部制作完成。

第 7 章

制作视频的软件基础

为了更吸引更多的顾客关注店铺中的商品，在进行网店装修时，会在网店主图或详情页面中加入一些简单的视频，用于展于不同的商品或商品的主要功能、卖点等。网店中视频的制作主要使用专业的视频编辑软件 Premiere Pro 来完成。本章将详细介绍如何使用 Premiere Pro 来编辑视频，如导入视频素材、添加字幕、添加视频过渡效果等。

7.1 视频编辑基础

使用 Premiere Pro 制作视频时，需要先创建项目，再将准确好的素材导入创建的项目中，对其进行一些简单的设置，为视频的精细处理奠定基础。下面介绍视频编辑的软件基础知识。

7.1.1 创建项目

创建符合要求的新项目文件是视频编辑的第一步准备工作。Premiere Pro 中，创建新项目有两种方法：第一种是在“主页”对话框中单击“新建项目”按钮；第二种是执行“文件 > 新建 > 项目”命令。

从主页创建

启动 Premiere Pro 程序，会打开“主页”对话框，在对话框中可以快速创建符合要求的项目，并且可以通过“新建项目”对话框，设置新建项目的名称及其他选项。如下图所示为从主页中创建项目的操作过程，可以看到在项目窗口中显示新创建的项目。

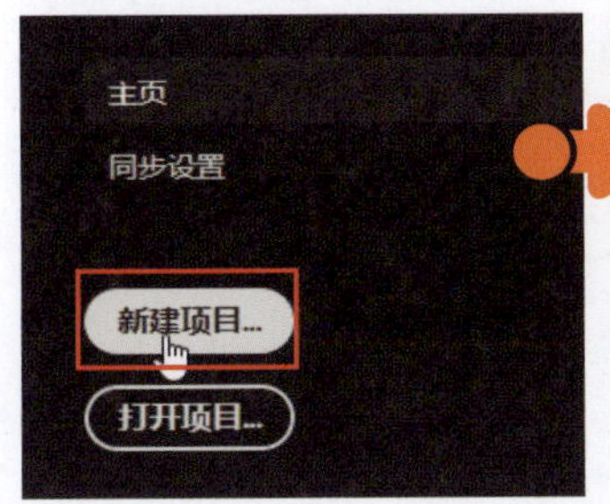

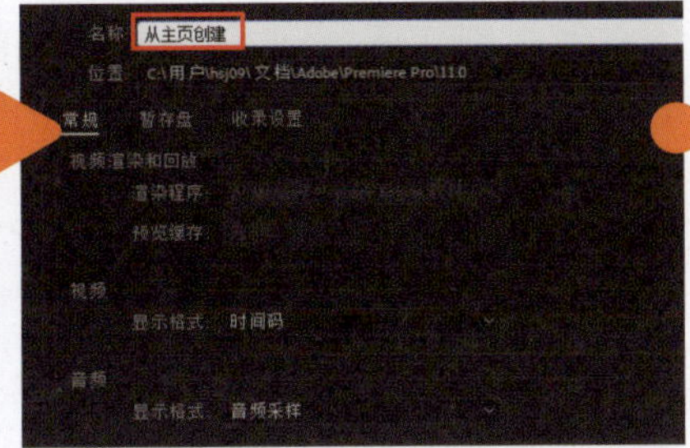

执行菜单命令创建

如果已经在Premiere Pro中打开了某个项目，还要打开其他项目，就需要执行“文件 > 新建 > 项目”命令。

执行“文件>新建>项目”命令，打开“新建项目”对话框，在对话框中设置选项，创建新项目。如右图所示为通过执行菜单命令创建新项目的操作过程，可以看到创建的新项目会替换已有的项目。

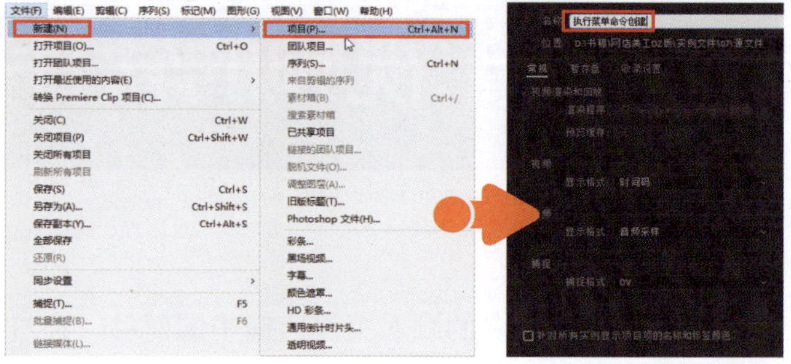

7.1.2 向项目中导入素材

在网店装修中，视频素材的选择也是非常重要的，可以选择自己拍摄的视频素材，也可以使用已经拍摄好的图片素材等。当确定视频项目中需要的素材后，需要将这些素材导入创建的项目中。通过执行“文件 > 导入”命令或双击项目窗口中的“导入媒体以开始”区域，可以导入需要的素材。

如下图所示，在创建的项目中，双击项目窗口中的“导入媒体以开始”区域，打开“导入”对话框，在对话框中选择需要的素材文件，再单击“打开”按钮，即可导入选择的素材文件，素材会显示在项目窗口中。

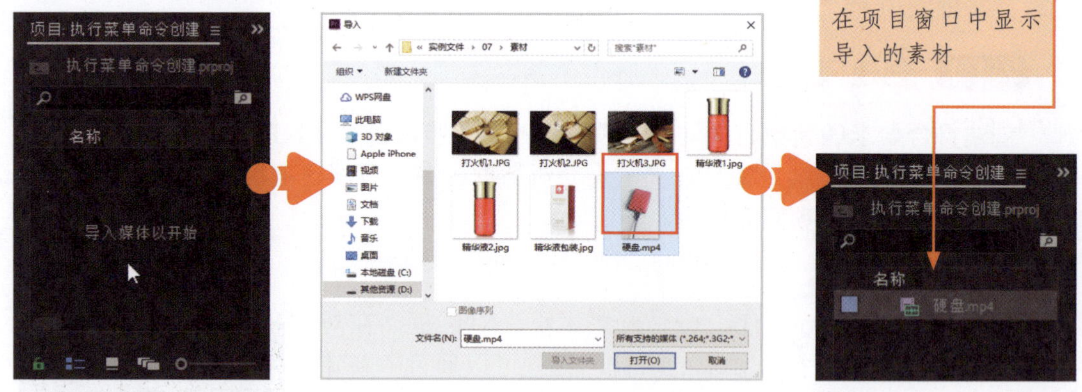

7.1.3 创建序列

序列文件是一类比较特殊的素材文件，一般是由其他软件输出的由多张具有统一编号的图像素材组成的视频文件。创建序列时，可以从标准序列预设中选择，也可以自定义一组设置，并将这组设置保存在自定义序列设置预设中。如果想完全控制所有序列参数，那么需要创建一个新序列并自定义其设置。

在 Premiere Pro 中，执行“文件 > 新建 > 序列”命令，打开“新建序列”对话框，选择该对话框中的“设置”标签，即可设置新建序列的长宽比等参数，创建新序列，如下图所示。

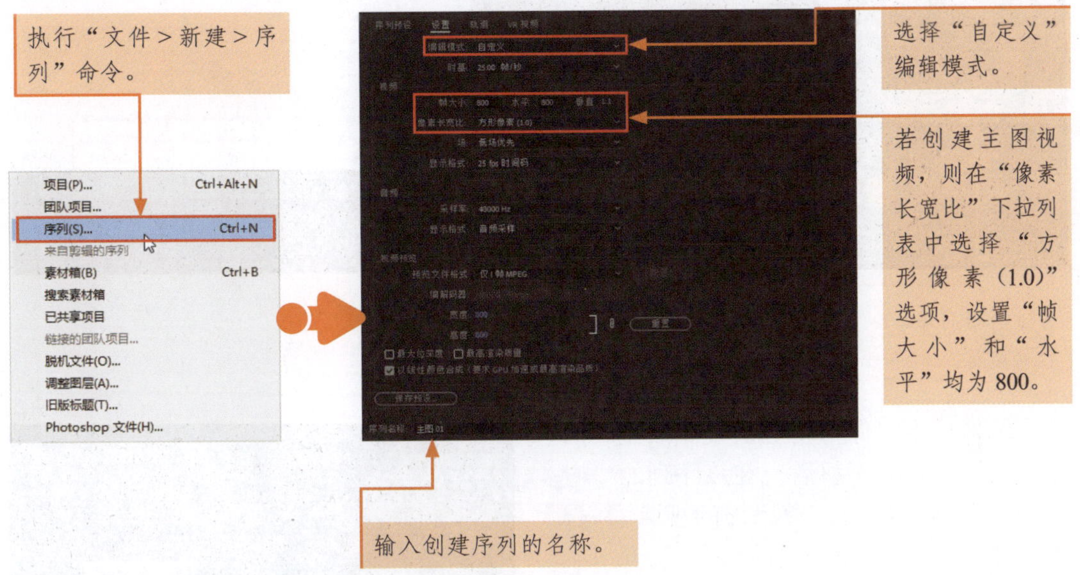

创建序列后，在项目窗口中会显示创建的新序列，并且在节目监视器中可以查看创建序列的长宽比效果。

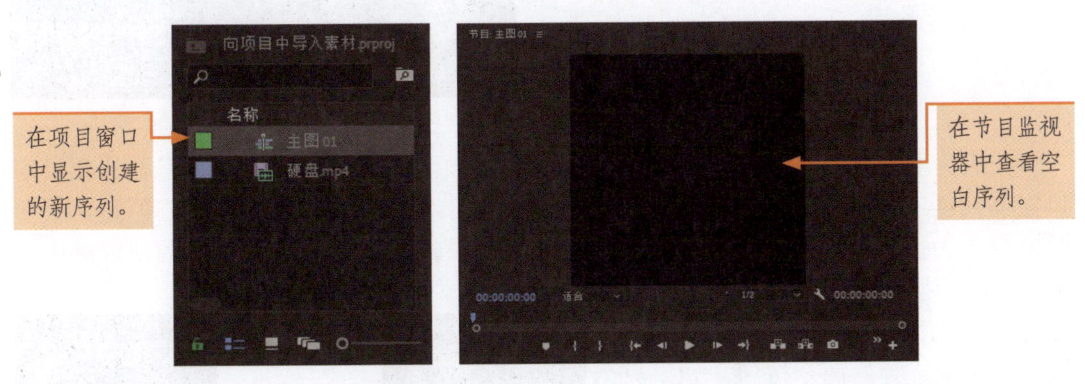

7.1.4　向序列中添加素材

创建序列后，会自动在“时间轴”面板中打开序列，此时在“时间轴”面板中显示多条视频和音频轨道，可以将拍摄的商品照片、视频画面及音频文件分别添加到“时间轴”面板中的视频和音频轨道中。

如下图所示，若要将项目中的“硬盘”视频素材添加到创建的“主图 01”序列中，则可以直接从项目窗口中将视频素材拖曳到“主图 01”序列的“V1”轨道中。此时由于该视频素材的长宽比与序列的长宽比不一致，会弹出“剪辑不匹配警告”对话框，若想按照视频素材长宽比修改序列，则单击“更改序列设置”按钮；若想视频素材适应序列，则单击“保持现有设置”按钮。

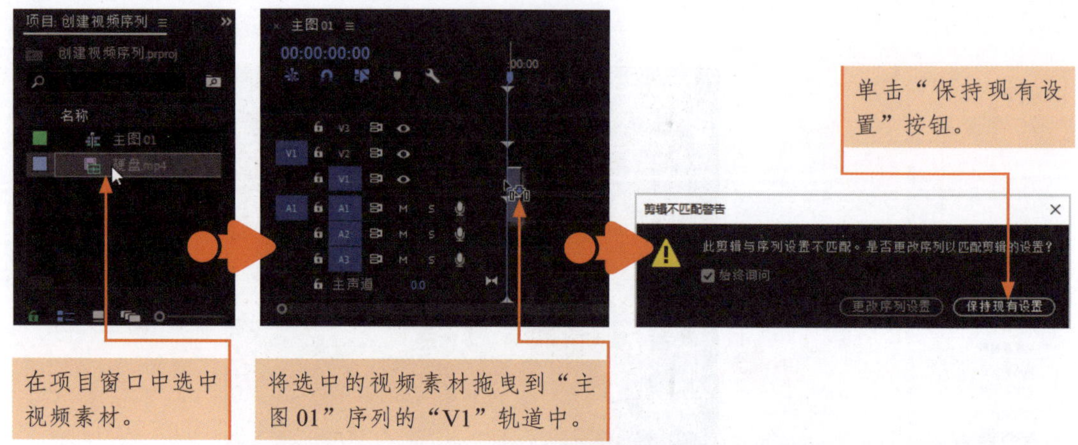

此处单击“保持现有设置”按钮。向序列中添加视频素材后，在该序列的“时间轴”面板中就会显示添加的视频素材，如右图所示。

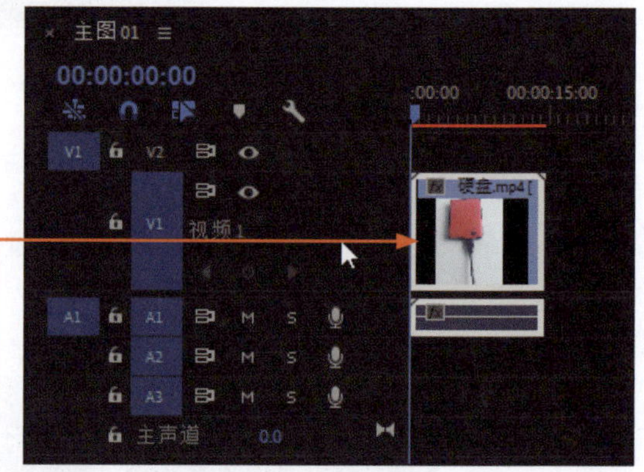

双击“V1”轨道的空白区域，放大显示，查看添加的视频素材。

我们为商品拍摄的视频大多由视频画面和音频两部分组成。将视频素材从项目窗口拖曳到创建的序列时，视频素材的视频画面和音频都会被加入序列中。但是，很多时候都会为视频单独添加背景音频或配音，因此只需要添加视频素材中的视频画面即可，这时可以使用源监视器来实现。

在源监视器中有“仅拖动视频”和“仅拖动音频”两个按钮。如果只需要添加视频素材的视频画面，则将鼠标指针置于“仅拖动视频”按钮上，然后将其拖曳到序列的时间轴轨道中，如右图所示；如果只需要添加视频素材的音频，则将鼠标指针置于“仅拖动音频”按钮上，然后将其拖曳到序列的时间轴轨道中。

将鼠标指针置于“仅拖动视频”按钮上。

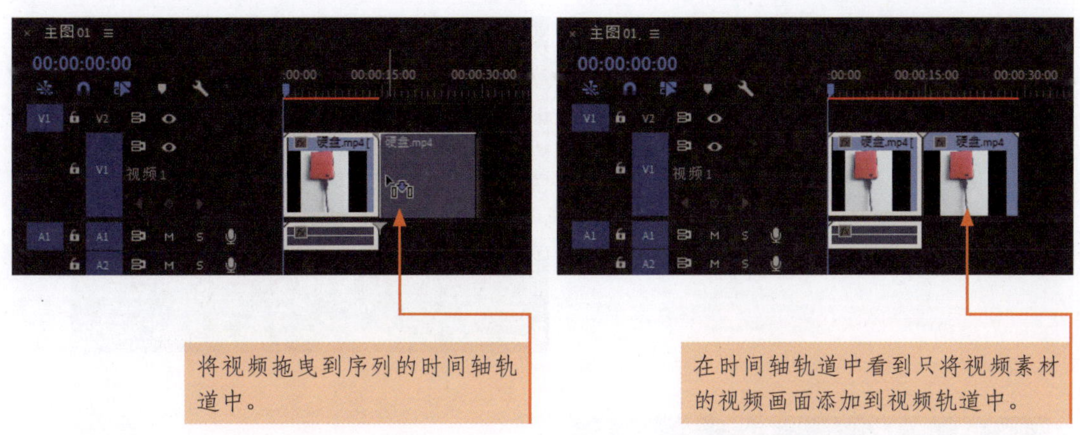

7.1.5 保存和输出视频

在创建项目和序列时，为了避免因突然关闭软件而造成项目文件和序列文件的丢失，需要及时保存项目文件。如果已经完成了项目文件的编辑操作，则可以将其导出为指定的视频格式的文件，方便后续使用播放器播放和查看视频效果。

保存视频项目

在 Premiere Pro 中，使用“保存”或“另存为”命令可以保存正在编辑的视频项目。使用“保存”命令保存视频项目，会自动将编辑后的视频保存在“新建项目”对话框设置的文件中，并替换最初的项目文件；使用“另存为”命令保存视频项目，会打开“保存项目”对话框，在对话框中可以重新指定视频的保存位置和文件名等，如下图所示。

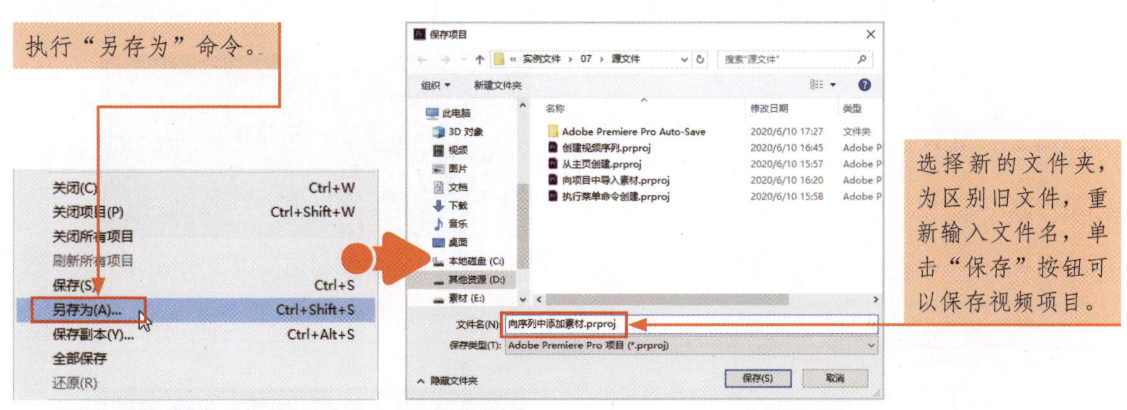

导出视频

在编辑完一个项目文件后，可以采用最适合后续编辑或最适合查看的形式从序列中导出视频。Premiere Pro 支持采用适合各种用途和目标设备的格式导出，执行“文件 > 导出 > 媒体”命令，打开如下图所示的“导出设置”对话框。

执行“文件 > 导出 > 媒体”命令。

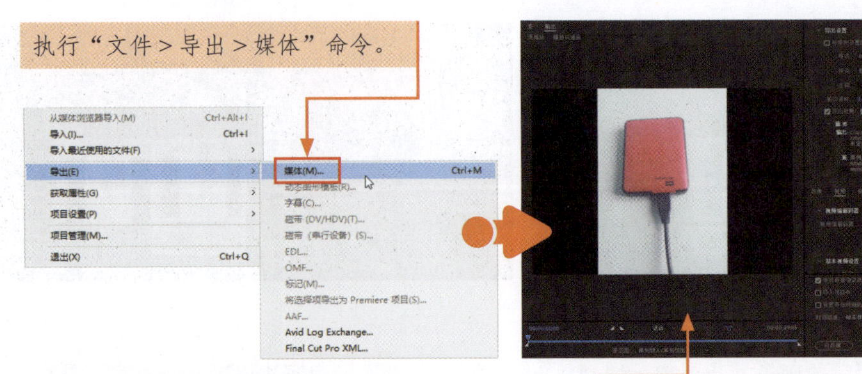

“导出设置”对话框。

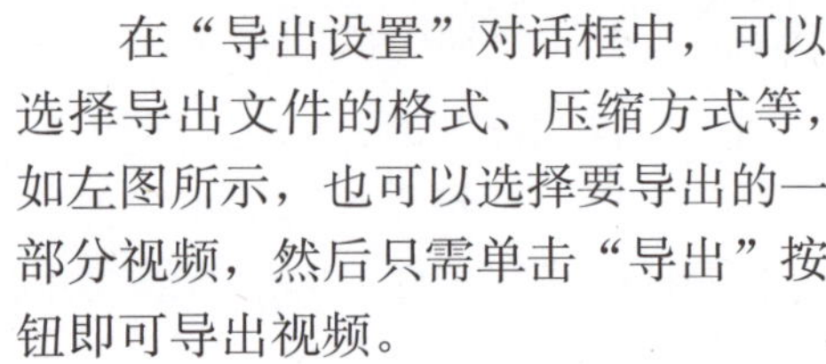

在“导出设置”对话框中，可以选择导出文件的格式、压缩方式等，如左图所示，也可以选择要导出的一部分视频，然后只需单击“导出”按钮即可导出视频。

电商平台对视频大小有一定的限制，因此选择 H264 格式，此格式是一种高精度的视频发布格式，导出的视频质量高，而且文件也相对较小。

单击“输出名称”右侧的视频名称，可以打开“另存为”对话框，设置更多视频导出选项。

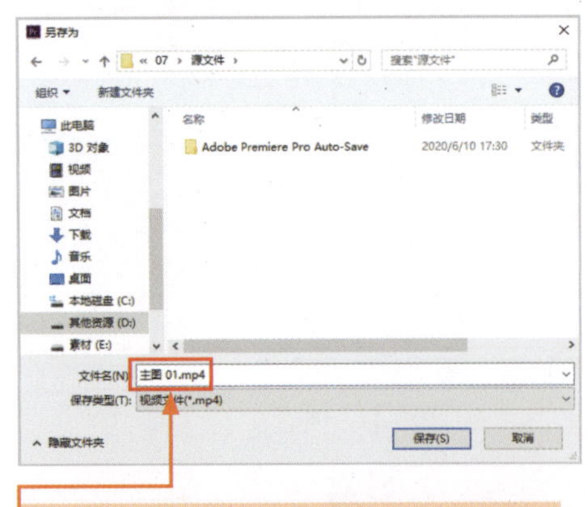

在“另存为”对话框中指定导出视频文件的保存位置及文件名等。

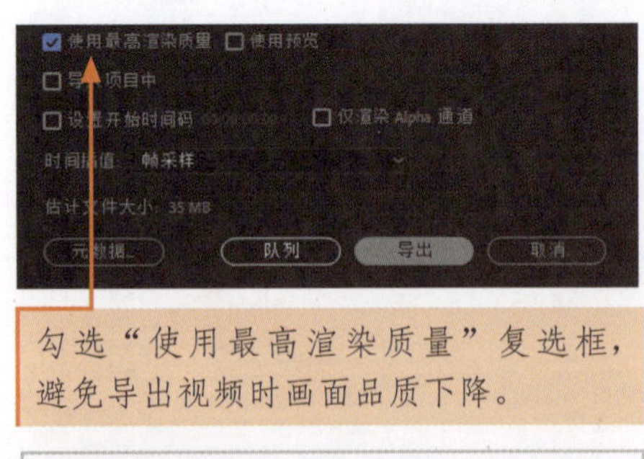

勾选“使用最高渲染质量”复选框，避免导出视频时画面品质下降。

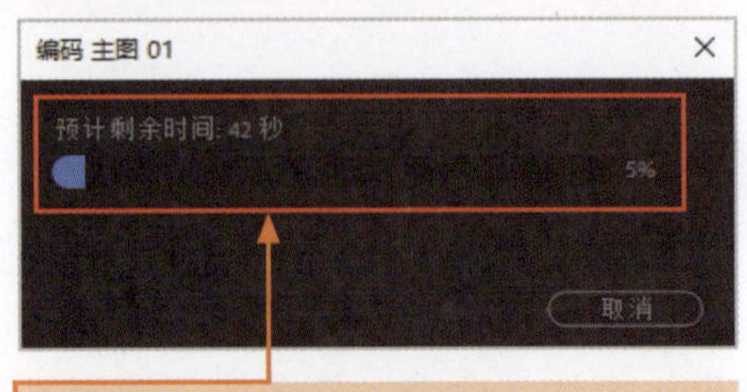

显示导出视频进度及导出预计剩余时间，导出完成后会自动关闭。

7.2　编辑视频素材

在编辑视频时，素材往往不完全满足要求，这时就需要先对素材进行一些简单的处理，如调整视频素材位置、裁剪和旋转视频素材等。如果需要处理的素材为动态视频，则可以使用 Premiere Pro 直接进行编辑；如果需要处理的素材为静态图片，则可以使用 Photoshop 进行编辑。

7.2.1　调整位置

向项目中导入视频素材后，如果视频素材中商品的位置不理想，不但会影响画面美观效果，而且不利于商品的展示。在 Premiere Pro 中可以通过拖曳节目监视器中的素材调整商品位置，也可以在“效果控件”面板中输入参数，调整视频素材中商品的位置。

如下图所示，打开一个主图视频项目，在节目监视器中可以看到商品位置不太理想，并且只显示了商品局部，使商品展示画面格外不美观。下面简单介绍调整商品位置的方法。

观察节目监视器中的视频画面，由于视频素材的长宽比与设置的视频画面尺寸不匹配，导致画面中的钥匙链位于画面左下方，所以需要进一步调整商品的位置，以便能够突出要表现的商品信息，具体操作如下图所示。

在节目监视器中双击视频画面，显示编辑框。

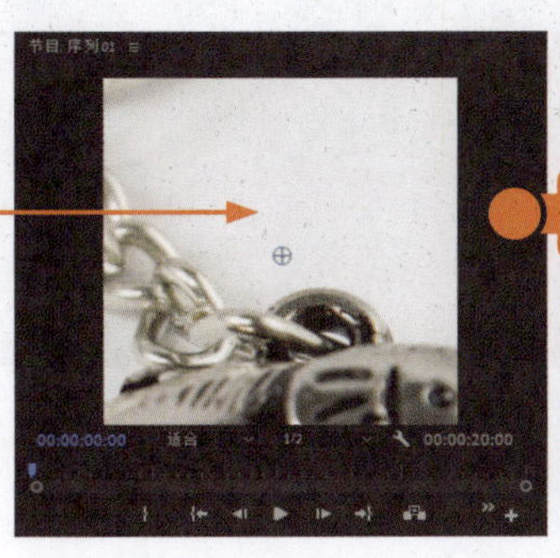

单击画面并拖曳，移动视频画面直至在画面中显示钥匙链主要部分。

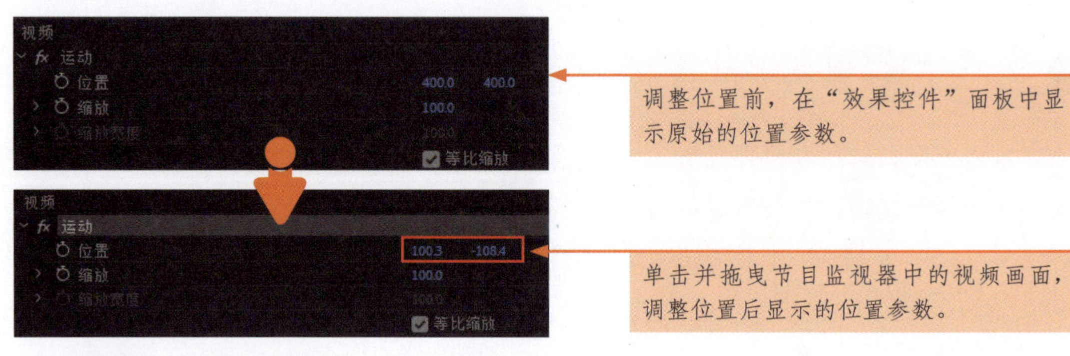

7.2.2 裁剪和旋转

在制作网店视频时，如果选中的视频素材尺寸比例不合适，可以在后期处理时对视频素材进行裁剪，通过裁剪项目中的视频或图像，可以控制画面效果使商品得到更好的展示。下面分别采用不同的方法裁剪动态视频素材和静态图像素材。

裁剪动态视频素材

Premiere Pro 提供了动态视频编辑功能，可以对添加到项目窗口中的视频素材进行简单的调整，如裁剪视频素材、旋转视频素材等。

对视频素材进行裁剪不但可以调整构图不理想的画面，也可以突出画面中的重要信息。如下图所示，打开一个项目，在此项目中添加一个图像和一个视频，先对视频进行裁剪。在"时间轴"面板中选中视频素材，打开"视频效果"素材箱，在"变换"素材箱中选中"裁剪"效果，将该效果拖曳到"时间轴"面板中的视频素材上。

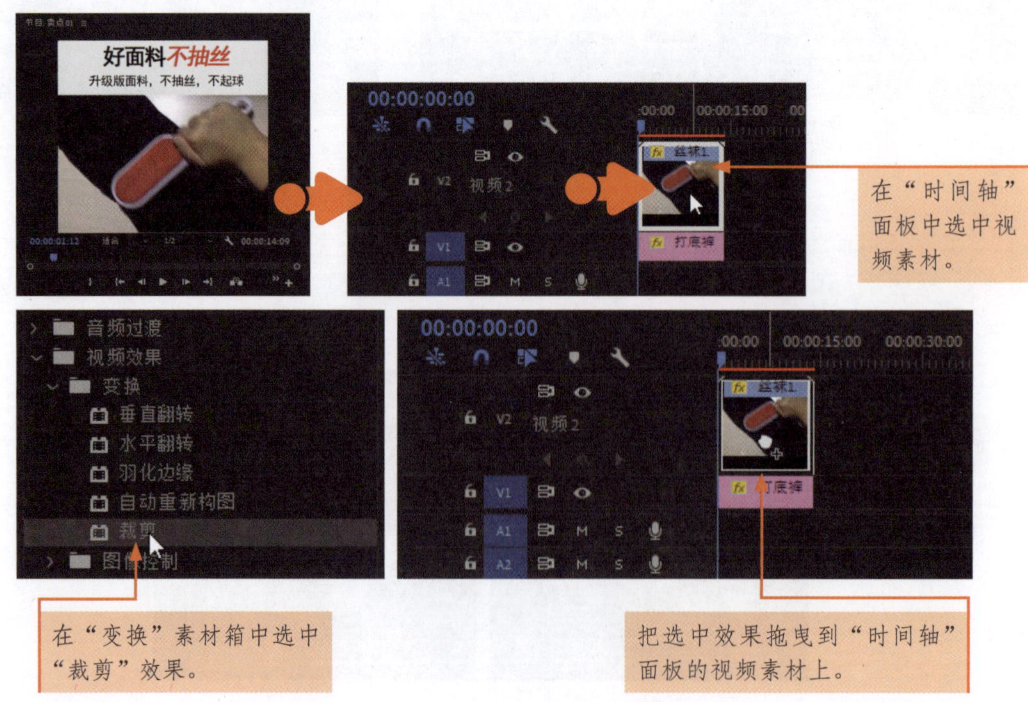

对视频素材应用“裁剪”效果后，Premiere Pro 并不会直接裁剪视频素材，而是需要使用“效果控件”面板中的选项来对视频画面进行裁剪，将鼠标指针移到选项右侧的数值上方，当指针变为 时，向左或右拖曳可以设置裁剪值，如果需要更精确地裁剪视频画面，可以直接双击再输入数值。

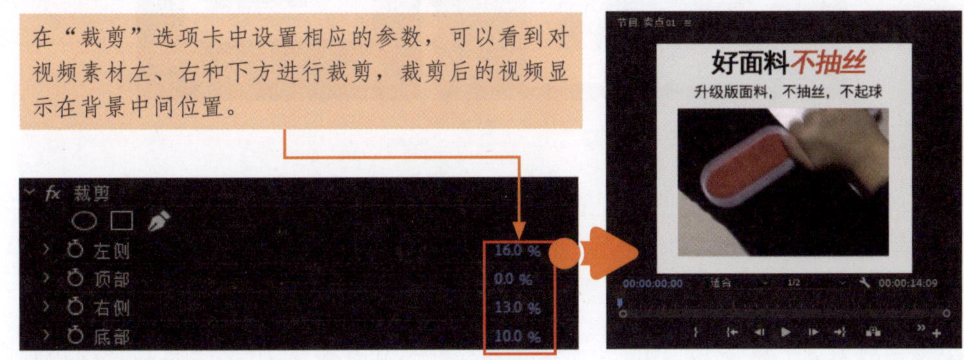

裁剪静态图像素材

Photoshop 提供了强大的图像编辑功能，可以比较快速地完成图像素材的裁剪操作。使用 Photoshop 对图像进行处理时，处理的结果会在 Premiere Pro 中实时反映出来。

打开一个项目，在节目监视器中看到因为图像素材与创建的项目长宽比不一致，导致只显示了图像素材中的一部分，这时就可以通过裁剪素材完整地显示出相机镜头。在“时间轴”面板中右键单击该图像素材，在弹出的快捷菜单中执行“在 Adobe Photoshop 中编辑”命令，如下图所示。

启动 Photoshop 程序，打开选中的图像素材，选择“裁剪工具”，在其工具选项栏中选择“宽 × 高 × 分辨率”选项，输入裁剪后图像的宽度、高度和分辨率的值，在图像素材中单击并拖曳鼠标，绘制裁剪框，按 Enter 键后会根据绘制的裁剪框裁剪图像。保存裁剪后的图像，返回 Premiere Pro 程序查看效果，如下图所示。

由于创建的序列长宽比为 1:1，所以在裁剪工具选项栏中要设置相同的宽度和高度，并且将分辨率设置为 72 像素 / 英寸。

宽 x 高 x 分...　800 像素　⇄　800 像素　72　像素/英寸

根据需要调整图像上出现的裁剪框，然后裁剪图像。

在保证完整显示商品的同时，去掉旁边多余的背景。

7.2.3 颜色调整

视频的颜色与图像的颜色一样重要。颜色暗淡、画面灰暗的商品视频不但会影响顾客对商品的判断，甚至会引起一些不必要的纠纷。下面介绍视频素材的颜色调整。

使用“调整”素材箱

在“视频效果”素材箱中的“调整”素材箱提供了几种用于快速调整视频画面颜色和亮度的效果，当遇到拍摄的视频画面太暗或太亮时，可以应用这些效果快速调整视频画面，使其恢复正常的层次和视频效果。

在 Premiere Pro 中打开一个画面偏暗的项目，双击“时间轴”面板中的视频素材，在节目监视器中显示调整前的画面效果，如右图所示。

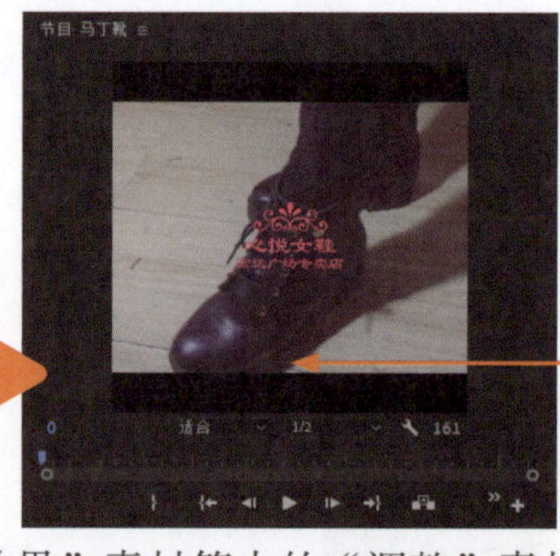

画面因为亮度不够，不能清楚显示鞋的做工、材质等重要细节特征。

打开“效果”面板，选择“视频效果”素材箱中的“调整”素材箱中的“色阶”效果，将选中的“色阶”效果拖曳到“时间轴”面板中的视频素材上，然后打开“效果控件”面板，调整参数，调整后在节目监视器中能看到画面的亮度变化。

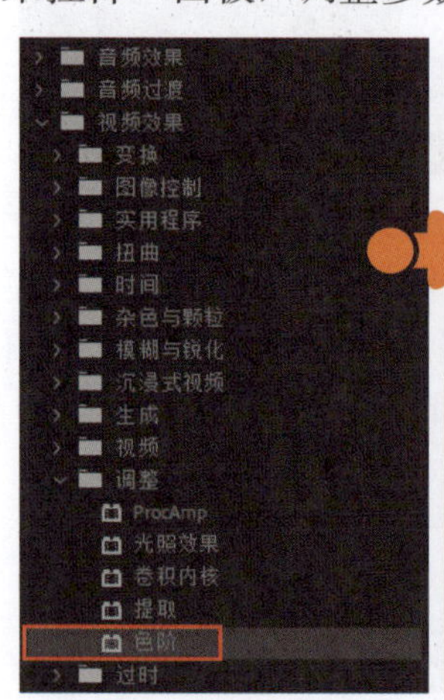

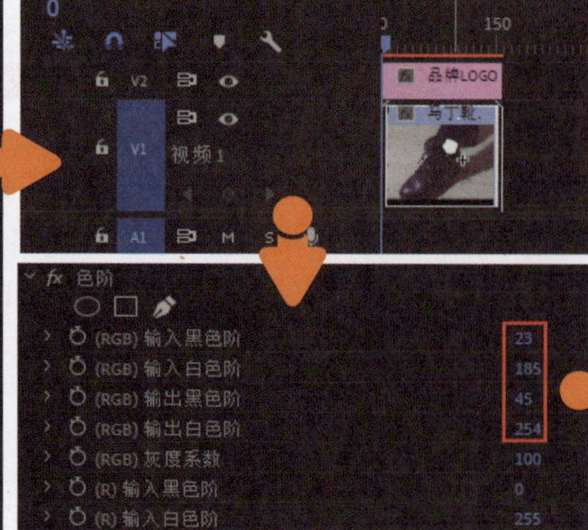

处理后，画面变得明亮，层次感更强，处于暗部的鞋面、鞋带都清晰地呈现在顾客的眼前。

使用“颜色校正”素材箱

“颜色校正”素材箱与“调整”素材箱作用相似，主要用于视频画面颜色和亮度的调整。在“颜色校正”素材箱中同样有颜色调整和亮度调整的效果，应用这些效果可以实现更精细的视频调整。

如下图所示，在 Premiere Pro 中打开需要调整颜色的项目，双击“时间轴”面板中的视频素材，在节目监视器中查看调整前的视频素材。

画面因为亮度不够，不能清楚显示鞋的做工、材质等重要细节特征。

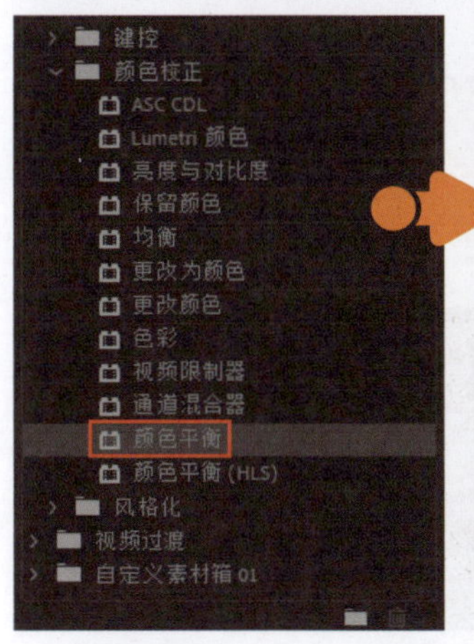

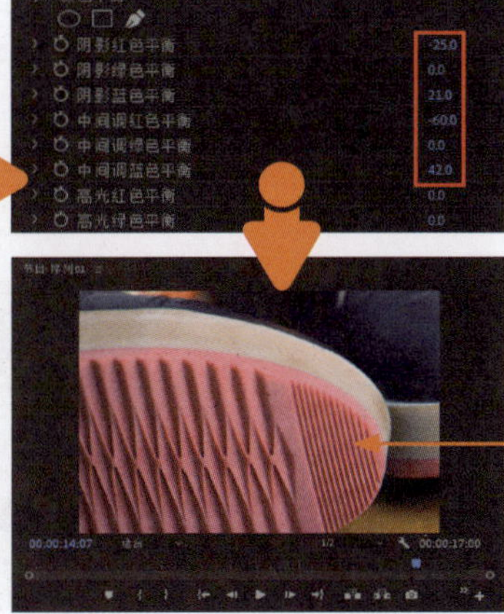

打开“效果”面板，选择“视频效果”素材箱中的“颜色校正”素材箱中的“颜色平衡”效果，将该效果拖曳到选中的视频素材上，结合“效果控件”面板设置各参数，调整视频素材颜色。

使用“颜色平衡”效果调整视频素材颜色，减少黄色和红色，画面中鞋的颜色更接近于真实状态。

7.2.4 分割和删除

拍摄视频时，为了给后期编辑提供更多的素材，会将拍摄的时间延长，获得播放时间更长的视频。而大多数顾客观看视频的时间都不长，因此在上传视频前，需要对长视频进行分割，删除与商品关系不大或出现其他杂物的部分，突出重点部分。

分割视频素材

在 Premiere Pro 中，可以使用“剃刀工具”将一个视频素材分割为两个或多个视频，也可以将其用于跨多个轨道的视频分割操作。将原始视频分割后得到的视频也是原始视频的完整版本，只是它们具有不同的入点和出点。

打开一个需要分割的项目，在“时间轴”面板中选中需要分割的视频素材，单击工具栏中的“剃刀工具”按钮，再单击序列中要分割的时间点，就可以从该时间点将一个视频分割为两个视频，如下图所示。

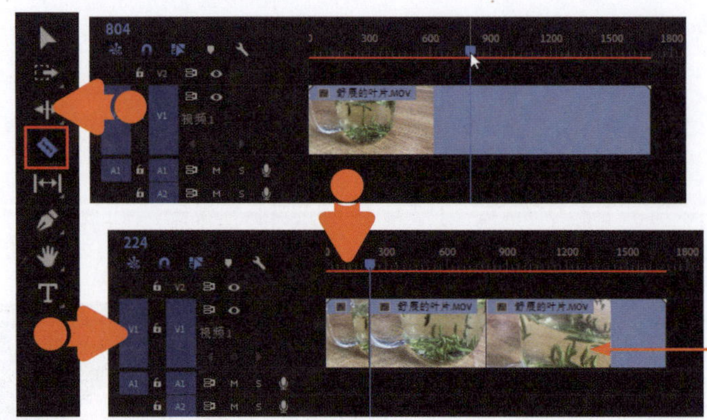

使用“剃刀工具”在视频素材中连续单击，将原始视频分割为多个不同时长的视频。

提示

要分割目标轨道上的视频，除了可以使用“剃刀工具”，也可以单击所需轨道的头以将其设定为目标轨道，然后将播放指示器置于要分割的时间点，执行“序列 > 添加编辑”命令来分割视频。

使用“调整”素材箱

将原始视频分割为几个视频后，可以将分割出来的多余视频从时间轴中删除。Premiere Pro 提供了两种比较常用的删除视频的方法。方法一是右键单击轨道中的视频，在弹出的快捷菜单中执行“清除”命令；方法二是选中视频后，直接按 Delete 键删除，如下图所示。

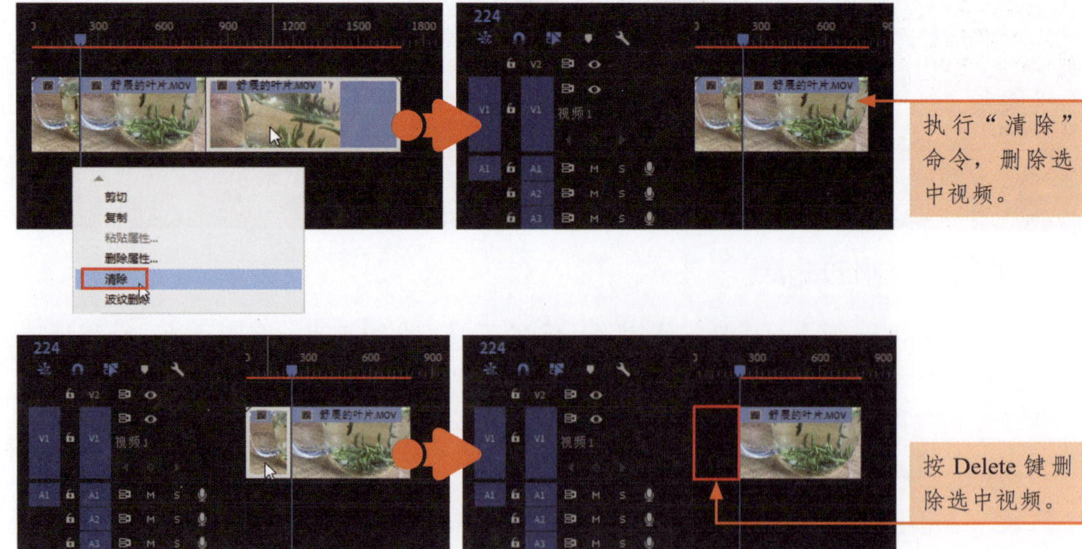

7.3 添加视频过渡效果

过渡是指将场景从一个镜头转移到下一个镜头。对于大多数视频来说，过渡都是必不可少的，通过在两个剪辑之间应用过渡，才能实现不同场景的自由切换。在“效果”面板的“视频过渡”素材箱中提供了多种不同的视频过渡效果，应用这些视频过渡效果可以在两段视频素材的衔接处添加一个过渡效果，制作艺术性的场景转换效果。

7.3.1 应用过渡效果

Premiere Pro 提供了大量可应用于序列的过渡。在视频编辑的过程中，可以将过渡置于两个镜头之间的剪切线上，也可以只将过渡应用于剪辑的开头或结尾。如果要在两个剪辑之间放置过渡效果，则这两个剪辑必须在同一个轨道上，并且它们之间没有间隔。

打开需要应用过渡效果的项目文件，在“效果”面板中展开“视频过渡”素材箱，然后展开需要使用的过渡的素材箱，单击选中某个过渡，将其拖曳到两个剪辑之间的剪切线上，然后在出现“中心切入”图标时松开鼠标，即可在两个剪辑之间应用该过渡。

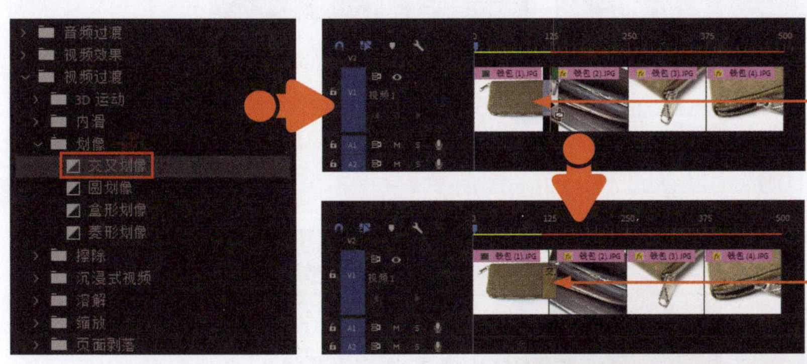

拖曳过渡到两个剪辑之间的剪切线上。

在两个剪辑之间应用过渡，并显示过渡图示。

一个视频项目往往包含多个剪辑，在编辑的过程中，可以分别为这些剪辑添加不同的过渡效果，如右图所示。设置完成后，可以通过播放序列或在过渡中拖曳当前时间指示器，预览过渡效果。

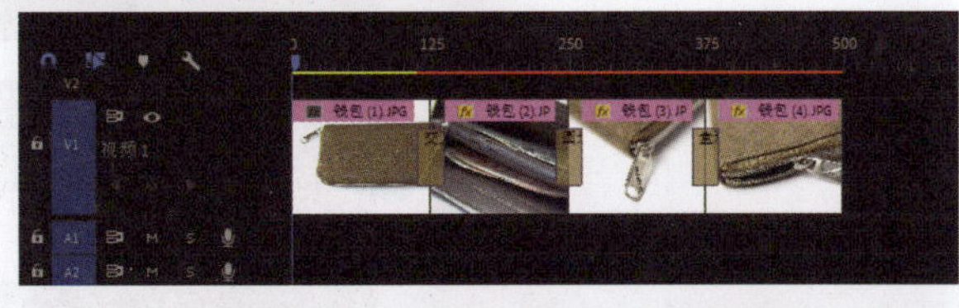

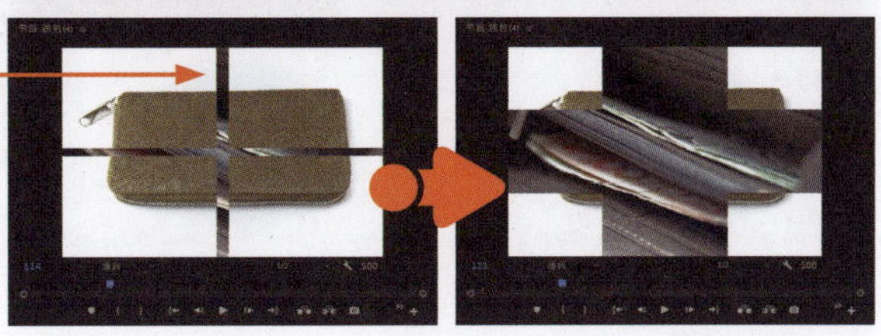

单击节目监视器下方的“播放 - 停止切换”按钮，播放视频，预览“交叉划像”过渡效果。

7.3.2 添加默认转场效果

在 Premiere Pro 中，可以指定其中一种过渡作为默认过渡，并在序列中的剪辑之间快速应用它。在“效果”面板中，默认过渡图标具有黄色轮廓标志，其中“交叉溶解”过渡是默认过渡。如果经常使用其他过渡，则可以将其设置为默认过渡，并在项目中应用它。

执行“窗口 > 效果”命令，打开“效果”面板，展开“视频过渡”素材箱，选择要作为默认过渡的过渡，然后单击“效果”面板右上角的扩展按钮，或右键单击选中的过渡，在弹出的快捷菜单中执行“将所选过渡设置为默认过渡”命令，这时就会将选中的过渡作为新的默认过渡，如下图所示。

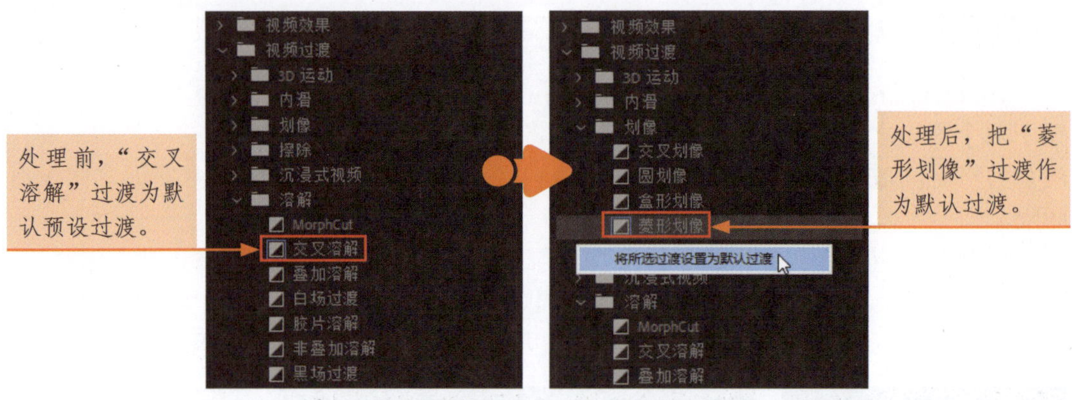

更改默认过渡后，可以将该过渡应用于一个或多个轨道上的邻接剪辑对。其操作方法是在时间轴中选择两个或更多剪辑，按住 Shift 键并单击所有剪辑，或用鼠标在剪辑上画出一个选框，选择多个剪辑，然后执行“序列 > 应用默认过渡到选择项”命令，就能在选中的多个剪辑中应用默认过渡，如下图所示。

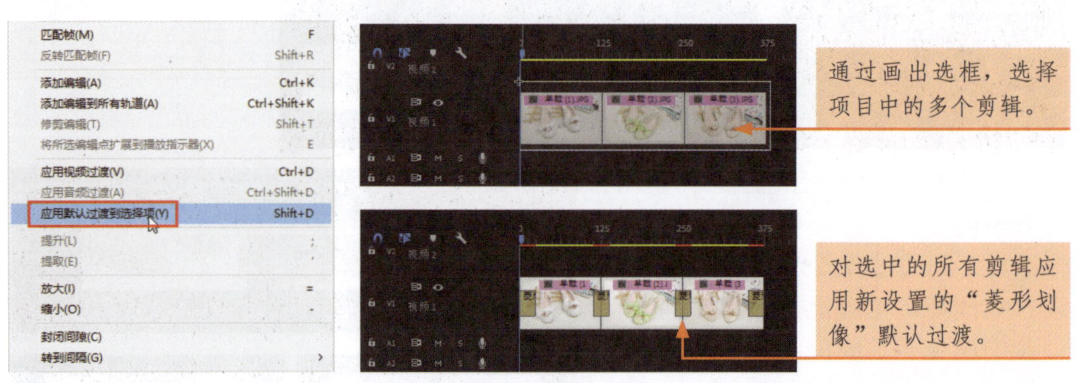

提示

更改默认过渡时，更改的是所有项目的默认值。更改默认过渡不会影响已经应用于序列的过渡。

7.3.3 自定义过渡参数

为商品照片或视频素材添加过渡效果后，可以使用“效果控件”面板来更改应用于序列的过渡的设置。在“效果控件”面板中，可以移动和剪切过渡，也可以调整过渡的对齐方式和持续时间等。

在 Premiere Pro 中打开已应用过渡的项目文件，在“时间轴”面板中单击选中过渡，打开“效果控件”面板，在“持续时间”文本框中输入数值，更改时间；在“对齐”下拉列表中选择一种对齐方式，更改过渡对齐方式；单击过渡缩略图上的边缘选择器右下方的箭头，更改过渡方向，如下图所示。

单击选中需要更改的过渡。

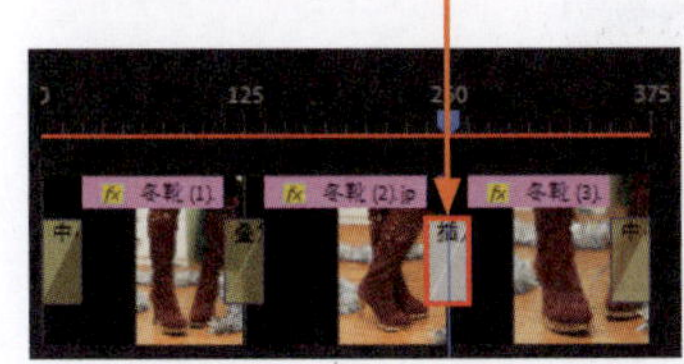

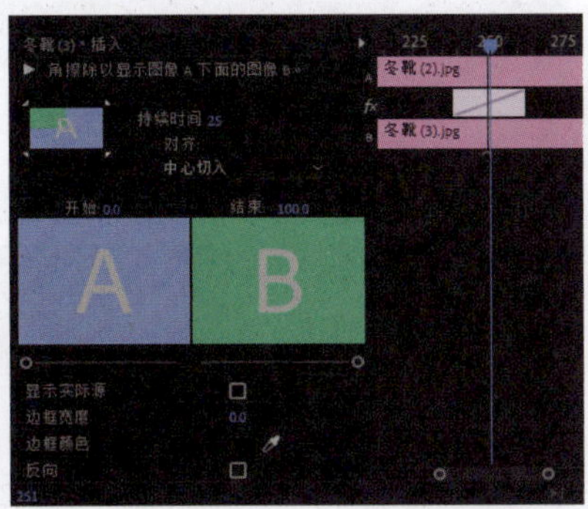

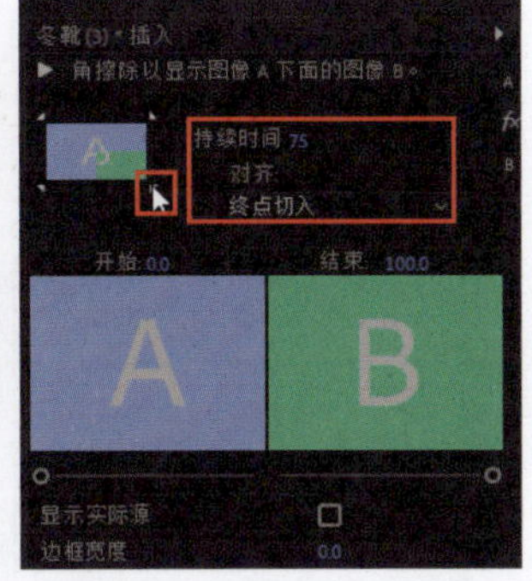

在“效果控件”面板中更改过渡参数后，可以通过节目监视器中的播放序列或在时间轴中拖曳当前时间指示器，预览过渡效果，如下图所示。

处理前，过渡时间较短，并从画面左上角开始应用过渡效果。

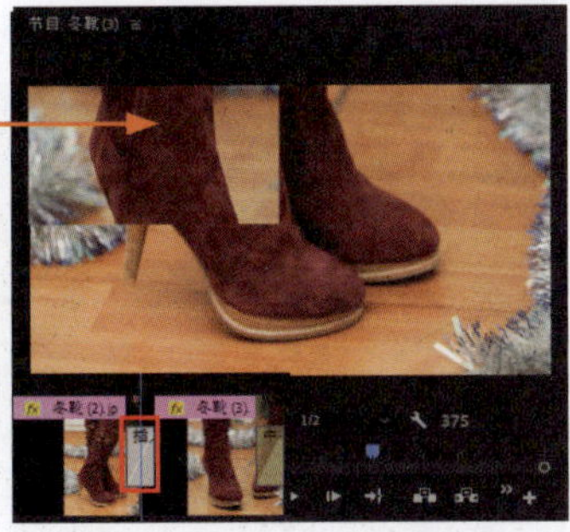

处理后，延长了过渡的时间，并从画面右下角开始应用过渡效果。

提示

在 Premiere Pro 中，有一些过渡位于中心位置，如“圆划像”。当过渡存在可以重新调整位置的中心时，可以在“效果控件”面板中的“A”预览区域拖动一个小圆形，调整过渡的中心位置。

7.3.4 替换和删除过渡效果

制作网店主图或详情视频时，会应用不同的过渡效果。这些过渡效果在输出之前，都可以对它们进行替换或删除等操作。

替换过渡效果

对于项目中已应用的过渡，可以使用“效果”面板中的其他过渡进行替换。应用新过渡替换原来的过渡，会丢弃原过渡的设置，并将其替换为新过渡的默认设置，但是会保留原过渡的对齐方式和持续时间。

在 Premiere Pro 中打开一个需要调整过渡效果的项目，在“时间轴”面板中可以看到项目中已应用的所有过渡。此处要应用“棋盘”过渡替换中间的“圆划像”过渡，方法是在“效果”面板中，展开“视频过渡”素材箱，然后展开“擦除”素材箱，选择“棋盘”过渡，将该过渡拖到两个剪辑之间的剪切线上，在出现“中心切入”图标时松开鼠标，即可完成过渡的替换操作，如下图所示。

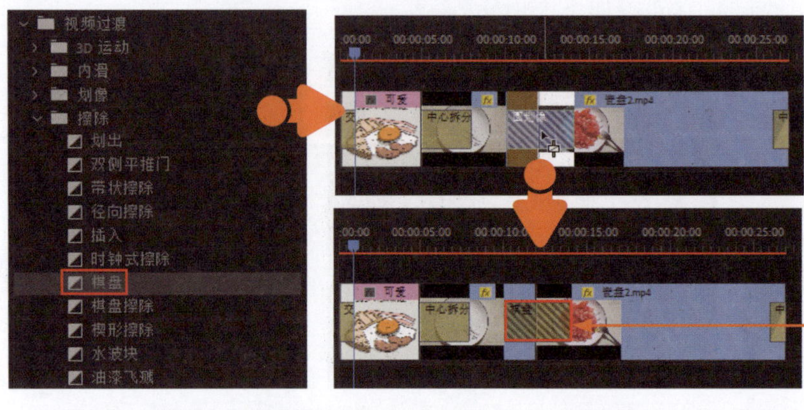

将“棋盘”过渡拖曳到“圆划像”过渡上，可以替换“圆划像”过渡。

替换过渡后，在“时间轴”画板中可以查看替换后的过渡名称，如果要预览过渡效果，可以将时间标尺上方的当前时间指示器拖曳到对应的过渡位置，在节目监视器中会显示过渡效果。

处理前，后一图像呈圆形在前一图像上面展开，最终填满整个屏幕。

处理后，后一图像呈小方块形状在前一图像上面展开，最终填满整个屏幕。

删除过渡效果

在项目中添加过渡效果后，可以将添加的过渡从项目中删除。Premiere Pro 中提供了两种删除过渡的方法：一是右键单击“时间轴”面板中需要删除的过渡，在弹出的快捷菜单中执行“清除”命令；二是选中过渡后按 Delete 键。

如下图所示，在打开的项目中，单击选中第 1 个剪辑前的“交叉溶解”过渡，右键单击该过渡，在弹出的快捷菜单中执行“清除”命令，选中的“交叉溶解”过渡将从时间轴中删除。

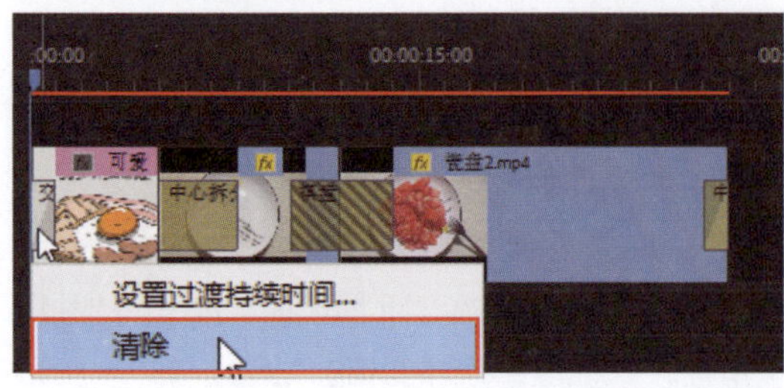

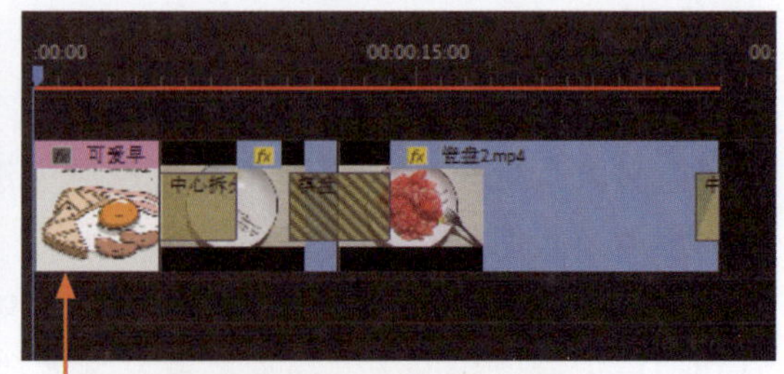

执行“清除”命令，选中的“交叉溶解”过渡不再显示。

7.4　丰富多彩的视频效果应用

为了让视频能够从视觉上吸引更多的顾客，在后期制作时需要其添加各种视频效果。视频效果能改变素材的颜色和曝光量，还能修补原始素材的缺陷、监控和叠加画面、扭曲视频或图像等，创建更丰富的艺术视频效果。

7.4.1　添加视频效果

在 Premiere Pro 的“视频效果”素材箱中提供了多种视频效果，编辑和制作视频时，只需要将这些视频效果拖曳到“时间轴”面板中的素材上，就能在该素材中应用相应的视频效果。大多数情况下，只需要在项目的一个剪辑中添加视频效果，而不是在整个项目中添加相同的效果。

如下图所示，打开一个为某品牌茶具制作的视频，若要在首图中添加绚丽的效果，则先在节目监视器中查看未应用效果前清晰的视频画面，再打开“效果”面板，展开“视频效果”素材箱，在该素材箱中的“模糊与锐化”素材箱中选择“相机模糊”视频效果，把该效果拖曳到项目中的第 1 个剪辑上，即对剪辑应用“相机模糊”视频效果。

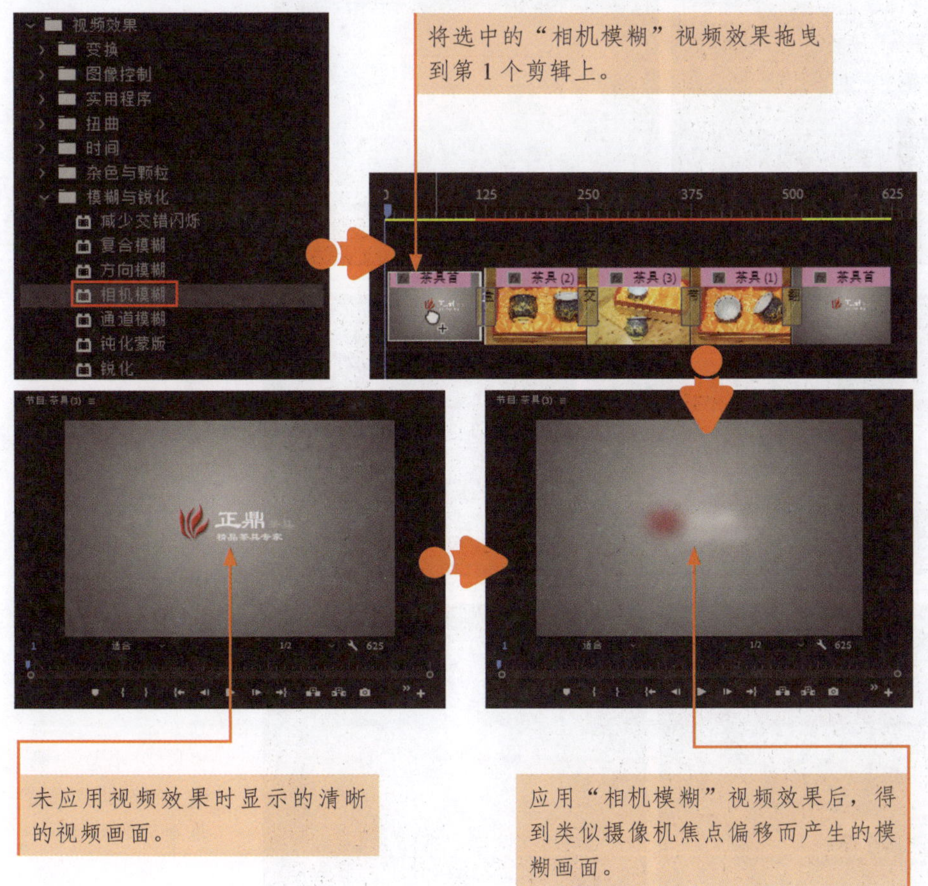

7.4.2 控制视频效果

为项目中的一个视频或图像素材添加视频效果后，还需要结合“效果控件”面板为视频添加关键帧，并为添加的视频关键帧指定各参数值来控制视频、图像的动态变化效果。当选择不同的视频特效时，位于“效果控件”面板中的选项也会不同，尽管各种效果的选项不一样，但其控制的原理是相同的。下面以“相机模糊”视频效果为例介绍如何通过“效果控件”面板制作动态的视频效果，如下图所示。

拖曳时间轴上的当前时间指示器，确定要添加关键帧的位置。

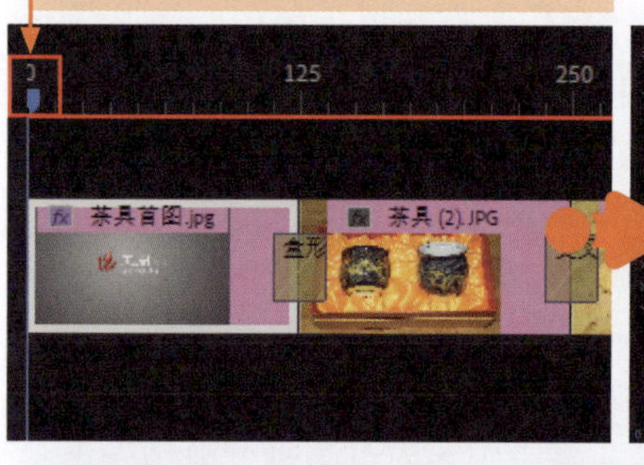

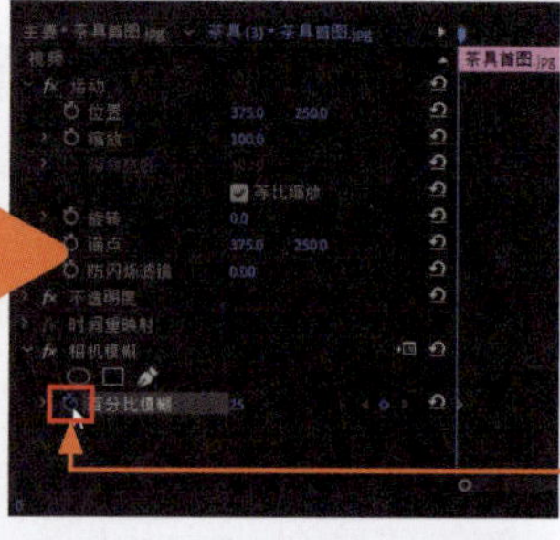

打开“效果控件”面板，展开“相机模糊”视频效果，单击“切换动画”按钮，添加首个关键帧。

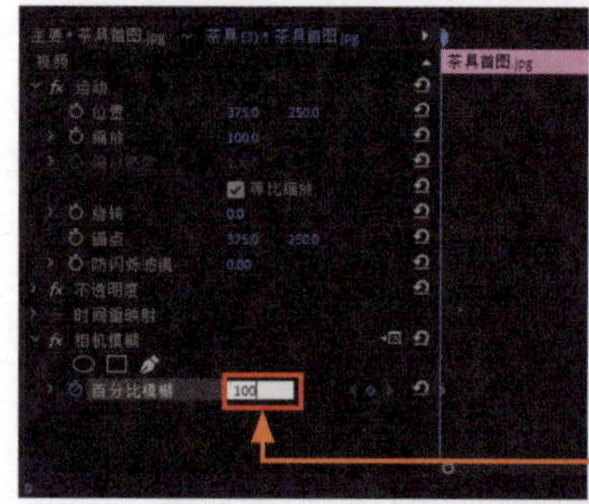

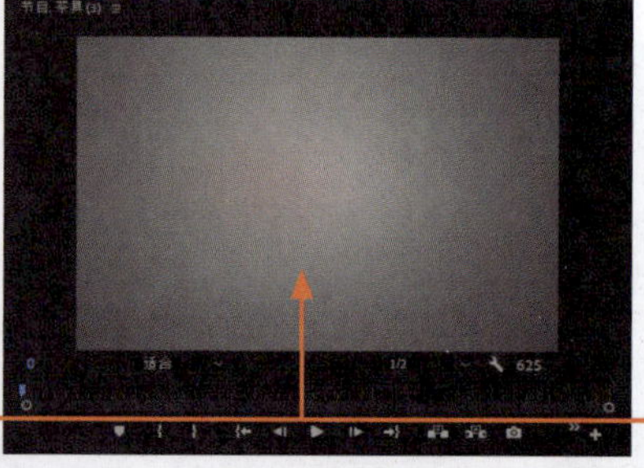

在“百分比模糊”选项右侧文本框中输入数值100，在节目监视器中会显示完全模糊的视频画面。

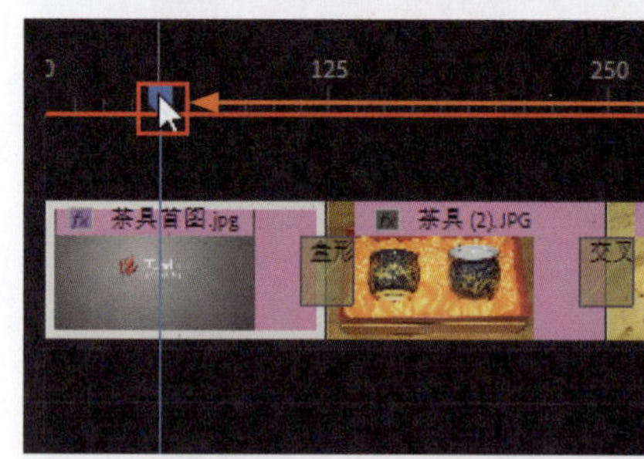

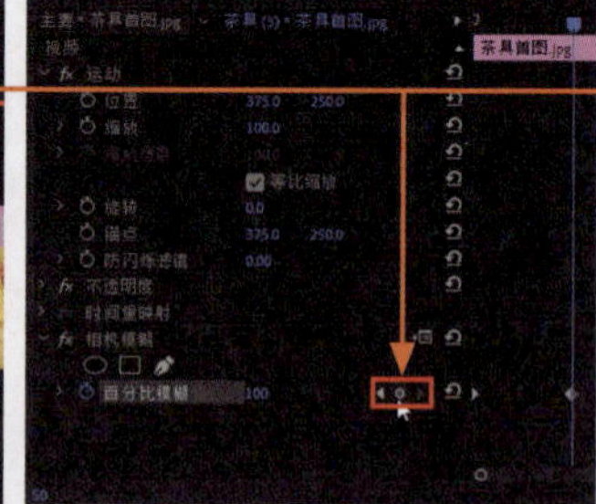

拖曳时间轴上的当前时间指示器，单击“添加/移除关键帧”按钮，添加第2个关键帧。

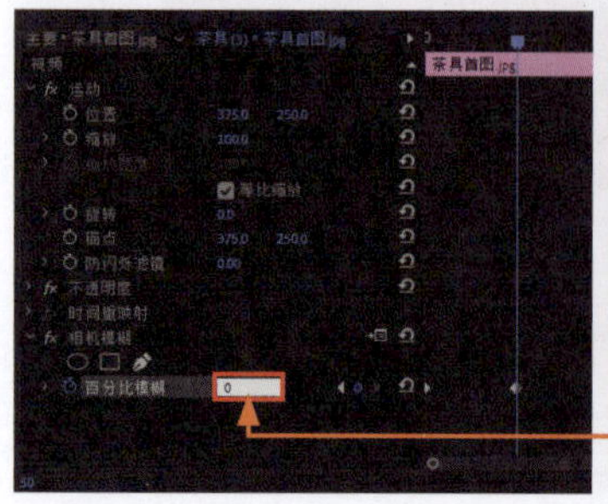

在“百分比模糊”选项右侧文本框中输入数值0，在节目监视器中显示清晰的视频画面。

为了更清楚了解设置后的视频效果变化，可以单击节目监视器下方的“播放 - 停止切换”按钮，播放视频项目，可以看到在播放的过程中，画面由模糊变清晰的过程，如下图所示。

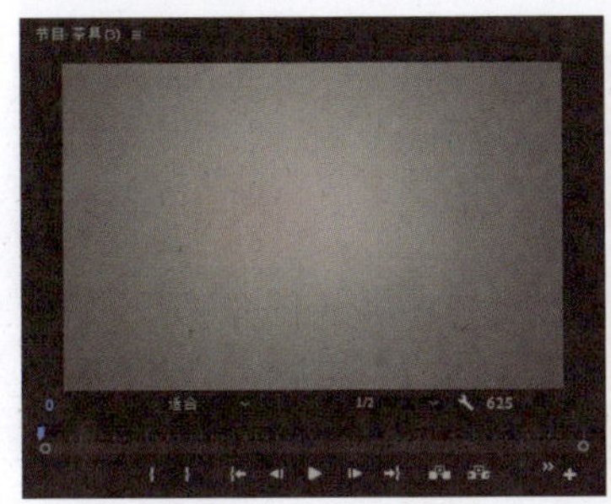
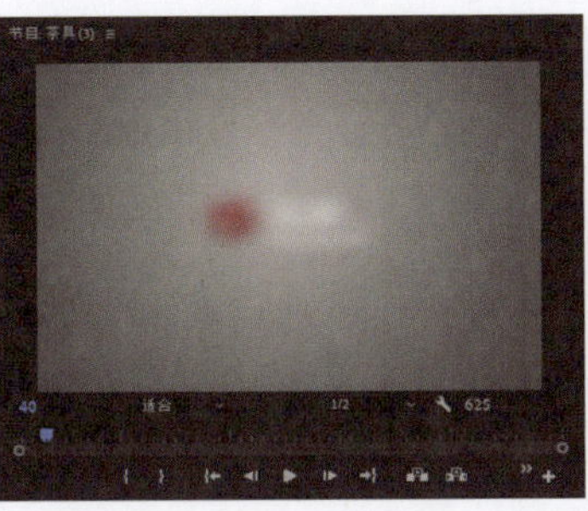

7.4.3 禁用和启用视频效果

为了便于观察应用视频效果前和应用视频效果后的对比，可以使用“效果控件”面板禁用或启用视频效果。在 Premiere Pro 中，要禁用或启用视频效果的方法是在“效果控件”面板中选择一个或多个视频效果，如果选中视频效果为启用状态，则单击“切换效果开关”按钮，禁用视频效果；禁用视频效果后，再次单击该按钮，可以重新启用视频效果。

如右图所示，选中“相机模糊”视频效果，打开“效果控件”面板，单击“相机模糊”视频效果前的“切换效果开关”按钮 fx，禁用该视频效果，在“时间轴”面板中会显示黄色线条。

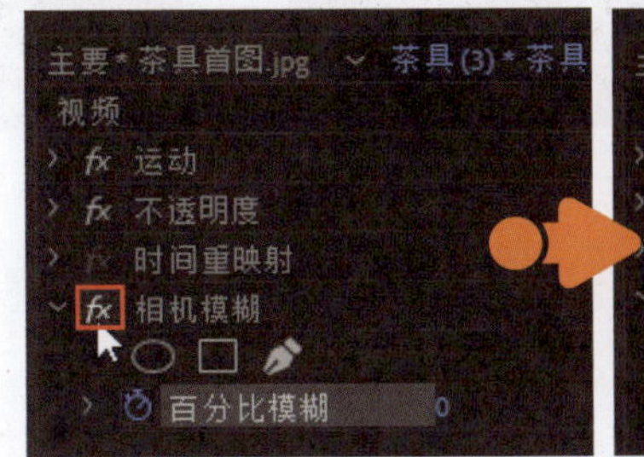

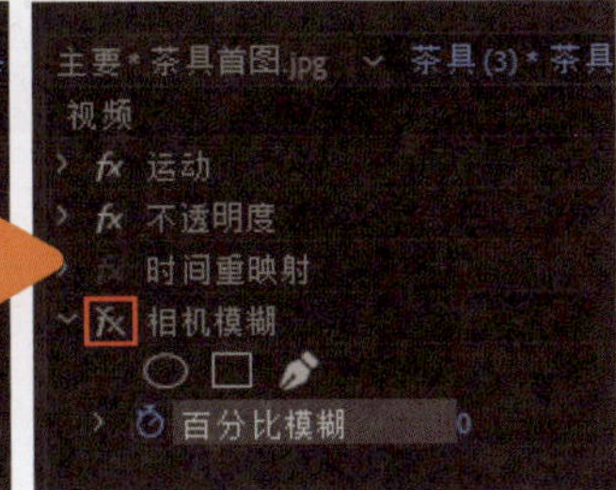

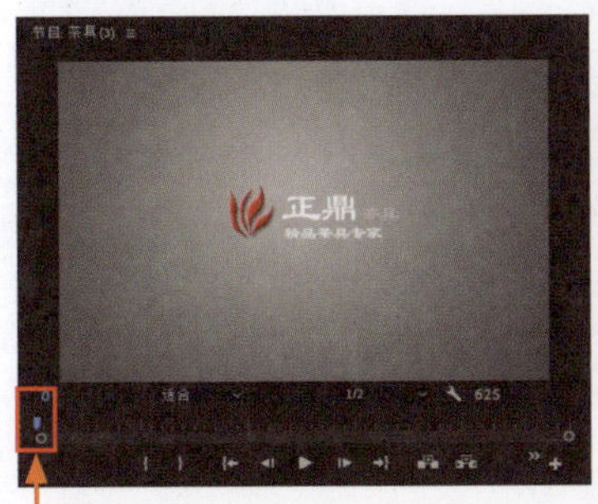
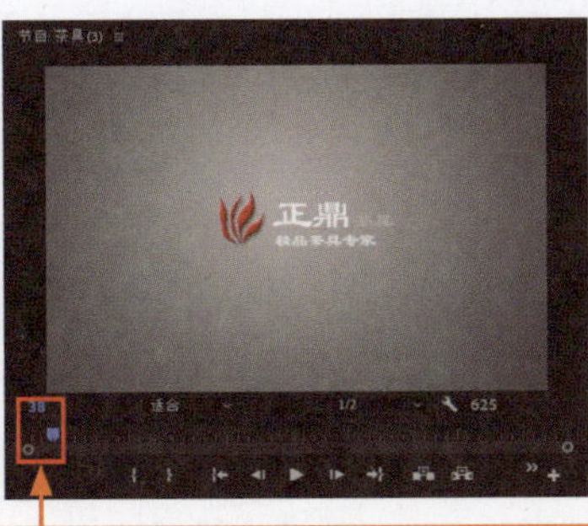
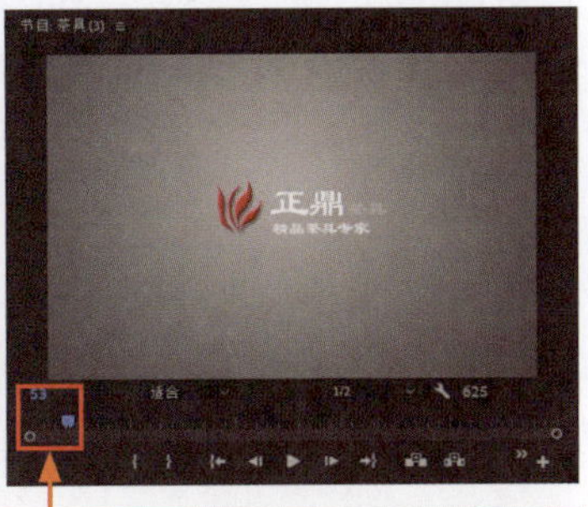

禁用视频效果后，在播放视频时，可以看到节目监视器中正在播放的画面一直保持清晰状态。

7.4.4 删除视频效果

在 Premiere Pro 中不但可以在视频素材上添加视频特效，也可以删除已添加的视频特效。如果要删除一个剪辑中的视频效果，则在“时间轴”面板中先选择该剪辑，然后在“效果控件”面板中，选择要删除的一个或多个效果，按 Delete 键或执行“效果控件”面板中的“移除所选效果”命令进行删除，下图所示为应用“效果控件”面板删除视频效果的操作过程。

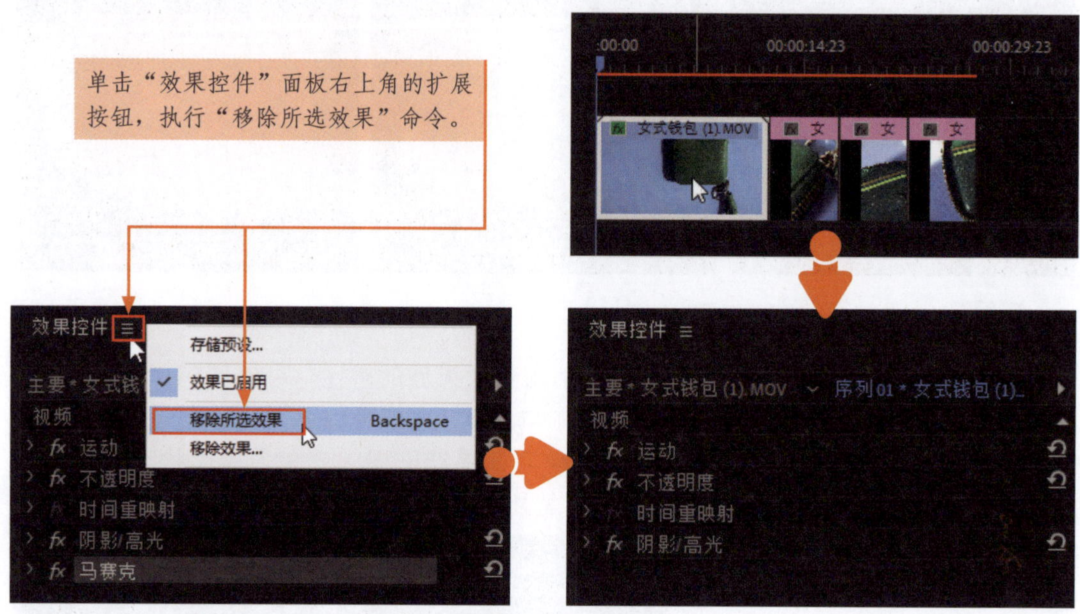

7.5 创建和编辑字幕

字幕是视频中不可缺少的重要组成部分，起到说明画面主题、强化影片感染力的作用。在网店视频中，在片头或片尾添加适当的标题字幕也是突出店铺信息和主要经营范围的常用手段。Premiere Pro 中提供了比较强大的字幕设计工具，用户可以根据需要制作相应的字幕，并为其添加各种特效。

7.5.1 创建静态字幕

字幕在视频中的应用方式是多种多样的，因为在 Premiere Pro 中，文字是可以添加视频特效的，并且可以将场景特效应用到字幕上。字幕可分为默认静态字幕、默认滚动字幕和默认游动字幕 3 种，其中默认静态字幕是最常用的字幕类型。默认静态字幕是指在默认状态下停留在屏幕指定位置静止不动的字幕。对于这种字幕，要使它在屏幕中产生运动效果就必须设置关键帧。

如下图所示，打开需要添加字幕的项目，执行“文件 > 新建 > 旧版标题”命令，打开“新建字幕”对话框，在对话框中根据创建的序列调整字幕的宽度和高度等，这里只需要输入字幕名称，然后单击“确定”按钮，新建的字幕文件自动保存在“项目”面板中，并打开“字幕”面板。

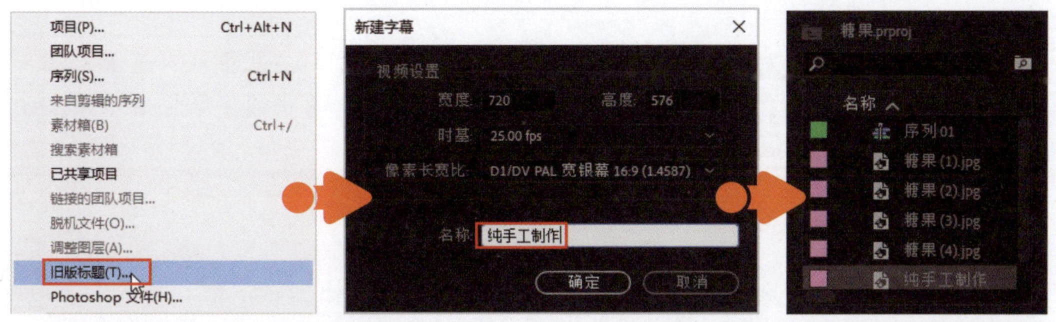

对字幕的设置大多通过打开的“字幕”面板来设置，可以使用该面板中的绘图工具在字幕中绘制图形，也可以使用“文字工具”输入字幕文字。用户可以根据需要的字幕效果，选择字幕工具栏中的工具进行字幕文件的创作。下图展示了创建字幕文字和在字幕中绘制图形的方法。

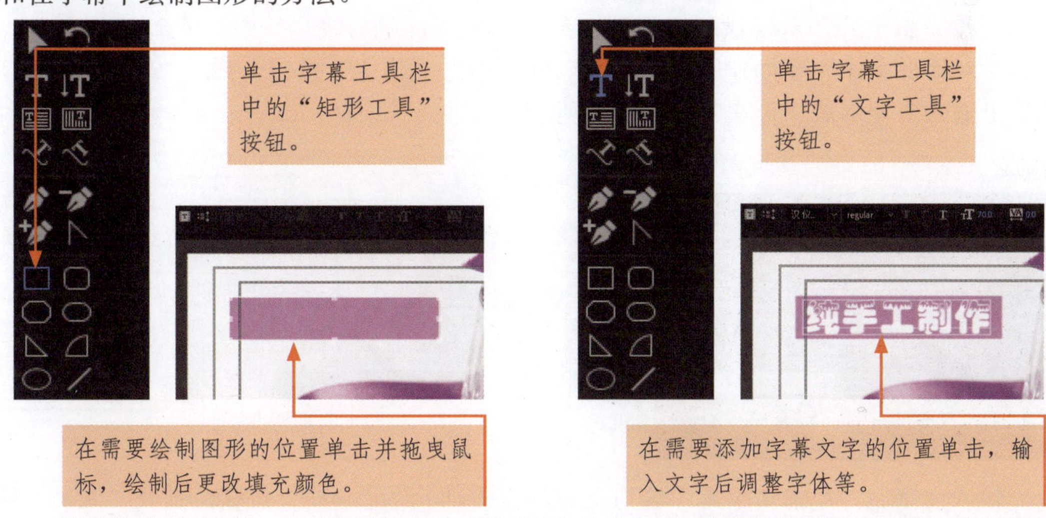

创建字幕文件后，如果在视频中应用创建的字幕，需要将创建的字幕文件从“项目”面板拖曳到时间轴中的源剪辑上，并通过播放序列的方式，在节目监视器中预览创建的静态字幕效果，如下图所示。

提示

创建字幕时，可以在绘图区域查看素材帧，帮助用户向字幕中放入元素，并且显示的素材帧仅供参考之用，不会保存为字幕的一部分，单击“字幕”窗口最上方的“显示背景视频”按钮即可显示素材帧。

7.5.2 创建动态字幕

在 Premiere Pro 中除了可以创建静态字幕，还可以创建动态字幕。动态字幕包含默认滚动字幕和默认游动字幕两种。滚动字幕在被创建之后，默认状态下会在屏幕中从下到上做垂直运动，其运动的速度取决于该字幕文件持续的时间长度；游动字幕在被创建之后，默认状态下会沿屏幕水平方向做运动，可以从左向右运动，也可以从右向左运动。

创建动态字幕，需要执行“文件 > 新建 > 旧版标题”命令，然后在打开的“新建字幕”对话框中输入要创建的动态字幕名称，单击“确定”按钮，弹出“字幕”窗口，在这里输入要显示的字幕文字，如下图所示。

输入文字后，单击“字幕”窗口上方的“滚动 / 游动选项”按钮，打开“滚动 / 游动选项”对话框，在对话框中设置适当的“字幕类型”和“定时（帧）”选项，并指定字幕“缓入”和“缓出”参数，控制动态字幕运动持续的时间，再单击“确定”按钮，完成动态字幕的设计。

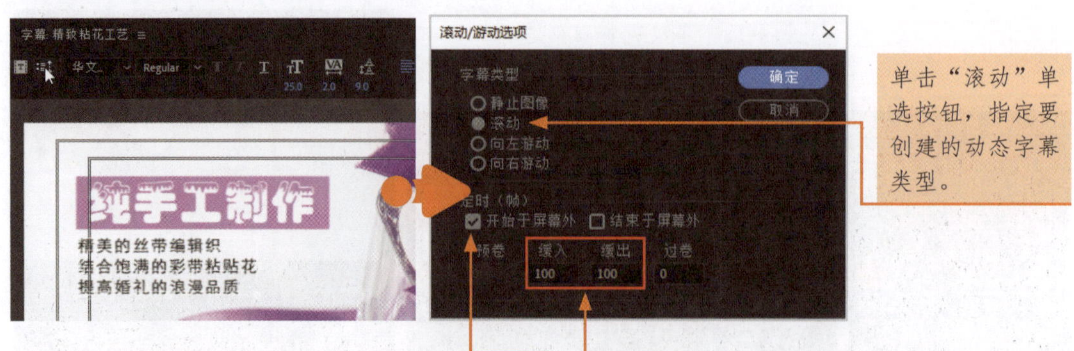

创建滚动字幕或游动字幕后，只有将其应用到项目中，才能查看应用到视频中的字幕效果。如下图所示，将创建的“精致粘花工艺”字幕文件添加到“时间轴”面板的 V3 视频轨道中，播放视频以显示动态的字幕效果。

播放视频时，创建的滚动字幕从图像下方逐渐向图像上方移动。

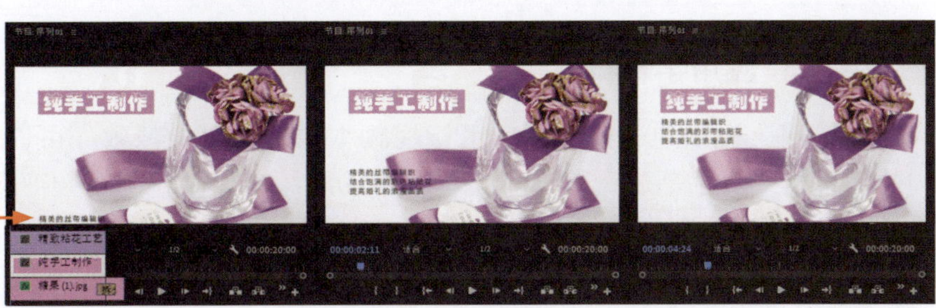

7.5.3 设置字幕文字属性

在视频中在创建字幕后，可以应用“字幕”面板中的“标题属性”面板和主菜单栏的“标题”菜单调整字幕文字的位置、大小、对齐方式等属性。

如下图所示为在“字幕”面板中对不同内容的文字分别进行属性设置的效果。不同的字体、大小、颜色等属性的设置，能够直接影响文字的外观效果，在处理视频文件时，根据要表现的商品外形、主要功效等来选择适合的字体、字号和颜色等。

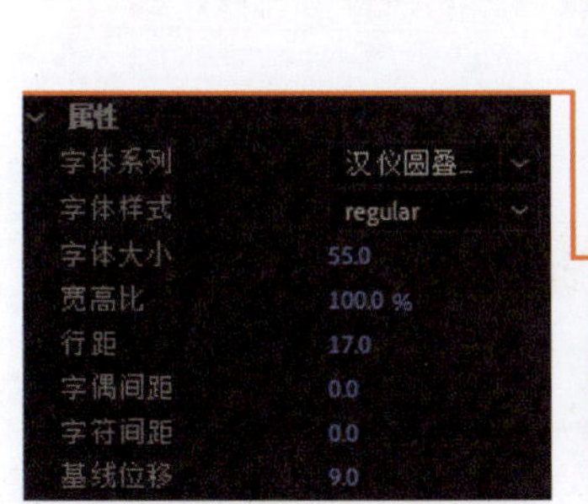

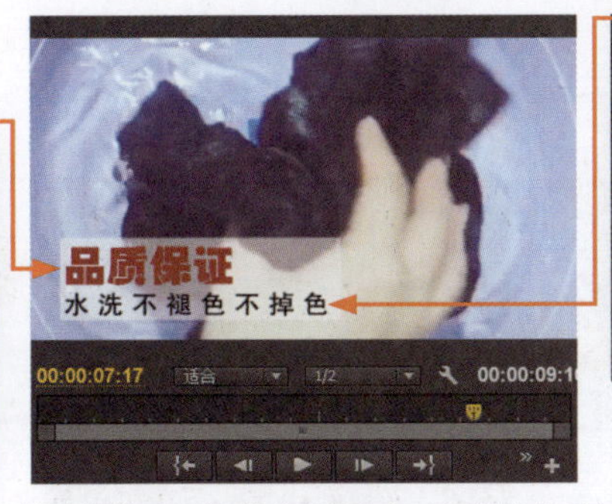

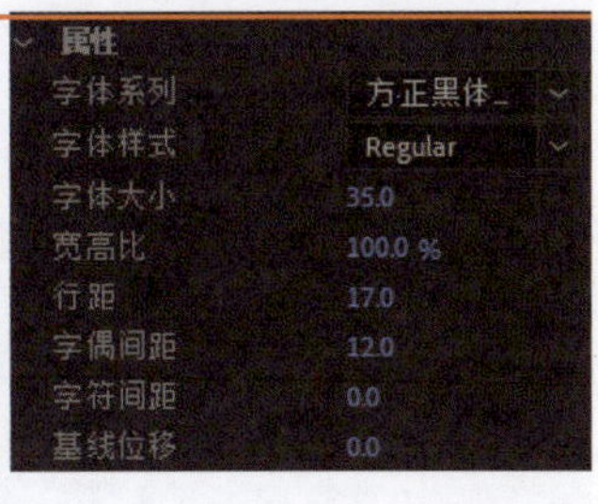

如果只需对字幕文件中的部分文字进行设置，可以先单击“文字工具”，然后选中需要编辑的文字，再在“字幕”面板中进行设置，完成设置后单击“关闭”按钮，退出字幕编辑状态，就能在项目中应用设置的字幕效果。

使用“文字工具”选中需要编辑的文字。

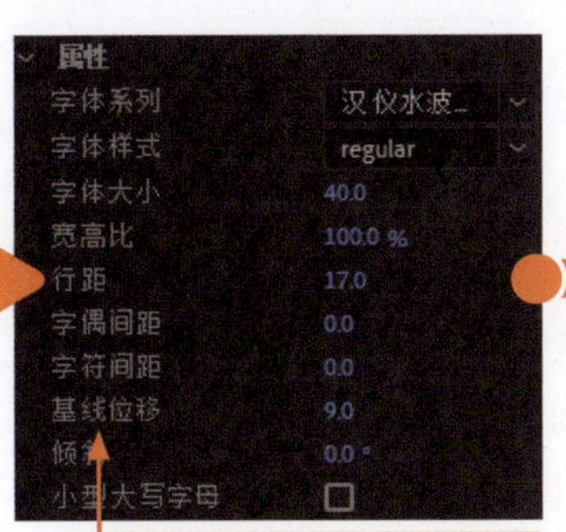

在“字幕”面板的“属性”选项卡中更改选中文字的属性。

选中的文字根据设置的参数改变其外观，但仍然处于被选中状态。

提示

在项目中创建字幕文件后，双击“项目”面板中的字幕文件或者双击“时间轴”面板中的字幕文件，都可以打开“字幕”面板。

7.5.4 应用字幕样式

制作网店视频的过程中，为了让视频中的字幕更加精致，可以使用 Premiere Pro 中的字幕样式对字幕进行修饰。字幕样式的应用能让制作的视频变得更加漂亮，使画面具有更强的视觉冲击力。Premiere Pro 中可以通过两种方法在字幕中应用样式，第一种是通过“字幕样式”面板；第二种是使用“字幕属性”面板中的“填充”、“描边”和“阴影”等选项卡中的选项。

应用“字幕样式”面板中的预设样式

在“字幕样式”面板中显示了默认样式库及所创建或加载的样式色板。默认情况下以大色板模式显示已应用加载样式的样本文字。如果想在字幕中应用样式，而又不想设置各种复杂的选项，就可以直接单击“字幕样式”面板中的样式，打开“字幕”窗口，选中字幕后单击以快速应用样式，如下图所示。

在“字幕属性”面板中手动设置样式

对于一些对视频有更高要求的用户，使用预设的样式可能不能满足其需求，这时就可以使用“字幕属性”面板中的“填充”、“描边”和“阴影”等选项卡来设置更多的字幕样式选项。在选项卡中根据不同的要求进行各种选项的设置，设置后的效果可以通过中间的绘图区域反映出来，如下图所示。

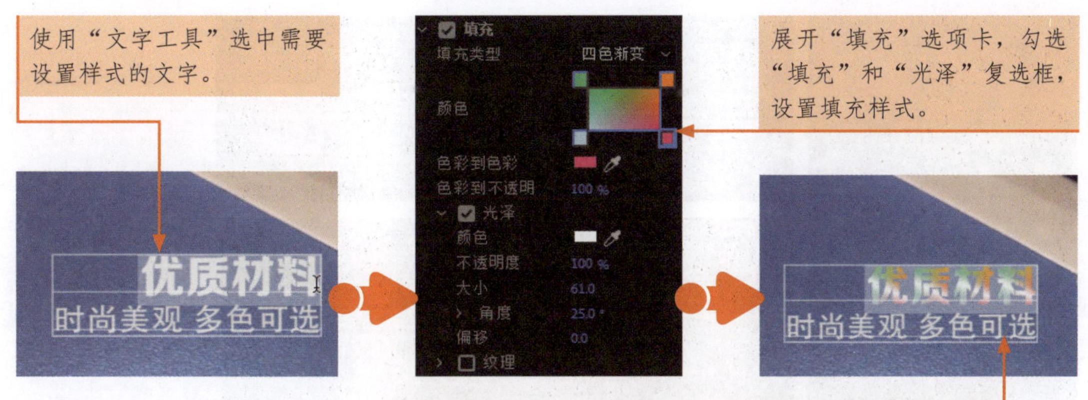

应用设置的“填充”选项为文字填充渐变的颜色，应用设置的“光泽”为文字添加光泽，加强其立体感。

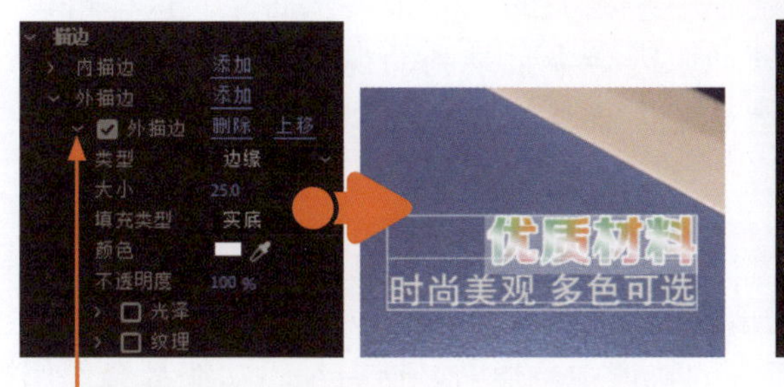

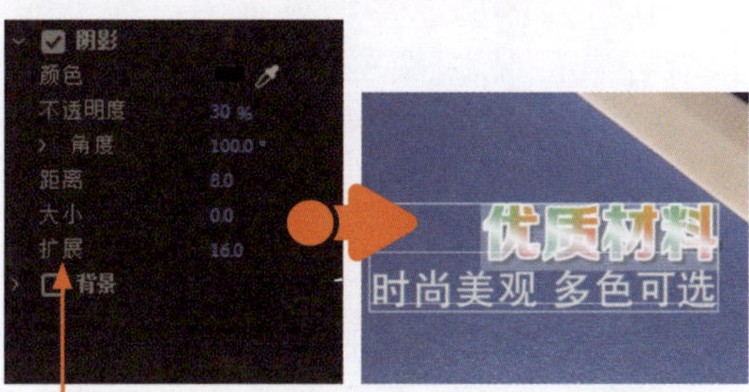

展开“描边”选项卡，单击“外描边”右侧的“添加”按钮，添加外描边颜色，设置描边的类型、颜色等，为文字添加外描边效果。

展开“阴影”选项卡，勾选“阴影”复选框，激活下方选项，设置阴影的不透明度、角度等，为文字添加阴影效果。

7.6　设置音频特效

只有画面和字幕的视频不算是完整的视频，因为还缺少声音。声音也是影响顾客是否购买商品的一个因素。Premiere Pro 具有较强的音频控制能力，可以用来处理各种音频素材和添加音频特效，为视频添加适合的音频效果。

7.6.1　在项目中添加音频素材

在 Premiere Pro 中，要将音频素材添加到视频项目中，可以通过选择并拖曳的方式实现。

打开一个需要添加背景音频的项目文件，执行“文件 > 导入”命令，将音频素材导入“项目”面板中，并在“项目”面板中单击选中已导入的音频素材，将它拖曳到“时间轴”面板中的 A1 音频轨道上，释放鼠标即可完成音频素材的添加，如下图所示。

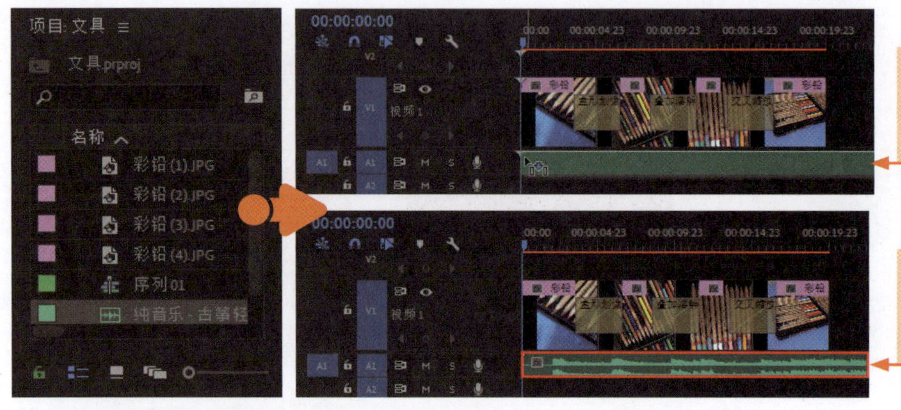

将音频素材拖曳到时间轴中的音频轨道上。

释放鼠标后，在音频轨道上显示添加的音频素材。

7.6.2 分离和删除音频（文件）

在进行网店装修的过程中，经常会录制一些相关的视频来展示商品，这样可以让顾客更直观地感受实物效果，但由于各种原因会导致录制的视频中出现嘈杂的声音，这时就需要通过后期剪辑来把这些嘈杂的声音从视频中分离出来，并从原视频中删除。

分离音频

在项目中导入同时包含视频和音频的剪辑时，视频和音频会处于链接状态，并且显示为两个对象，每个对象分别位于其相应的轨道中。通常，所有编辑功能都会作用于链接剪辑的两个部分，如果希望单独处理视频或音频，可以执行“取消链接”命令来取消它们之间的链接，从而形成单独的视频文件和音频文件。

如下图所示，打开一个项目文件，在“时间轴”面板中显示导入的包含视频和音频的素材，右键单击该音频轨道中的音频文件，在弹出的快捷菜单中执行“取消链接”命令，即可取消视频与音频的链接状态。

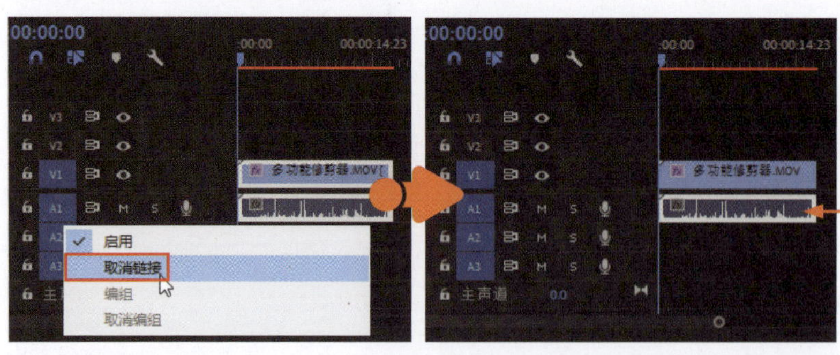

取消视频与音频的链接状态后，可以单击音频轨道中的音频文件，单独选中它。

删除分离的音频文件

对于取消链接后的音频文件，可以将它删除，给视频添加更为适合的音效或背景音乐。在 Premiere Pro 中，要删除音频轨道中的音频文件有两种方法：一是右键单击音频轨道中的音频文件，在弹出的快捷菜单中执行“清除”命令，如下图所示；二是选中音频文件后按 Delete 键。

7.6.3 设置音频速度和持续时间

在视频文件中插入音频文件后，为了使音频与视频的播放时间一致，需要对音频的播放时间进行调整。通过延长或缩短音频时间以配合视频，可以有效避免制作出的视频出现失真的情况。要调整音频播放时间，既可以使用“选项”面板中的音频选项进行调整，也可以直接在时间轴中通过拖曳进行调整。

拖曳音频剪辑调整播放时间

打开一个项目文件，在时间轴中看到音频播放时间比视频播放的时间长，当视频播放完成后，还会在空白的画面中继续播放音频，这时就需要调整音频播放的时间，方法是将鼠标指针移到音频文件末尾位置，当指针变为 ◀ 形状时，单击并向左拖曳到与视频文件相同的位置，释放鼠标，即可调整音频播放时间，如下图所示。

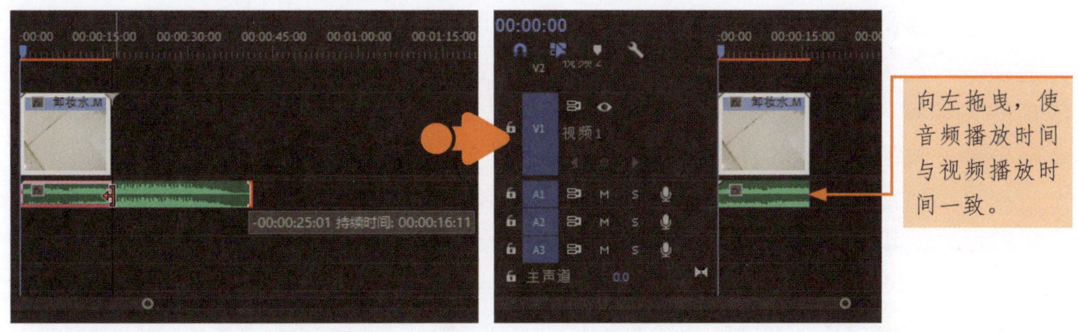

设置“速度 / 持续时间”控制播放效果

在 Premiere Pro 中，要调整音频播放的时间，除了直接拖曳时间轴中的音频文件，也可以使用“速度 / 持续时间”命令来设置音频的播放速度，让它们通过加速或降速的方式改变音频的播放时间。

选中时间轴中的音频文件后，执行“剪辑 > 速度 / 持续时间”命令，或右键单击选定的音频文件，然后在弹出的快捷菜单中执行“速度 / 持续时间”命令，打开“剪辑速度 / 持续时间”对话框，在该对话框中可以在不更改选定剪辑速度的情况下更改持续时间，或者在不更改持续时间的情况下更改剪辑速度，如下图所示。

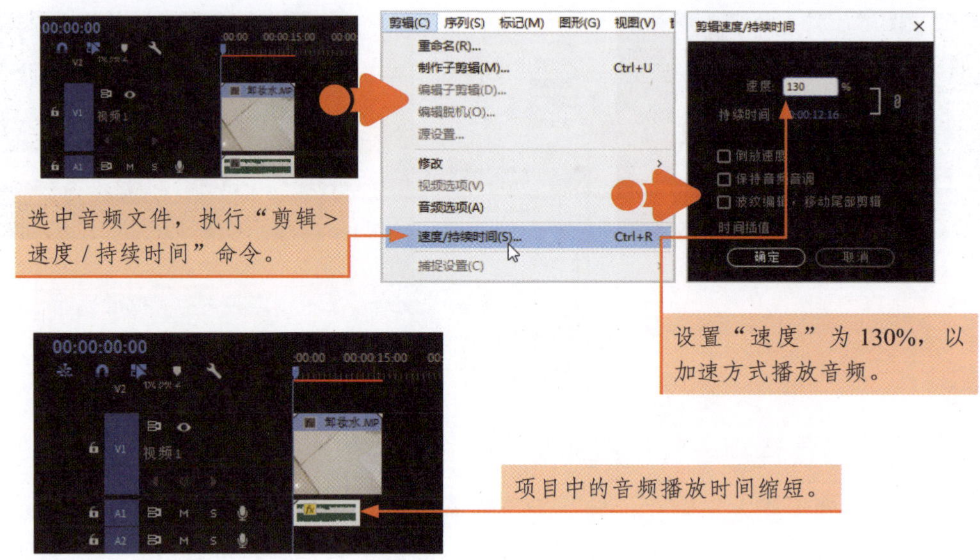

7.6.4 调整音量

音量的大小也是影响网店视频效果的重要因素之一，音量太小，会使顾客听不清楚音乐或讲解的内容；而音量太大，又会显得很嘈杂，所以在制作视频时，需要为其设置合适的音量。在 Premiere Pro 中，调整音量常用的方法有两种：一是使用“效果控件”面板中的“音量”选项卡；二是使用音频混合器。

在“效果控件”面板中调整音量

在“效果控件”面板中有一个“音量”选项卡，单击选项卡旁的三角形可以展开该选项卡，在“音量”选项卡中，可以直接拖曳“级别”滑块调整音量；也可以选中添加的关键帧，使用“选择工具”或“钢笔工具”向上或向下拖曳音量控制柄，增加或减小某一关键帧位置的音量。

如下图所示，如果需要在音频播放到某一帧位置时降低音量效果，就将当前时间指示器拖曳到相应的位置，然后在该位置添加一个关键帧。

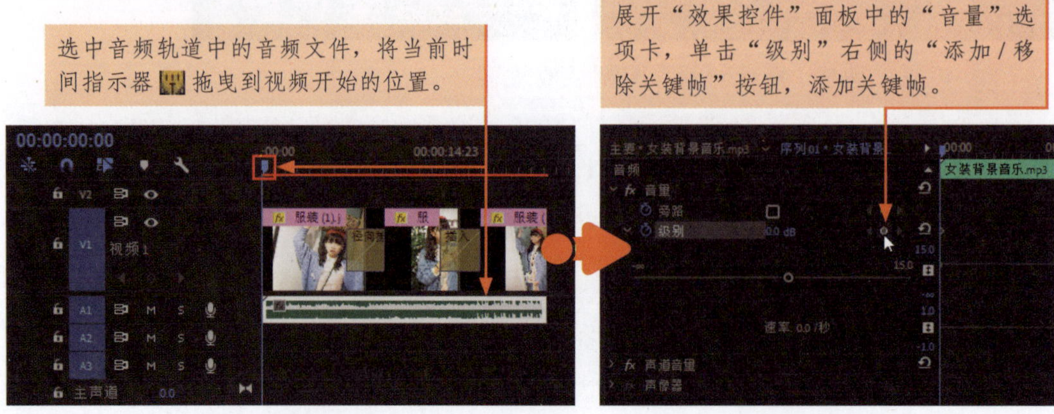

在添加一个关键帧时，拖曳音量控制柄会控制整个音频轨道的音量，若要调整更多关键帧音量，则需要移动当前时间指示器，单击“添加 / 移除关键帧”按钮，添加更多的关键帧，再拖曳音量控制柄进行设置，如下图所示。设置多个音频关键帧音量后，在播放音频时会随时间的变化更改音量效果。

在音轨混合器中调整音量

当项目中包含多个音频文件时，使用音轨混合器可以更好地调节两条或多条音轨之间的相对音量。例如，可以在增加一条音轨上的语音音量的同时降低另一条音轨上的背景音乐音量。在音轨混合器中，将任何音轨的音量滑块上移或下移，就可以增加或减小该音轨上的音量，如下图所示；若单击音轨上的“M”图标，则可以将该音轨设置为静音效果。

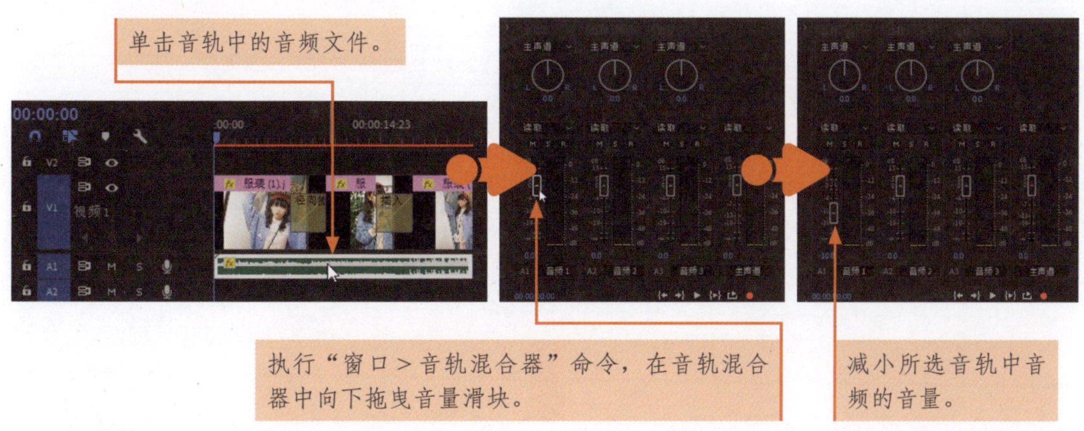

7.6.5 制作音效过渡效果

在浏览网店的商品视频广告时，经常会在广告中听到逐渐淡入或淡出的音乐效果，这些音频过渡效果可以使用 Premiere Pro 中的交叉淡化来实现。Premiere Pro 中的交叉淡化包括恒定增益、恒定功率和指数淡化三种类型。在制作的过程中只需将一个交叉淡化过渡添加到单个音频的任何一端即可。

在 Premiere Pro 中，如果要添加默认音频过渡，则将当前时间指示器移动到音频之间的编辑点，执行“序列 > 应用音频过渡”命令；如果要添加除默认值外的音频过渡，则在“效果”面板中展开“音频过渡”素材箱，将音频过渡拖曳到“时间轴”面板中要进行交叉淡化的两个音频之间的编辑点上；如果只有一个音频，则把音频过渡拖曳到该音频的开始或结束位置即可，如下图所示。

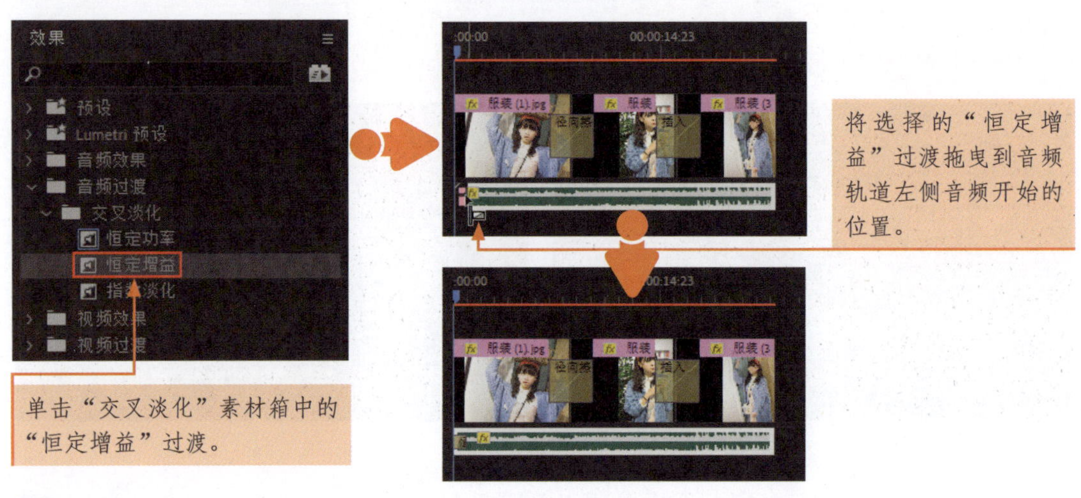

提示

添加音频过渡效果后，可以单击时间轴中的音频过渡图示，打开“效果控件”面板，设置音频过渡持续时间；也可以双击音频过渡图示，在打开的对话框中设置过渡持续时间。

第8章

网店视频设计

目前大多数电商平台都支持在商品主图和详情页面中添加视频。主图视频和详情视频的加入，让商品的展示更加多样化。本章通过几个案例介绍主图视频和详情视频的制作流程。

8.1 主图视频设计

当用户在电商平台输入关键字搜索商品时，出现在搜索结果页面中的图像就是商品主图。这里显示的主图为静态图，用户单击主图就会进入商品详情页面，并在该页面左上角位置显示与之前搜索结果一样的商品主图。如果主图中包含视频效果，则会在主图下方或中间显示控制按钮，单击该按钮就可以轻松播放视频。主图是顾客对商品的第一印象，随着各大电商平台对网店视频动画的推广，越来越多的卖家在主图中添加视频，通过视频的方式让顾客能够快速了解更多的与商品相关的有用信息，从而刺激消费。

8.1.1 主图视频设计规范

目前网店中的主图可分为两种形式：静态主图和动态视频。其中，动态视频就是主图视频。制作主图视频首先应站在顾客的角度，其次应做到卖点明确、具有创意和细节精准，这样才能打动顾客，使其产生购买商品的想法。

如下图所示的女包主图视频，充分站在顾客的角度来考虑，将顾客比较关心的女包细节、做工、外观及容量通过视频充分表现出来，突出女包做工精致、内部夹层多、容量大等特点。

在主图视频开始部分着重展示女包的整体外观及正面、侧面等。

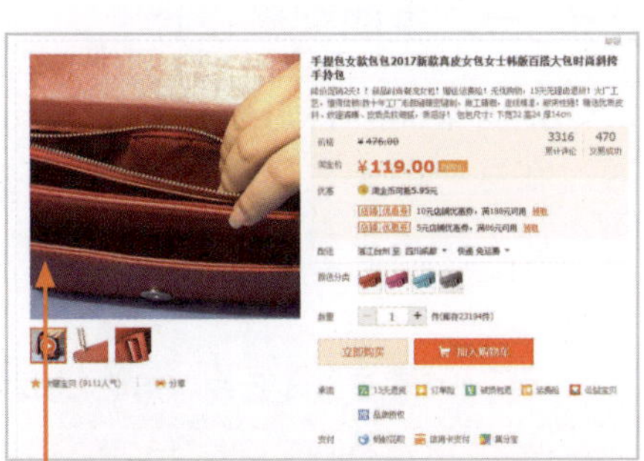

为了突出女包容量大的特点，通过打开女包的视频，展示了其内部结构及包含的夹层等。

网店的主图视频与静态主图一样，也有一定的尺寸要求。淘宝、天猫和京东等主流电商平台要求主图视频画面的比例是 1:1 或 16:9。在后期处理时，为了更好展示商品，视频画面的大小应为 800×800 像素，比例为 1:1 或 16:9，否则可能导致视频中的商品变形或者视频画面太小，影响效果，而降低商品的转化率。如下图所示，虽然商品都是雪纺连衣裙，但是使用 1:1 比例展示的商品，画面更加饱满，也更容易突出商品的细节。

主图视频没有采用规定的比例进行处理，使得画面上、下、左、右留白的区域太多，画幅整体偏小，这样的视频虽然也能展示商品概况，但是没有展示商品细节、材质等顾客想了解的具体信息。

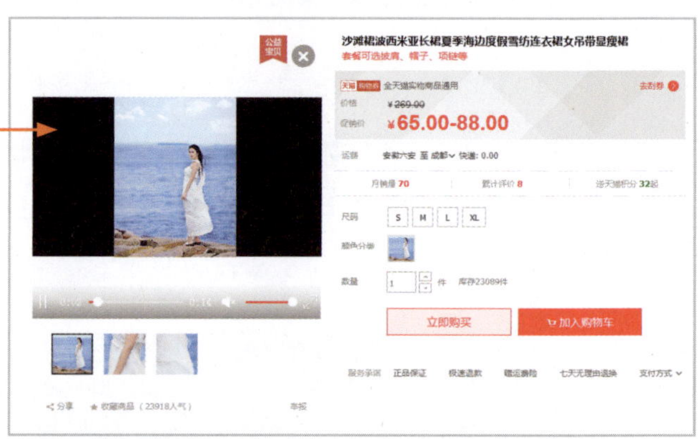

主图视频在制作时对视频素材进行裁剪，将它调整为适合的比例，并且去掉了一部分不重要的背景画面，突出了要表现的商品，让顾客能够在视频中一眼就看到商品的样式、材质等。

商品主图视频还应根据店铺的风格来设计，合理地营造主图氛围，增强视觉感受，迎合消费心理，将商品的卖点更加清晰、真实地呈现在顾客的面前。读者在实际工作中，可以根据个人的需求为主图视频加入一些创意设计，以提高视频的感染力。

8.1.2 台灯主图视频设计

本实例是为某品牌台灯所设计的主图视频。视频中将拍摄的多张台灯图像组合在一起，通过在这些图像之间加入丰富的转场效果来形成连续的视频动画。另外，为了让顾客更全面了解这款台灯的特点，在画面中还添加与画面内容一致的字幕文字进行说明。

素　材：下载资源\素材\08\01.MP4、02~04.jpg、05.mp3

源文件：下载资源\源文件\08\台灯主图视频设计.prproj

马赛克视频动画：在视频的开始应用马赛克动画，以方形的颜色块填充整个画面，这种动画的方式让视频画面更具设计感。

渐变的文字设计：为了加深品牌文化意识，主图中的文字使用了粗体设计，通过蓝色渐变的颜色效果，进一步加深顾客对店铺的印象，并树立品牌意识。

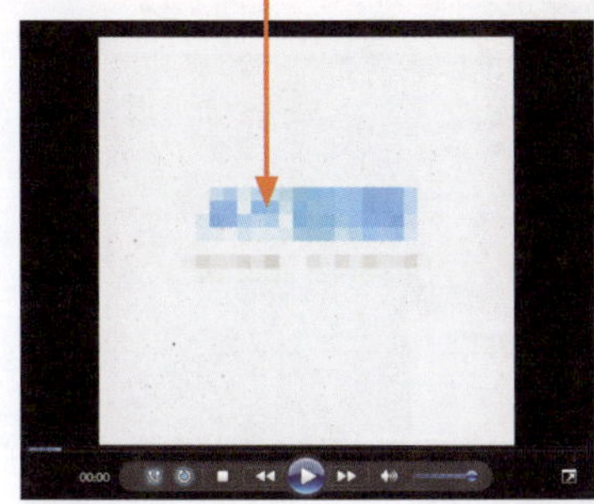

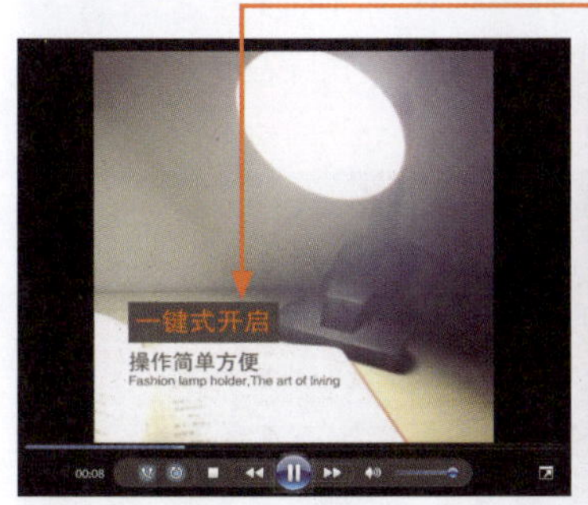

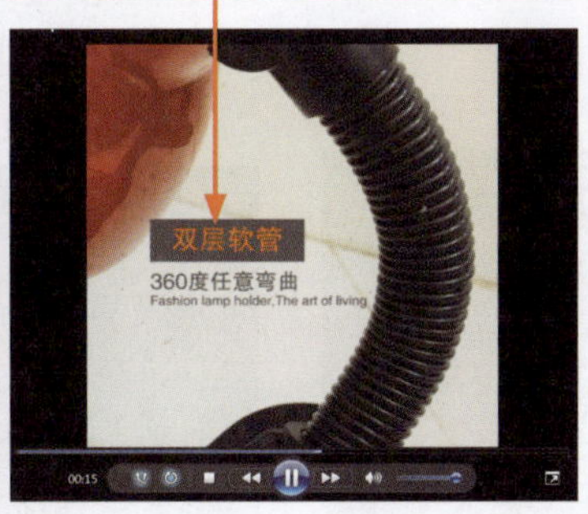

文字与图形结合的字幕设计：视频中的字幕以灰色的矩形作为背景，使用颜色反差较大的橙色显示台灯的特性，强烈的视觉反差更能吸引顾客目光。

Step 01 启动 Photoshop 程序，执行“文件 > 新建”命令，打开“新建”对话框，在该对话框中设置各选项，创建新文件，使用“横排文字工具”在画面中间位置输入品牌名称，结合“字符”面板，调整文字属性。

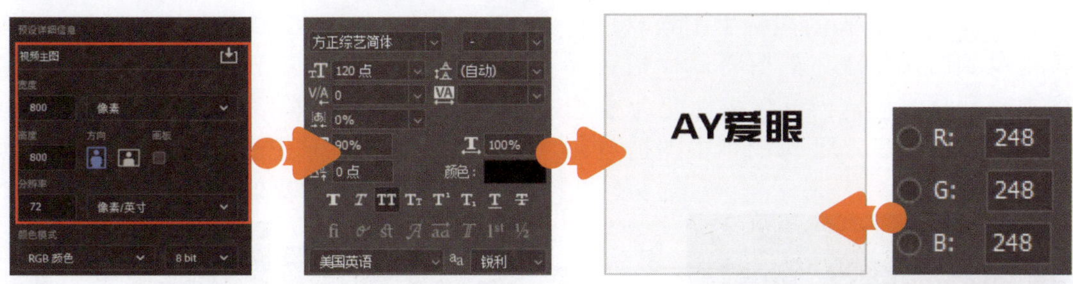

Step 02 双击文字图层，打开“图层样式”对话框，单击“渐变叠加”图层样式，设置渐变颜色及其样式，单击“确定”按钮。

Step 03 使用“横排文字工具”在品牌名称下方输入广告语，结合“字符”面板，调整文字属性。

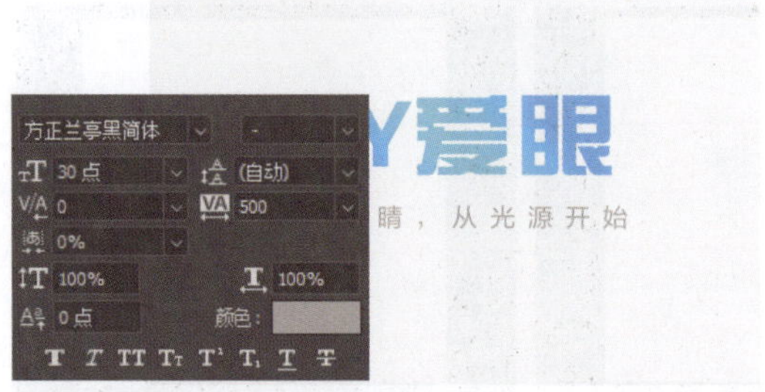

Step 04 启动 Premiere Pro 程序，执行“文件 > 新建 > 项目”命令，打开“新建项目”对话框，在该对话框中设置各选项，创建项目文件。

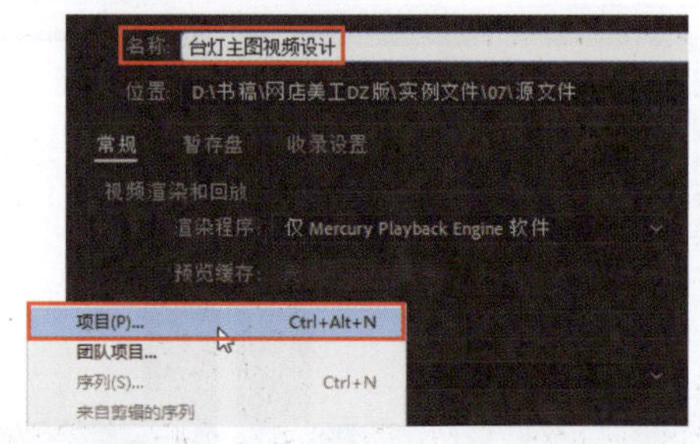

Step 05 执行“文件 > 新建 > 序列”命令，打开“新建序列”对话框，在该对话框中设置各选项，创建新的序列。

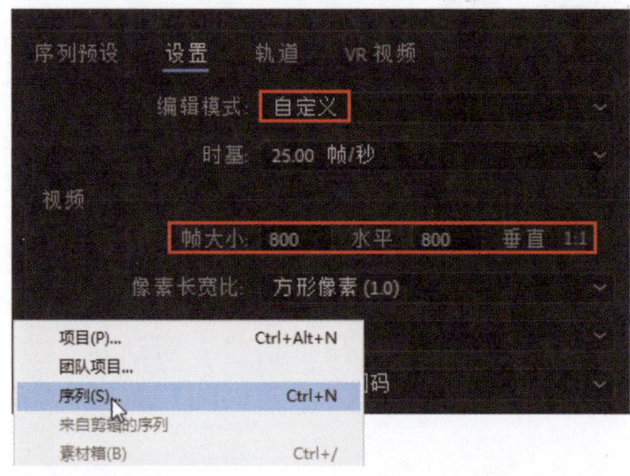

Step 06 打开“项目”面板，在该面板中显示创建的序列 01，执行“文件 > 导入”命令，将前面制作的视频主图导入“项目”面板中。

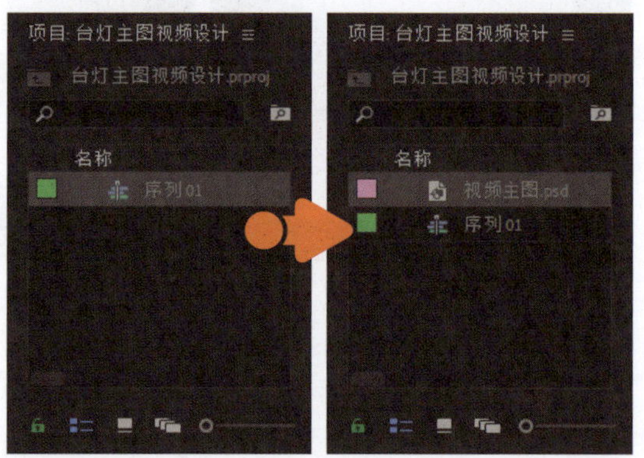

Step 07 选中导入的视频主图素材，将其拖曳到时间轴上，然后将鼠标指针移到视频素材右侧，当鼠标指针变为 形状时，向右拖曳，延长视频主图播放的时间。

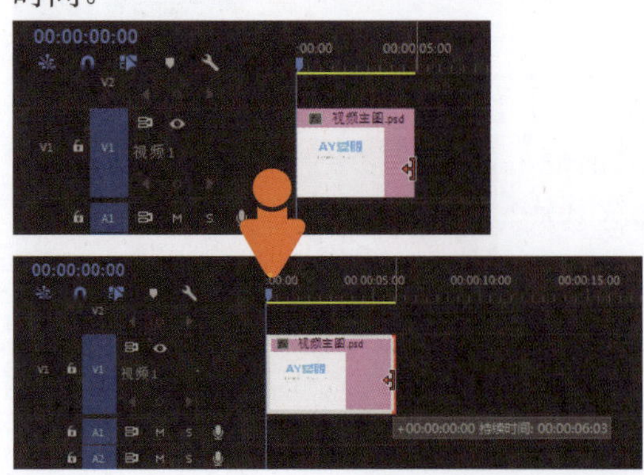

Step 08 打开“效果”面板，展开“视频效果”素材箱，在该素材箱中的“风格化”素材箱中选择“马赛克”视频效果，将其拖曳到时间轴中的视频主图上，在视频主图中应用马赛克效果。

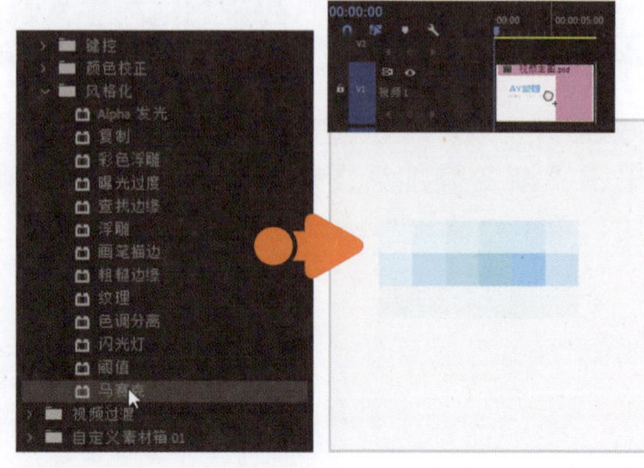

Step 09 打开“效果控件”面板，将当前时间指示器移到开始位置，展开“马赛克”选项卡，分别单击“水平块”和“垂直块”左侧的“切换动画”按钮，在视频开始位置添加首个关键帧。

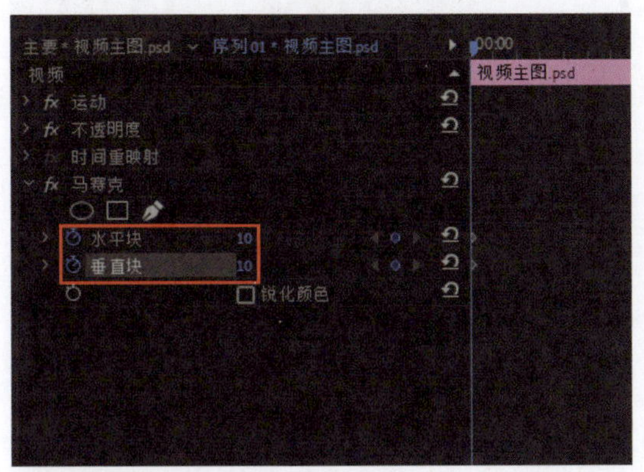

Step 10 将当前时间指示器移到 00:00:02:06 位置，分别单击“水平块”和“垂直块”右侧的“添加/移除关键帧”按钮，在视频素材中添加第二个关键帧，然后设置“水平块”和“垂直块”为 50，更改图像清晰度。

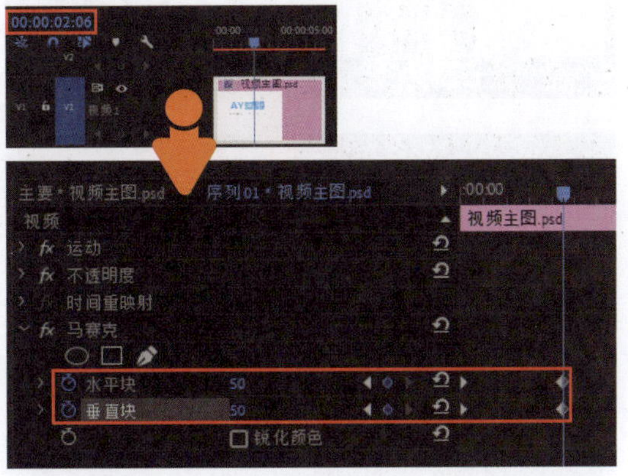

Step 11 将当前时间指示器移到 00:00:03:21 位置，设置“水平块”和“垂直块”为 500，在视频素材中添加第三个关键帧。

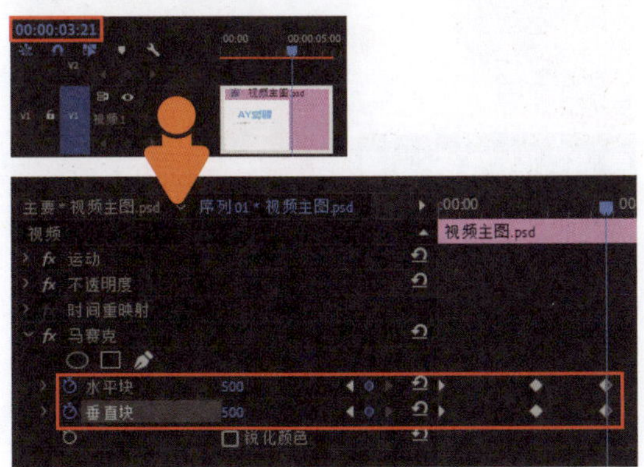

Step 12 打开节目监视器，单击“播放 - 停止切换”按钮播放动画，查看设置后的动态字幕效果。

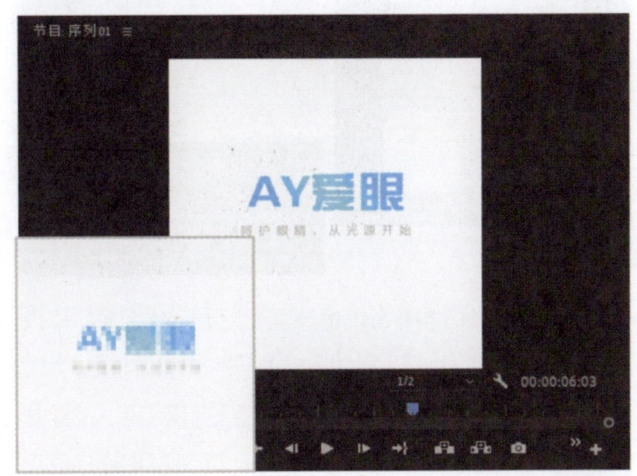

Step 13 执行“文件 > 导入”命令，将素材 01.MP4、02 ～ 04.jpg 导入“项目”面板中，并在“项目”面板中选中 01.MP4 素材，将素材拖曳到时间轴中，选择“剃刀工具”，将鼠标指针移到素材上。

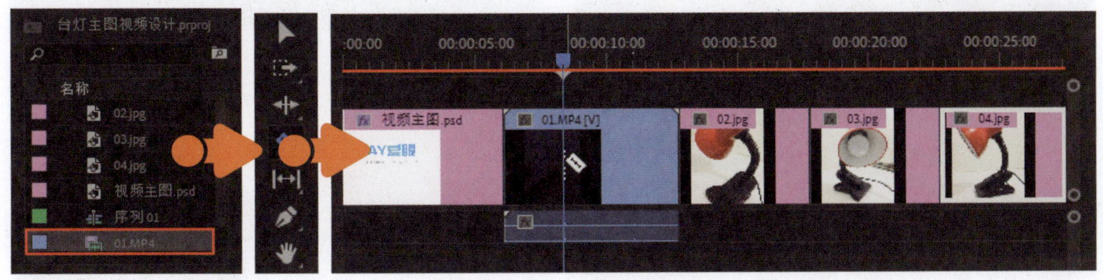

Step 14 单击鼠标左键，在单击位置分割视频素材，使用“选择工具”选择分割出来的前一段视频素材，按 Delete 键，将其删除。

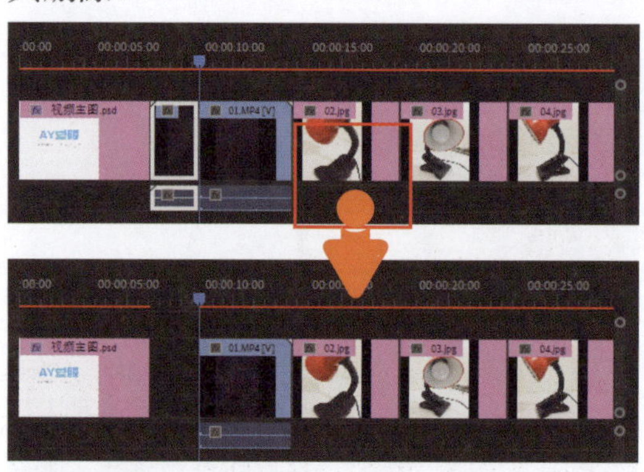

Step 15 继续使用“剃刀工具”分割 01.MP4 素材，然后选中后一段视频素材，按 Delete 键，将其删除。

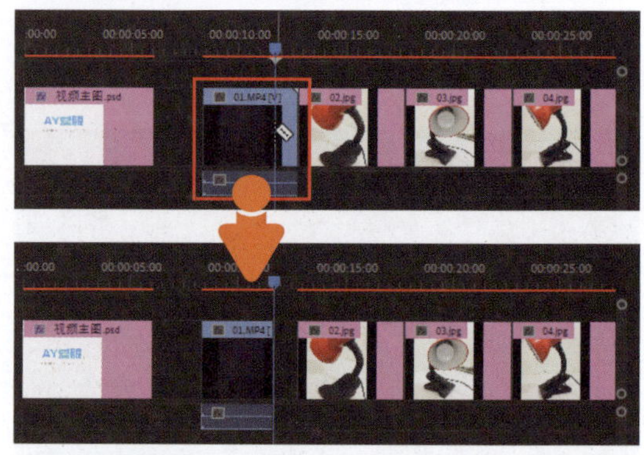

Step 16 选中剩下的一段视频素材，打开“效果控件”面板，展开“运动”选项卡，调整视频的位置、缩放和旋转参数，更改视频效果。

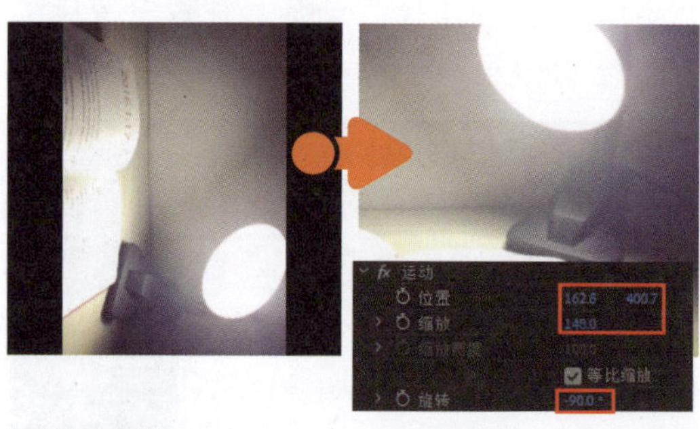

Step 17 选择 02.jpg 素材，打开“效果控件”面板，在“运动”选项卡中设置“位置”和“缩放”参数，调整图像的大小和位置，在节目监视器中显示台灯散热孔部分。

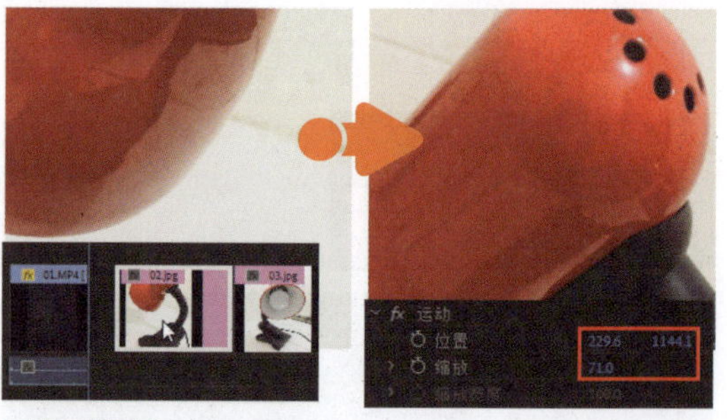

Step 18 选择 03.jpg 素材，打开“效果控件”面板，在“选动”选项卡中设置“位置”和“缩放”参数，调整图像的大小和位置，在节目监视器中显示灯泡部分。

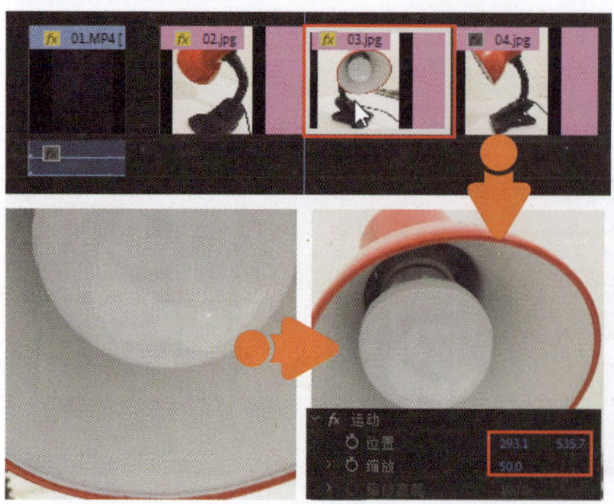

Step 19 选择 04.jpg 素材，打开“效果控件”面板，在“选动”选项卡中设置“位置”和“缩放”参数，在节目监视器中显示台灯底座部分。

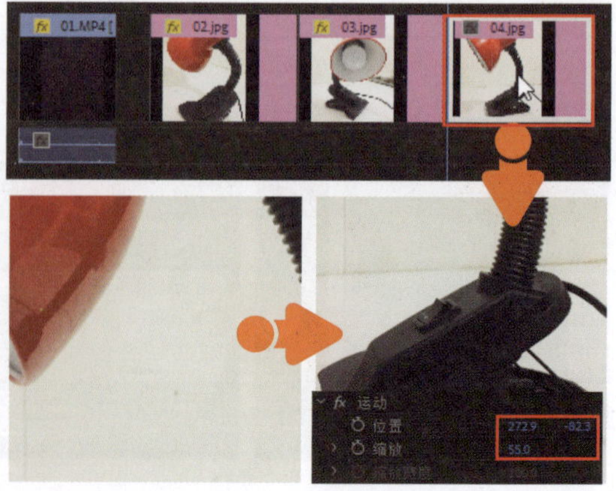

Step 20 将 01.MP4 和 02.jpg 向左拖曳并连接起来，右键单击 02.jpg 素材，在弹出的快捷菜单中执行“复制”命令。

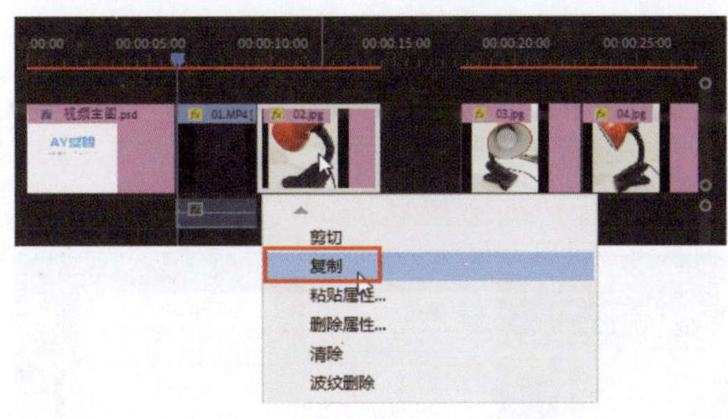

提示

复制视频除了可以执行“编辑 > 复制”命令，也可以选中视频后，按 Ctrl+C 快捷键。

Step 21 将当前时间指示器移到 02.jpg 素材结束位置，执行“编辑 > 粘贴”命令，或者按 Ctrl+V 快捷键，粘贴素材，填补两段视频中间的空白区域。

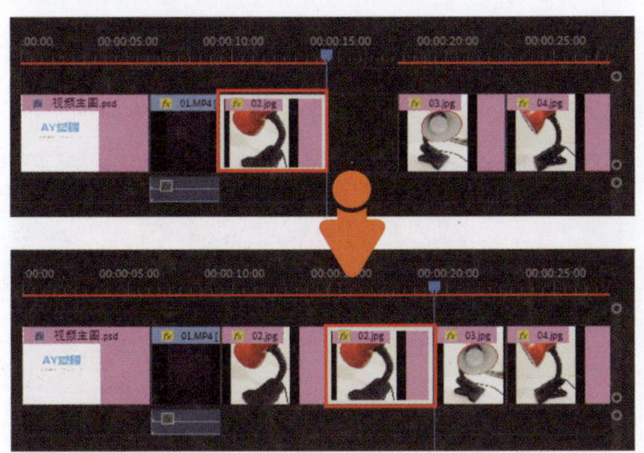

Step 22 选中复制的 02.jpg 素材，打开“效果控件”面板，在“运动”选项卡中设置“位置”和“缩放”参数，调整图像的大小和位置，在节目监视器中显示台灯软管部分。

Step 23 打开“效果”面板，展开“视频过渡”素材箱，将“溶解”素材箱中的“黑场过渡”视频过渡拖曳到视频主图和 01.MP4 素材的中间位置。

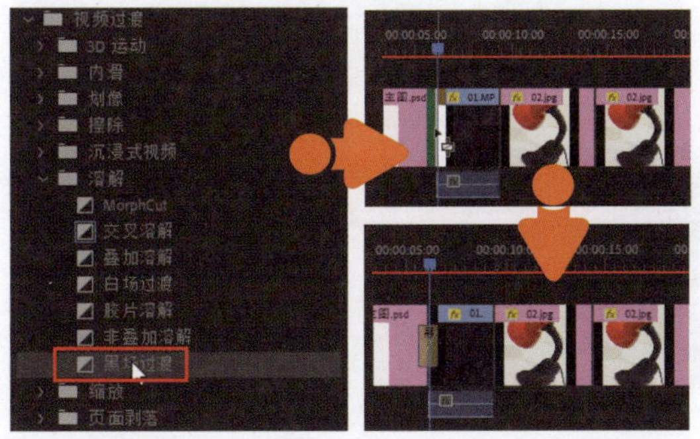

Step 24 展开“视频过渡”素材箱，将“划像”素材箱中的“盒形划像”视频过渡拖曳到 01.MP4 和 02.jpg 两个素材的中间位置。

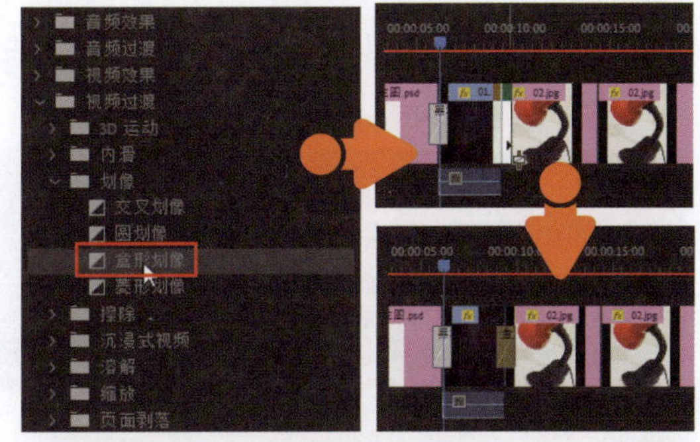

Step 25 继续使用相同的方法，在其他几段素材中间添加合适的视频过渡。

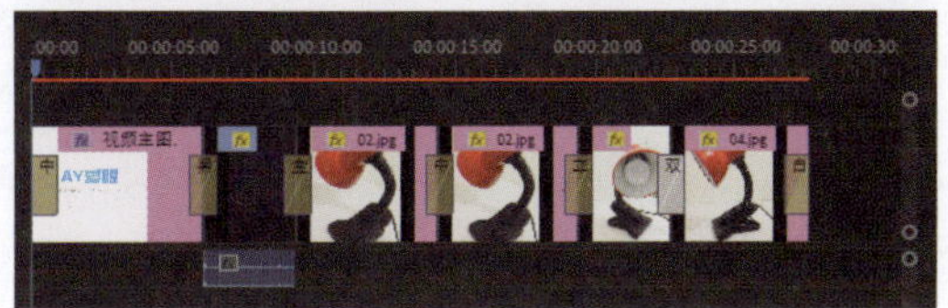

Step 26 在时间轴中选中 01.MP4 素材，右键单击该素材，在弹出的快捷菜单中执行“取消链接”命令，取消视频中的视频画面与音频的链接状态。

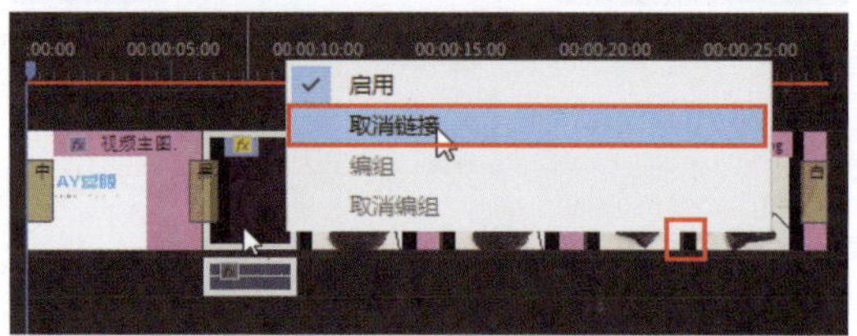

Step 27 单击音频轨道中取消链接后的音频文件，按 Delete 键删除选中的音频文件，只保留原素材中的视频画面。

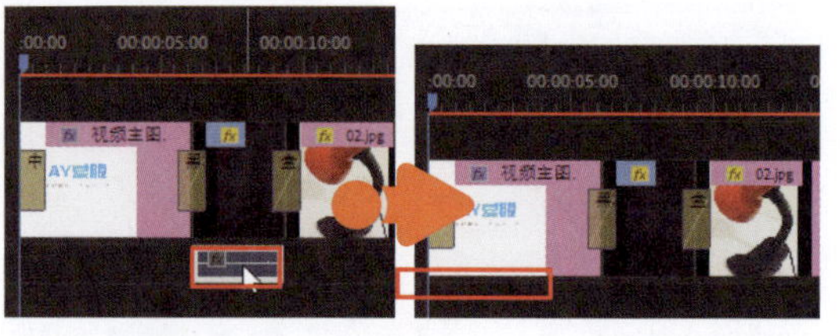

Step 28 为突出台灯的主要特点，可以在旁边添加相应的字幕文字加以说明，执行“文件 > 新建 > 旧版标题”命令，打开“新建字幕”对话框，输入字幕名称为“一键式开启”，单击“确定”按钮，新建“一键式开启”字幕文件。

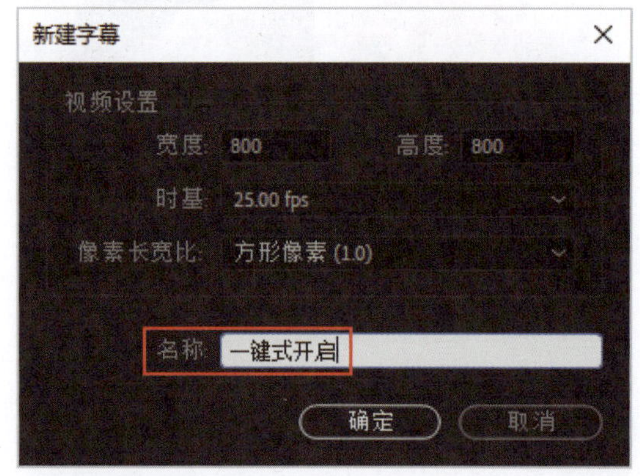

Step 29 打开字幕窗口，选择“矩形工具”，在画面左下角单击并拖曳鼠标，绘制一个矩形，并在右侧的“字幕属性”面板中设置填充属性，将绘制的矩形填充颜色设置为灰色。

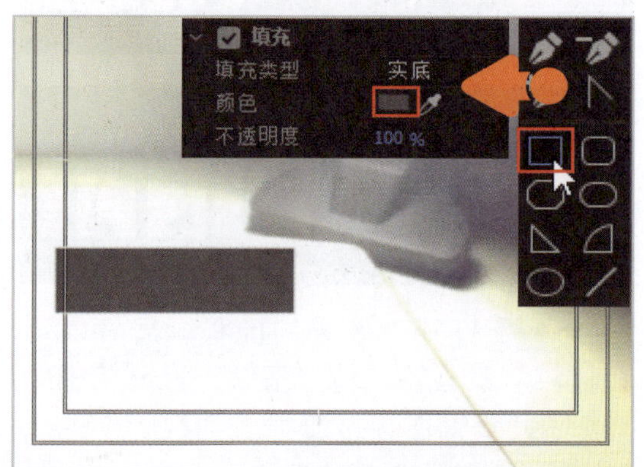

Step 30 使用“文字工具”在绘制的矩形上单击，输入文字“一键式开启”，在右侧的“字幕属性”面板中设置文字属性和填充颜色。

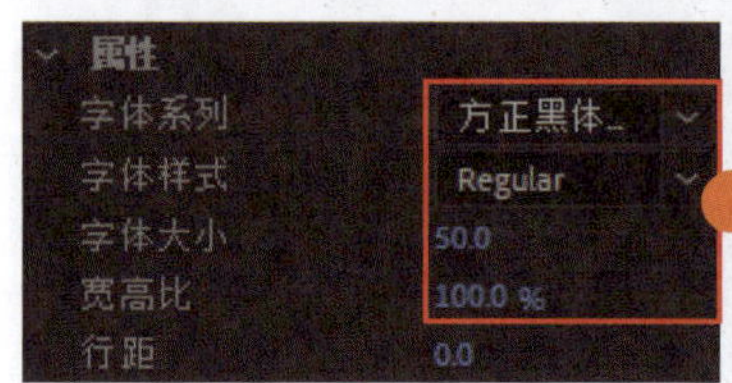

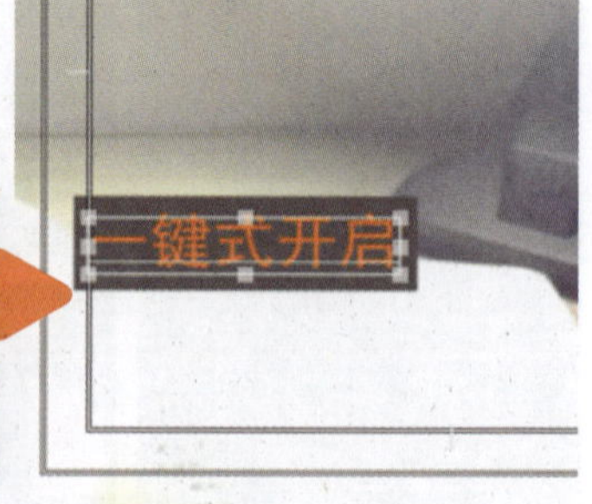

提示

Premiere Pro 的图形工作区和基本图形面板中提供了强大的工具。利用它们可以直接创建字幕，方法是在工具栏中选择“文字工具”或“垂直文字工具”，然后在节目监视器中需要放置字幕的位置单击，输入文字。输入文字后，使用“选择工具”可以直接操作节目监视器中的文字，还可以在基本图形面板中调整文字的外观。

Step 31 选择“文字工具”，在已输入的文字下方单击，输入另两行字幕文字，然后在“字幕属性”面板中分别调整两行文字的属性，得到更有层次感的字幕文字。

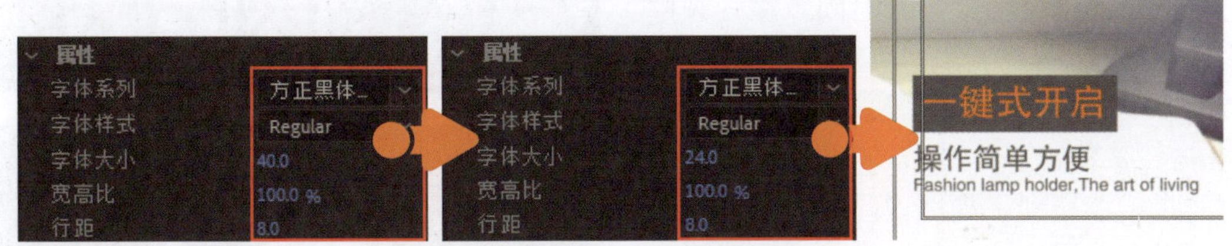

Step 32 选中“项目”面板中创建的“一键式开启”字幕文件，按 Ctrl+C 快捷键，复制该字幕文件，然后按 Ctrl+V 快捷键，粘贴字幕文件，得到另一个字幕文件。

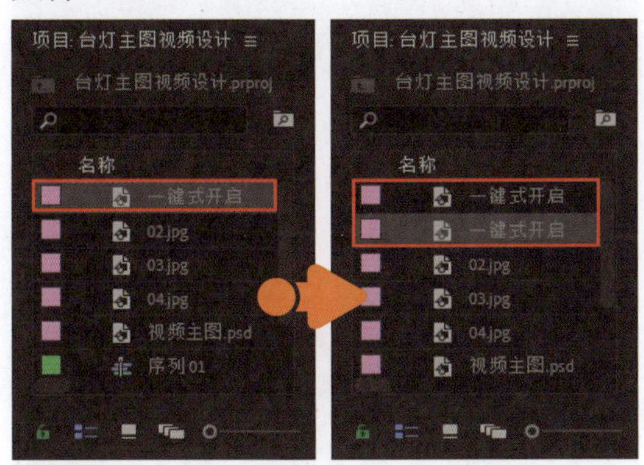

Step 33 为了更好地区别字幕文字，需要更改字幕名称，右键单击下方的“一键式开启”字幕文件，在弹出的快捷菜单中执行“重命名”命令，将其重命名为“散热孔设计”。

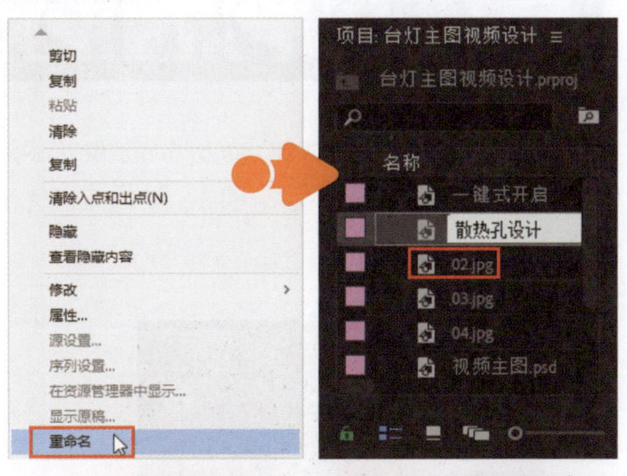

Step 34 双击“散热孔设计”字幕文件，打开字幕窗口，在窗口中更改字幕文字，并将更改后的字幕文字移到合适的位置，使用同样的方法完成更多其他字幕文字。

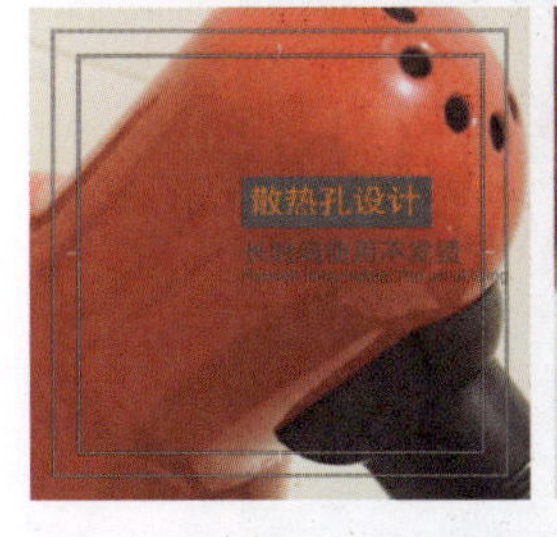

Step 35 在“项目”面板中选中“一键式开启”字幕文件，将其拖曳到时间轴上，然后选择“选择工具”，将鼠标指针移到字幕两侧边缘位置，调整字幕播放的时间。

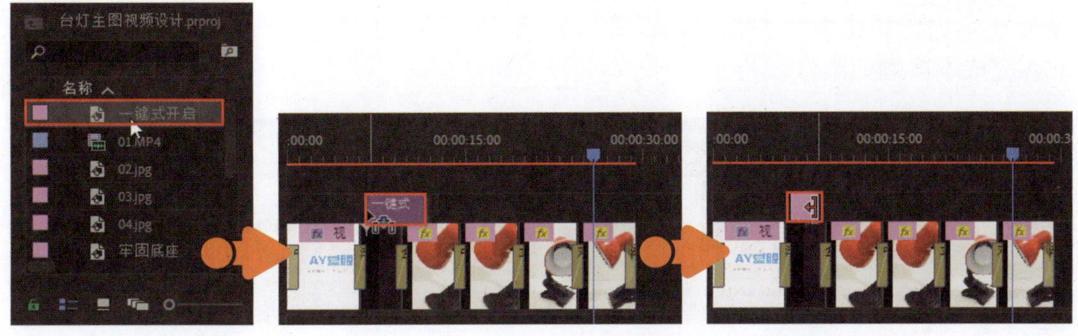

Step 36 选中“项目”面板中的其他字幕文件，分别将它们拖曳到时间轴合适的位置上，并调整字幕播放时间，在视频中应用字幕效果。

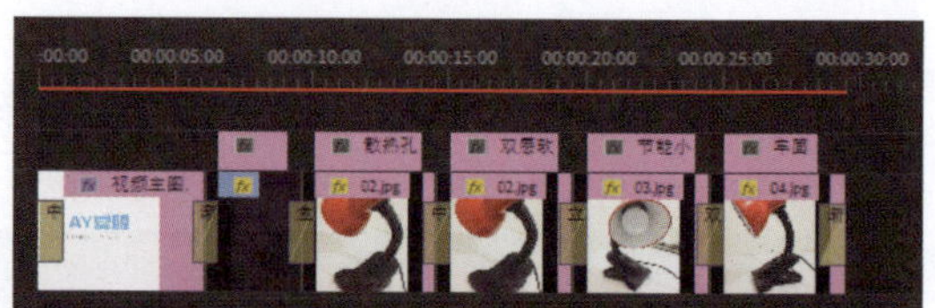

Step 37 在视频中添加字幕后，将当前时间指示器移到字幕位置，通过节目监视器可以查看添加的字幕效果。

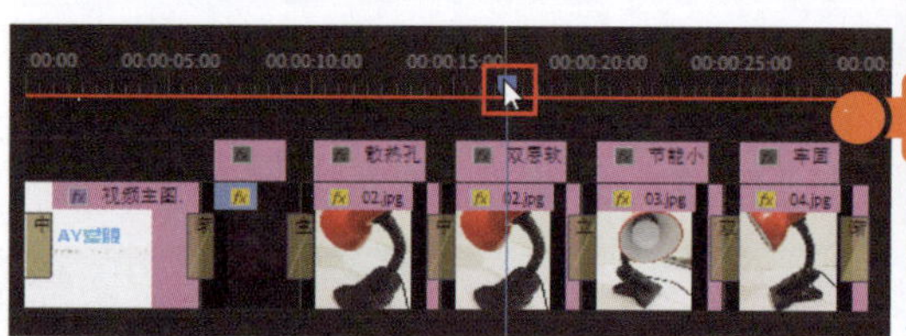

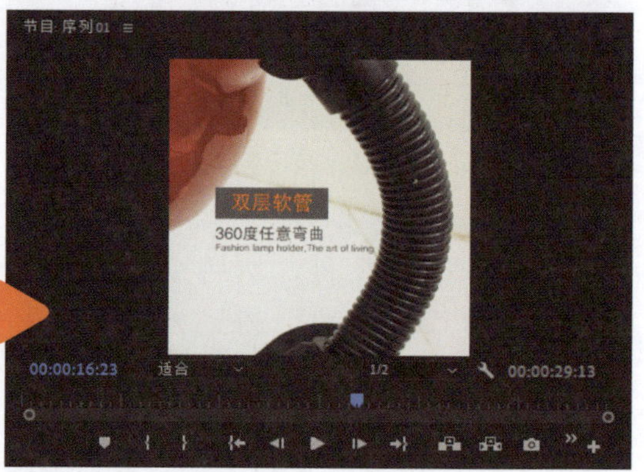

Step 38 执行“文件 > 导入”命令，将05.mp3音频素材导入“项目”面板中，选中导入的音频素材。

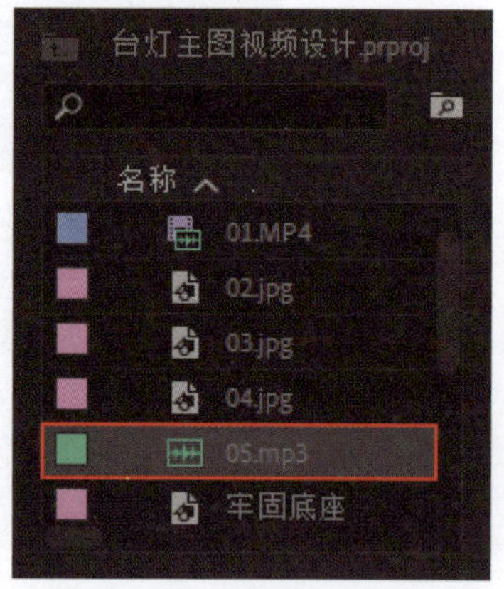

Step 39 将选中的05.mp3音频素材拖曳到“时间轴”面板中的音频轨道上，在视频中添加背景音乐。

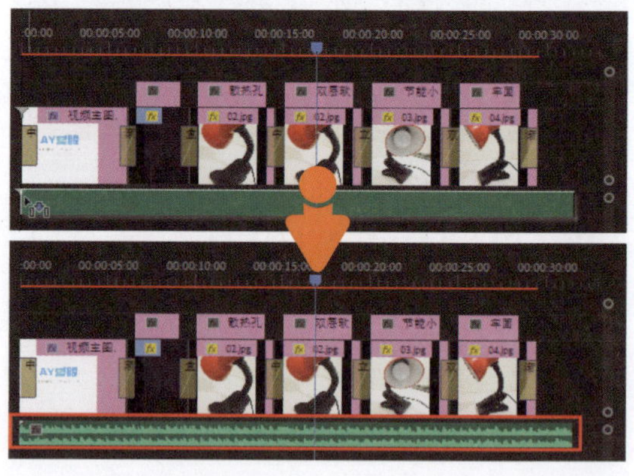

Step 40 选择“选择工具”，选中音频素材，将鼠标指针移到音频末尾位置，当指针变为 形时，单击并向左拖曳，调整音频播放时间，使其与视频播放时间相同。至此，完成本案例的制作。

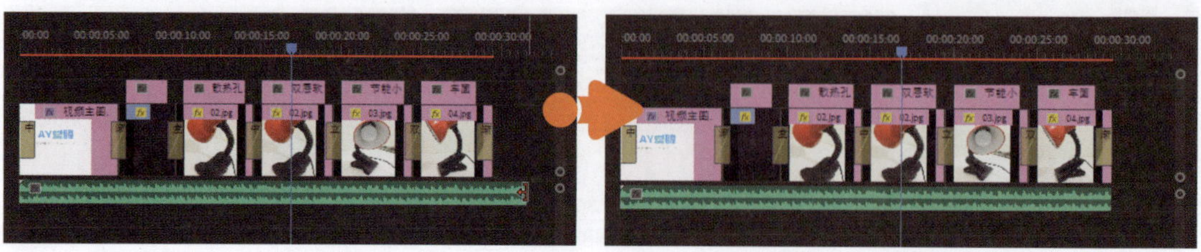

8.1.3 茶叶主图视频设计

本实例是为某品牌茶叶所设计的主图视频。视频中对首图应用高斯模糊效果，画面由模糊逐渐变清晰，让顾客在看到模糊的画面时产生继续观看的想法。另外，在视频中还展示了茶叶包装、冲泡前和冲泡后的变化，这些内容能让顾客对这款茶叶的品质有一个更全面的了解，使其产生购买的想法。

素　材：下载资源\素材\08\06.jpg、07~10.MOV、11.mp3

源文件：下载资源\源文件\08\茶叶主图视频设计.prproj

高斯模糊的视频动画提升用户体验： 应用高斯模糊对视频画面进行模糊处理，使图像呈现从模糊到清晰的渐变过程，提高用户的观看体验。

纯色背景突出商品： 在视频中将茶叶单独抠取出来，为其填充纯色的背景，鲜明的颜色反差使需要展示的商品更加突出。

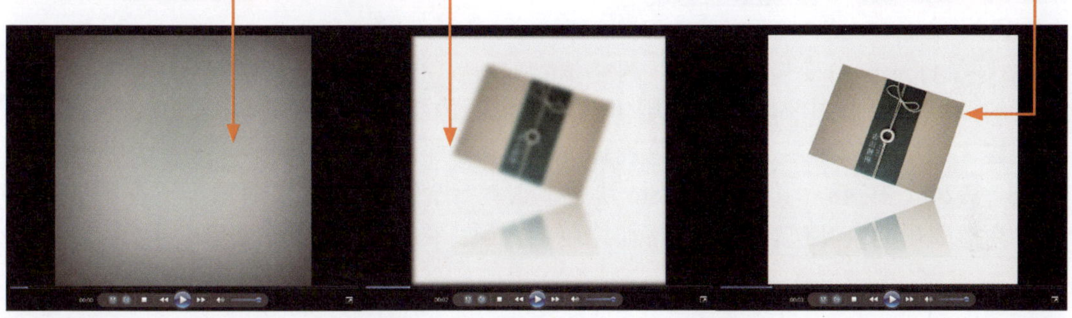

辅助字幕文字表现冲泡过程： 在视频中加入字幕文字，对茶叶冲泡的操作顺序、水温等加以说明，提升了店铺的专业度和可信度，同时也能让用户通过视频学习茶叶冲泡的方法，品尝更加醇香的茶水。

形象的视频操作展示： 为了刺激顾客购买商品，在视频中加入了茶叶冲泡前后的叶子变化等视频动画，更加形象、生动地展示商品，以吸引顾客。

Step 01 启动 Photoshop 程序，打开茶叶包装盒素材 06.jpg，选择“裁剪工具”，在其工具选项栏中选择“1:1（方形）”，在画面中单击并拖曳鼠标，扩展画布，将图像设置为方形，执行“图像 > 图像大小”命令，打开“图像大小”对话框，根据网店主图尺寸调整图像的宽度和高度。

Step 02 选择“多边形套索工具”，沿茶叶包装盒边缘连续单击，创建选区，选中茶叶包装盒图像，按 Ctrl+J 快捷键，复制选区中的图像，创建“图层 1”图层，并调整复制后的图像。

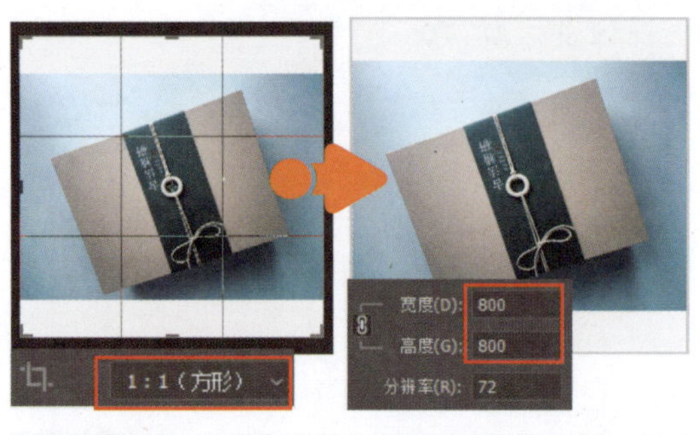

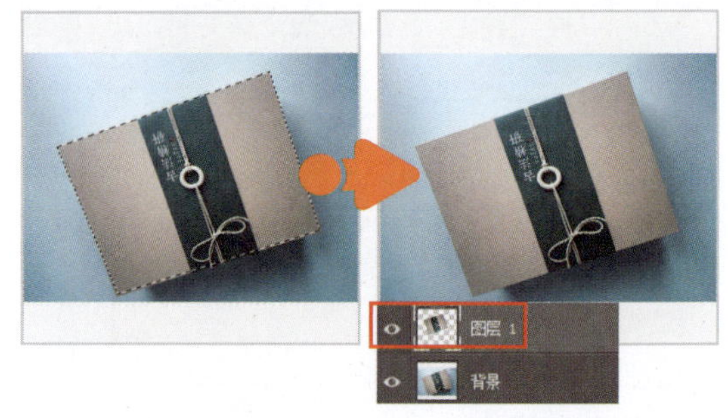

Step 03 打开自由变换编辑框，调整抠取出的茶叶包装盒图像，在“图层 1”下方创建“图层 2”图层，将前景色设置为 R248、G248、B248，按 Alt+Delete 快捷键，为抠取出的茶叶包装盒图像添加纯色背景。

Step 04 创建调整图层，调整茶叶包装盒图像颜色后将其盖印，创建“色彩平衡 1（合并）”图层，翻转图层中的图像，选择“渐变工具”，从图像下方往上方拖曳“黑，白渐变”，制作倒影效果。

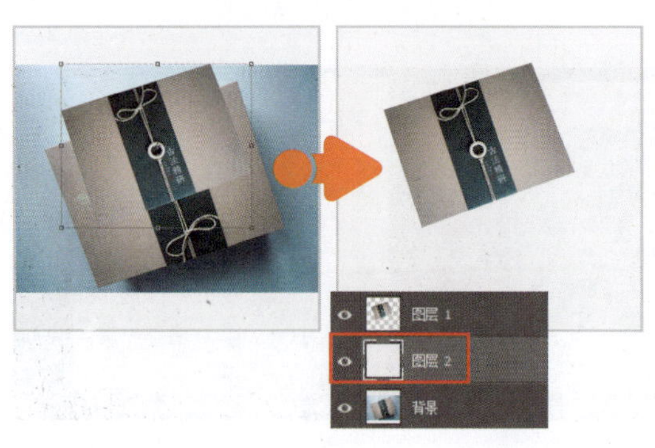

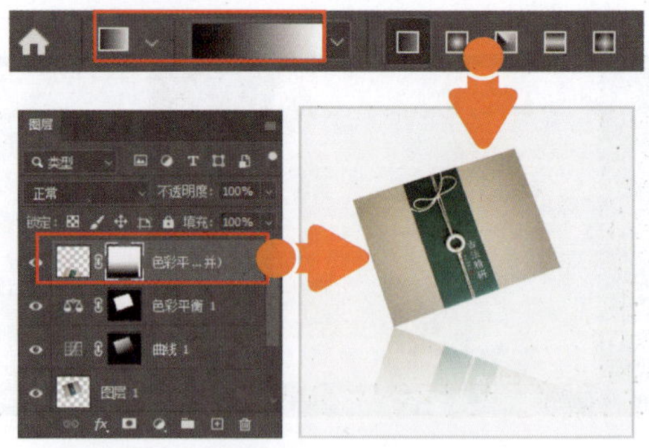

Step 05 启动 Premiere Pro 程序，创建新项目，执行“文件 > 导入”菜单命令，将 06.psd、07 ～ 10.MOV 素材导入创建的项目中，在“项目”面板中会显示导入的素材。

Step 06 执行“文件 > 新建 > 序列”命令，打开“新建序列”对话框，设置选项，新建一个长宽比为 1:1 的序列。

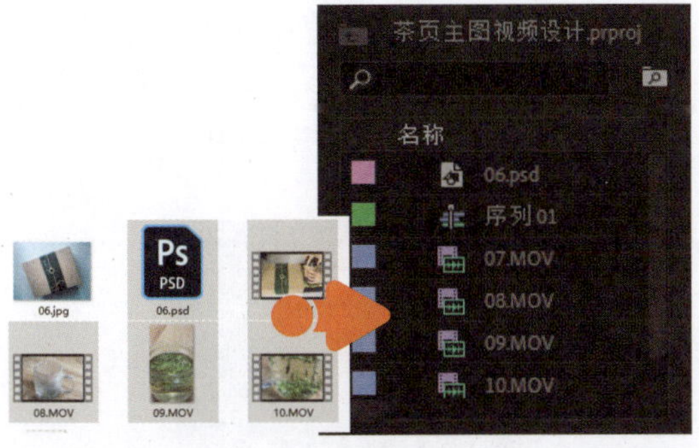

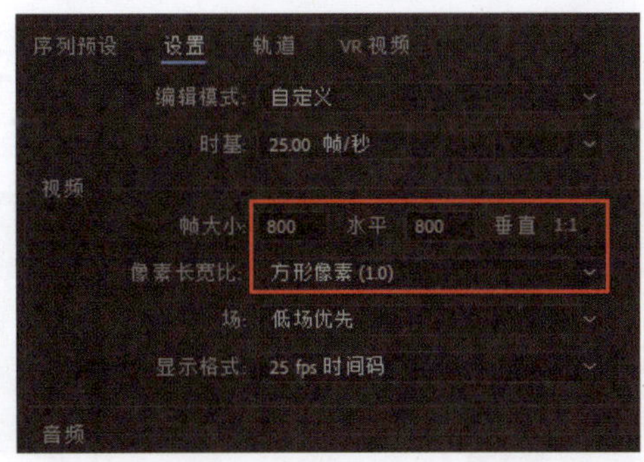

Step 07 将“项目”面板中的素材拖曳到时间轴中，选择“剃刀工具”，将鼠标指针移到时间轴中的视频素材位置，单击鼠标左键，将视频素材 07.MOV 分割为 4 段。

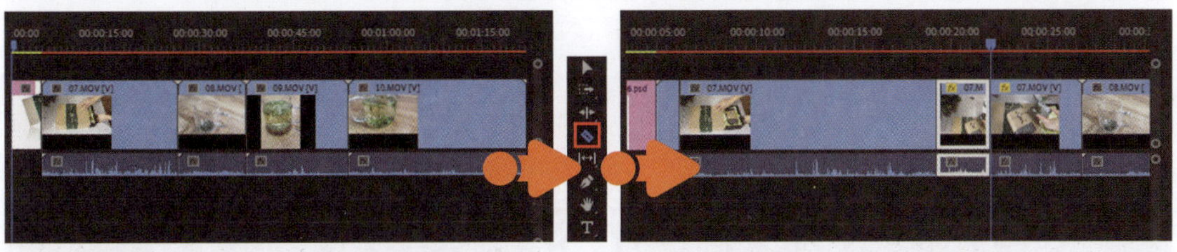

Step 08 选择“选择工具”，按住 Ctrl 键选中分割出来的第二段和第四段视频素材，按 Delete 键，删除这两段视频素材。

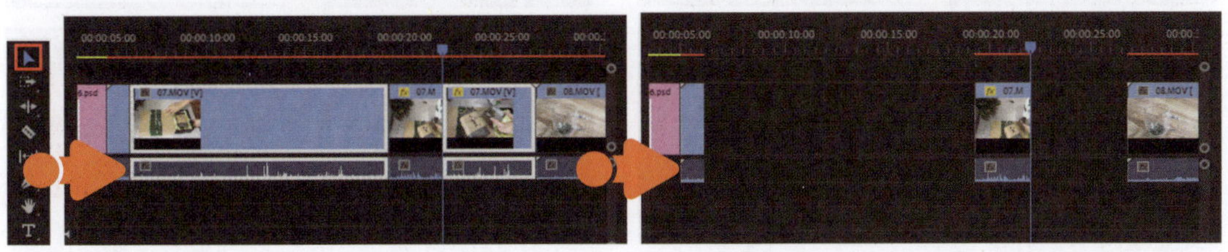

Step 09 右键单击时间轴中的前一段 07.MOV 视频素材，在弹出的快捷菜单中执行“速度 / 持续时间”命令。

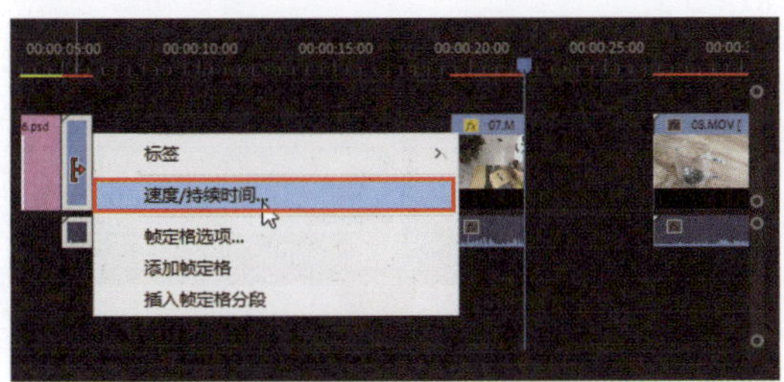

Step 10 打开“剪辑速度 / 持续时间”对话框，设置“速度”为 30%，单击“确定”按钮，更改素材持续时间。

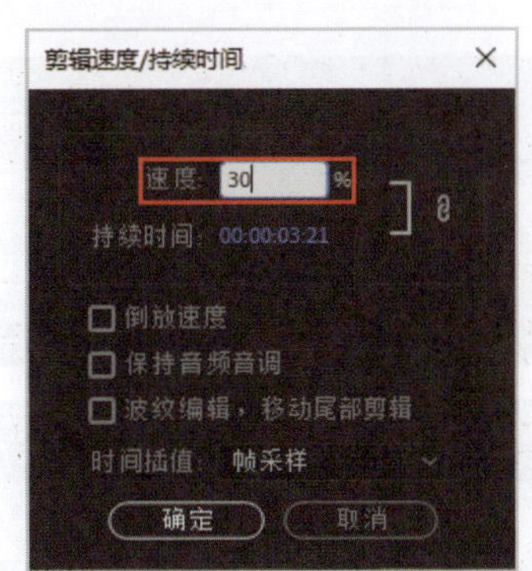

Step 11 右键单击时间轴中的后一段 07.MOV 视频素材，在弹出的快捷菜单中执行“速度 / 持续时间”命令。

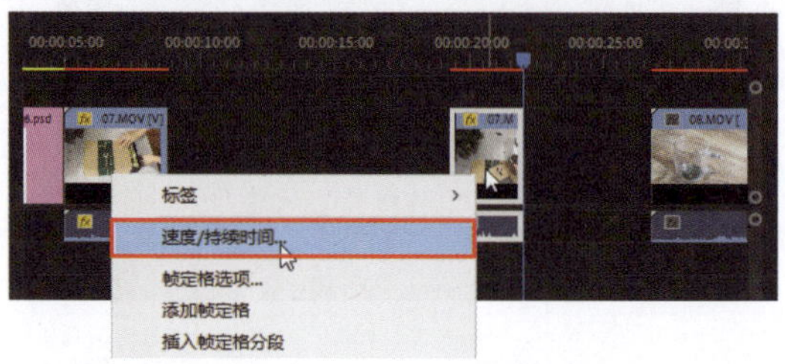

Step 12 打开“剪辑速度 / 持续时间”对话框，设置“速度”为 50%，单击“确定”按钮，更改素材持续时间。

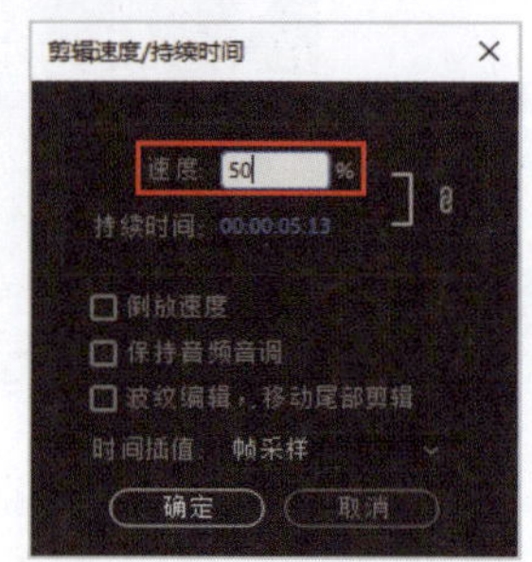

Step 13 分别右键单击两段视频素材中间的空白区域，在弹出的快捷菜单中执行“波纹删除”命令，删除两段视频素材中间的间隙，使视频素材无缝衔接起来。

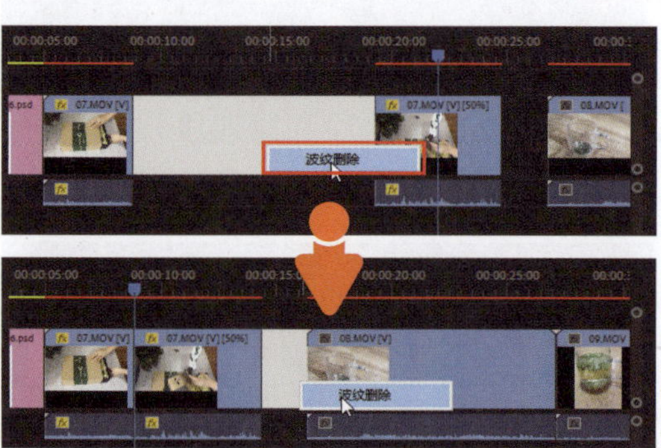

Step 14 选择“选择工具”，在时间轴中单击并拖曳，框选时间轴中的所有视频素材后右键单击它们，在弹出的快捷菜单中执行“取消链接”命令，取消视频与音频的链接状态。

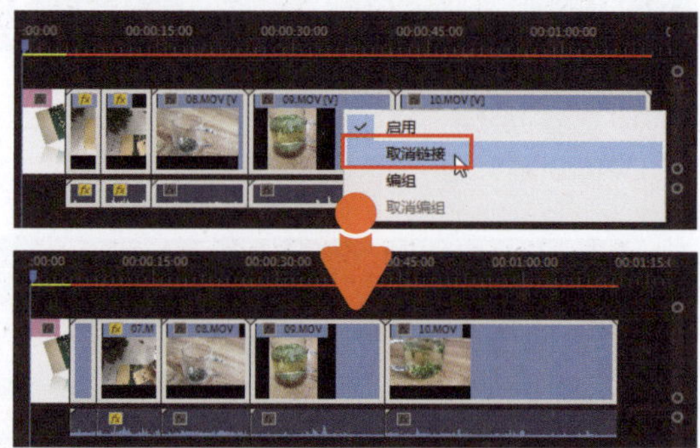

Step 15 使用“选择工具”依次单击视频下方的分离出来的音频文件，选中所有分离出来的音频文件，按 Delete 键，删除所有拍摄时录在视频素材中的音频。

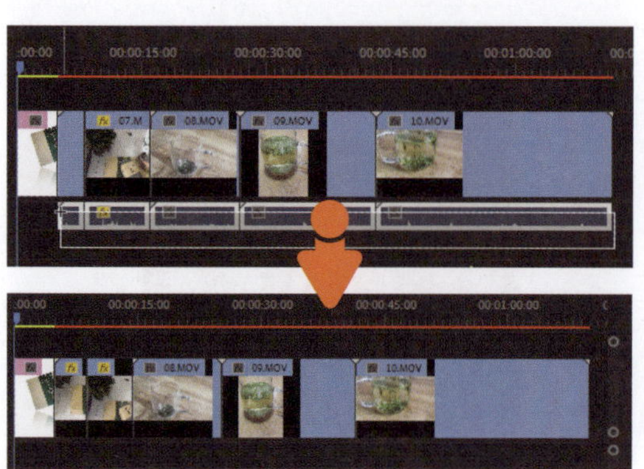

Step 16 将后面几段视频右移一定距离，然后使用“选择工具”选中 06.psd 素材，将鼠标指针移到该素材右侧边缘位置，当光标变为 形状时，向右拖曳，调整视频持续时间。

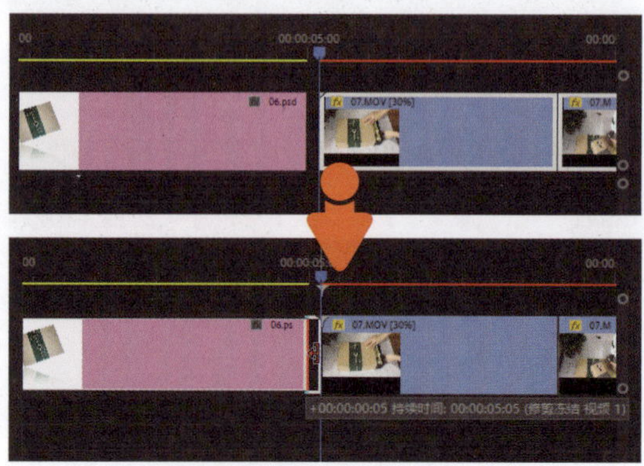

Step 17 选中时间轴中的前一段 07.MOV 视频素材，打开“效果控件”面板，在“运动”选项卡中设置“位置”为 168.0、399.3，“缩放”为 74，调整视频素材的位置和大小。

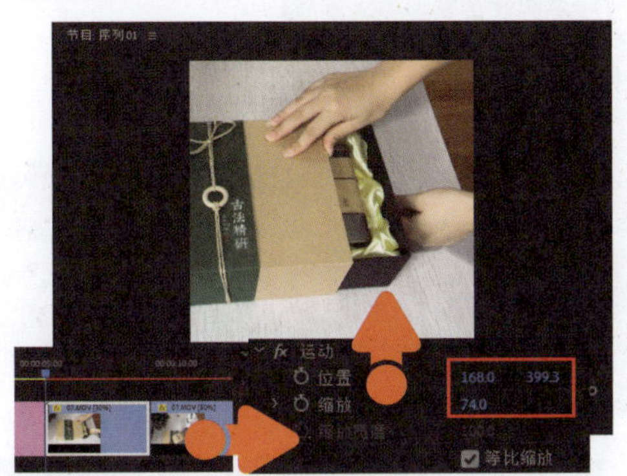

Step 18 选中时间轴中的后一段 07.MOV 视频素材，打开“效果控件”面板，在“运动”选项卡中设置“位置”为 148.5、541.8，调整视频素材的位置。

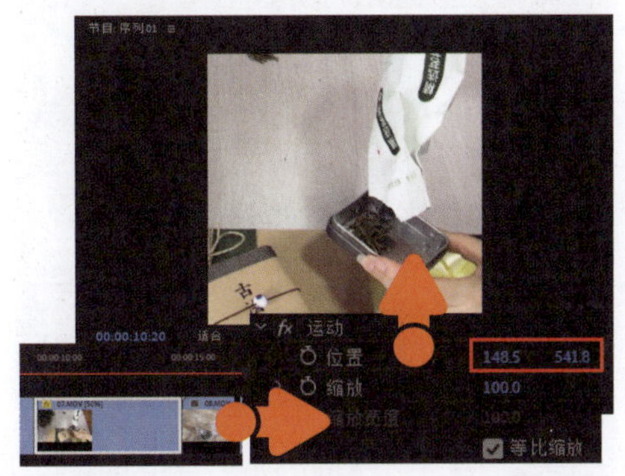

Step 19 打开“效果”面板，展开“视频效果”素材箱，将“模糊与锐化”素材箱中的“高斯模糊”视频效果拖曳到 06.psd 素材上。

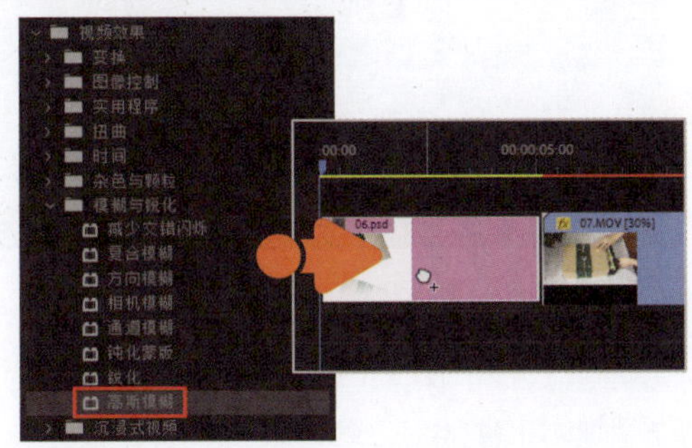

Step 20 打开“效果控件”面板，展开“高斯模糊”选项卡，单击“模糊度”左侧的“切换动画”按钮，设置“模糊度”为 800，添加关键帧。

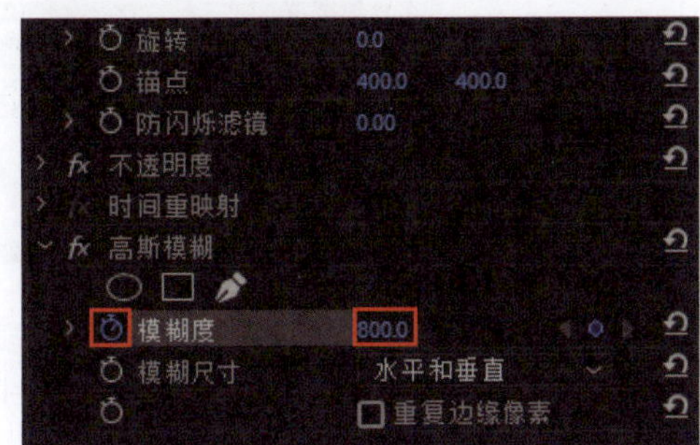

Step 21 将当前时间指示器移到视频素材开始位置，在节目监视器中显示应用“高斯模糊”的视频效果。

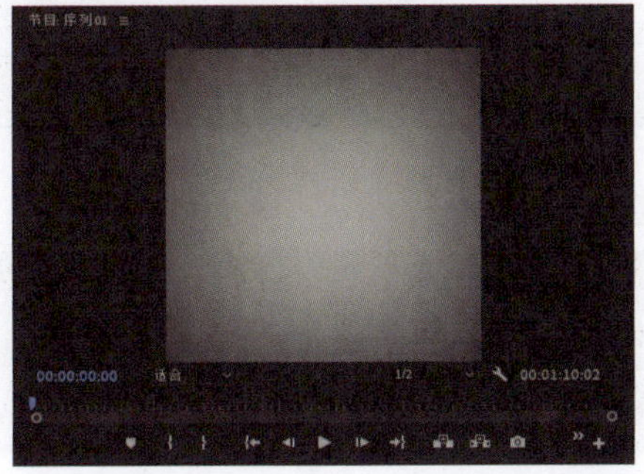

Step 22 将当前时间指示器移到 00:00:02:19 位置，单击“添加 / 移除关键帧”按钮，在当前时间指示器所在位置添加第二个关键帧，设置“模糊度”为 0.0。

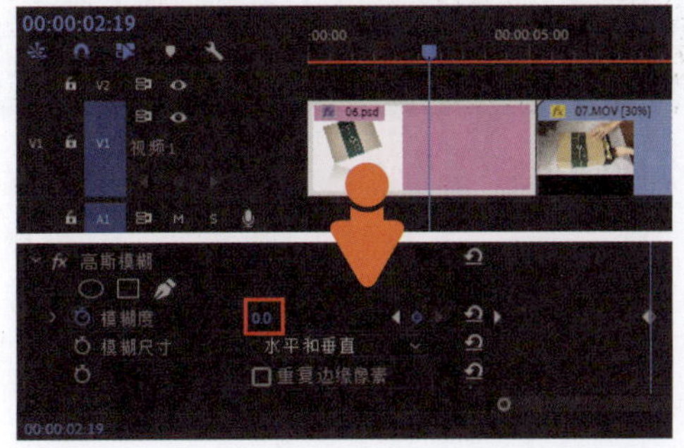

Step 23 在节目监视器中可以看到经过设置得到的清晰的画面效果。至此，完成视频主图由模糊到清晰的视频效果的制作。

Step 24 打开“效果”面板，展开“视频过渡”素材箱，在“划像”素材箱中选中“圆划像”视频过渡，将其拖曳到视频07.MOV开始位置。

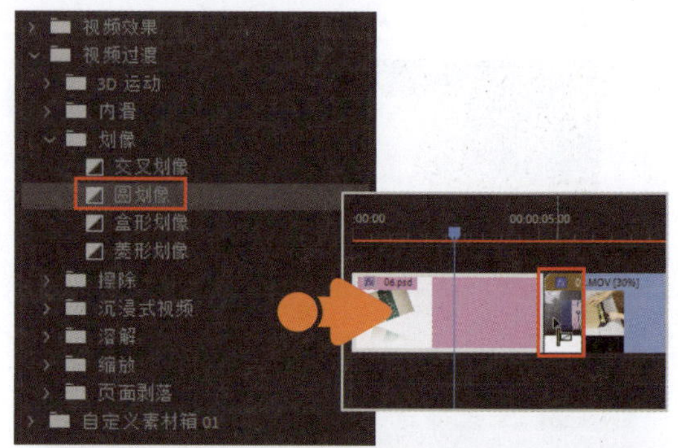

Step 25 单击“时间轴”面板中的“圆划像”过渡图示，打开“效果控件”面板，在“对齐”下拉列表中选择“中心切入”选项，更改对齐方式。

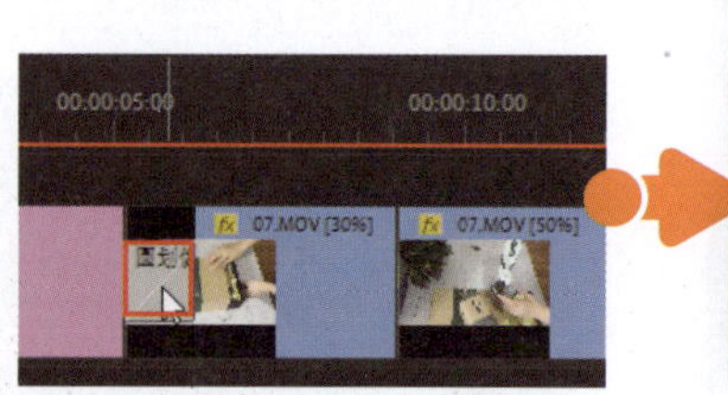

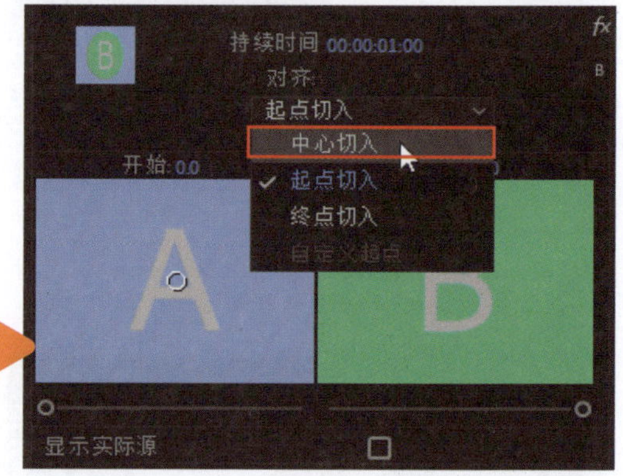

Step 26 继续使用同样的方法，将更多的视频过渡拖曳到时间轴中的两个视频中间位置，设置更丰富的视频过渡。

Step 27 选择“选择工具”，双击视频素材09.MOV和10.MOV中间的“中心拆分”视频过渡图示。

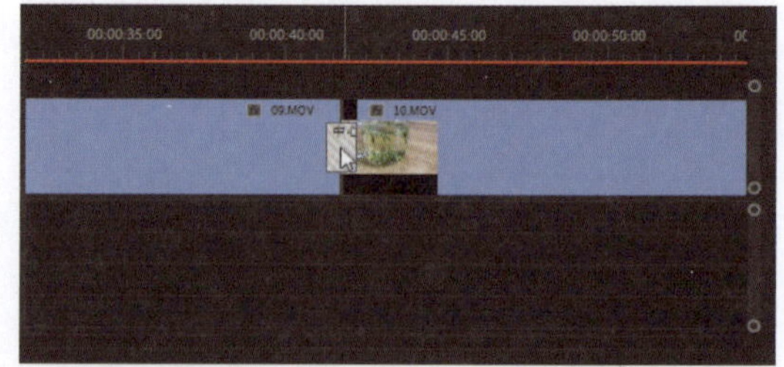

Step 28 打开“设置过渡持续时间”对话框，将“持续时间”更改为00:00:02:01，单击“确定”按钮，更改过渡持续时间。

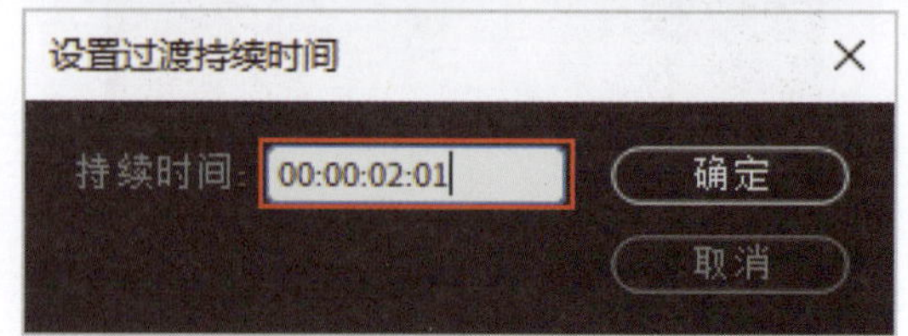

Step 29 执行“文件 > 新建 > 旧版标题”命令，打开“新建字幕”对话框，输入字幕名称为“古法精研”，单击“确定”按钮，创建字幕。

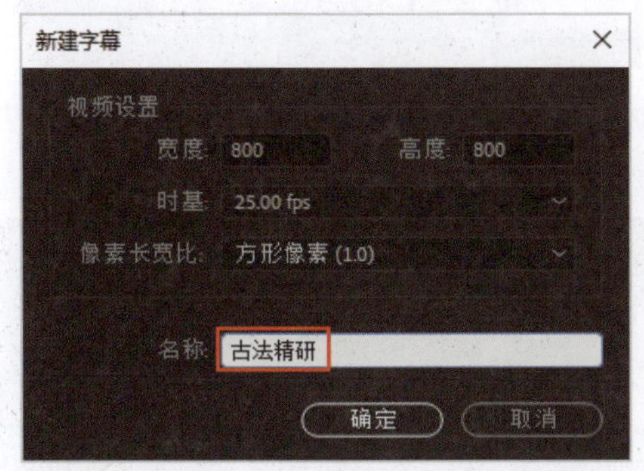

Step 30 打开字幕窗口，选择“垂直文字工具”，将鼠标指针移到画面右侧，单击并输入文字“精品茶叶”，然后按 Enter 键，继续输入文字“古法精研”。

Step 31 选择“垂直文字工具”，在输入的文字上方单击并拖曳，选中文字对象，展开“填充”选项卡，设置填充颜色为 R90、G90、B90，将文字颜色更改为灰色。

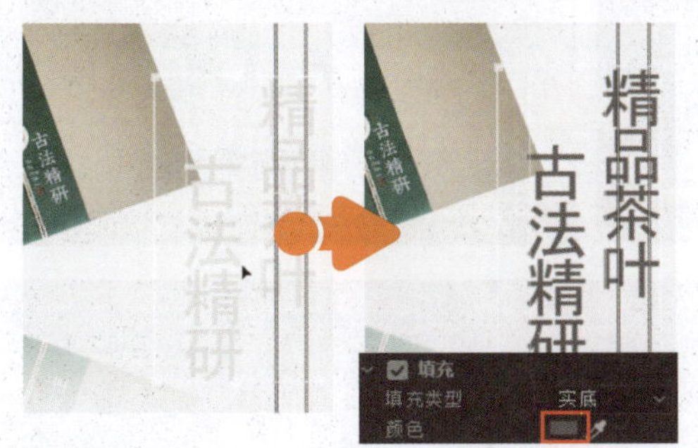

Step 32 选择“垂直文字工具”，选中“精品茶叶”文字，设置“字体系列”为“华文行楷”，“字体大小”为 41，“字偶间距”为 15；选中“古法精研”文字，设置相同的字体，“字体大小”为 65。

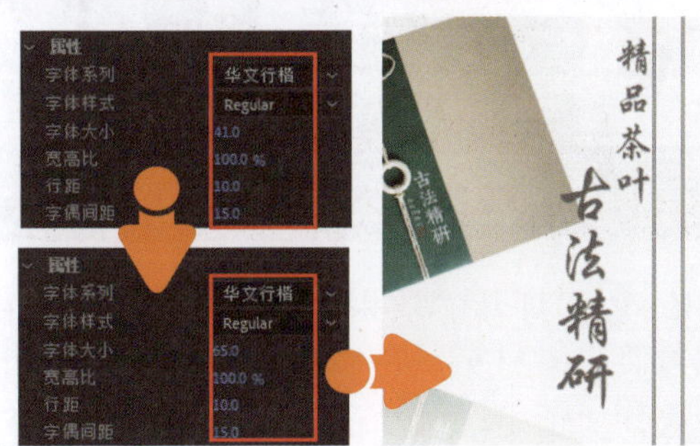

Step 33 为增强字幕文字的立体感，勾选“阴影”复选框，激活下方的阴影选项，然后根据画面整体效果设置投影的不透明度、距离、大小等，为输入的字幕文字添加阴影效果。

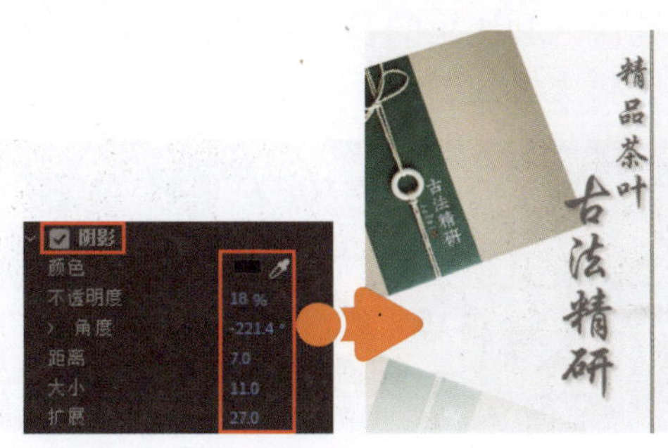

Step 34 单击字幕窗口中的“滚动 / 游动选项”按钮，打开“滚动 / 游戏选项”对话框，勾选“开始于屏幕外”复选框，单击“确定”按钮。

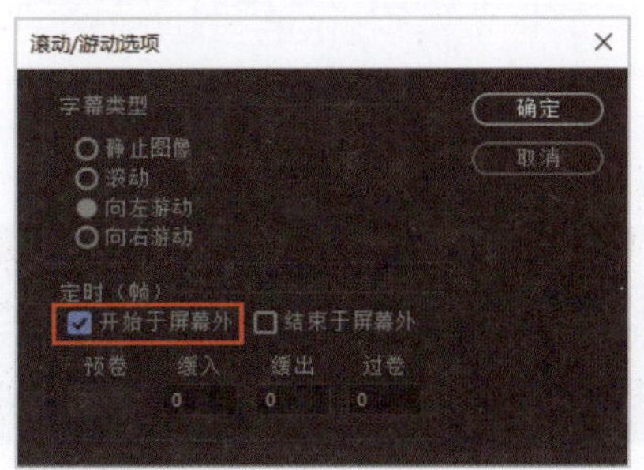

Step 35 设置开始于屏幕外的游动字幕，使用同样的方法创建更多字幕，将创建的字幕文件拖曳到时间轴中合适的位置，并调整持续时间。

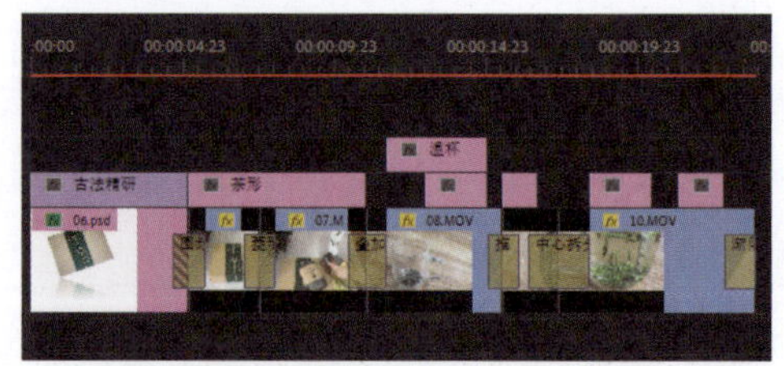

Step 36 执行“文件 > 导入”命令，导入音频素材 11.mp3，将导入的音频文件拖曳到时间轴中，使用“剃刀工具”将导入的音频素材分割为三段。

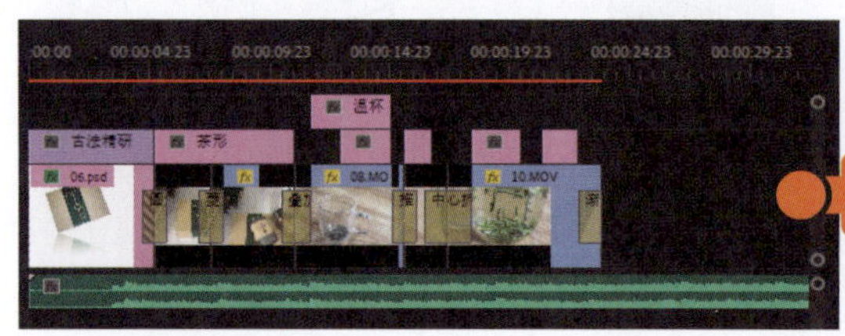

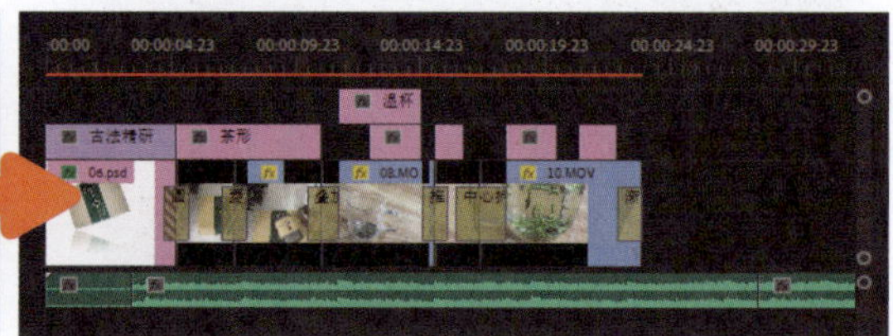

Step 37 使用“选择工具”，选中前、后两段音频素材，按 Delete 键，将其删除，将剩下的中间一段音频素材拖曳到视频开始位置，将鼠标指针移至音频末尾，向左拖曳调整持续时间。

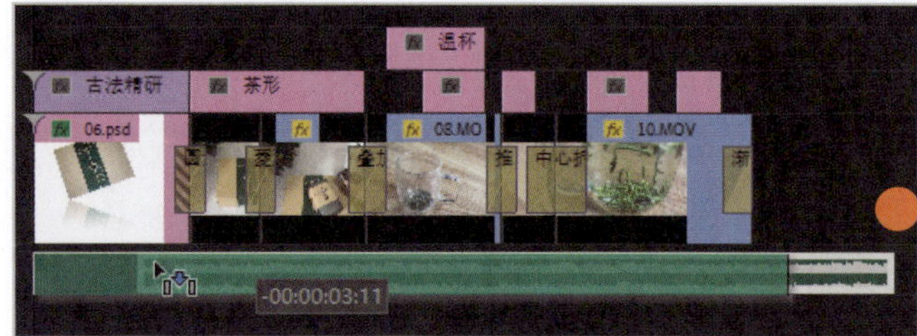

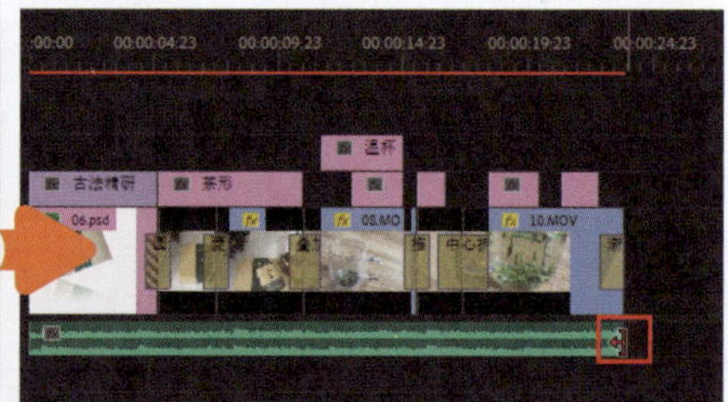

Step 38 打开“效果”面板，展开“音频过渡”素材箱，在“交叉淡化”素材箱中选择“恒定增益”音频过渡，将其分别拖曳到音频开始和结束位置。

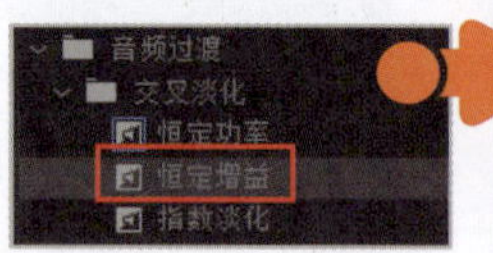

Step 39 双击音频结束位置的“恒定增益”过渡图标，打开“设置过渡持续时间”对话框，设置“持续时间”为 00:00:04:30，单击“确定”按钮。

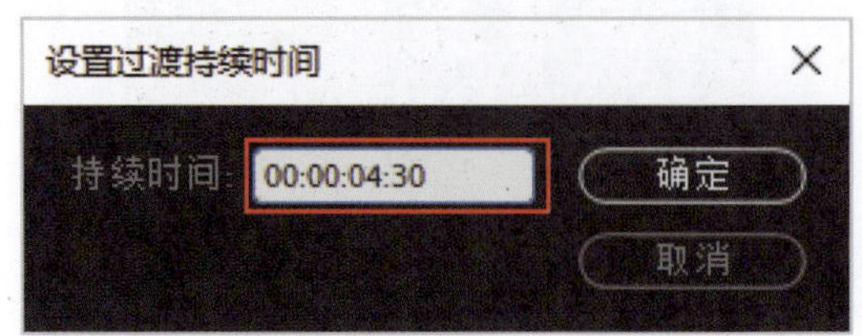

Step 40 根据输入的数值，更改时间轴中的“恒定增益”音频过渡的持续时间，创建淡入和淡出的音频效果。至此，完成了视频文件的制作。

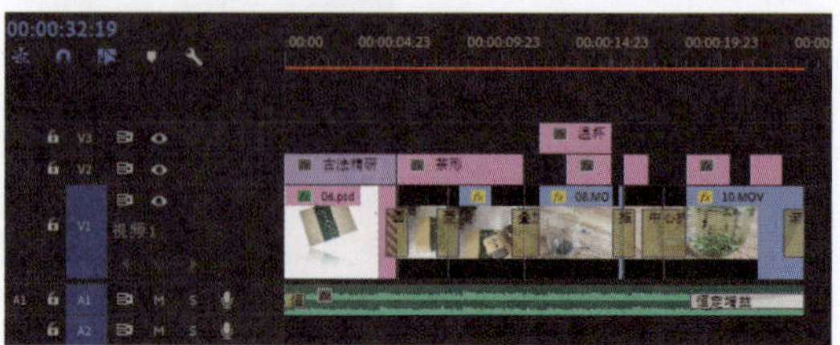

Step 41 制作好视频后，可以将其导出为适合网店装修的视频文件，执行“文件 > 导出 > 媒体”命令，打开“导出设置”对话框，选择导出格式为“H.264”，单击“输出名称”后的文件名。

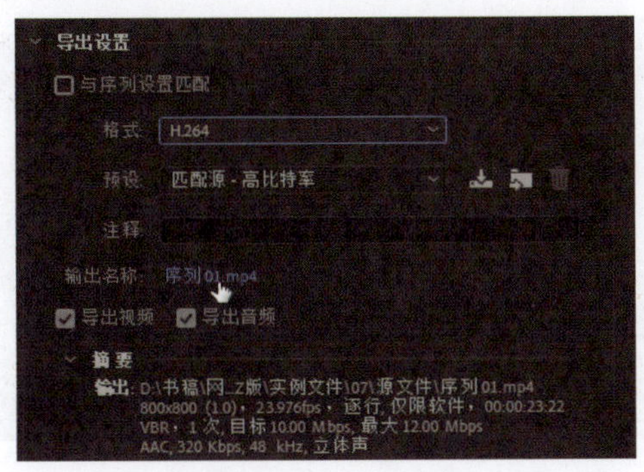

Step 42 打开“另存为”对话框，指定保存位置，输入文件名，单击“保存”按钮，返回“导出设置”对话框，单击“导出视频”按钮，即可导出视频。

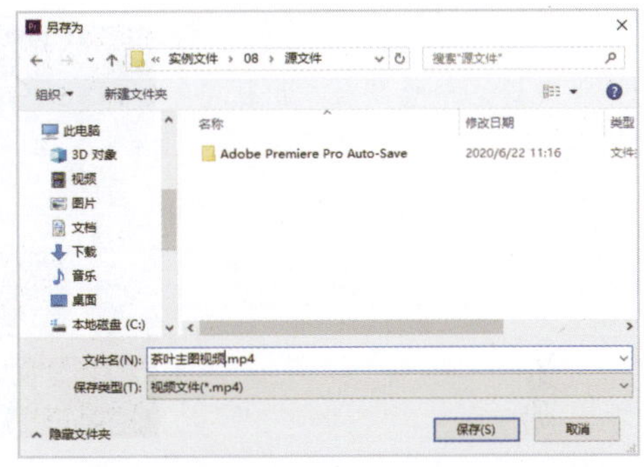

8.2 详情视频设计

商品详情页面是吸引顾客购物的一个重要因素，越来越多的商家开始重视商品详情页面的设计。为了丰富商品详情页面，很多商家除了在主图中添加视频，也会在商品详情页面中添加视频。详情视频大多出现在商品详情页面的详情介绍上方，用于介绍商品的主要功能、使用方法等。

8.2.1 详情视频设计规范

商品详情页面中的视频，可以将商品以更真实、自然的状态呈现在顾客的面前，带给顾客更好的体验，让顾客真真切切地感受到商品的好处和特点。

详情视频的制作不同于主图视频，它对视频的大小无要求，但是视频时长最好不超过 10 分钟。详情视频分辨率尽量采用 1280×720 像素，长宽比为 16:9，详情视频能够体现设计师的创意构思，可将其制作成产品宣传片、使用操作说明及微电影等。不管什么风格的详情视频，在制作的时候都要保证视频画面的清晰度，并且将需要表现的内容置于画面中间位置，方便顾客观察的同时，带给顾客更好的体验，促使其购买。

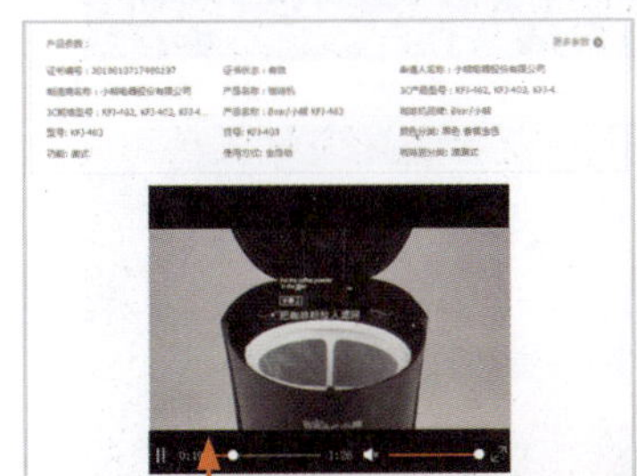
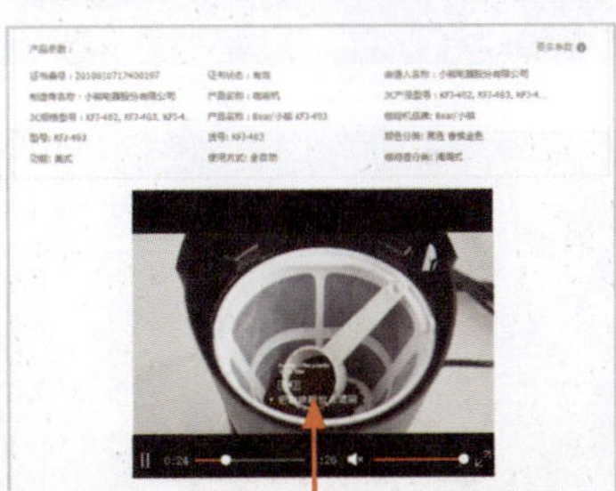

将要表现的内容置于画面中间位置，通过详细的操作流程展示咖啡机的操作方法，顾客通过观看这个视频能够快速掌握该款咖啡机的使用方法、操作流程等，减小了顾客因为担心不会使用而放弃购买商品的可能性。

设计详情视频时，在注重画面美观的同时，还要着重表现商品本身的特点。由于详情视频对细节要求并不严格，所以一些商家在设计详情视频时为了追求绚丽的画面效果而忽略商品本身的特点，这样的视频虽然漂亮，但不一定是顾客想要的。设计详情视频时还要注意卖点明确，将商品与其他品牌或同类商品的不同之处表现出来，让顾客能从众多同类商品选择购买这个商品。

为了突出音箱具有防水的特性，商家在设计详情视频时，拍摄了一段将音箱置于水中的视频，并将其应用于详情页面中，这样更具有说服力。

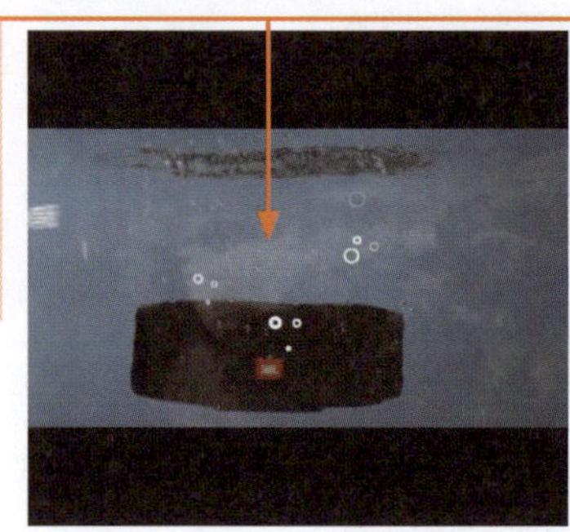

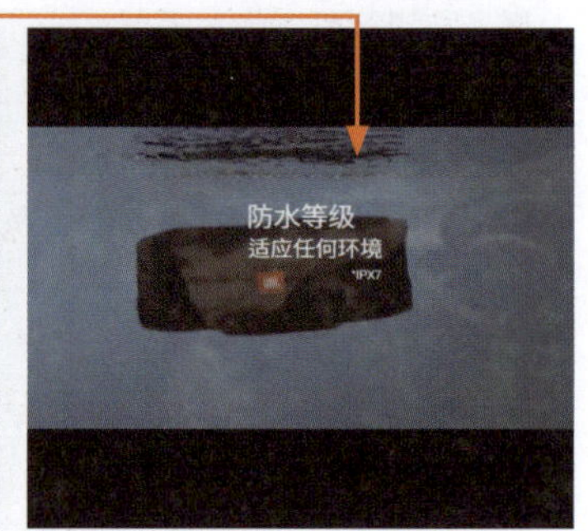

8.2.2 鼠标详情视频设计

本实例是为某品牌鼠标设计的详情视频。为了进一步加深顾客对店铺的印象，同时树立店铺自身的品牌形象，在片头中加入了品牌 Logo 和简单的文字说明。在视频内容的处理上，分别从鼠标的外观、防滑滚轮、使用寿命等方面进行展示，通过指示性的线条和简短的文字介绍商品细节中的设计亮点，让画面更具设计感。

素　材：下载资源\素材\08\12 ～ 16.MOV、17.mp3

源文件：下载资源\源文件\08\鼠标详情视频设计.prproj

动态光晕效果设计： 为了让视频画面的整体表现更有视觉冲击力，视频中应用“镜头光晕”特效，并通过创建关键帧制作移动的光晕效果，设计感更强，更能吸引顾客的视线。

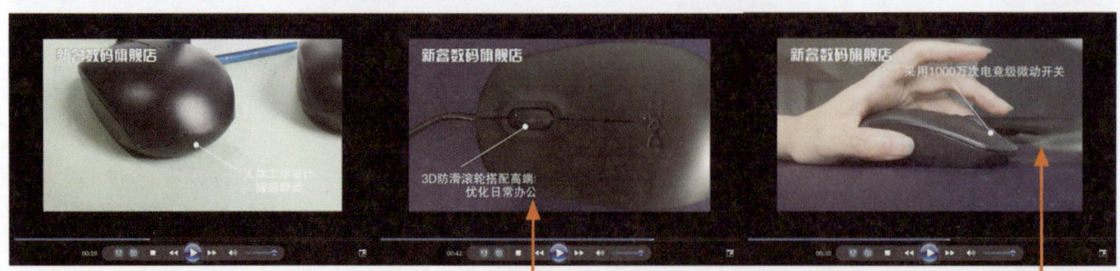

指示性更明确的字幕设计： 字幕的设计中，利用了圆点、线条等图形将图片与文字串接起来，能够将顾客视线引导到要表现的商品上。

手把手的操作视频： 为了让顾客能直观地感受到鼠标的手感，通过实拍的使用视频，体现商家贴心的服务。

Step 01 启动 Photoshop 程序，根据网店详情视频所需比例输入“宽度”和“高度”，创建新文件，选择“椭圆工具”，在其工具选项栏中调整选项，在画面中单击并拖曳，绘制一个蓝色圆形。

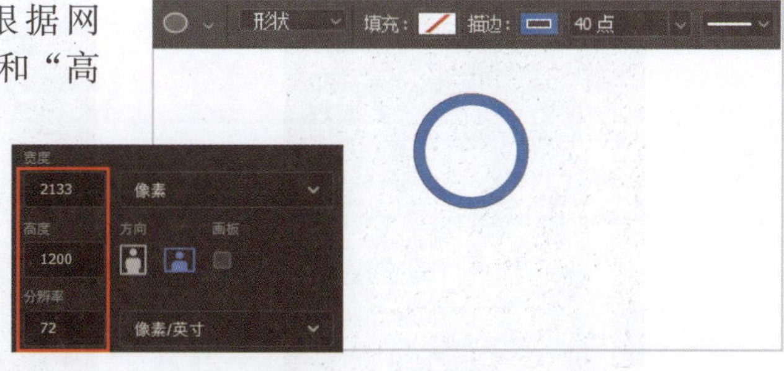

Step 02 选择“横排文字工具”，在绘制的圆形中间位置单击，输入鼠标所属品牌名称，选中字母 E，按 Ctrl+T 快捷键，打开自由变换编辑框，单击并拖曳以旋转字母 E。

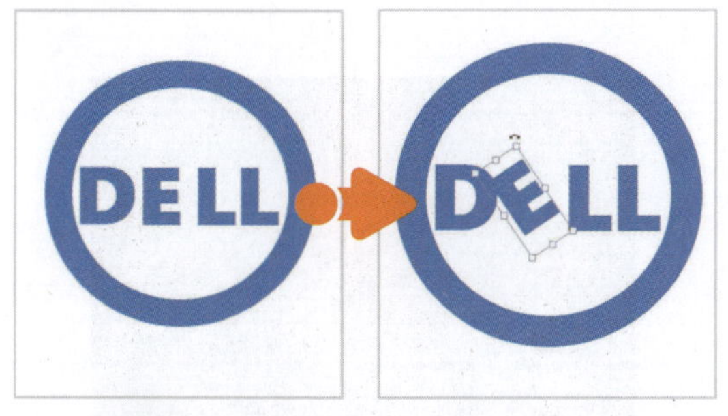

Step 03 选中字母 E 所在的文字图层，执行“文字 > 转换为形状”命令，将文字转换为图形，然后使用“直接选择工具”选中文字图形，调整锚点位置，使文字变形。

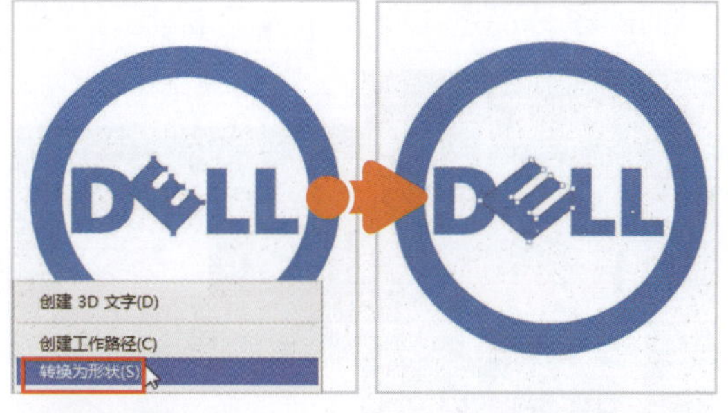

Step 04 使用“横排文字工具”在绘制的标志图形下方输入所需文字，在“图层”面板中选中对应的文字图层，单击选择工具选项栏中的“水平居中对齐”按钮，对齐文本，再保存文件。

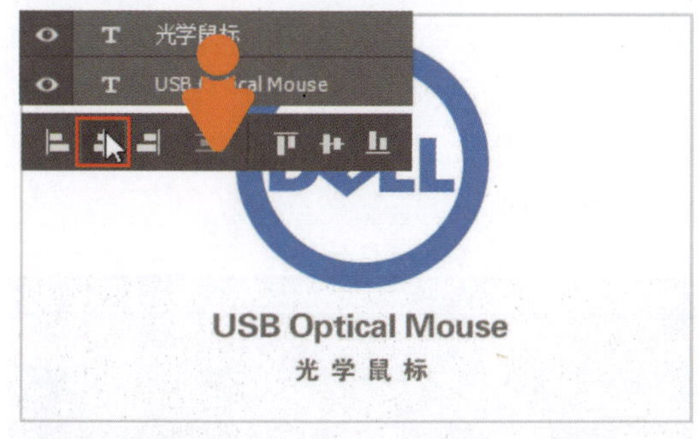

Step 05 启动 Premiere Pro 程序，创建新项目，执行“文件 > 新建 > 序列”命令，打开“新建序列”对话框，根据主图的大小设置选项。

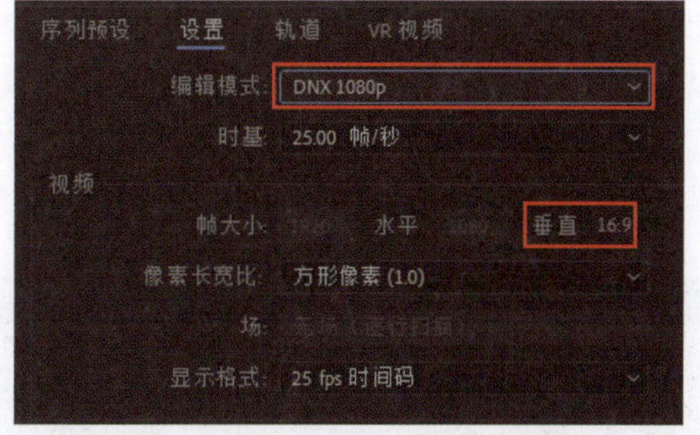

Step 06 执行“文件 > 导入”命令，将制作好的鼠标品牌 LOGO.psd、12 ～ 16.MOV 和 17.mp3 素材导入“项目”面板中，在“项目”面板中会显示添加的所有素材。

Step 07 在“项目”面板中选中导入的鼠标品牌 LOGO.psd 素材，将其拖曳到时间轴上，在“时间轴”面板中放置素材。

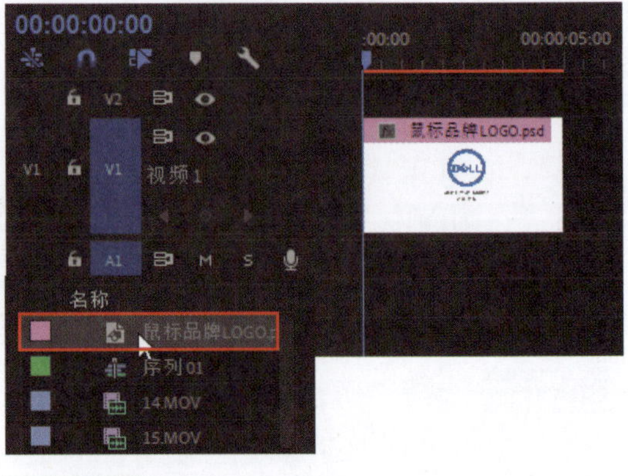

Step 08 打开“效果”面板，展开“视频效果”素材箱，选择“生成”素材箱中的“镜头光晕”视频效果，将其拖曳到时间轴的鼠标品牌 LOGO.psd 素材上。

Step 09 使用同样的方法再拖曳一次，在素材中重复应用“镜头光晕”视频效果，打开“效果控件”面板。

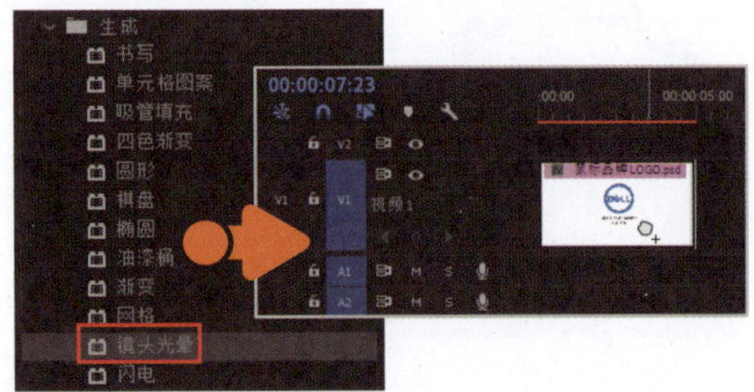

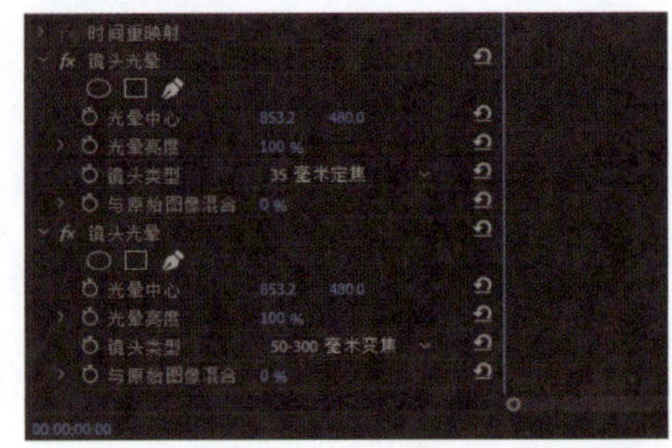

提示

右键单击“效果控件”面板中的视频效果名称，在弹出的快捷菜单中执行“清除”命令，可以删除选中的效果。

Step 10 将当前时间指示器移到 00:00:00:20 位置，单击“光晕中心”和“光晕亮度”左侧的“切换动画”按钮，在视频开始位置添加首个关键帧，分别调整光晕中心和光晕亮度。

Step 11 将当前时间指示器向右拖曳至 00:00:02:01 位置，单击“光晕中心”和“光晕亮度”右侧的“添加 / 移除关键帧”按钮，添加第二个关键帧，分别调整关键帧的光晕中心和光晕亮度。

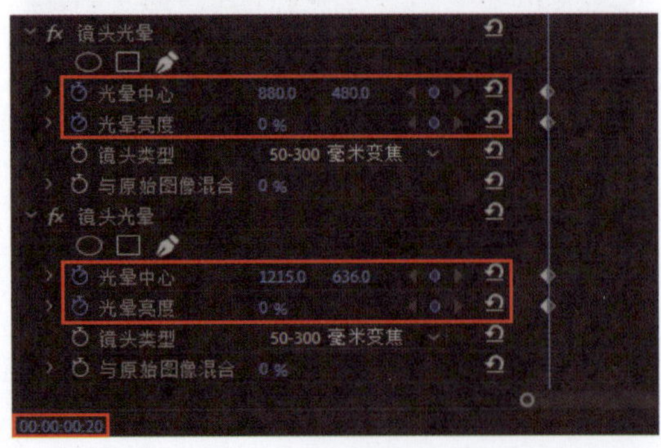

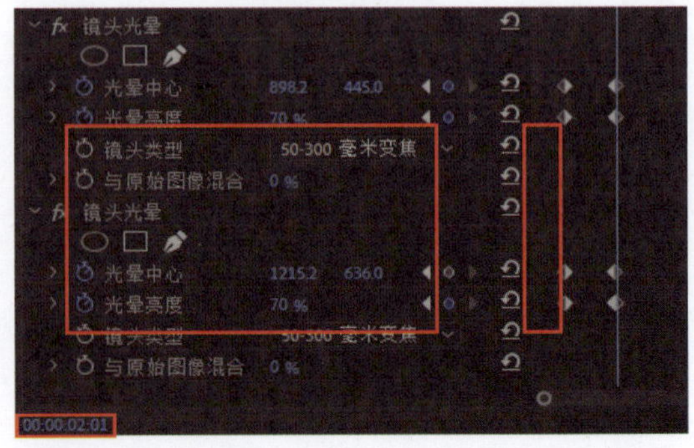

Step 12 将当前时间指示器移到 00:00:02:18 位置，单击“光晕中心”和“光晕亮度”右侧的“添加 / 移除关键帧”按钮，添加第三个关键帧，分别调整关键帧的光晕中心和光晕亮度。

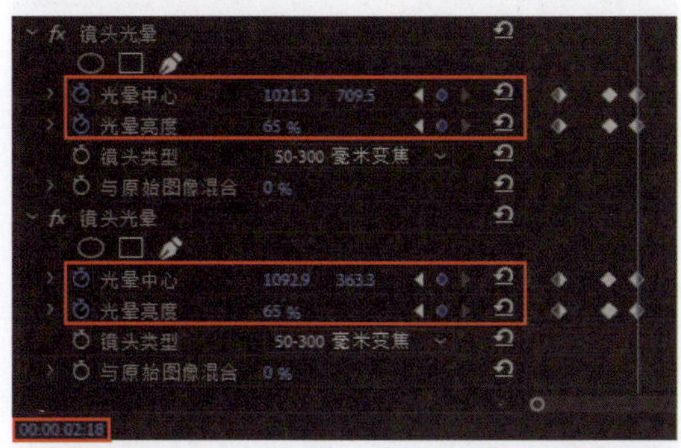

Step 13 将当前时间指示器移到 00:00:03:07 位置，单击“光晕中心”和“光晕亮度”右侧的“添加 / 移除关键帧”按钮，添加第四个关键帧，分别调整关键帧的光晕中心和光晕亮度。

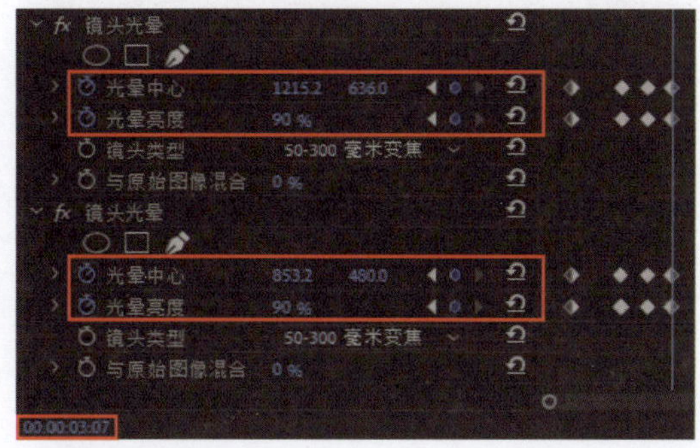

Step 14 至此，完成在画面中添加移动的光晕视频效果，单击节目监视器中的“播放 - 停止切换”按钮，可以预览视频效果。

Step 15 选中“项目”面板中的 12.MOV 素材，将其拖曳到鼠标品牌 LOGO.psd 素材右侧，添加视频素材。

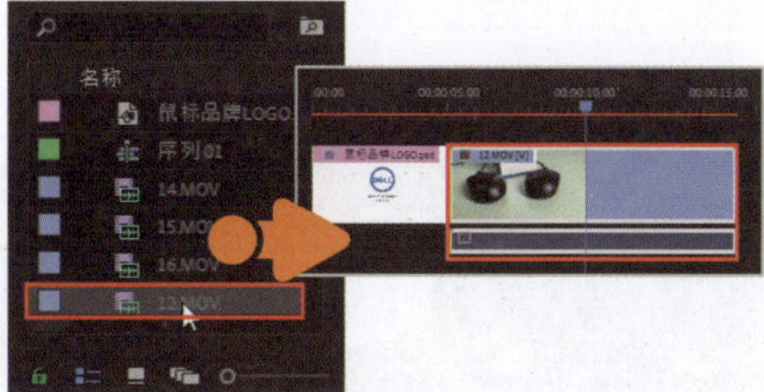

提示

对于添加到“项目”面板中的素材，可以双击它，打开源监视器，预览添加到项目中的素材效果。

Step 16 将当前时间指示器移到 00:00:13:01 位置，选择“剃刀工具”，将鼠标指针移到 12.MOV 素材上，单击将视频素材分割为两段。

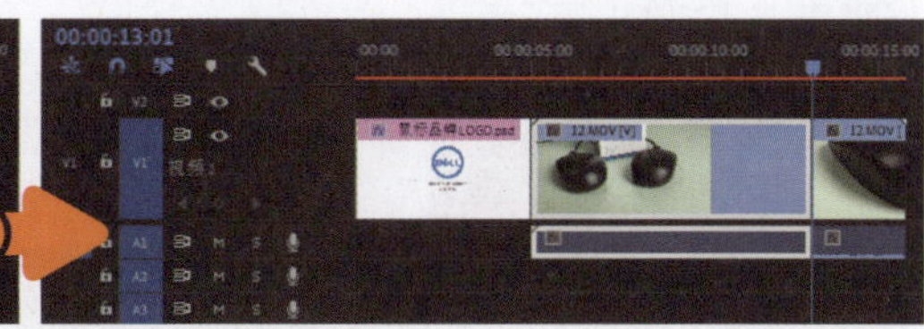

Step 17 选择“选择工具”，选中后一段视频素材，按 Delete 键将其删除。

Step 18 右键单击留下的 12.MOV 素材，在弹出的快捷菜单中执行“取消链接”命令，取消视频和音频的链接状态。

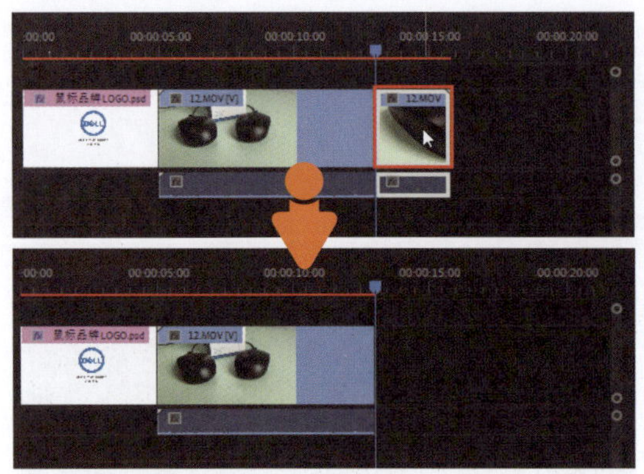

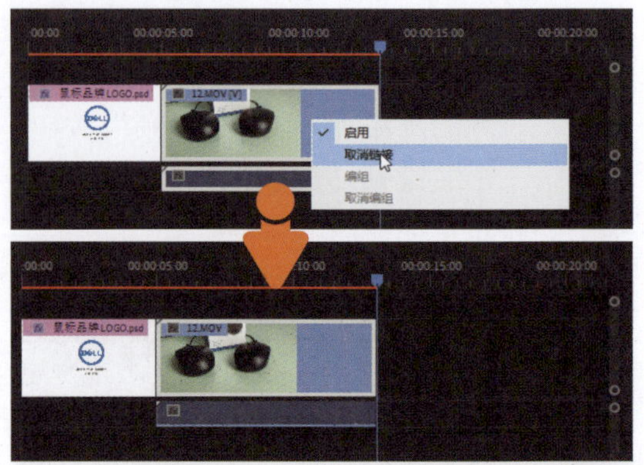

Step 19 选择“选择工具”，选中取消链接后的音频文件，按 Delete 键将其删除。

Step 20 打开“效果”面板，展开“视频效果”素材箱，选中“调整”素材箱中的“色阶”视频效果，将其拖曳到 12.MOV 素材上。

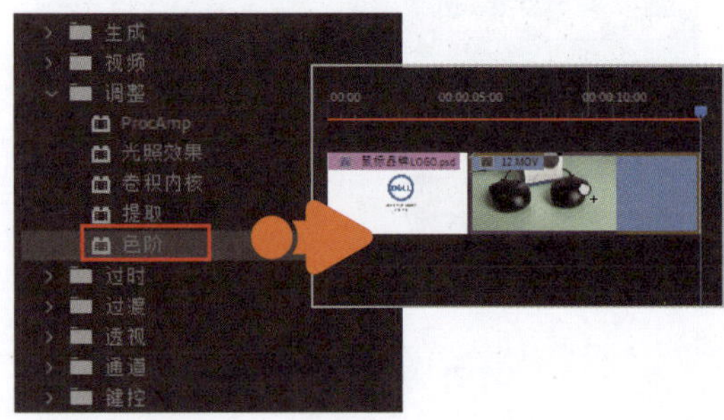

Step 21 打开“效果控件”面板，在面板中设置“（RGB）输入黑色阶”、“（RGB）输入白色阶”和“（RGB）灰度系数”分别为 8、241、94，提亮灰暗的视频素材。

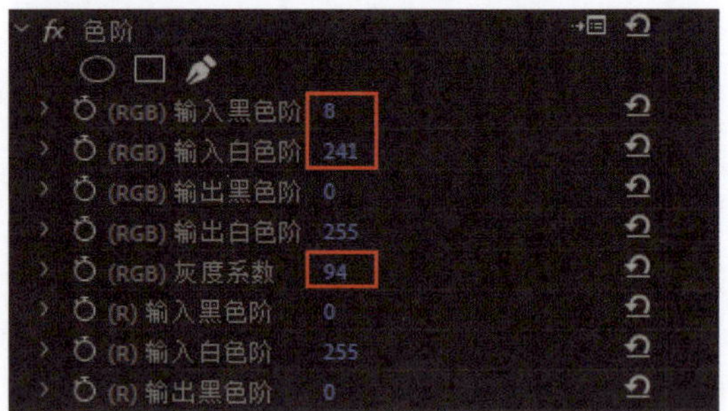

Step 22 打开“效果”面板，展开“视频效果”素材箱，选中“过时”素材箱中的“RGB 曲线”视频效果，将其拖曳到 12.MOV 素材上。

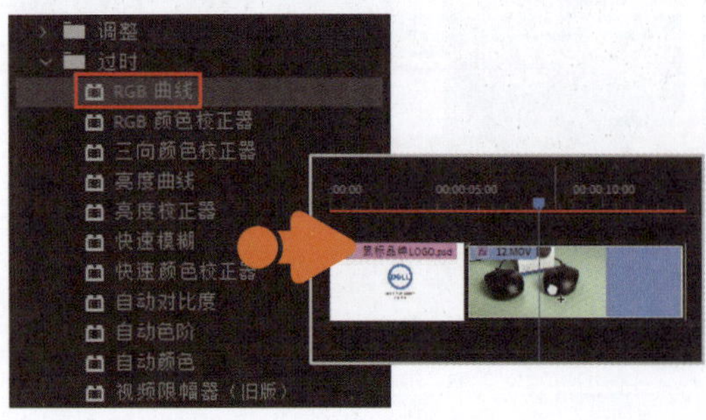

Step 23 打开“效果控件”面板，分别拖曳“主要”和“蓝色”的曲线，调整图像的亮度和颜色。

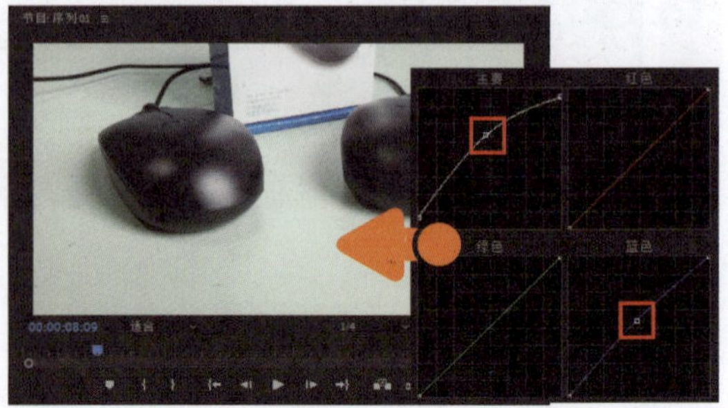

Step 24 为了延长 12.MOV 视频播放的时间，右键单击 12.MOV 素材，在弹出的快捷菜单中执行“速度 / 持续时间”命令。

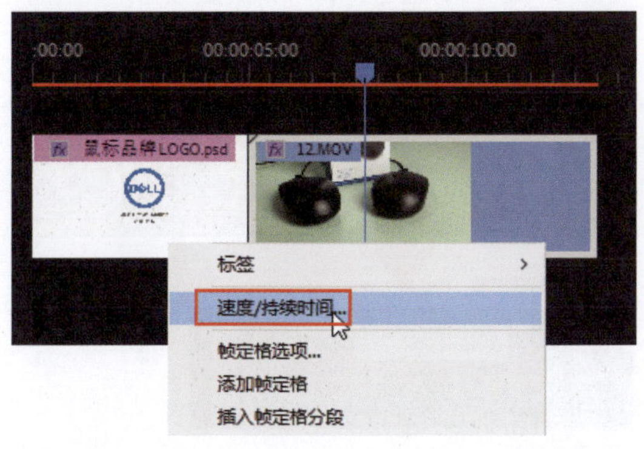

Step 25 打开“剪辑速度 / 持续时间”对话框，设置“速度”为 30%，单击“确定”按钮，延长视频播放时间。

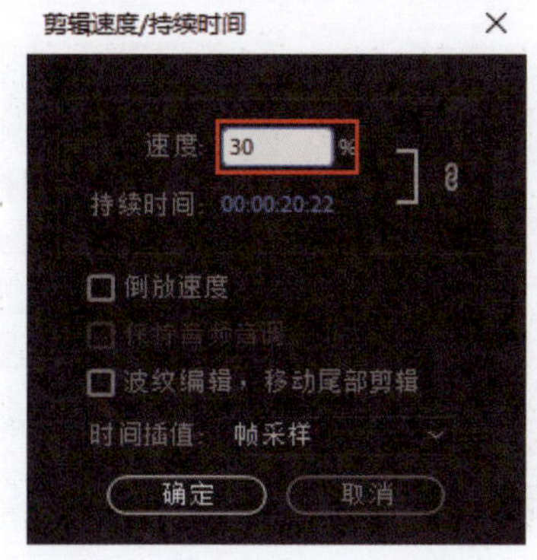

Step 26 将 14.MOV 素材拖曳到 12.MOV 素材后面，使用相同的方法调整视频的亮度、颜色和播放速度。

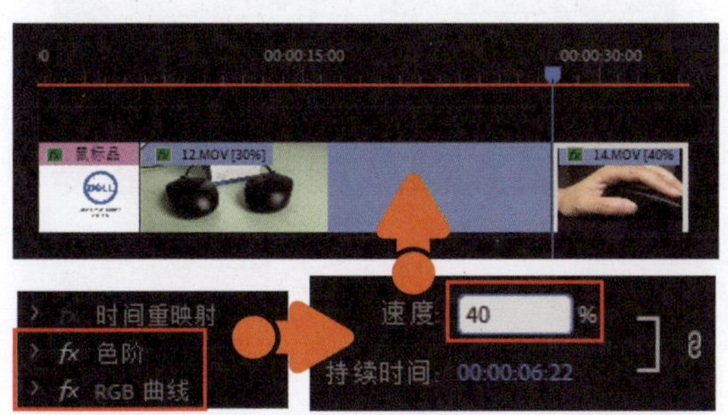

Step 27 打开“效果”面板，展开“视频效果”素材箱选中“模糊与锐化”素材箱中的“相机模糊”视频效果，将其拖曳到 14.MOV 素材上。

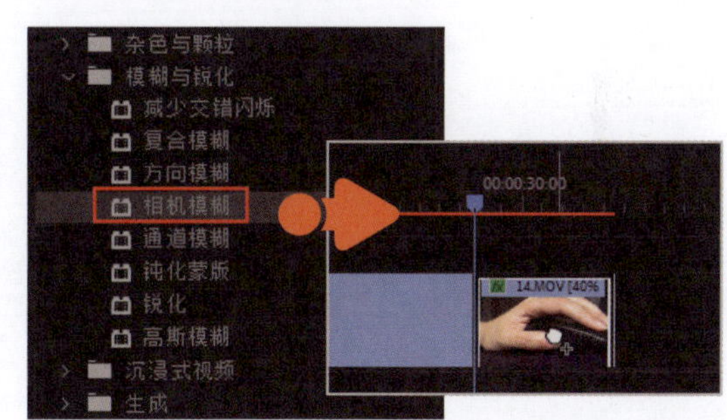

Step 28 展开“效果控件”面板，单击“创建椭圆形蒙版”按钮，创建蒙版，调整选项，然后在节目监视器中调整蒙版范围，模糊背景部分。

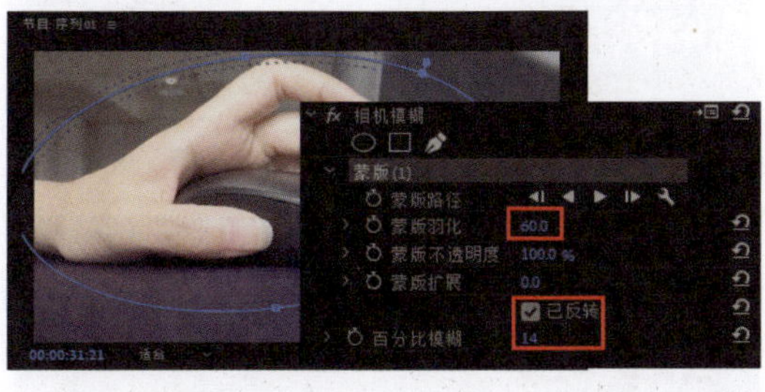

Step 29 使用相同的方法，添加另几个视频，结合“效果”面板中的“视频效果”和“效果控件”面板，对视频进行调整。

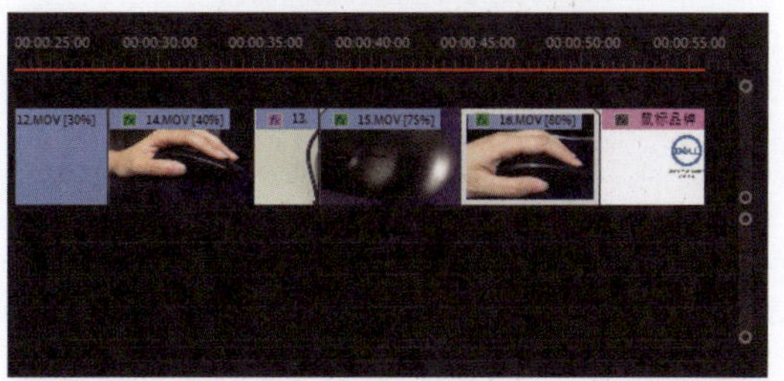

Step 30 打开"效果"面板，展开"视频过渡"素材箱，选中"溶解"素材箱中的"白场过渡"视频过渡，将该过渡拖曳到鼠标品牌 LOGO.psd 素材开始位置，应用过渡。

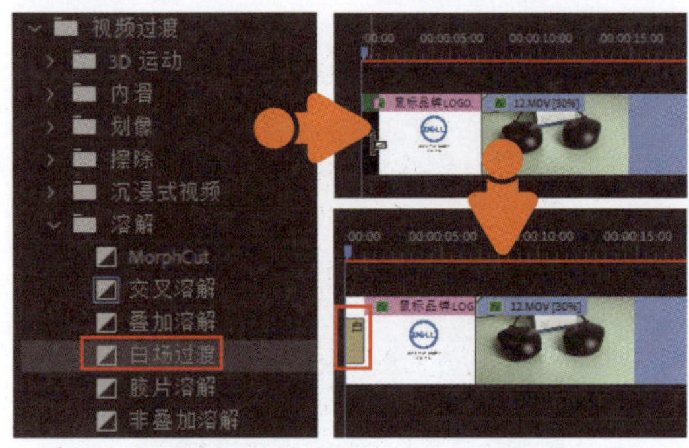

Step 31 使用相同的方法，在其他几段视频中间位置也添加不同的视频过渡，再双击 12.MOV 视频前的"圆划像"视频过渡图示，在打开的"设置过渡持续时间"对话框中更改视频过渡的持续时间。

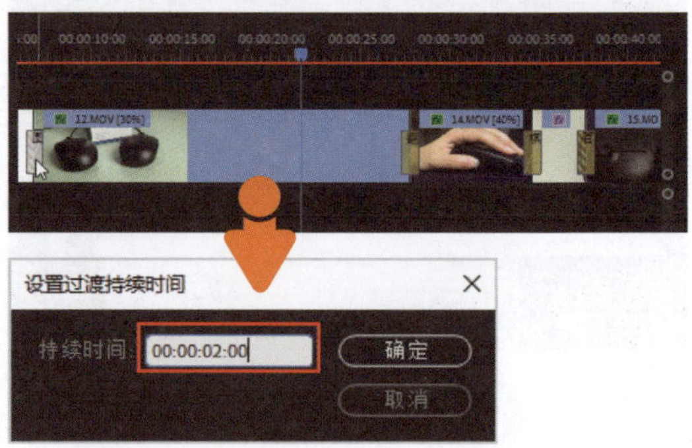

Step 32 执行"文件 > 新建 > 旧版标题"命令，打开"新建字幕"对话框，输入字幕名称"数码旗舰店"，单击"确定"按钮，创建字幕文件。

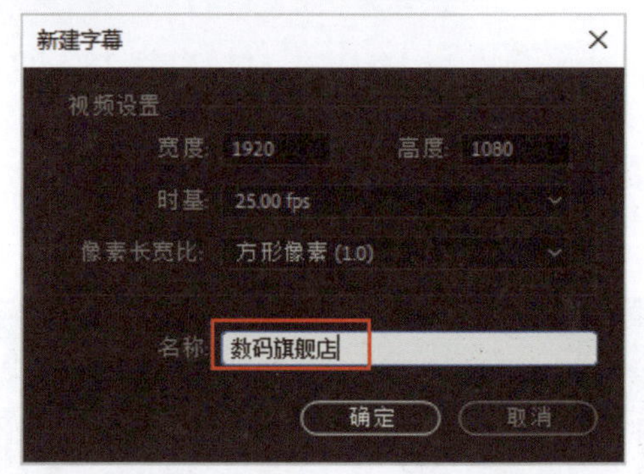

Step 33 打开字幕窗口，使用"文字工具"在画面左上角位置单击并输入文字，在"字幕属性"面板中调整文字的字体、大小、颜色等属性。

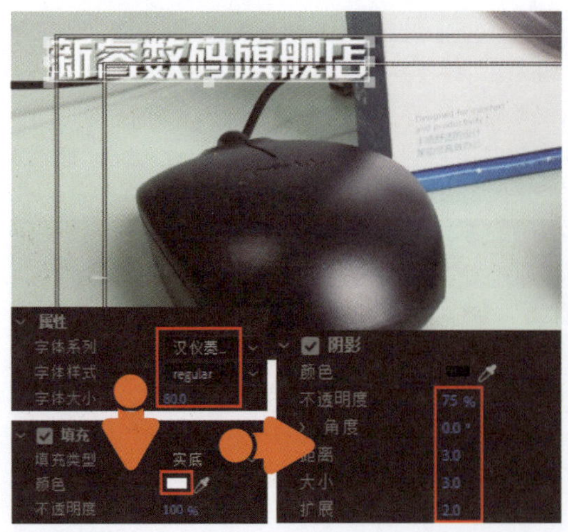

Step 34 执行"文件 > 新建 > 旧版标题"命令，创建第二个字幕文件，打开字幕窗口，结合"椭圆工具"和"直线工具"绘制图形。

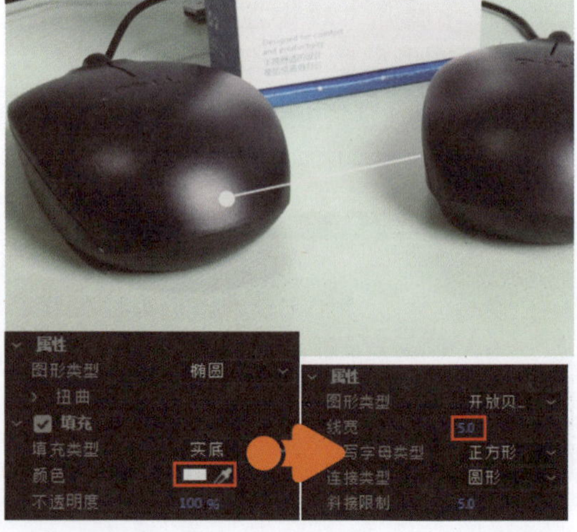

Step 35 打开“项目”面板，选中“数码旗舰店”字幕文件，将该字幕文件拖曳到时间轴中的视频轨道上，将鼠标指针移到字幕文件一侧边缘位置，根据情况调整字幕播放时间。

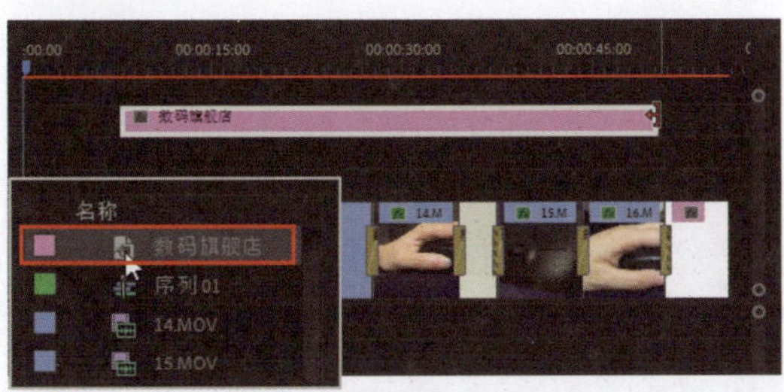

Step 36 使用相同的方法创建更多字幕文件，并将创建的字幕文字拖曳到时间轴中合适的位置。

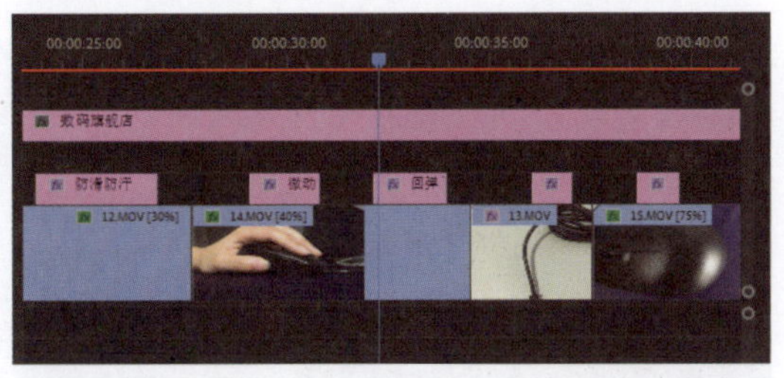

Step 37 打开“效果”面板，展开“视频效果”素材箱，选中“过渡”素材箱中的“线性擦除”视频效果，将其拖曳到指示图标字幕上方。

Step 38 打开“效果控件”面板，将当前时间指示器移到 00:00:07:21 位置，单击“过渡完成”和“擦除角度”左侧的“切换动画”按钮，添加首个关键帧，设置“过渡完成”为 100%，“擦除角度”为 –90°。

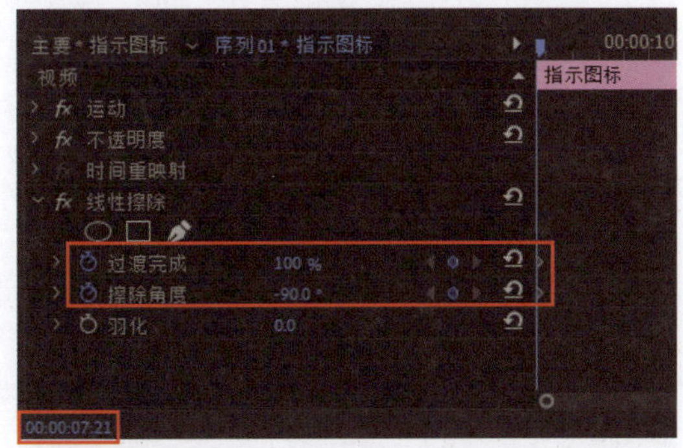

Step 39 将当前时间指示器移到 00:00:09:16 位置，单击“过渡完成”和“擦除角度”右侧的“添加 / 移除关键帧”按钮，添加第二个关键帧，将“过渡完成”设置为 0%。

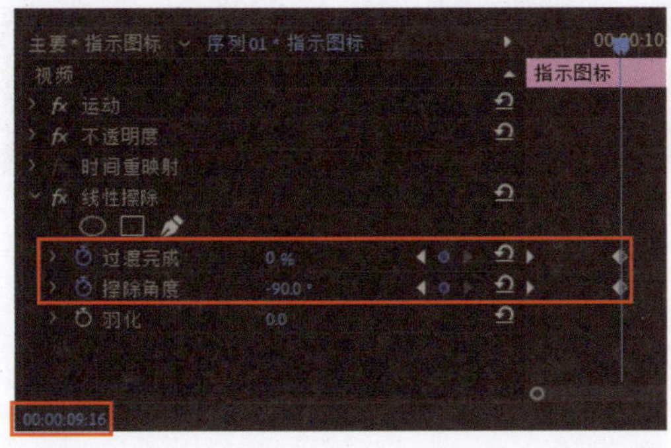

Step 40 至此，完成了动画字幕的制作。单击节目监视器中的“播放 - 停止切换”按钮，播放动画，可以看到逐渐擦除显示的字幕。

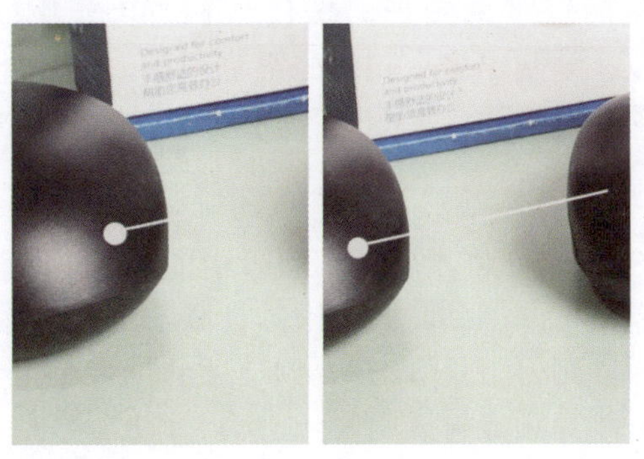

Step 41 打开“效果”面板，展开“视频效果”素材箱，选中“过渡”素材箱中的“线性擦除”视频效果，将其拖曳到仿肤制涂层字幕上。

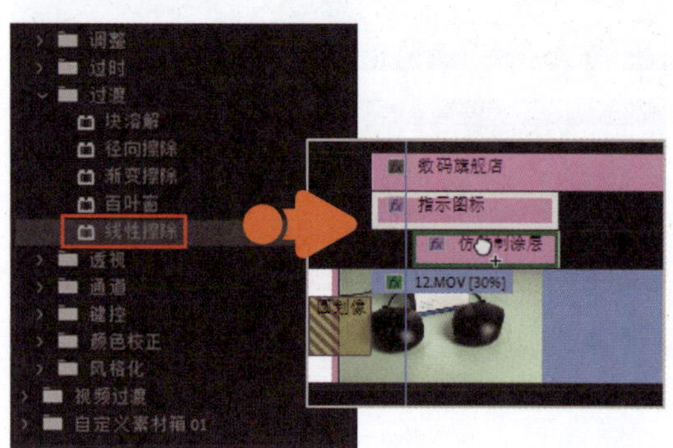

Step 42 将当前时间指示器移到 00:00:09:04 位置，单击“过渡完成”和“擦除角度”左侧的“切换动画”按钮，添加关键帧，设置“过渡完成”为 100%，“擦除角度”为 −90°。

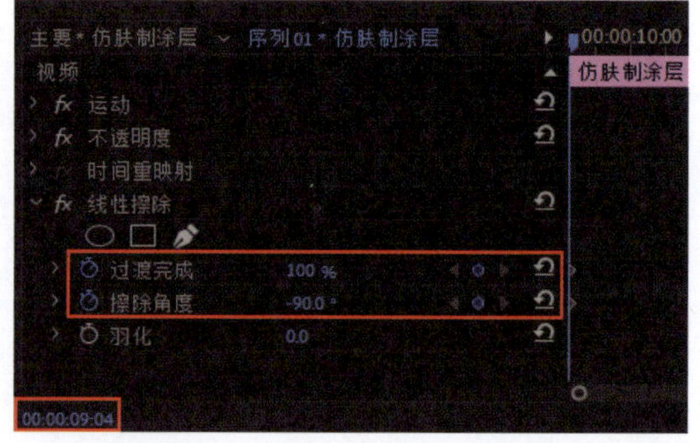

Step 43 将当前时间指示器移到 00:00:11:14 位置，单击“过渡完成”和“擦除角度”右侧的“添加/移除关键帧”按钮，添加关键帧，设置“过渡完成”为 0%。

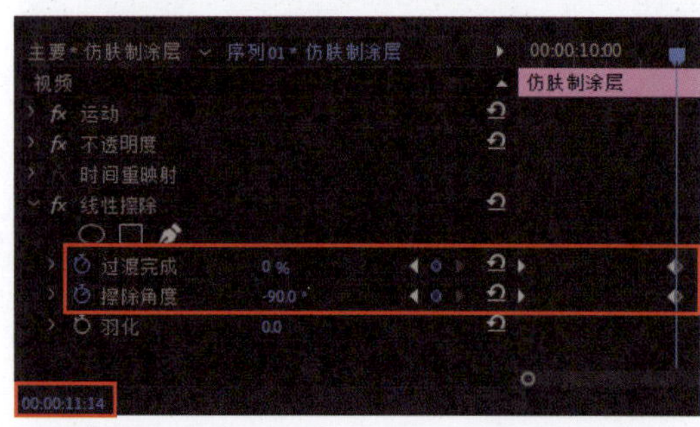

Step 44 单击节目监视器中的“播放 - 停止切换”按钮，播放动画，可以看到逐渐擦除显示的字幕。

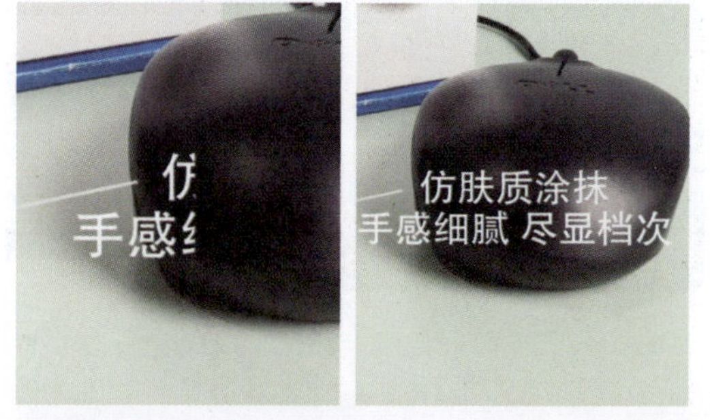

Step 45 使用相同的方法为其他字幕文字也添加相应的效果，然后选中“指示图标”字幕图形，按住 Alt 键单击并拖曳，复制出多个相同的字幕图形，然后将这些复制的字幕图形移到时间轴中合适的位置。

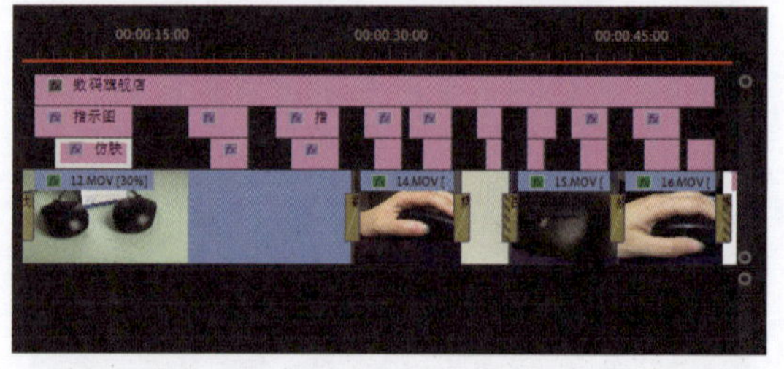

Step 46 将“项目”面板中的 17.mp3 音频素材添加到时间轴中的音频轨道上，选择“剃刀工具”，在视频结束的位置单击，分割音频素材成两段。

Step 47 选择“选择工具”，选中分割出来的第二段音频素材，按 Delete 键，删除第二段音频素材。

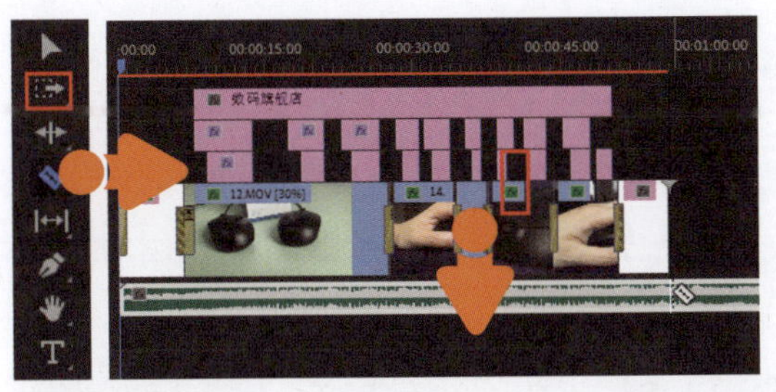
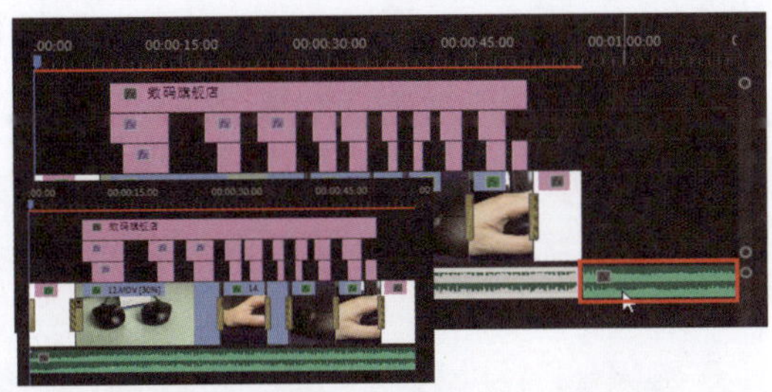

Step 48 为了让分割出来的音频呈现自然的过渡效果，打开“效果”面板，展开“音频过渡”素材箱，选中“交叉淡化”素材箱中的“指数淡化”视频效果，将其拖曳到音频素材结束位置，应用默认的“指数淡化”音频过渡效果。

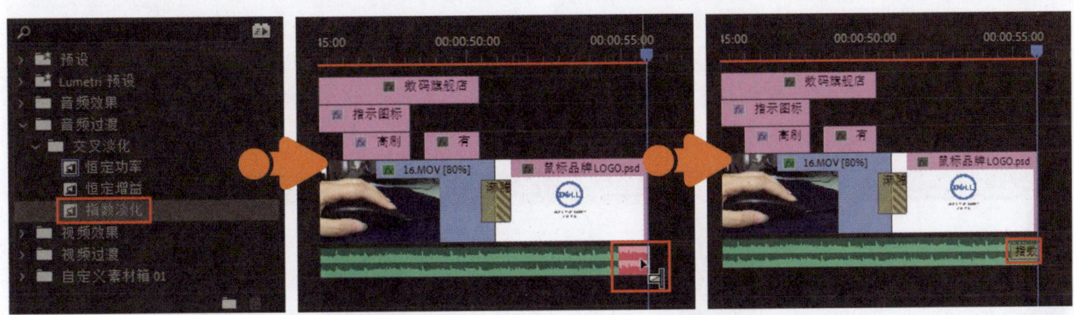

Step 49 由于默认过渡的持续时间比较短，所以需要做进一步的调整，双击时间轴中音频素材结束位置的“指数淡化”音频过渡图示，打开“设置过渡持续时间”对话框，将音频过渡的“持续时间”由 00:00: 01:00 更改为 00:00:01:20，延长音频过渡持续时间。

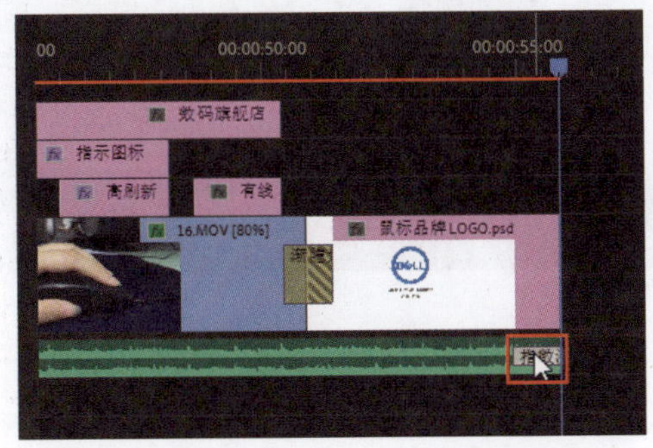
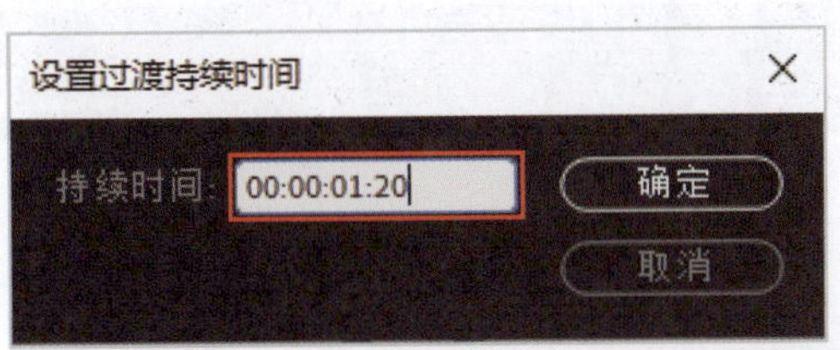

Step 50 最后调整音频的音量大小，单击时间轴中的音频素材，打开“音频剪辑混合器”面板，由于本实例中只在一个音频轨道中添加音频，所以将鼠标指针移到其对应的音频 1 轨道上的音频滑块位置，单击并向下拖曳，降低背景音乐音量。至此，本案例全部制作完成。

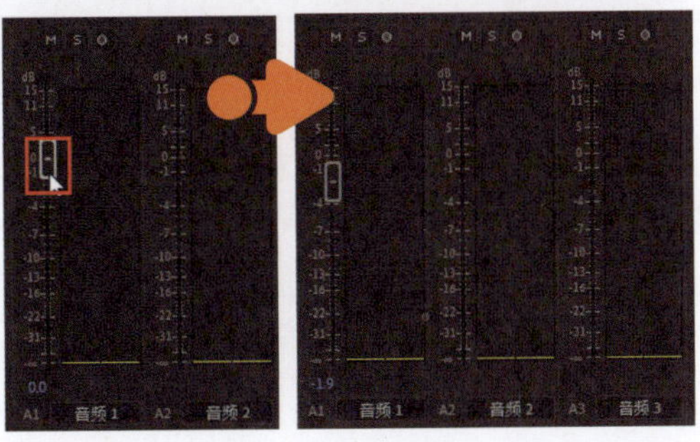

8.2.3 眼影详情视频设计

本实例是为某品牌眼影设计的详情视频。视频片头采用图文结合的渐隐动画，让画面显得生动、有趣；在内容的表现上，为了让顾客放心购买这款商品，采用对比的方式展示眼影不易掉粉、脱妆的特点。

素　材：下载资源\素材\08\18.png、19~22.mp4、23.avi、24.psd、25.mp3

源文件：下载资源\源文件\08\眼影详情视频设计.prproj

渐隐的过渡动画： 为了让视频更有设计感，在片头用图形与文字相结合的方式创建渐隐的动画效果，引出视频主题，激发顾客产生继续观看下去的愿望。

居中排列的文字： 把眼影盒所属品牌、包含的颜色等，通过文字描述的方式添加在视频画面中间位置，并通过动画的方式让静态的文字变得生动。

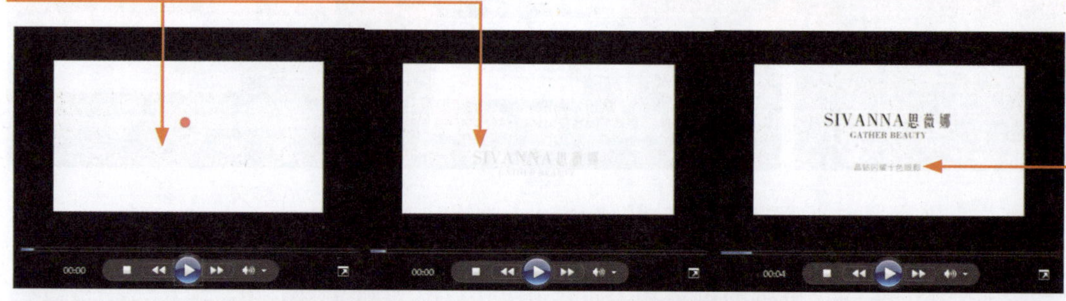

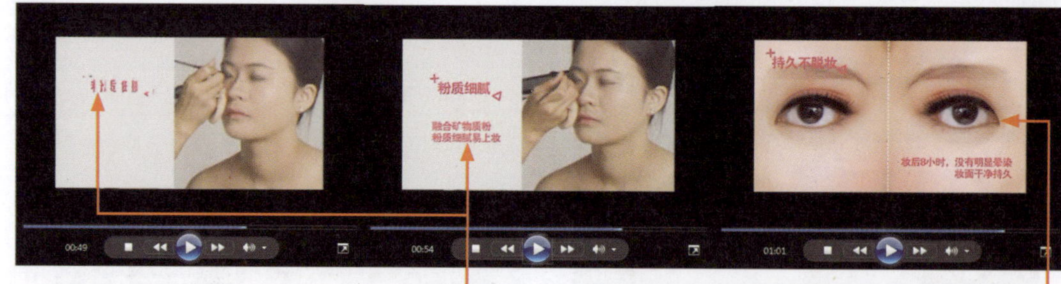

自然的文字过渡设计： 在字幕的处理上，为了让文字的出现更有艺术感，在字幕中添加“百叶窗”视频效果。

突出商品卖点的对比展示： 在视频中抓住顾客的痛点，利用左、右对比的表现方式展示不同时间的眼影效果，着重突出眼妆不易掉粉、脱妆的特点。

Step 01 启动 Premiere Pro 程序，创建新项目，执行“文件 > 新建 > 序列”命令，打开“新建序列”对话框，设置选项，创建一个长宽比为 16:9 的新序列。

Step 02 执行“文件 > 新建 > 旧版标题”命令，打开“新建字幕”对话框，输入要创建的字幕名称“片头圆”，单击“确定”按钮，创建新的字幕文件。

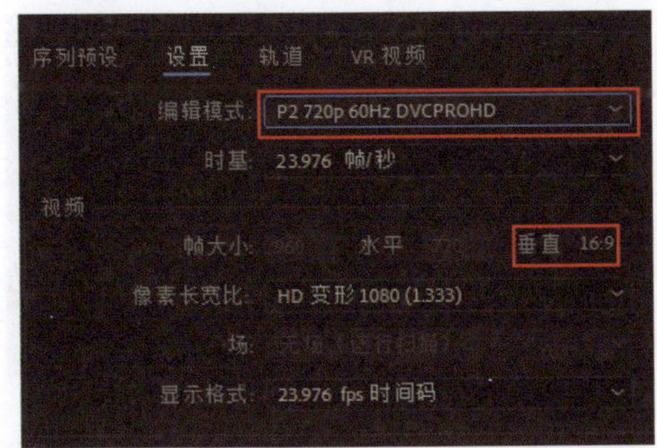

Step 03 打开字幕窗口，选择“椭圆工具”，在画面中间位置单击并拖曳，绘制一个圆形，在“字幕属性”面板中更改图形填充的颜色。

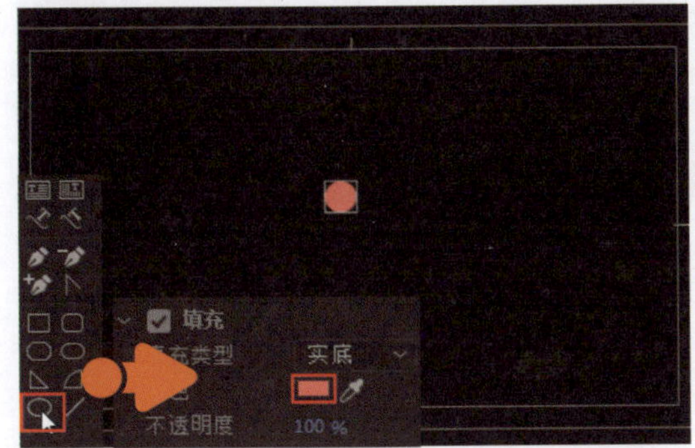

Step 05 打开字幕窗口，选择“文字工具”，在画面中间位置单击并输入文字，结合“字幕属性”面板，调整文字的字体、大小等属性。

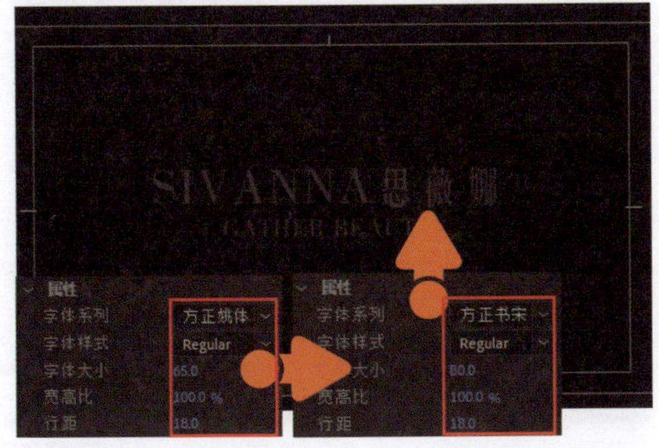

Step 07 将当前时间指示器移到视频开始位置，然后选择“选择工具”，选中“片头圆”字幕。

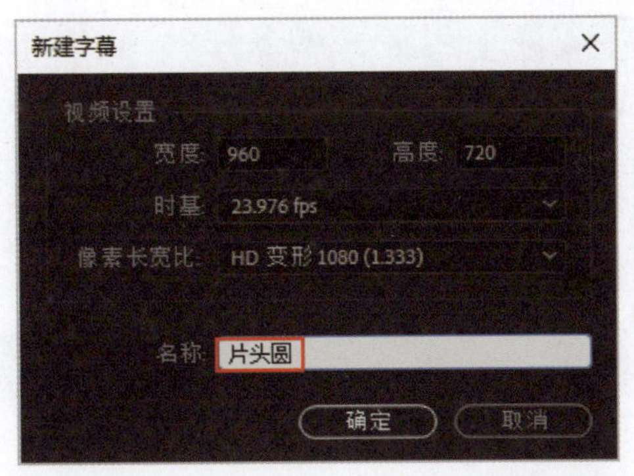

Step 04 执行“文件 > 新建 > 旧版标题”命令，打开“新建字幕”对话框，输入要创建的字幕文件名称“思薇娜”，单击“确定”按钮，创建第二个字幕文件。

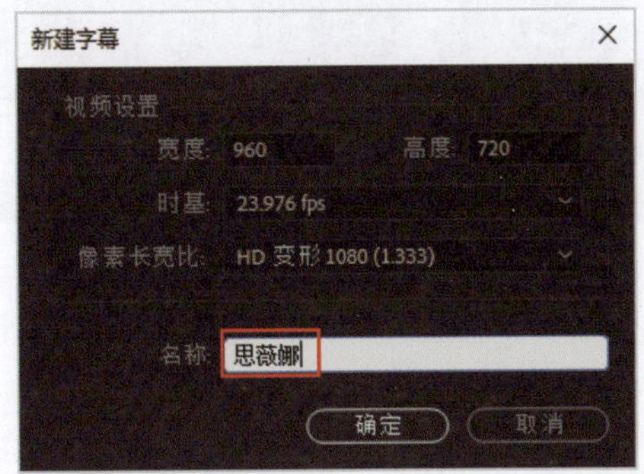

Step 06 使用相同的方法，创建更多的字幕文件，然后在“项目”面板中选中创建的字幕文件，分别将其拖曳到时间轴中，调整到合适的播放时间。

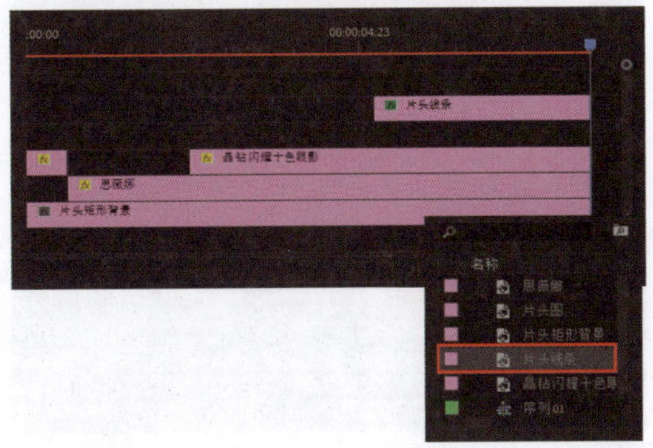

Step 08 打开“效果控件”面板，在面板中单击“位置”选项左侧的“切换动画”按钮，添加第一个字幕关键帧，调整片头圆所在位置。

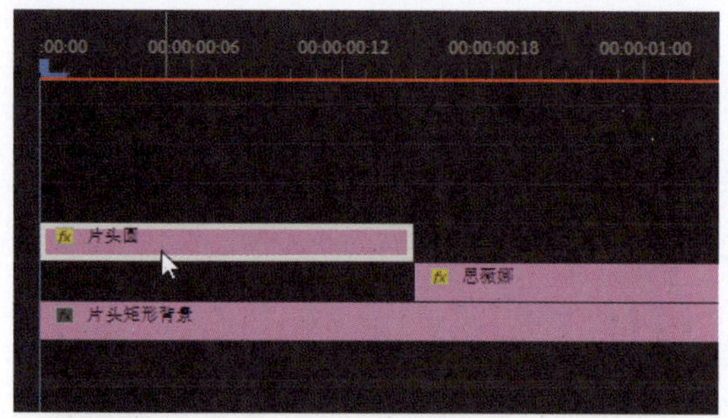

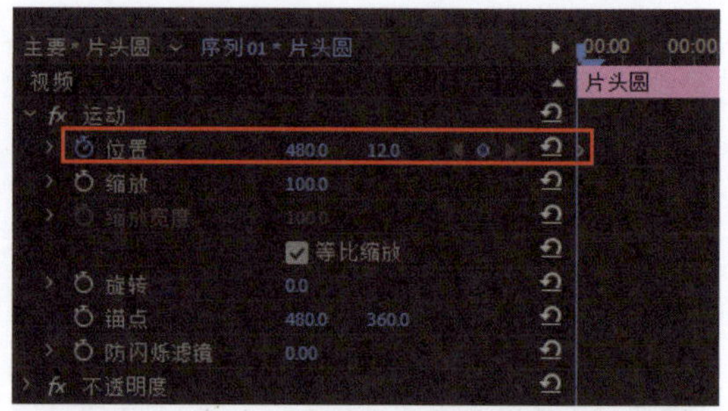

Step 09 将当前时间指示器移到 00:00: 00:14 位置，单击“位置”选项右侧的“添加 / 移除关键帧”按钮，添加第二个关键帧，然后更改其位置，在此关键帧位置把圆形移到画面下方。

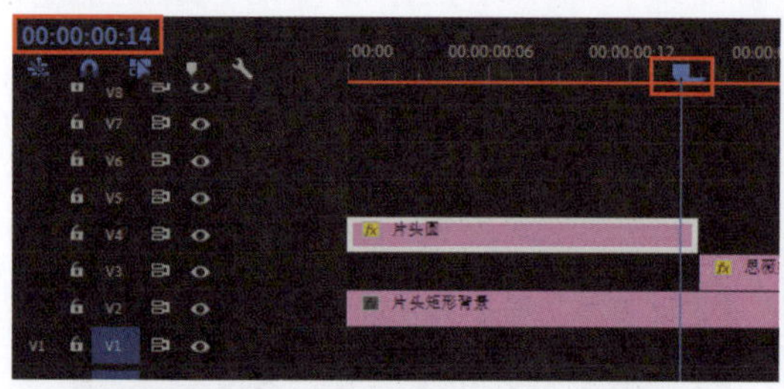

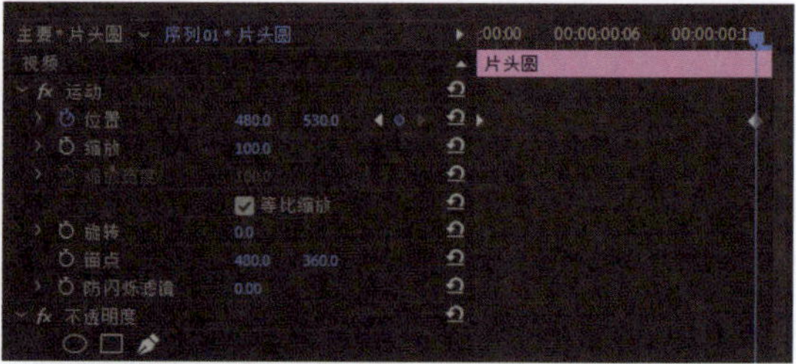

Step 10 选中时间轴中的“思薇娜”字幕，打开“效果控件”面板，将当前时间指示器移到 00:00:00:15 位置，单击“位置”和“不透明度”选项左侧的“切换动画”按钮，添加关键帧，调整关键帧中文字的位置和不透明度。

Step 11 将当前时间指示器移到 00:00: 02:10 位置，分别单击“位置”和“不透明度”右侧的“添加 / 移除关键帧”按钮，添加关键帧，然后更改关键帧中文字的位置和不透明度。

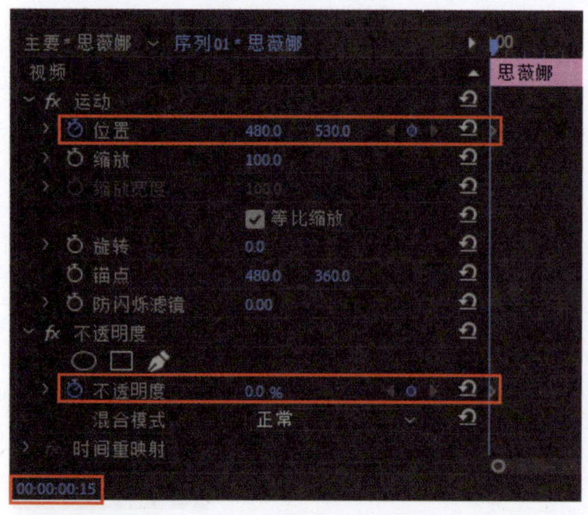

Step 12 打开“效果”面板，展开“视频效果”素材箱，选中“扭曲”素材箱中的“波形变形”视频效果，将其拖曳至时间轴中的“片头线条”字幕上。

Step 13 打开“效果控件”面板，将当前时间指示器移到 00:00:05:17 位置，单击“不透明度”、“波形高度”和“波形宽度”左侧的“切换动画”按钮，添加关键帧，并调整参数。

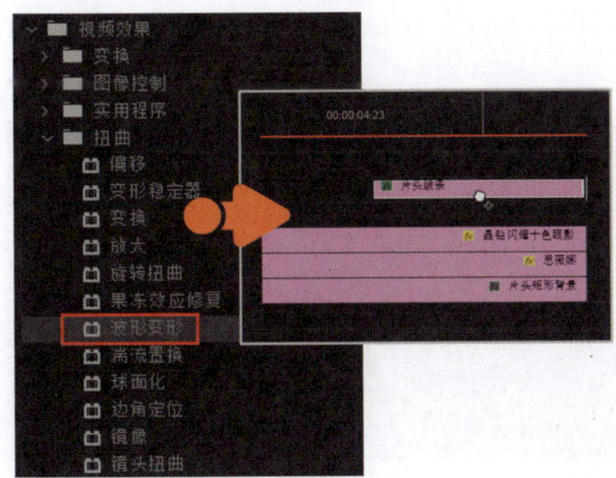

Step 14 将当前时间指示器移到 00:00:06:21 位置，单击“不透明度”选项右侧的“添加 / 移除关键帧”按钮，添加关键帧，再将关键帧中线条的“不透明度”调整为 100%。

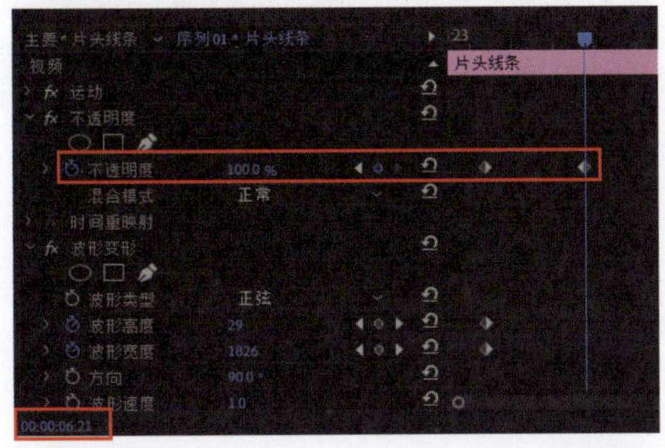

Step 16 将当前时间指示器移到 00:00:07:16 位置，单击“不透明度”选项右侧的“添加 / 移除关键帧”按钮，添加关键帧，再将“不透明度”调整为 80%，降低透明效果。

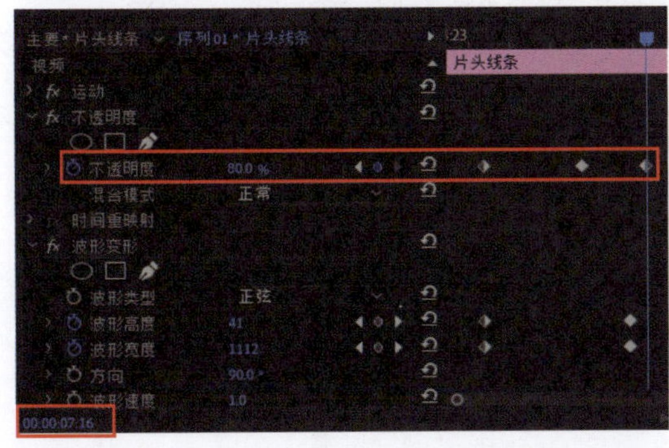

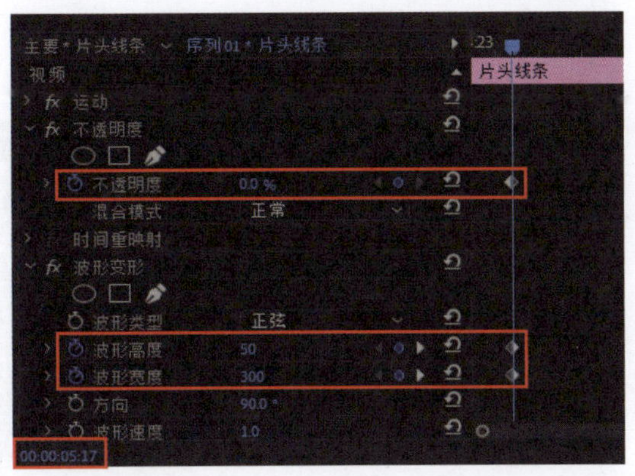

Step 15 将当前时间指示器移到 00:00:07:11 位置，单击“波形高度”和“波形高度”选项右侧的“添加 / 移除关键帧”按钮，添加关键帧，调整参数，更改线条扭曲效果。

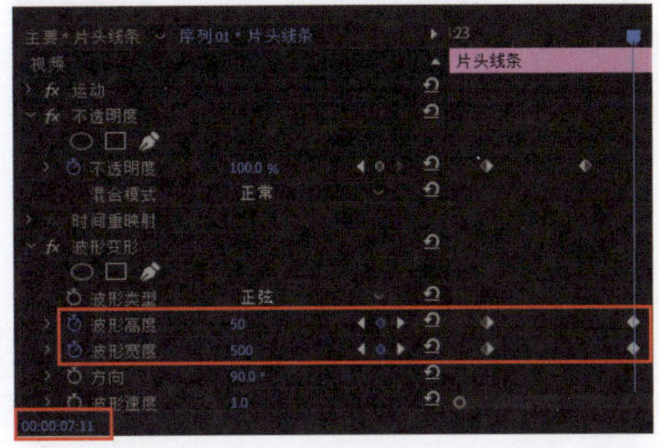

Step 17 将当前时间指示器移到 00:00:08:14 位置，单击“波形高度”和“波形高度”选项右侧的“添加 / 移除关键帧”按钮，添加关键帧，调整参数，更改线条扭曲效果。

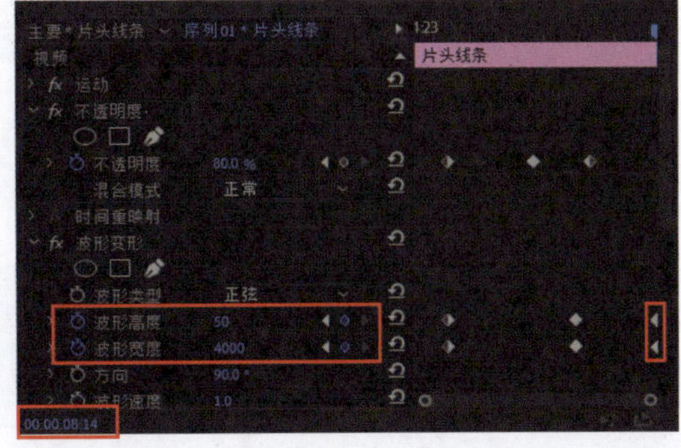

Step 18 选中时间轴中的“晶钻闪耀十色眼影”字幕，使用相同方法添加多个关键帧，调整字幕出现的位置和不透明度。

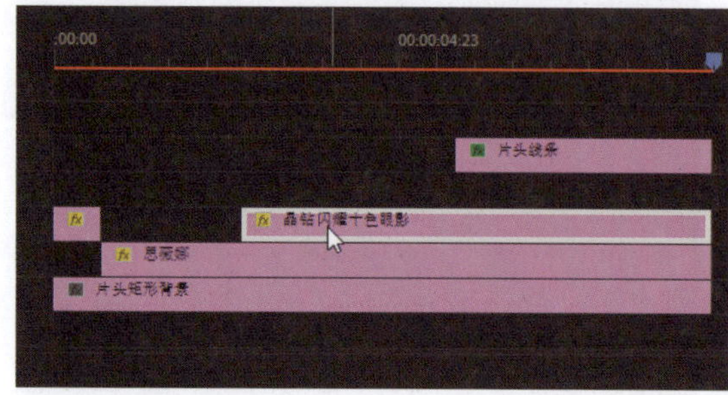

Step 19 将视频中需要的素材导入“项目”面板，将素材 18.png 拖曳到时间轴中的 V3 视频轨道上。

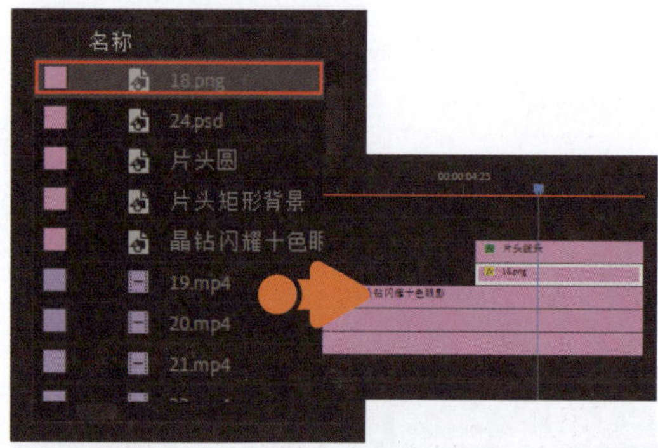

Step 20 选中素材 18.png，打开“效果控制”面板，使用相同方法添加多个关键帧，调整位置和不透明度。

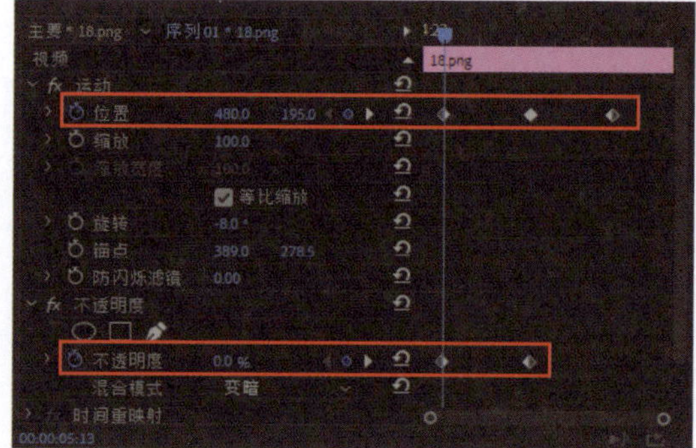

Step 21 在“项目”面板中选中 19.mp4 视频素材，将该素材拖曳到时间轴中的 V1 视频轨道上，右键单击视频轨道中的 19.mp4 视频素材，在弹出的快捷菜单中执行“速度 / 持续时间”命令。

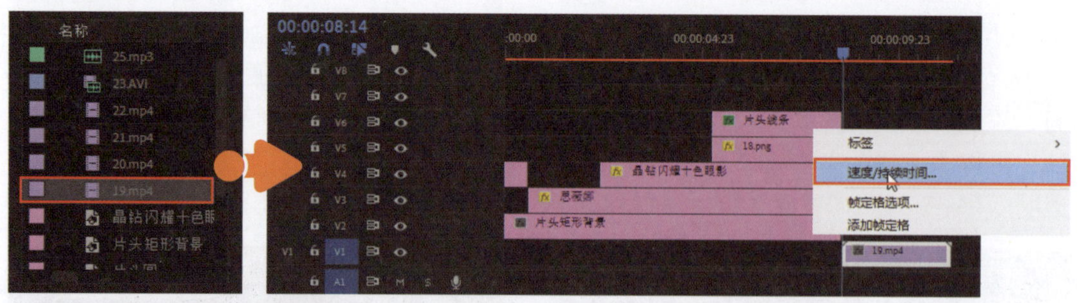

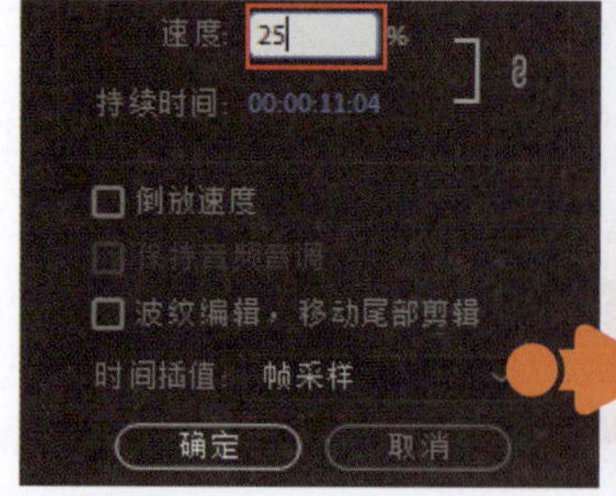

Step 22 打开“剪辑速度 / 持续时间”对话框，设置“速度”为 25%，延长视频播放的时间。

提示

Premiere Pro 中，如果要在不更改选定剪辑速度的情况下更改持续时间，可以单击“绑定”按钮，使速度和持续时间中断链接。取消绑定操作后，也可以在不更改持续时间的情况下更改剪辑速度。

Step 23 选中 19.mp4 素材，在节目监视器中可以看到显示在中间的眼影盒，此处需要将其放大至占满整个屏幕，因此设置“缩放”为 160.0。

Step 24 打开“效果”面板，展开“视频效果”素材箱，选中“过时”素材箱中的“RGB 曲线”视频效果，将其拖曳到 19.mp4 素材上。

Step 25 打开“效果控件”面板，展开“RGB 曲线”选项卡，拖曳“主要”曲线，调整图像的亮度和颜色，得到靓丽的眼影效果。

Step 26 使用相同的方法，将另几段视频素材也添加到时间轴中，根据需要调整视频的播放速度、亮度等。

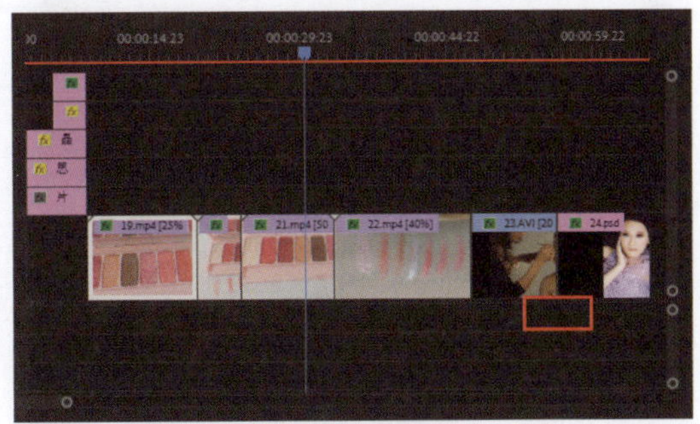

Step 27 下面创建眼妆对比效果，选中视频轨道中的 24.psd 素材，打开“效果”面板，展开“视频效果”素材箱，选中“变换”素材箱中的“裁剪”视频效果，将其拖曳到 24.mp4 视频素材上。

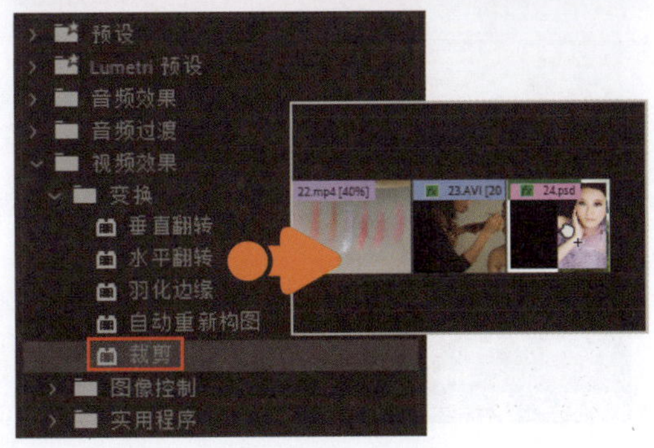

Step 28 打开“效果控件”面板，此处只需要显示一只眼睛上方的眼影，因此设置“右侧”为22%，裁剪右侧的图像。

Step 29 打开“效果”面板，展开“视频效果”素材箱，选中“扭曲”素材箱中的“镜像”视频效果，将其拖曳到24.mp4视频素材上。

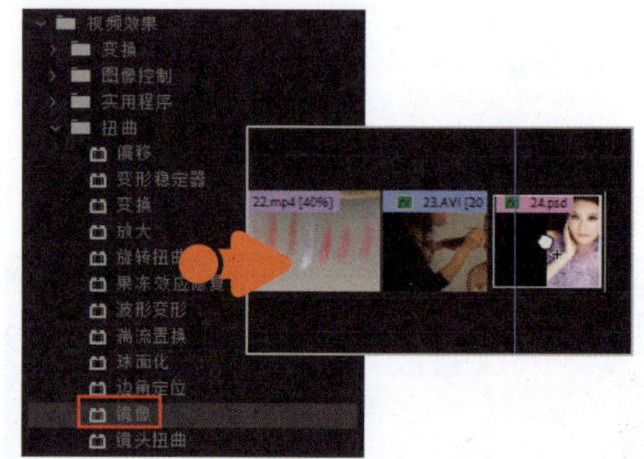

Step 30 打开“效果控件”面板，此处需要在画面右侧显示眼影效果，因此调整“反射中心”值，创建镜像画面效果。

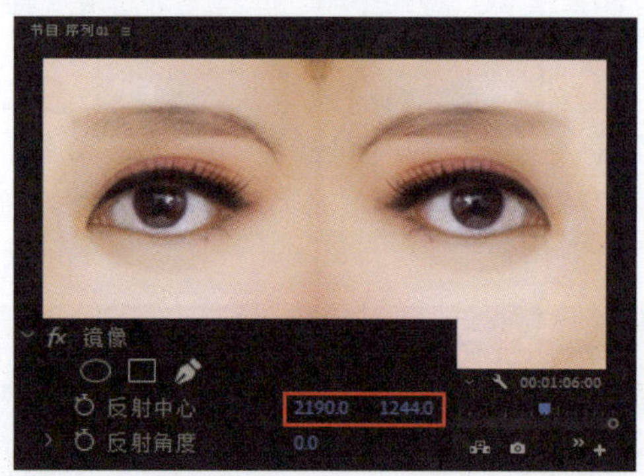

Step 31 新建“虚线”图形字幕，打开字幕窗口，使用“钢笔工具”在画面中间位置绘制白色线条，并复制出更多线条，以分割画面。

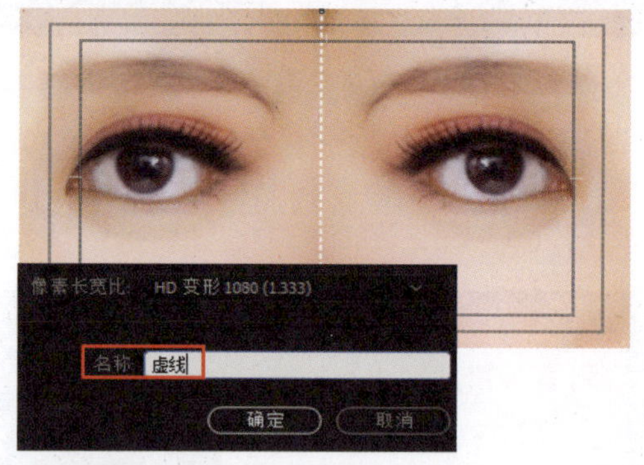

Step 32 新建“持久不脱妆”字幕，打开字幕窗口，使用“文字工具”在图像左上角单击并输入文字，结合“字幕属性”面板，更改文字的字体、大小及颜色等属性。

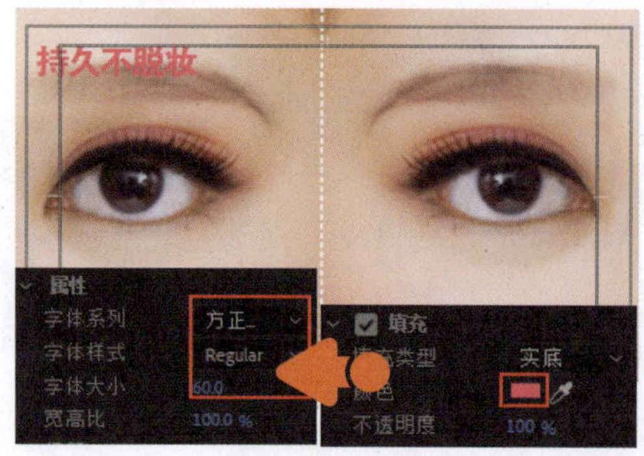

Step 33 使用“钢笔工具”和“直线工具”，在已输入的文字两侧绘制图形，然后在“字幕属性”面板中调整图形的填充颜色和线条粗细。

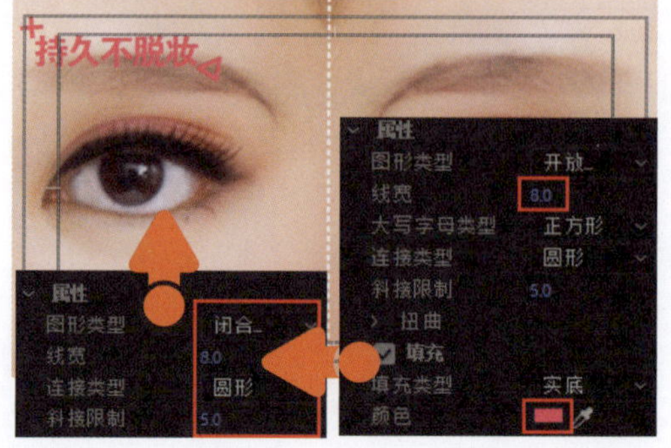

Step 34 将新建的字幕文件拖曳到时间轴中，打开“效果”面板，展开“视频效果”素材箱，选中“过渡”素材箱中的“百叶窗”视频效果，将其拖曳到“持久不脱妆”字幕上。

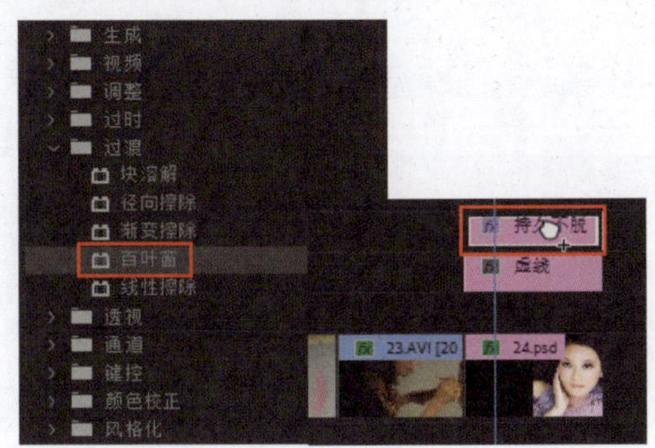

Step 35 打开“效果控件”面板，将当前时间指示器移到 00:00:56:08 位置，设置“宽度”为 50，单击“过渡完成”左侧的“切换动画”按钮，设置“过渡完成”为 100%，隐藏过渡文字。

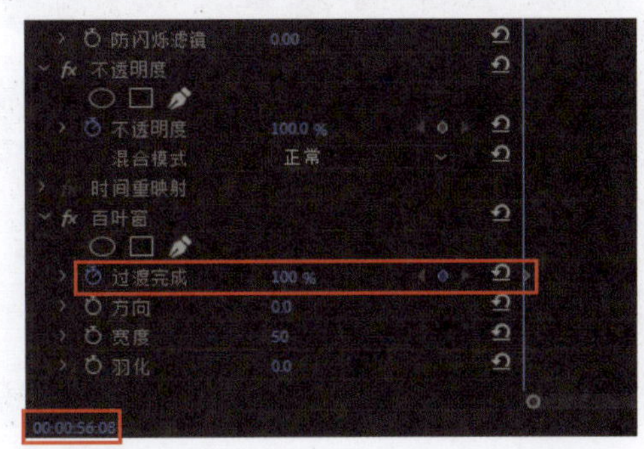

Step 36 将当前时间指示器移到 00:00:57:18，单击“过渡完成”右侧的“添加/移除关键帧”按钮，添加过渡关键帧，然后调整“过渡完成”为 0%，设置过渡完成后的字幕效果。

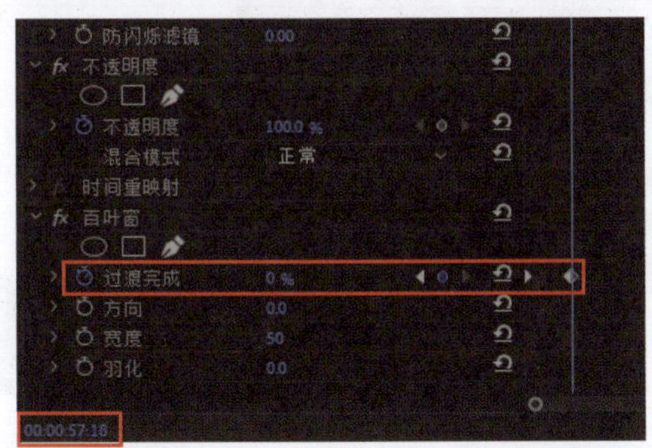

Step 37 新建“持久不脱妆 2”字幕文件，打开字幕窗口，使用“文字工具”在图像左上角单击并输入字幕文字，结合“字幕属性”面板，更改文字的字体、大小及颜色等属性。

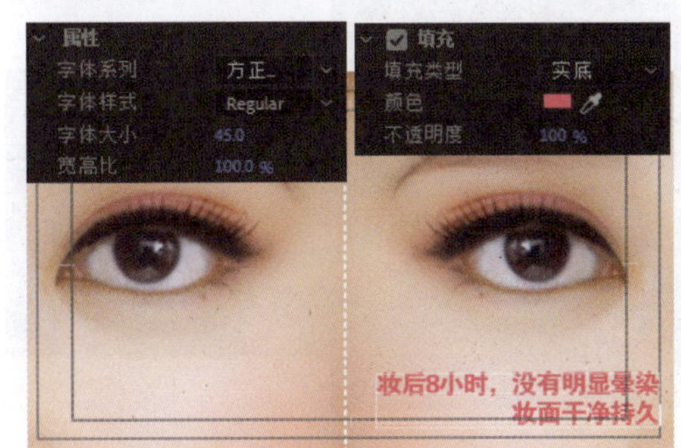

Step 38 选中“项目”面板中创建的“持久不脱妆 2”字幕文件，将其拖曳到时间轴中的另一条视频轨道上，选择“选择工具”，调整字幕播放时间。

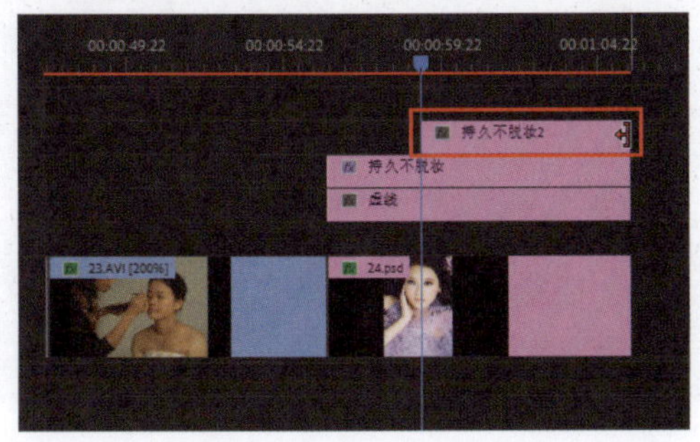

Step 39 打开“效果控件”面板，将当前时间指示器移到 00:00:59:08 位置，单击“位置”和“不透明度”选项左侧的“切换动画”按钮，添加关键帧，然后调整右侧的参数。

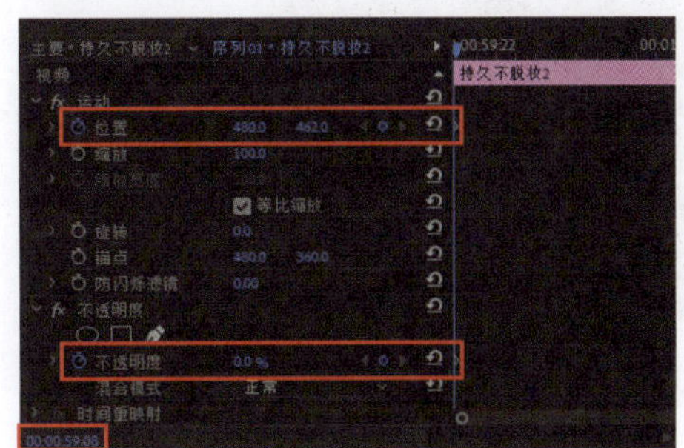

Step 40 将当前时间指示器移到00:01:00:23位置，单击“位置”和“不透明度”选项右侧的“添加/移除关键帧”按钮，添加字幕关键帧，设置字幕的位置和不透明度。

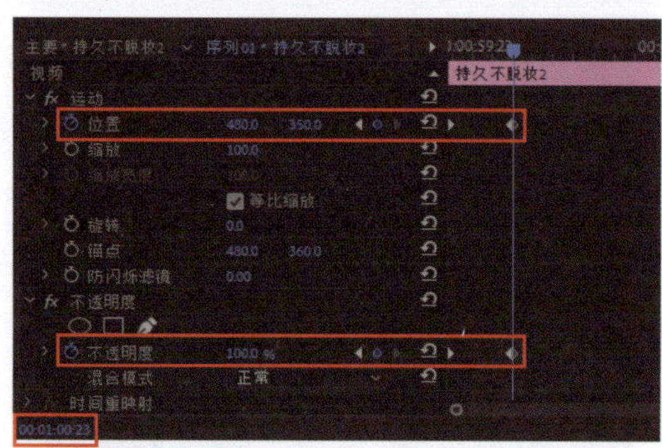

Step 41 使用相同的方法，创建更多的字幕文件，分别将其添加到时间轴中，结合“效果”和“效果控件”面板为其设置合适的动画效果。

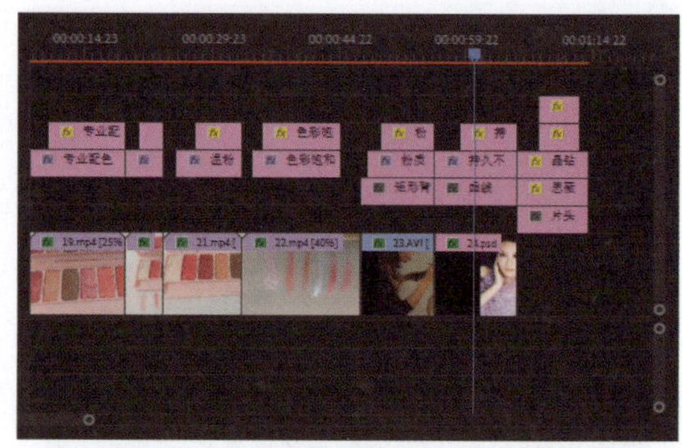

Step 42 打开“效果”面板，展开“视频过渡”素材箱，选中“溶解”素材箱中的“白场过渡”视频效果，将其拖曳到最右侧的两个字幕上。

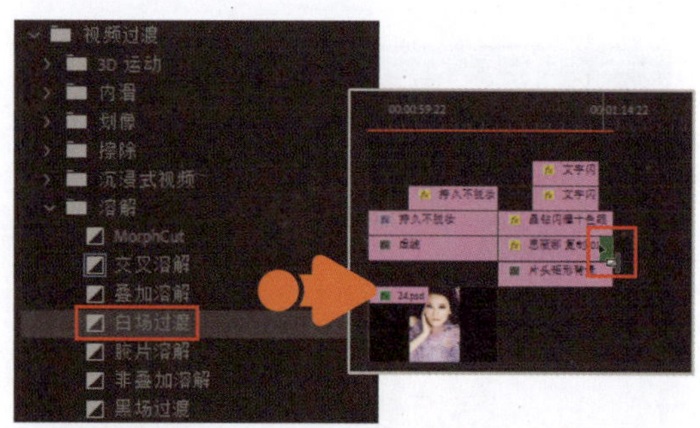

Step 43 分别双击“白场过渡”过渡图示，打开“设置过渡持续时间”对话框，将视频过渡的持续时间设置为00:00:03:01，单击“确定”按钮，调整过渡时间。

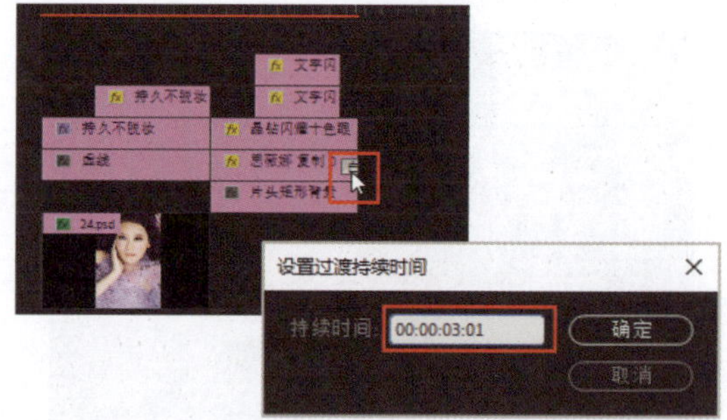

Step 44 为“晶钻闪耀十色眼影 复制05”字幕也添加“白场过渡”效果，双击“白场过渡”过渡图示，在打开的“设置过渡持续时间”对话框中将持续时间也设置为相同的00:00:03:01，单击“确定”按钮。

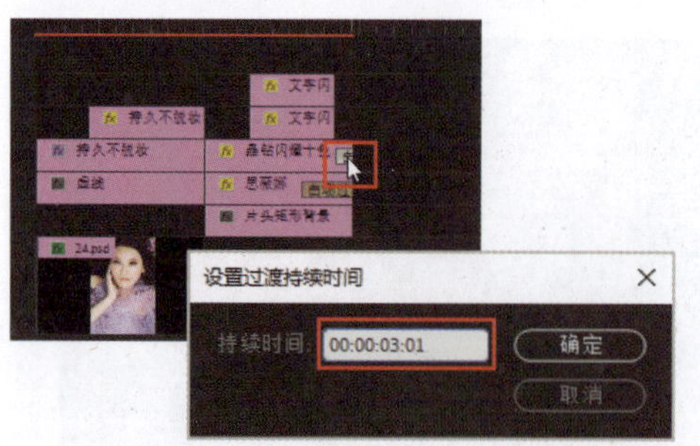

Step 45 最后将25.mp3音频素材添加到A1音频轨道上，使用“剃刀工具”分割音频素材，删除超出视频画面的部分，然后为其添加音频过渡效果，调整持续时间。至此，完成本实例的制作。

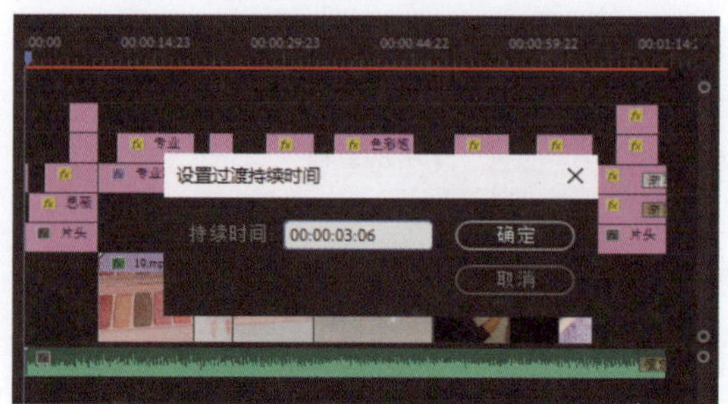